Basiswissen
Tiefenpsychologie

Josef Rattner

Basiswissen Tiefenpsychologie

Die wichtigsten Neurosearten

Bechtermünz Verlag

Genehmigte Lizenzausgabe für
Weltbild Verlag GmbH, Augsburg 1999
© by Josef Rattner, Berlin
Covergestaltung: Susanne Niemetz, Augsburg
Gesamtherstellung: Wiener Verlag, Himberg bei Wien
Printed in Austria
ISBN 3-8289-1813-1

Inhalt

Vorwort

Es gibt viele Bücher über Neurosenlehre, aber fast alle sind in einer Sprache geschrieben, die für den Laien nahezu unzugänglich ist. Die Tiefenpsychologen können, wenn sie über ihren Erfahrungsbereich referieren, kaum je von ihrem Fachjargon Abstand nehmen; die Folge davon ist, daß sich psychotherapeutische Texte oft wie ›Geheimlehren‹ geben, in die der ›nichteingeweihte‹ Leser nur sehr partiell eindringen kann.

Und doch wäre es unseres Erachtens sehr wichtig, daß die Erkenntnisse der Tiefenpsychologie und Psychotherapie in weiten Kreisen der Bevölkerung Fuß fassen könnten. Denn diese charakter- und neurosenpsychologischen Einsichten haben einen hohen psychohygienischen und prophylaktischen Wert. Würden alle durchschnittlich gebildeten Menschen ein psychologisches Grundlagenwissen haben, dann könnten sie den Anforderungen der Erziehung, der Selbsterziehung, der Partnerschaft, ja, sogar des politischen und kulturellen Lebens weit eher gerecht werden, als dies heute der Fall ist. In der Tiefenpsychologie ist in neuer Fassung die uralte Forderung der griechischen Weisheit – das »Erkenne dich selbst!« – lebendig geworden. Und da Selbsterkenntnis die Grundlage von Menschenkenntnis und Lebenskenntnis ist, kann man durchaus behaupten, daß sie die Basis eines glücklichen und produktiven Lebens sein muß.

Im vorliegenden Buch haben meine Mitarbeiter und ich alle ›Neurosenarten‹ allgemeinverständlich dargestellt. Damit ist dem Leser ein Kompendium tiefenpsychologischen und psychotherapeutischen Wissens in die Hand gegeben, aus dem er selbst Schlußfolgerungen für seine Lebensgestaltung und seinen psychologischen Gesundheitsschutz ziehen kann.

Unser Buch ist auf dem Boden des *Arbeitskreises für Tiefenpsychologie, Gruppendynamik und Gruppentherapie* erwachsen, den ich vor vielen Jahren in Berlin ins Leben gerufen habe.

Diese ›Berliner Großgruppentherapie‹ beschreitet neue Wege der Psychotherapie und Erwachsenenbildung; sie ist im Laufe der Zeit zu einer großen Gemeinschaft von Menschen aller Bildungs- und Sozialschichten geworden, deren gemeinsames Band die Intention ist, das Leben als einen unendlichen Bildungsprozeß zu begreifen und auch zu praktizieren.

Josef Rattner

Zur Theorie der Neurose

Der Ausdruck ›Neurose‹ wurde durch den schottischen Arzt W. Cullen im Jahre 1776 geprägt. In seiner ursprünglichen Bedeutung umfaßte er Geistes- und Gemütskrankheiten, aber auch Dyspepsie, Herzklopfen, Koliken, Hypochondrie und Hysterie. Die gesamte medizinische Forschung des 19. Jahrhunderts ging davon aus, daß es unbekannte physische Ursachen für die Neurosen geben müsse. Noch J. M. Charcot (1825—1893) in Paris, bei dem Freud grundlegende Anregungen für seine Psychoanalyse empfing, war davon überzeugt, daß jede neurotische Erkrankung auf einer ›Degeneration‹ im Zentralnervensystem beruhe; auch sein Schüler Pierre Janet (1859—1947) postulierte konstitutionelle Anomalien, wiewohl er die psychischen Erscheinungen in mehreren Neurosenformen hervorragend genau beschrieb.

Die »*Studien über Hysterie*« (1895) von Freud und Breuer legten den Grundstein zur modernen psychologischen Neurosentheorie. Freud, der dabei die treibende Kraft war, nahm als Ursache für die hysterischen Krankheiten ein sexuelles Trauma in der Kindheit der Patienten an. Unter der Reizwirkung massiver und dem Lebensalter nicht gemäßer Erlebnisse komme es zu einem ›eingeklemmten Affekt‹, der das Seelenleben in Unordnung bringe. Das Bewußtsein verweigere sich der Erinnerung an diese Vorfälle: Es ›verdrängt‹ sie. Durch diese Verdrängungen entstehen eingeengte Bewußtseinsfunktionen, unter anderem Gedächtnisausfall: Anstelle der Erinnerung werde eine ›symbolische Darstellung‹ von traumatischen Situationen in den Symptomen selbst produziert; der Hysteriker leide an ›Reminiszenzen aus seiner Vergangenheit‹.

Gelingt es der Psychotherapie, die dramatischen Konstellationen aus Kindheit und Werdensverlauf ins Gedächtnis zurückzurufen und hierbei auch den dazugehörigen pathologischen Affekt zur ›Abreaktion‹ zu bringen, dann kann die Symptomatik

Schritt für Schritt beseitigt werden. Freud und Breuer nannten ihr Verfahren ›Katharsis‹ (Seelenreinigung); sie knüpften damit an die Lehre des Aristoteles an, welcher von der Tragödie behauptete, daß sie die Seelen der Zuschauer von den ›krankhaften Affekten‹ der ›Furcht und des Mitleids‹ zu reinigen vermöge.

Im Laufe seines späteren Schaffens differenzierte und veränderte Freud seine Neurosentheorie, die zum Kernstück einer Konzeption des gesamten Seelenlebens ausgebaut wurde. Wichtig ist seine anfängliche Unterscheidung zwischen Aktual- und Psychoneurosen. Die ersteren stellten seiner Meinung nach kein psychologisches Problem dar: Ihre Ursache läge in ›Dysfunktionen der Sexualität‹, z. B. in der Onanie, in Coitus interruptus oder sexueller Abstinenz. Die unabgeführte und nur teilweise gelöste sexuelle Spannung erzeuge Symptome, die man zum Verschwinden bringen könne, wenn der Patient dazu bereit sei, sein Sexualleben zu ordnen und auf mancherlei Abusus verzichte. Diese fragliche These von den Aktualneurosen ist in der heutigen Psychoanalyse bedeutungslos geworden.

Dafür hat sich das Interesse viel stärker den sogenannten ›Psychoneurosen‹ zugewandt. Zu dieser Gruppe sind die Hysterie, die Zwangsneurose, die Depression und die Phobien zu zählen: Von diesen merkwürdigen Krankheitsphänomenen her stießen Freud und seine Schüler ins Innerste der menschlichen Psyche vor.

Alle psychoanalytischen Neurosenmodelle gründen in einer *Konflikttheorie des Seelenlebens*. Es wurden antagonistische Kräfte oder Instanzen angenommen, deren unversöhnter Gegensatz das Symptom schafft: Solche Antagonismen wurden zwischen Ich- und Sexualtrieben, perversen (prägenitalen) Triebregungen und moralischen Ansprüchen der Persönlichkeit, Es und Über-Ich konstruiert. Man glaubte, in der Symptomatik des Neurotikers einen ›schlechten Kompromiß‹ zwischen ›Trieb‹ und ›Kultur‹ zu entdecken. Die Psychoanalyse machte die mangelhaft sozialisierten Vitalbedürfnisse und die übersteigerten Moralforderungen verantwortlich für die innere Zerrissenheit vieler Menschen, für die das Kennwort ›neurotisch‹ zutrifft.

Nach Freud bestehen ›fließende Grenzen‹ zwischen Neurosen und Psychosen; auch in den Wahnkrankheiten ist eine Dynamik spürbar, die nicht grundsätzlich von derjenigen der Neurosen verschieden ist. Unterschiedlich sei aber die ›Übertragungsfähigkeit‹ der jeweiligen Patienten. Während der Neurotiker seine Gefühle auf den Therapeuten überträgt, verharre der Psychotiker in seinem Narzißmus, in seiner gefühlsmäßigen Abkapselung, die ihn fast nicht ansprechbar mache. So kam es zur Aufstellung von Übertragungs- und narzißtischen Neurosen: Zu den letzteren wurde die Schizophrenie gerechnet.

Auch die sexuellen Perversionen und die psychosomatischen Erkrankungen haben eine ähnliche Struktur wie die Neurosen. Die kindliche Entwicklung wurde als eine Abfolge von Phasen der Libidoentwicklung gesehen: Für jede dieser Phasen wurde ein quasi ›perverser‹ Trieb als dominante Seelenregung postuliert (orale, anale und phallische Bedürfnisse des Kindes). So kam die Perversion einer Fixierung oder Regression auf infantile Triebhaftigkeiten gleich — solche Triebmanifestationen gebe es auch im Unbewußten des Neurotikers, wo sie jedoch durch einen massiven Hemmungsapparat überlagert seien. Damit wurde die Neurose zum ›Negativ der Perversion‹; man konnte sich dem Eindruck nicht entziehen, daß viele neurotische Dynamismen zum durchschnittlichen Inventar der Perversionen gehören. Analog muß auch die psychosomatische Krankheit beschrieben werden. An ihr imponiert in erster Linie das körperliche Krankheitssymptom. Erkennt man aber die psychischen Zusammenhänge, in die letzteres eingebettet ist, dann wird wiederum deutlich, daß es sich zentral um Verdrängungen, Abwehrvorgänge und Konflikte zwischen Trieb und Bewußtsein handelt, die durch ›Somatisierung‹ eine vorläufige (und ungute) Lösung gefunden haben.

In seiner Schrift *»Hemmung, Symptom und Angst«* aus dem Jahre 1926 (GW, Bd. XIV) rückte Freud die ›Kastrationsangst‹ in den Mittelpunkt der neurotischen Fehlentwicklungen. Somit galten ihm die Verlustängste im weitesten Sinne des Wortes als die Motoren aller psychogenen Erkrankungen. Das Ich als ›Stätte der Angst‹ erhielt für die psychoanalytischen Forschungen eine nunmehr erhöhte Bedeutung. Gleichwohl wurde an der Konflikttheorie der Neurose festgehalten; in jenem Stadium der Theoriebildung waren das Ich (Über-Ich) und das Es die konfliktuösen Instanzen, die sich in der Symptombildung auf einen Kompromiß einigten.

In seiner letzten Trieblehre stellte Freud dem Eros (den Lebenstrieben) als Gegenspieler den Thanatos (den Todestrieb) entgegen und diskutierte die Vielfalt seelischer Krankheitserscheinungen als Folge von ›Triebentmischungen‹ und Auswirkungen des Todesverlangens. Aus dieser mythologischen Konstruktion leuchtet bei näherem Zusehen die einfache These hervor, daß Krankheit im seelischen und im körperlichen Bereich mit dem Verlust der *Liebesfähigkeit* wesentlich zusammenhängt. Mit anderen Worten: Der Neurotiker, der Perverse, der psychosomatische Patient, der Wahnkranke usw. sind Opfer von aggressiven Regungen, die in ihrem eigenen Innern wüten und sich nicht nur gegen die Umwelt, sondern auch gegen sie selbst wenden. Freud machte aus dieser Aggressivität einen konstitutionell verankerten Trieb, was eine sehr fragliche Hypothese darstellt. Sieht man aber hiervon ab, dann kann man ihm sehr wohl darin zustimmen, daß er die Affekte von Wut, Zorn, Eifersucht, Neid, Haß, Mißgunst, Herrschsucht (und die ihnen zugrunde liegende Angst) für alle Fehlentwicklungen in der Lebensgestaltung verantwortlich macht.

Da sich die Psychoanalytiker zunächst nicht für die ›Ichpsychologie‹ interessierten, befaßten sie sich erst spät mit der Rolle des Charakters in der Neurose. Freud machte hierzu einen ersten Anlauf in seiner Abhandlung über *»Charakter und Analerotik«* (1908, GW, Bd. VII). Er beschrieb hierbei Charakterstrukturen, die sich seiner Ansicht nach als ›Sublimierungen‹ von Partialtrieben der Libido verstehen ließen. Andere Autoren (K. Abraham, E. Jones, S. Ferenczi u. a.) folgten auf diesen Spuren; die psychoanalytische Charakterologie entfaltete sich zu einer reichen Blüte und wies da und dort eine Lebensnähe in ihren Schilderungen auf, die man in der traditionellen Charakterforschung vergeblich sucht. Hemmend für den Fortgang solcher Untersuchungen war allerdings das Vorurteil, daß der Charakter lediglich ein *Derivat des Trieblebens* sei: Bis zum heutigen Tag halten Autoren der Freudschule an dieser Überzeugung fest, die in keiner Weise zweifelsfrei belegt werden kann.

Nach Freud ist die Neurosenlehre das ›Mutterland der Psychoanalyse‹: Der Schöpfer der modernen ›Psychologie des Unbewußten‹ war sich im klaren darüber, daß alle seine weitausholenden Spekulationen und Theorien in seinen empirischen Funden am neurotischen Menschen verankert waren. Daher führt auch heute noch kein besserer Weg in das Studium der Tiefenpsychologie als die Erörterung des Ursprunges, der Wesensbeschaffenheit und der Therapie der Neurosen. Natürlich darf man hierbei bei Freuds genialen Entdeckungen und Mutmaßungen nicht stehenbleiben. Es trennen uns fast hundert Jahre von den ersten Interpretationen des psychischen Hintergrundes der Hysterie: Kein Wunder, daß inzwischen zahlreiche neue Auffassungen über den Sinn und Gehalt der Neurose auf den Plan traten, deren Scharfsinn und Tiefgründigkeit sich mit Freuds ersten Einsichten durchaus vergleichen dürfen.

Neurose bei A. Adler und C. G. Jung

Alfred Adler war der erste Tiefenpsychologe, der die Freudschen Neurosenbeschreibungen durch ein alternatives Modell ergänzte. Seine grundlegenden Erkenntnisse formulierte er bereits 1912 in seinem frühen Hauptwerk *»Über den nervösen Charakter«*. Wie schon der Titel dieses Buches besagt, betonte Adler in erster Linie die Charakteranomalien des neurotischen Menschen, in denen er die Primärursache seiner Lebensschwierigkeiten sah. Diesen Standpunkt hat Adler zeit seines Lebens beibehalten.

In seinem Spätwerk *»Der Sinn des Lebens«* (1933) kommt er auf die Neurosenfrage zurück und widmet ihr ein eindrucksvolles Kapitel, das seine diesbezüglichen Auffassungen resümiert. Mit einem gewissen Stoßseufzer rekapituliert er zunächst die Vielfalt der Meinungen auf diesem Gebiet und sagt (l. c., S. 100):

»Wie immer, wenn in einer Frage Unklarheiten bestehen, gibt es eine Menge von Erklärungen und viel Kampf. So auch in unserem Falle. Neurose ist — Reizbarkeit, reizbare Schwäche, Erkrankung der endokrinen Drüsen, Folge von Zahn-, Naseninfektion, Genitalerkrankung, Schwäche des Nervensystems, Folge einer hormonalen, einer harnsauren Diathese, des Geburtstraumas, des Konfliktes mit der Außenwelt, mit der Religion, mit der Ethik, Konflikt zwischen dem bösen Unbewußten und dem kompromißgeneigten Bewußtsein, der Unterdrückung sexueller, sadistischer, krimineller Triebe, des Lärmes und der Gefahren der Großstadt, einer weichlichen, einer strengen Erziehung, der Familienerziehung überhaupt, gewisser bedingter Reflexe usw.«

Adler ist bereit, allen diesen Lehren eine Teilberechtigung einzuräumen, findet sie aber allesamt nicht recht befriedigend. Er rekurriert — wie so oft — auf den ›gesunden Menschenverstand‹, der am ›nervösen Menschen‹ auffallende Charakterzüge (z. B. Reizbarkeit, Mißtrauen, Scheu, Überempfindlichkeit) hervorhebt, die mit Affekten beladen sind und nicht gut in das soziale Leben hineinpassen. Diese Charaktereigenschaften seien Ausdruck und Kompensation von *Minderwertigkeitsgefühlen,* die den Bodensatz der neurotischen Psyche darstellen. Wer sich minderwertig fühlt, wird auch leicht zu Ungeduld, Ehrgeiz, Eitelkeit, Gier, Geiz, Neid, Eifersucht und verwandten Wesenszügen neigen. So ergibt sich das Gesamtbild eines Menschentypus, der sich auf der Erde und bei den Mitmenschen nicht heimisch fühlen gelernt hat. Aus dieser mangelhaften sozialen Einbettung oder Verwurzelung entstamme auch die Mutlosigkeit des Neurotikers, der sich eine Bewältigung der Lebensaufgaben nicht vorstellen kann. Er wird dazu verleitet, ein ›Ausweicher‹ vor der Front des Lebens zu werden, einer, der sich mit Tricks und Umwegen durchschlagen will. Adler hob vor allem die ›zögernde Haltung‹ dieser Menschen hervor, ihre *Ängstlichkeit* und ihre *Kontaktstörungen,* die sie zumindest partiell von der voranstrebenden Gemeinschaft fernhalten.

Das sind psychische Entwicklungen, die bereits in der frühen Kindheit eingeleitet werden. Die Erziehung im Elternhaus spielt hierbei eine überragende Rolle. Der Angelpunkt des pädagogischen Mißerfolges ist u. a. die Tatsache, daß vielen Kindern kein ausreichendes ›soziales Training‹ vermittelt wird, wobei nicht nur die Erziehungsmethode der Eltern, sondern auch ihre Charaktere und die Art ihres Zusammenlebens ins Gewicht fallen.

Nach Adler besteht das Menschenleben aus einer Reihe von ›Testsituationen‹, in denen jedermann auf den Grad seiner sozialen Verbundenheit und seinen Lebensmut (was fast Synonyme sind) ›geprüft‹ wird. Das unzulänglich vorbereitete Individuum gerät in psychophysische Erregung, wenn es vor Aufgaben gestellt wird, die es nicht lösen kann; es kann sich hierbei um den Schuleintritt, um das Lernen in der Schule, um die Pubertät, um Abschlußprüfungen, um Fragen der Sexualität und Liebe, um den Beruf, um das Altern, um das Scheitern von Partnerschaften, um das Herannahen des Todes usw. handeln. Der ängstliche Nervöse, der ohnehin einen etwas verringerten ›Aktivitätsgrad‹ hat, wird durch die mögliche Gefahr einer ›Niederlage‹ erschüttert, erleidet in seiner Bedrängnis Schockzustände, die in seinem Leib und in seiner Seele Unordnung schaffen. Es erfolgt hierbei eine ›Rückzugsbewegung‹, welche erklärt, daß nahezu jeder

Neurotiker in wichtigen Lebensbereichen ›Lücken‹ oder ›Ausfälle‹ zeigt; oft hat er mit dreißig Jahren keine Partnerschaft gehabt, die als eigentliche Dauerbeziehung in Betracht käme. Die Beschäftigung mit der neurotischen Symptomatik tritt an die Stelle des ›Lebenskampfes‹, für den sich der Neurotiker zu klein, zu schwach und zu hilflos fühlt.

Die ›Flucht in die Krankheit‹, die stets ›unbewußt‹ erfolgt, erspart dem Patienten jene negative Selbsteinschätzung, die er in seiner Optik vollziehen müßte, wenn er sich seine Unzulänglichkeiten eingestehen würde. Es kommt zu einer ›Lebenslüge‹, die die prekäre Selbstachtung stabilisiert und viele Mühen des Daseins vermindert.

Der *Lebensirrtum* des Neurotikers ist etwas größer als derjenige des sogenannten ›Normalen‹. Nach Adler hat jeder Kulturmensch einen Mangel an Gemeinschaftsgefühl, und niemand darf sich über den neurotischen Charaktertyp erhaben fühlen, weil dieser etwas mehr von der ›Wahrheit des Lebens‹ (welche Kooperation und Überwindung von Schwierigkeiten heißt) ab weicht. Ehrgeiz und Eitelkeit solcher Menschenkinder erzwingen eine eigenwillige Lebensführung und sonderlingshafte Denk- und Fühlprozesse, die allesamt ›Sicherheitsmanöver‹ bedeuten, da es dem Patienten durchaus darum geht, seinen Nimbus zu wahren und sein realitätsfremdes ›Persönlichkeitsideal‹ aufrechtzuerhalten. Der ›Wille zum Schein‹, von dem schon Nietzsche sprach, dominiert in der Neurose über das Realitätsprinzip. Die meisten Patienten haben es aufgegeben, auf geradlinigem Wege den Respekt ihrer Mitmenschen zu erobern. Nun verlegen sie sich auf Verschleierungstaktiken, huldigen verbal den berechtigten Ansprüchen des gemeinschaftlichen Lebens, verweisen aber sehr suggestiv auf ihre Symptome, die ihnen das Mitleben und die Mitarbeit verunmöglichen. Adler spricht davon, daß die Lebensformel des Neurotikers ›Ja-aber‹ heiße; im ›Ja‹ akzeptiert er die Notwendigkeiten der Kooperation und Kommunikation, im ›aber‹ zieht er sich elegant aus der Schlinge, da man von ihm als Leidenden nicht erwarten darf, daß er sich ›die Hände schmutzig macht‹.

Der *Sinn* einer Neurose ist wesentlicher als ihre *Ursache*; es hilft auch therapeutisch mehr, wenn der Patient begreift, was er (unbewußt) mit seiner Krankheit ›will‹, als wenn er fragliche Kausalitäten konstruiert.

Die Neurosenlehre von C. G. Jung unterscheidet sich in mehrfacher Hinsicht von derjenigen Freuds und Adlers. Sie ist begründet in seiner ›Typentheorie‹ und in seiner Konzeption von der ›Struktur des Seelenlebens‹. Jung behauptete, daß es zwei grundlegende ›Einstellungstypen‹ gebe, deren Differenz in der vorwiegenden Richtung des ›Libidostromes‹ liege. Beim Extravertierten fließt die Libido nach außen, in die Umwelt; für solche Menschen ist die Welt der Objekte wichtiger als das Ich. Beim Introvertierten jedoch ist die Ichbezogenheit stärker entwickelt; er ist nach innen gekehrt und sucht die Übereinstimmung mit sich selbst. Bei vielen Menschen besteht ein ausgewogenes Verhältnis zwischen extravertiertem und introvertiertem Verhalten. Es kommen aber auch Extremtypen vor, bei denen nur ein Pol der beiden Einstellungsweisen entfaltet ist.

Ein weiterer Schematismus betrifft die ›Funktionstypen‹, von denen Jung eine Vierzahl feststellt: Denken, Fühlen, Empfinden und Intuieren. Es macht einen großen Unterschied zwischen den Individuen aus, mit welcher von diesen Funktionen sie sich in der Realität orientieren. Wird eine Funktion stark ausgeprägt, so hat dies die Folge, daß die anderen Funktionen weniger entwickelt werden, teilweise sogar ›minderwertig‹ bleiben. Ein minderwertiges Denken, Fühlen, Empfinden oder Intuieren kann die Lebensgestaltung außerordentlich belasten.

Kombiniert man Einstellungs- und Funktionstypen, so erhält man acht mögliche Rubriken, in welche nach Jung die Individualitäten eingeordnet werden können. Neurosen entstehen unter anderem dadurch, daß Einseitigkeiten in Einstellung und Funktion das ›Lebensgleichgewicht‹ stören; man kann neurotische Erkrankungen beseitigen, wenn man diesbezügliche Defizite erkennt und den ›minderwertigen Seelenanteil‹ weiterentwickelt.

Die Seele besteht aus der ›Persona‹ oder Berufsmaske, dem gegengeschlechtlichen Seelenbild (Animus und Anima), dem Schatten (die Summe der eigenen Unzulänglichkeiten), dem ›kollektiven Unbewußten‹ mit seinen Archetypen (Urbildern) und schließlich auch dem ›Selbst‹, welches die höhere Einheit des gesamtpsychischen Organismus darstellt. In allen Elementen dieses ›Seelenmosaiks‹ können Hypertrophien und Disparatheiten auftreten. So kann etwa ein Mensch sich ganz mit seiner Berufsrolle identifizieren und hinter der Fassade seines Statusbewußtseins seelisch verkümmern; oder er kann das Bewußtsein der eigenen Schwächen verdrängen, was meistens zu Ungerechtigkeiten gegen andere führt: Aus unserem Schatten stammen

die wichtigsten Inhalte unserer Projektionen, d. h. jener Seelen-
mängel, die wir auf andere verlagern und auch an ihnen bekämpfen. Wird am andersgeschlechtlichen Seelenanteil (Animus,
Anima) vorbeigelebt, dann mißlingt nicht nur die Mann-Frau-
Beziehung, sondern auch der ›Weg nach innen‹. Auf diesem werden die ›Urbilder des kollektiven (unbewußten) Seelenlebens‹
gefunden, ohne die nach Jung eine ›Selbstwerdung‹ oder ›Selbstverwirklichung‹ im höheren Sinne nicht gedacht werden kann.
Neurose ist nach Jung eine fehlgeschlagene ›Individuation‹;
wenn der Mensch sich für kein ›Wozu des Lebens‹ entscheiden
kann, fällt er der *Sinnlosigkeit* anheim, welche das Ursymptom
aller neurotischen Erkrankungen ist.

Neurosenstruktur bei H. Schultz-Hencke

Schultz-Hencke hat nach eigener Aussage in seiner Neurosenlehre die Positionen von Freud, Adler und Jung zu einem Amal-
gam vereinigt; scherzhaft behauptete er einmal, alle seine Auffassungen von diesen drei Autoren ›gestohlen‹ zu haben. In
Wirklichkeit findet man aber genug Eigenes in seiner Theorie,
die hauptsächlich in den beiden Büchern »*Der gehemmte
Mensch*« (1940) und »*Lehrbuch der analytischen Psychotherapie*«
(1951) dargelegt wird.
Nach Schultz-Hencke kann man die seelischen Erscheinungen
nicht auf einen einzigen Trieb (Sexualität, Macht) zurückführen.
Er fordert die Anerkennung von mehreren ›Antriebsarten‹, aus
denen die bunte Fülle des Seelischen hervorgeht. ›Zuunterst‹ im
Seelenleben findet er das *intentionale Antriebserleben,* das ›Weltzuwendung‹ im allgemeinsten Sinne bedeutet. Darin inbegriffen
ist Neugier, Gerichtetsein auf die Welt, Öffnung für sie.
Darauf gründet das *orale, kaptative Antriebserleben.* Es ist weitgehend mit der ›oralen Phase‹ der Psychoanalyse identisch. Man
kann dies auch als generelles ›Habenwollen‹ beschreiben. Im ersten bis zweiten Lebensjahr ist dies das psychische Hauptmotiv
(um den Mund zentriert); daraus entwickelt sich später die Haltung des Besitzstrebens.
Des weiteren gibt es das *retentive, anale Antriebserleben.* Dieses
wird durch die Reinlichkeitserziehung des zweiten und dritten
Lebensjahres geprägt. Die ihm zugeordneten Haltungen sind
das Behalten- und Gebenwollen; erste Andeutungen hiervon

zeigen sich beim Zurückhalten oder Hergeben der Exkremente, aber später gewinnt dieses Motiv eine allgemeinpsychische Bedeutung.

Das *aggressiv-geltungsstrebige Antriebserleben* hat mit der Selbstbehauptung des Menschen in seiner Welt zu tun. Dieser Antrieb gründet in der motorischen Funktionslust, im Betätigungsdrang der Muskulatur. Schultz-Hencke nimmt aber nicht an, daß der Mensch ein Destruktionspotential in sich trage; er rekurriert auf den ursprünglichen Wortsinn von ad-gredi, welches im Lateinischen ›herangehen‹ meint. Man kann auch hierfür das Wort ›Aktivität‹ einsetzen. Nur bei pathologischer Ausgestaltung dieses Antriebs kommt es zur Destruktion.

Das *urethrale Antriebserleben* wird mit dem Ehrgeiz und dem Sich-gehen-Lassen in Verbindung gebracht.

Zärtliche und sexuelle Antriebe schließlich vollenden das Panorama der Antriebsmotivationen, wobei Schultz-Hencke sich weigert, in der Zärtlichkeit ein bloß sekundäres Geschehen innerhalb der Sexualität anzuerkennen. Die zärtliche Strebung sei autochthon; sie trete auch früher als das Sexuelle im kindlichen Seelenleben auf. Zärtlichkeit sucht zwischenmenschliche Nähe, indes Sexualität eher auf triebhafte Spannungsabfuhr tendiert.

In der Entwicklungsgeschichte jedes Menschen haben diese sechs Antriebsarten spezifische Prägungszeiten, die für ihre spätere Ausbildung und Formung von schicksalhafter Tragweite sind. Dabei ist vor allem die Erziehung von großer Bedeutung.

Verwöhnung, Härte und *Lieblosigkeit* sind nach Schultz-Hencke ›Hemmungsfaktoren‹, die das Antriebserleben im gesamten und auch im Detail blockieren können. Das Resultat ist dann ein ›gehemmter Mensch‹, der verschiedene notwendige ›Lebensleistungen‹ nicht vollbringen kann. Das schließt eine oberflächliche Anpassung an die Erfordernisse des sozialen Lebens nicht aus. Aber bei genauerem Zusehen wird man ›Lücken‹ im Seelenaufbau des Gehemmten finden, die auch lebensgeschichtlich zu spezifischen ›Ausfallserscheinungen‹ Anlaß geben.

So können etwa das allgemeine Weltinteresse, das Besitz-, das Geltungs- und das Liebesstreben (dazu auch die Sexualität) reduziert sein. Wo wir Expansion erwarten, finden wir Ängste, überschießende Reaktionen, auf die späteres Blockiertsein folgt. Die Antriebe können nicht ausreifen, weil sie nicht in das Gesamtpsychische integriert sind. Sie muten als ›Antriebssprengstücke‹ an, die am Rande des Bewußtseins als Unsicherheitselemente flottieren und als kaptative, retentive, aggressive und sexuelle Strebungen zu betont irrationalen Haltungen und Verhaltensweisen führen. Der Charakter entwickelt sich als Reaktionsprodukt auf das zugrunde liegende ›Hemmungsschicksal‹.

Sehr ausführlich und subtil schildert Schultz-Hencke die psychischen Folgeerscheinungen der gehemmten Antriebe. So entstehen auf dem Boden der Hemmung *Bequemlichkeit* und *Riesenerwartungen,* die einen ›Teufelskreis‹ in Gang bringen. Der Gehemmte ist träge, hat aber ›große Rosinen im Kopfe‹; er will und kann sich nicht anstrengen, möchte aber gerne alles und jedes ›im Nu‹ erreichen. Auch will er viel von den anderen, ist aber selbst nicht bereit, einen Einsatz zu leisten. Seine übertriebenen Forderungen nehmen in der Familie ihren Anfang, richten sich später an das Leben, an den Zufall und an die Gottheit. Die daraus stammenden Enttäuschungen führen kaum je zur Selbstkritik und Wandlung der Persönlichkeit; das betreffende Individuum ist in den Zirkel der Passivität und des Riesenanspruchs ›eingespannt‹ und kann nicht aus ihm aussteigen. Je nach Erziehungsverlauf kann es bequem-anspruchsvolles Zirkelverhalten in verschiedenen Bereichen des Antriebserlebens geben.

Alle psychischen Funktionen leiden unter der ›pathologischen Trias‹ von Hemmung, Bequemlichkeit und Riesenerwartungen. Nach Schultz-Hencke können die von Jung hervorgehobenen Unzulänglichkeiten im Denken, Fühlen, Empfinden und Intuieren ebenfalls auf Hemmungsschicksale zurückgeführt werden. Unterentwickeltes Fühlen z. B. entspricht einer ›allgemeinen Hingabestörung‹, die mit Deformationen des retentiven Antriebs, der Sexualität und Zärtlichkeit zusammenhängen kann. Auch wird das Denken gestört sein, wenn das Individuum seine Motorik nicht entfalten durfte und allgemein in seiner Weltzuwendung (Neugierverhalten) und Expansivität blockiert wurde. Weitere Konsequenzen des ›schiefen Seelenaufbaus‹ sind nach Schultz-Hencke *Überkompensationen* von unausgereiften Antrieben und Bedürfnissen, *mangelhaftes Können* in allen Lebenssphären, *mangelhafte Arbeitstechnik, mangelnde Freizeitausfüllung, mangelhafte Technik der Menschenbehandlung* und eine *neurotische Ideologie oder Weltanschauung* (»*Der gehemmte Mensch*«, S. 95 f). Aus alldem wird ersichtlich, daß die Neurose nicht nur in der ›Triebschicht der Persönlichkeit‹ fundiert ist, sondern in alle Schichten des seelischen Lebens und Erlebens ›diffundiert‹, so daß man sich eine psychotherapeutische Intervention nicht als eine einfache Angelegenheit vorstellen darf. Schultz-Hencke vergleicht die ›ausgewachsene neurotische Störung‹ mit einem tropischen Baum, der nicht nur Erdwurzeln, sondern auch Luftwurzeln hat, die von den Zweigen herab den Stamm im Boden verankern. Durchsägt man den Hauptstamm, dann kommt der Baum noch nicht zu Fall, da er genügend durch seine Zusatzwurzeln abgestützt wird.

Nun werden noch vier Neurosenstrukturen beschrieben, die in Korrelation mit den Primärantrieben stehen. Die *schizoide Struktur* entspringt einer Hemmung des Intentionalen, des Kontaktbedürfnisses an seiner Basis, des ›Urvertrauens‹. Aus solchen Gehemmtheiten können sowohl Neurosen als auch Psychosen hervorgehen; die Schizophrenie zeigt das ›Schizoide‹ in seiner schärfsten Ausprägung. — Die *depressive Struktur* ist gekennzeichnet durch oral-aggressive Versagungen, die das Habenwollen blockieren und dumpfe Wut und Hoffnungslosigkeit ausbrüten. — Die *zwangsneurotische Struktur* gründet in motorisch-aggressiven Antriebsverminderungen, wodurch der Betroffene zu wenig ›Können‹ ausbildet und sich im Labyrinth von Zwangsgedanken und -handlungen verirrt. — Die *hysterische Struktur* schließlich kommt zustande durch Einschränkungen des zärtlich-sexuellen Motivationsbereiches, was einen gewissen Infantilismus in der Selbstdarstellung, Realitätsfremdheit und eventuell auch schauspielerisches Agieren mit sich bringt. Das Fehlen des reifen, sexuellen Momentes in der Hysterie wurde schon von den Klinikern des 19. Jahrhunderts exakt beschrieben.

Für Schultz-Hencke entsteht die Neurose dann, wenn das entsprechend disponierte Individuum in *Versuchungs- und Versagungssituationen* hineingerät, die es mit seinem psychischen Instrumentarium nicht einordnen und bewältigen kann. Der Versuchungsfaktor mobilisiert gleichsam das in der Verdrängung lauernde ›Antriebssprengstück‹, das normalerweise aus dem Bewußtsein ferngehalten werden kann. Nun aber meldet es sich meistens ›lärmend‹ zu Wort — es fehlen aber Verhaltens- und Denktechniken, um ihm angemessene Befriedigung zu verschaffen. Dies ergibt dann Versagungen oder Frustrationen, die mit revoltierenden oder resignativen Gefühlen beantwortet werden. Beim *Überwuchern des Hemmungsapparates und der Angst* kommt es zur eigentlichen Neurose bzw. zur psychosomatischen Erkrankung.

Schizoide fürchten den Kontakt, Depressive ängstigen sich vor der Hingabe, Zwangsneurotische weichen der Zärtlichkeit und den Intimsituationen aus, und Hysterische meiden das Sexuelle und endgültige Entscheidungen. Alle schränken den Kontakt mit dem Leben und der Umwelt ein, sei dies durch Rückzug, durch Gefühlsreduktion, durch Aggressionen und ›überschießendes Verhalten‹. Man muß die Neurose eine *Erkrankung der Gesamtpersönlichkeit* nennen.

Phänomenologie der Neurose bei K. Horney

Im Anschluß an Freud, Adler und Schultz-Hencke entwarf Karen Horney eine eindrückliche Neurosentheorie, die mit dem Kennwort ›neopsychoanalytisch‹ etikettiert worden ist. Sie schrieb mehrere Bücher über dieses Thema; die wichtigsten sind *»Der neurotische Mensch unserer Zeit«*, *»Unsere inneren Konflikte«* und *»Neurose und menschliches Wachstum«*. Vor allem das letztgenannte Werk aus dem Jahre 1950 ist eine zusammenfassende Darstellung der Horneyschen Neurosenlehre.

Horney hat von Alfred Adler und Kurt Goldstein gelernt, daß das zentrale Anliegen des Menschen seine ›Selbstverwirlichung‹ ist. Sie spricht vom ›wahren Selbst‹ und meint damit den Menschen in seiner inneren und äußeren Realität, die akzeptiert sein müssen, wenn Entwicklung stattfinden soll. Wenn aber ein Menschenkind in seinen ersten Lebensjahren ungute Verhältnisse vorfindet, dann kommt es nicht zur Anerkennung des wahren Selbst; der unglückliche Heranwachsende schafft sich auf Grund einer Erkrankung seiner Phantasie und seines Gefühlslebens ein ›idealisiertes Selbst‹, das zur beherrschenden Macht in seiner Psyche wird. Die ganze Existenz des späteren Neurotikers wird darauf gerichtet, das Idealselbst zu verwirlichen; dies ist aber ein unmögliches Unterfangen, da hierbei Maßstäbe, Ziele und Werte angesetzt werden, die außerhalb des ›Menschenmöglichen‹ stehen. Hierin liegt die ›Urtragödie‹ des neurotischen Menschen, über die Horney u. a. sagt:

»Selbstidealisierung in ihren verschiedenen Aspekten möchte ich eine *umfassende neurotische Lösung* nennen — d. h. eine Lösung, die nicht nur für einen einzelnen Konflikt gültig ist, sondern ohne weiteres alle inneren Bedürfnisse zu befriedigen verspricht, die in einem Menschen zu einer bestimmten Zeit entstanden sind. Außerdem verspricht sie nicht nur eine Befreiung des Menschen von schmerzhaften und unerträglichen Gefühlen (sich verloren, ängstlich, minderwertig und gespalten zu fühlen), sondern dazu noch eine im Grunde geheimnisvolle Erfüllung seiner selbst und seines Lebens. Darum ist es auch nicht verwunderlich, daß sich ein Mensch, der eine solche Lösung gefunden zu haben glaubt, mit aller Kraft daran klammert; ja, daß diese Lösung, um einen treffenden psychiatrischen Fachausdruck zu benutzen, *zwanghaft* wird. Das regelmäßige Vorkommen der Selbstidealisierung in der Neurose ist die Folge des regelmäßigen Auftretens zwanghafter Bedürfnisse, die in einem für Neurosen empfänglichen Lebenskreis gezüchtet werden.« (»*Neurose und menschliches Wachstum*«, S. 22)

Eine neurotisierende Erziehung schafft eine erhöhte *Grundangst*, mit der sich das betroffene Individuum oft lebenslänglich auseinandersetzen muß. Zwischen Angst und idealisiertem Selbst ergibt sich eine verhängnisvolle Dialektik, indem größere Ängstlichkeit zu unrealistischen, verstärkten Forderungen an sich selbst führt, indes solche Faszination durch das eigene Vollkommenheitsideal wiederum angstauslösend wirkt. Ehrgeiz und Eitelkeit entstehen fast notwendigerweise aus einer derartigen Dynamik. Um die Stimmen der Selbstverachtung in sich zu übertönen, jagt der verängstigt-stolze Mensch nach Ruhm und Ehre und sucht fieberhaft die Welt von sich zu überzeugen, damit er selbst ein wenig an sich glauben kann. Damit verbunden ist ein gespanntes Verhältnis zur Wirklichkeit, die man ablehnen oder gar hassen muß, weil sie alle absolutistischen Ansprüche negiert. Wer sich auf die schiefe Bahn des Strebens nach dem Absoluten begibt, entfremdet sich der Realität und muß zumindest teilweise mit der Welt des Wahns kokettieren.
Durch die Aufspaltung der Individualität in ein verkümmertes ›wahres Selbst‹ und ein aufgeblähtes ›idealisiertes Selbst‹ ist die Grundlage zu inneren Konflikten gegeben, die nach Horney in jeder Neurose in gehäufter Form gefunden werden. Die daraus resultierende allgemeine Schwächung der Persönlichkeit macht aber auch die Auseinandersetzung mit der Umwelt prekär. Indes beim ›normalen Menschen‹ wohlabgewogene und situationsgerechte Zuwendungen *zum Menschen hin, gegen die Menschen* und *von den Menschen weg* vorkommen, sehen wir beim neurotischen Typ ein einseitiges Überwiegen einer dieser Grundrich-

tungen, was zu tausendfältigen Kalamitäten in der Lebensführung Anlaß gibt.

Der Neurotiker ist liebeshungrig bis zum Exzeß, so daß er Zuwendung zu den anderen als Selbstpreisgabe mißversteht. Dies ist die masochistische Lösung des neurotischen Hauptproblems; sie führt zur Selbstverkleinerung aus Schwäche, zu einer übertriebenen und fast wahllosen Hingabe, die die ›Grundangst‹ beschwichtigen soll. — In anderen Fällen wird Aggression entwickelt, um gegen die als feindselig empfundene Welt anzukämpfen. Dieser Kampf kann zu gelegentlichen Erfolgen führen, eliminiert aber häufig die weichen und hingebungsvollen Gefühle, die das Glück in Liebe, Freundschaft und Zusammenarbeit ausmachen. — Die dritte Antwort auf die innere Zerrissenheit ist die Flucht vor den Menschen und der Rückzug in eine Privatwelt, in die die anderen nicht eindringen können. Aber auch die Absonderung ist keine glückliche Lösung; sie beschwichtigt die neurotische Konflikthaftigkeit auf Kosten der Persönlichkeitsentfaltung.

Horney ist außerordentlich geschickt in der Beschreibung neurotischer Wesenszüge, wobei sie aber nicht selten Freudsche und Adlersche Funde in einer anderen Nomenklatur vorstellt. Was sie unter dem Titel ›Die Tyrannei des Solls‹ schildert, ist dem harten und grausamen Über-Ich der Psychoanalyse analog; die ›neurotischen Ansprüche‹ lassen nicht verkennen, daß ihnen die Schultz-Henckeschen Riesenerwartungen Pate gestanden haben; die ›Machtgier‹ und der ›Perfektionismus‹ des Neurotikers schließlich sind dem individualpsychologischen Vokabular entnommen, wie überhaupt viele Erkenntnisse Horneys dem Begriffsarsenal Adlers entstammen. Amerikanische Kritiker haben daher ironisch Horney, Fromm und Sullivan als die ›Gruppe der *Freudlerians*‹ zusammengefaßt, als jene Autoren, die vielerlei bei Freud und Adler entliehen haben, wobei vor allem in bezug auf den letzteren nicht immer ausreichende Dankbarkeit vorwaltet. So heißt es in »*Neurose und menschliches Wachstum*« in etwas zu scharfer Abgrenzung gegen Freud und Adler:

»Aus all den theoretischen Gründen, die hier erwähnt wurden, konnte Freud unmöglich erkennen, welch ungeheure Macht die Suche nach Ruhm und Ehre hat. Jene Faktoren in den expansiven Trieben, die er tatsächlich beobachtete, waren nicht das, was sie zu sein schienen, sondern ›in Wirklichkeit‹ Ableitungen infantiler libidinöser Triebe. Seine Denkweise

23

hinderte ihn daran, expansive Triebe als Kräfte zu sehen, die ihre spezielle Bedeutung und ihre speziellen Konsequenzen haben.

Diese Behauptung wird verständlicher, wenn wir Freud mit Adler vergleichen. Adlers großes Verdienst war, daß er erkannte, welche Bedeutung das triebhafte Streben nach Macht und Überlegenheit für Neurosen hat. Da er sich aber fast ausschließlich mit den Methoden beschäftigte, wie man Macht erlangt und seine Überlegenheit behauptet, erkannte er nicht die abgrundtiefe Verzweiflung, die mit diesen Trieben verbunden ist. Infolgedessen blieb er allzusehr an der Oberfläche der vorliegenden Probleme.« (l. c., S. 418)

Sehr wertvoll ist allerdings Horneys kritische Überprüfung des Freudschen Theoriegebäudes, die sie souverän in »*Neue Wege in der Psychoanalyse*« vollzogen hat. Wie sie selbst angibt, kamen ihr die ersten Zweifel an der Berechtigung der psychoanalytischen Konzeptionen, als sie sich mit der ›Psychologie der Weiblichkeit‹ befaßte. Sie rebellierte dagegen, daß Freud in seiner bekannten Formel die weibliche Psyche als ›naturhaft‹ infantil, masochistisch und narzißtisch beschrieb und auch dem Vorurteil von der intellektuell-sittlichen Unterlegenheit der Frau gegenüber dem Manne seinen Tribut entrichtete. Damals dämmerte Horney die Ahnung, daß in der Psychoanalyse das patriarchalisch-autoritäre Denken nicht überwunden war. Später — nach ihrer Übersiedlung in die USA — begriff sie auch die ›Kulturabhängigkeit‹ der Freudschen Befunde; in Auseinandersetzung mit soziologischen und ethnologischen Theorien wurde ihr deutlich, daß das psychoanalytische Seelen- und Entwicklungsmodell aus dem Materialismus und Positivismus des 19. Jahrhunderts stammte und daß man z. B. auch den Ödipuskomplex als ein Kunstprodukt patriarchalischer Lebensverhältnisse ableiten konnte. Als Sympathisantin der sogenannten ›kulturellen Schule‹ verfocht Horney die ›kulturelle Determination‹ der Neurosen, wobei sie sich mit Erich Fromm in weitgehender Übereinstimmung befand. Beide Autoren arbeiteten mit Harry Stack Sullivan zusammen, der ebenfalls wichtige Neuerungen in die Neurosentheorie und in die Psychotherapie einführte: Seine ›interpersonelle Psychiatrie‹ hat vor allem im angelsächsischen Sprachbereich Furore gemacht.

Man kann Horney in ihrer Neurosenlehre eine ›Phänomenologin‹ nennen, wiewohl sie in der Philosophie nicht besonders bewandert und gewiß die Texte von Edmund Husserl und Martin Heidegger kaum zu studieren imstande war. Sie geht aber insofern ›phänomenologisch‹ vor, als sie nicht so sehr daran interessiert ist, die Frage nach dem *Warum* und *Woher* der Neurose aufzuwerfen, sondern sich mehrheitlich darauf beschränkt, ihr *Wie* ausgezeichnet zu beschreiben. Sie will die neurotischen Befunde darstellen und ihren inneren Zusammenhang aufweisen. Das unterscheidet sie von der orthodoxen Psychoanalyse, für die auch die Therapie im wesentlichen darauf hinauslief, die Entstehung der Krankheit in den Kinderjahren aufzudecken. Horney erinnert lakonisch daran, daß sie Patienten gesehen habe, die sich auf Grund einer psychoanalytischen Behandlung ihren ganzen Lebenslauf lückenlos in Erinnerung zu rufen vermochten: Sie waren aber nicht geheilt! Daher ist es sinnvoller, das ›neurotische Gewebe‹ hier und jetzt zu durchleuchten; versteht der Patient, aus welchen Widersprüchen sein derzeitiges Leben sich zusammensetzt, dann erwacht in ihm der Impuls zur Selbstveränderung viel stärker, als wenn er sich auf den Spuren der Vergangenheitsforschung verliert.

Ebenfalls phänomenologisch an Horney ist die Kritik der Libidotheorie, die die beobachtbaren seelischen Erscheinungen zugunsten von *gemutmaßten Triebvorgängen* abwertet. Horney bekämpft diese Tendenz entschieden. Sie verneint die materialistischen Spekulationen und beschränkt sich auf eine Deskription des ›Wahrnehmbaren‹, auf intuitives Interpretieren der ›Phänomene selbst‹.

Daseinsanalytische Neurosenlehre

Ludwig Binswanger, Medard Boss u. a. haben explizit auf der Grundlage der Phänomenologie Husserls und der Existenzialontologie Heideggers eine Psychopathologie und Psychotherapie aufgebaut, die wertvolle Innovationen in Theorie und Praxis einführte. Man kann die Lehren der genannten Autoren nur begreifen, wenn man sich in die schwierigen Texte von Husserl und in Heideggers Hauptwerk »*Sein und Zeit*« (1927) einarbeitet. Viele Psychoanalytiker scheuen vor dieser Mühewaltung zurück, weshalb die sogenannte ›Daseinsanalytik‹ in Fachkreisen noch auf erhebliche Widerstände stößt, die teilweise auch auf

Unkenntnis ihrer Gedankengänge beruhen. Tatsächlich kann man von dieser Schulmeinung außerordentlich viel lernen, wenn man ihr eigenwilliges Vokabular assimiliert und dazu bereit ist, überlieferte Vorurteile aus Wissenschaft und Alltagsleben in Frage zu stellen.

Die Daseinsanalytiker erforschen das ›In-der-Welt-Sein‹ des neurotischen (psychotischen, perversen, normalen) Menschen, d. h. die Art und Weise, wie er sich zu sich selbst, zu den Mitmenschen und zur Dingwelt verhält. Sie betonen u. a., daß die meisten Menschen primär kein eigentliches Ich-Selbst besitzen; sie haben nur ein Man-Selbst-Sein, was etwa bedeutet, daß sie gänzlich in der Lebensweise und Denkmodalität des Kollektivs, dem sie zufällig angehören, aufgehen. Der Weg aus der Verlorenheit in das ›Man‹ zum wahren Ich-Selbst-Sein ist beschwerlich und wird in der Regel gemieden.

Hält man sich diese Grundverfassung des menschlichen Daseins vor Augen, dann kann man die Neurose auch als einen *Substanzmangel im Selbst des Menschen* charakterisieren. Wer die Möglichkeiten einer eigentlichen und eigenständigen Lebensführung allzusehr verfehlt, wird von Symptomen aller Art heimgesucht, die lebensgeschichtliche *Ursachen* haben mögen, aber auch *Ausdruck* seiner persönlichen Selbstentfremdung sind.

Auffällig an neurotischen Patienten ist demnach ein ›schmaler Lebensentwurf‹, das Verfallensein an die Kollektivexistenz und der mangelhafte Mut zum wahren Selbstsein. Der Neurotiker ist auch eingeengt in seinem ›Verstehen‹, was gemäß Heidegger nicht nur Begreifen rationaler Zusammenhänge, sondern auch Fähigkeiten der aktiven Weltbewältigung beinhaltet. Dem Verstehen zugeordnet ist die ›Befindlichkeit‹, womit die Grundstimmung des Menschen gemeint ist. Die seelisch kranken oder gestörten Menschen sind ›verstimmt‹, d. h., sie existieren in düsteren, freudlosen und gequälten Stimmungen, die ihnen den Ausblick auf innere und äußere Möglichkeiten der Selbstverwirklichung verstellen. Als dritte Strukturkomponente neben Verstehen und Befindlichkeit führt Heidegger die ›Rede‹ ein. Er ist der Auffassung, daß menschliches Sein sich wesensmäßig im sprachlichen Ausdruck vollzieht. Im ›Man-Selbst-Sein‹ herrscht das ›Gerede‹ vor, nämlich beziehungsloses Miteinandersprechen ohne den echten Bezug zur Sache. Unechtheit des Daseins führt auch zur Unechtheit der Aussage; Reden dient nicht mehr der Mitteilung, sondern der Verschleierung von Fakten.

Als eine exquisite Grundstimmung des Daseins bezeichnet Heidegger die ›Angst‹, die er als ein Erkenntnismittel bezüglich der Situation des Menschen in der Welt definiert. Im Angsterlebnis erfährt der Mensch, daß er einen Spielraum der Freiheit besitzt. Er ist frei zu seinen Möglichkeiten, die nur er allein wahrnehmen und ergreifen kann. Die äußerste Möglichkeit des Daseins aber ist der Tod. Wer frei sein will, muß auch den Mut dazu haben, seine eigene Endlichkeit zu sehen, d. h., dem Tode ins Auge zu blicken. Angst in diesem Sinne ist demnach nichts Negatives und Unerwünschtes. Man muß sich mit ihr konfrontieren, um ein Leben in Produktivität und Verantwortung führen zu können.

Der neurotische Mensch scheut die oben geschilderte Angsterfahrung und ist weit mehr in der Zone der ›Furcht‹ heimisch, wo dies und das mit schreckhaften Akzenten versehen wird, weil der Furchtsame ganz auf *Selbstbewahrung* und *Sicherheit* ausgerichtet ist. Der Neurotiker engagiert sich zu wenig im Leben; die Furchtsamkeit dient ihm als Alibi, sich überall herauszuhalten und sich die Zeit mit Wünschen und Hoffen zu vertreiben. Wer aber den ›Mut zur Angst‹ aufbringt, von dem fallen die kleinlichen Befürchtungen ab, die uns tausend Tode sterben lassen, bevor uns der ›eigentliche Tod‹ ereilt.

Nicht nur das Selbstsein, sondern auch das ›Mitsein‹ ist in der Neurose unterentwickelt. Das Verhältnis des Menschen zu den Mitmenschen sollte nach Heidegger die ›Fürsorge‹ sein; darin liegt, daß man sich darum bemühen soll, dem anderen zum Selbstsein zu verhelfen. Bekanntlich haben Neurotiker hierfür weder Zeit noch Kraft und Geduld; sie sind ja selbst so klein und hilflos, daß sie für niemanden als Helfer und Förderer in Betracht kommen. So bleiben sie in sich selbst verfangen und kultivieren ihre traurige Innerlichkeit: Die gemeinsame Welt der Menschen bleibt ihnen zu fremd. Aber gerade dort liegen die Chancen der Entwicklung und des Fortschreitens; vermindertes Mitsein ist eine Defizitärform der Existenz.

Nicht nur die Fürsorge des Neurotikers ist reduziert; auch seine ›Sorge‹ erscheint in einer pervertierten Form. Nach Heidegger heißt Sorge: In-die-Zukunft-Gerichtetsein. Die Zukunft ist die eigentliche Dimension des Menschenlebens, die wichtigste Modalität des Zeiterlebens, welches stets die Einheit von Vergangenheit, Gegenwart und Zukünftigsein beinhaltet. Normalerweise lebt der Mensch in seinen Zielen, Plänen und möglichen Selbstverwirklichungen. Aus den Zukunftsbestrebungen erhalten Gegenwart und Vergangenheit ihren tragenden Sinn. Wer keine Zukunft vor sich sieht, weiß nicht, wozu er existiert. Er stagniert innerlich und äußerlich, was ein zentraler Befund bei vielen Neurosen und anderen Störungen ist.

Neurotiker meinen oft, daß es für sie keine Zukunft — als Wandlung, Wachstum usw. — gibt. Sie sehen vor sich ein ewiges Einerlei von Problemen, Konflikten, Nöten und Ängsten. Man kann dies ein ›Verfallensein‹ an ihre jeweilige Gegenwart nennen, die sich erst dann aufhellt, wenn der Betreffende um seine Vergangenheit weiß und seine Zukunft ›entwirft‹.

Zu diesem Zwecke muß aber die *Gewissensinstanz* erweckt werden, über die die Daseinsanalyse Wesentliches zu sagen hat. Wir kennen das Gewissen meistens nur als strafende und ermahnende Instanz, die uns nach bestimmten Fehlhandlungen und Unterlassungen rügt, also Reue, Gewissensbisse und Schuldgefühle in uns erzeugt. Dies ist im Sinne der Daseinsanalytik eine nur oberflächliche Gewissenserfahrung, die lediglich die Stimme der verinnerlichten Eltern und Autoritäten in uns zu Gehör bringt. Das wahre Gewissen kritisiert nicht diese oder jene Einzelheit und hält sich nicht an unseren Fehlern und Untugenden auf. Seine Botschaft als ›Ruf der Sorge‹ ist nur: ›Werde, der du bist!‹ ›Sei wahrhaft du selbst!‹ ›Suche die Selbstverwirklichung deiner Persönlichkeit!‹

Hieraus wird begreiflich, daß die vielen Selbstvorwürfe und oft mörderischen Selbstanklagen neurotischer Patienten kein echtes ethisches Phänomen sind. Oft klagen Neurotiker in ihren endlosen Selbstquälereien versteckt ihre Umgebung an, die ja durch das Wühlen im moralischen Sumpf erheblich niedergedrückt wird. Nietzsche kannte bereits die Spiegelfechterei bei den Selbstquälern und formulierte den Satz: ›Gewissensbisse sind unanständig!‹ Anstelle von unfruchtbarer Reue solle lieber das Wiedergutmachen der Verfehlungen treten. Man ist nicht ›gewissenhaft‹, wenn man die Umwelt durch trauriges und mißmutiges Gebaren plagt; wer Glück und Heiterkeit in der Welt vermehrt, tut mehr für das Sittliche als jener, der von dauerndem Sündenbewußtsein verfolgt wird und sich meistens auch als Verfolger anderer betätigt.

Berühmt geworden sind Heideggers Zeitanalysen in seinem Buch »*Sein und Zeit*«. Diese unterscheiden zwischen der ›Weltzeit‹ und der existentiellen Zeit oder ›Zeitlichkeit‹. Letztere ist das innerste Geschehen der Existenz selbst, die sich ›zeitigt‹.

Das zentrale Zeitphänomen ist hierbei — wie schon Kierkegaard hervorhob — der ›Augenblick‹, die Synthese nämlich von Vergangenheit, Gegenwart und Zukunft in der ›gelebten Situation‹. In seiner jeweiligen Situation kann das Dasein durch entschlossenes Ergreifen seiner Möglichkeiten die Gestaltung seiner selbst und der Welt realisieren. Hierbei wird der Augenblick zur ›Fülle der Zeit‹: Er ist nicht ein gleichgültiger Zeitpunkt in einem mechanischen Zeitablauf, sondern der Schlüssel zu dem, was die Existenz ist und sein wird. Heidegger sieht eine Dialektik zwischen ›Entschlossenheit‹ und existentieller Zeitentfaltung; er spricht auch vom ›Vorlaufen zum Tode‹ (der äußersten Möglichkeit) als Bedingung des ›geschichtlichen Daseins‹.

Man gewinnt anhand dieser schwierigen Existenzanalyse den Eindruck, daß ihr Urheber das Verhältnis des menschlichen Daseins zum Sein überhaupt klären will und zu diesem Zwecke die Varianten des uneigentlichen und eigentlichen Existierens mit einem verborgenen ethischen Pathos beschreibt. Spätere Werke betonten, daß der Mensch der Ort sei, wo das Sein in und an ihm selbst ›gelichtet‹ ist: Er ist die ›Lichtung im Sein‹. Als solche fällt ihm gewissermaßen die Aufgabe zu, *Hirt und Hüter des Seins* zu werden. Er ist geöffnet für die Bedeutungsfülle alles Seienden, was mit der ›Verpflichtung‹ verbunden ist, zu dessen Entbergung und Offenbarung beizutragen und all das ›Vernommene‹ zur Sprache zu bringen.

Was wir in Kürze geschildert haben, ist — wie wir selbst zugeben — eine gewagte Interpretation der daseinsanalytischen Gedankengänge, in der eine Nutzanwendung dieser ›Ontologie‹ für die Neurosenlehre und Psychotherapie versucht wird. Ähnliches hat Binswanger für die Psychiatrie und Medard Boss für die Psychosomatik und die Psychopathologie angestrebt. Vor allem der letztere hat in bedeutenden Arbeiten über die Psychologie des Traumes, der sexuellen Perversionen, der psychosomatischen Krankheiten und in der allgemeinen Psychologie bahnbrechende Konsequenzen aus Heideggers Lehre für die Umformulierung der tiefenpsychologischen Theorie und Praxis gezogen.

Für die Daseinsanalytiker hat Heidegger die ›Grundstruktur des menschlichen Daseins‹ entdeckt und damit allen Wissenschaften vom Menschen einen ›Schematismus‹ in die Hand gegeben, der wichtige Neuerungen und Fortschritte ermöglicht. So gilt etwa für die seelischen Erkrankungen, daß in ihnen die *Gesamtverfassung* der menschlichen Existenz zum Vorschein kommt, allerdings in Abwandlungen, die zu erkennen die Aufgabe einer daseinsanalytischen Psychotherapie ist. So versteht man den Neurotiker besser, wenn man sein In-der-Welt-Sein, die Uneigentlichkeit seiner Existenz, sein Verfallensein, seine Verschlossenheit gegenüber dem Sein, seine punktuelle Zeitlichkeit usw. ins Auge faßt: Dieses gemeinsame Erarbeiten seines ›Weltentwurfes‹ in einer ›fürsorglichen Partnerschaft‹ hilft ihm mehr als eine Klärung seiner ›Krankheitsursachen‹, die für die frühe Psychoanalyse das Hauptgeschäft war.

Weitere Neurosentheorien

Jede Schule der Tiefenpsychologie hat ihre eigene Neurosenlehre, und es würde den Rahmen unserer Darstellung sprengen, wenn wir eine vollständige Übersicht über dieses Thema geben wollten. So müssen wir uns darauf beschränken, nur noch einige gedankliche Positionen in Erinnerung zu rufen, die in der Diskussion um das Wesen der Neurose bedeutsam hervortreten.

Der bereits erwähnte Harry Stack Sullivan, der wie Horney, Fromm und vor ihnen schon Schultz-Hencke zur sogenannten ›Neopsychoanalyse‹ gehört, hat in seinen Werken eine Neurosenkonzeption vorgelegt, die eine gewisse Originalität besitzt. Auch nach Sullivan ist die Neurose eine Störung der gesamtseelischen Entwicklung unter dem Einfluß traumatisierender Faktoren in der Kindheit. In der menschlichen Psyche werden zwei grundlegende Strebungen gefunden: der *Drang nach Lust* und das *Verlangen nach Sicherheit*. Wo die Grundangst durch ungünstige Sozialisationserlebnisse gesteigert ist, wird das Luststreben zugunsten von Sicherheitsmanövern zurückgedrängt; was wir Neurose, Perversion, Psychose und Charakteranomalien nennen, sind stets hypertrophe Sicherheitsapparate des Lebens und Erlebens, welches sich an den ›Lebensprozeß‹ nicht hinzugeben wagt.

Wo die innere und äußere Entwicklung gestört wird, kommt es zu einer sehr subjektiven Erfahrungswelt, welche in ›parataxischen Wahrnehmungsverzerrungen‹ gründet. Der schlecht sozialisierte Mensch ist nicht in seine soziale Umwelt eingefügt; ein Großteil seines Wahrnehmens, Denkens und Fühlens erreicht nicht die Stufe der ›syntaxischen‹ Prägnanz, d. h. der sprachlichen Formulierbarkeit, womit Verständigung stattfinden kann. Was Freud das ›Unbewußte‹ nannte, ist nach Sullivan nur jener Bodensatz der Erlebniswelt, der noch nicht in die Sprache emporgehoben wurde oder infolge von ›Verdrängungen‹ sich der sprachlichen Formulierung verweigert. Indem die Psychotherapie diese dumpfen und dunklen Seelenzonen ›gesprächsfähig‹ macht, erweitert sie den Spielraum des Bewußtseins und stärkt das Ich oder das Selbst. Sullivan, dessen Werke bei den amerikanischen Psychiatern hohes Ansehen genießen, leistete unter anderem große Pionierarbeit in der Schizophrenenbehandlung, förderte aber auch die Theorie und Therapie der Neurosen. Wichtig ist auch sein Ansatz zu einer subtilen Entwicklungspsychologie, wie er z. B. in seinem Buch »*Die interpersonelle Theorie der Psychiatrie*« (dt. 1980) dargelegt wird.

Als anthropologische oder personalistische Richtung der Psychotherapie könnte man die Autoren V. v. Weizsäcker, V. E. v. Gebsattel, Erwin Straus, Hans Kunz u. a. zusammenfassen. Diese philosophisch inspirierten Forscher haben viel Husserl, Scheler und teilweise auch Heidegger zu verdanken. Sie sehen in der Neurose in erster Linie eine *Werdenshemmung*, eine Störung in der ›Selbstauszeugung der Person‹ (A. Pfänder). Diese Werdenshemmung hängt mit einem Verlust der Liebesfähigkeit zusammen, der lebensgeschichtlich abgeleitet werden kann.

Die Verkümmerung des Liebenkönnens zeigt sich in der Verkürzung des Ich-Du-Kontaktes, der Bereitschaft zur personalen Begegnung von Mensch zu Mensch. Auch ist die Beziehung zu den möglichen Wertorientierungen merklich herabgesetzt; der in sich verkapselte Mensch kennt hauptsächlich die Werte der Selbsterhaltung und Selbstdurchsetzung, indes ihm die tragenden Werte der Mitmenschlichkeit, der Kulturarbeit, der Selbstverwirklichung im Medium des Kulturellen zumindest teilweise fremd bleiben. In hervorragenden phänomenologischen Deskriptionen der Neurosen, der Perversionen und der Psychosen haben die genannten Autoren unter anderem bei den Patienten eine ›Wendung gegen die Norm‹ festgestellt, eine Verneinung der im Leben selbst gegebenen Ordnungen, die der Neurotiker, der Perverse und der Psychotiker als ›zu schwierig‹ oder gar als ›wertlos‹ erleben. Die Liebe wird hierbei — im Sinne von Scheler — als die Kraft definiert, die die Person vom niederen zum höheren Wert hinbewegt; demnach kann man in allen psychischen Erkrankungen eine ›Haßinfektion‹ entdecken, was ungefähr mit Freuds später Trieblehre übereinstimmt, die im Gegeneinanderwirken von Eros und Thanatos (Destrudo) das psychische Grundgeschehen zu sehen glaubte. Nur akzeptieren die ›anthropologischen‹ oder ›phänomenologischen‹ Forscher nicht das Triebmodell des Seelenlebens, welches ihnen als philosophische Oberflächlichkeit gilt.

Auch Viktor E. Frankl, der nach dem Zweiten Weltkrieg mit seiner ›Logotherapie‹ und ›Existenzanalyse‹ hervortrat, ist ein philosophierender Arzt und Psychotherapeut, dessen Lehre von Max Scheler und den Existentialisten beeinflußt ist. Frankl will in der menschlichen Psyche neben dem ›Willen zur Lust‹ (Freud) und dem ›Willen zur Macht‹ (Adler) noch den *Willen zum Sinn* entdeckt haben. Er spricht von den sogenannten ›noogenen Neurosen‹, d. h. Neurosen mit einem geistigen Ursprung, nämlich entstanden aus einem allgemeinen oder speziellen ›Sinnverlust‹. Letzterer wird auch als *existentielle Frustration* bezeichnet; solche Frustrationen seien gewichtiger in der Krankheitsverursachung als Blockaden im Streben nach Sexualität und Geltung. Damit hat Frankl einen nicht uninteressanten Akzent gesetzt; störend in seinen Darlegungen wirken nur die Behauptungen, daß die Entdeckung der Sinnsphäre in der Psychotherapie seine eigene Leistung sei, indes Adler (»*Der Sinn des Lebens*«, 1933) und Jung bereits vor Jahrzehnten das ›Noogene‹ ausreichend betont haben und von der These ausgingen, daß die Sinnfindung im Leben die beste Neurosenprophylaxe sei.

Beim heutigen Stand der Dinge sieht man sich einer Vielfalt von Neurosenlehren gegenüber, die teilweise übereinstimmen, aber sich auch in manchen Punkten entschieden widersprechen. Angesichts der Größe und der Tragweite des Neurosenproblems scheint es uns angebracht, auf jede Einseitigkeit bezüglich dieses Themas zu verzichten. Eine *Synopsis* (Zusammenschau) aller Lehrmeinungen ist unseres Erachtens hilfreicher als das fanatische Festhalten an nur einem Standpunkt, der doch stets mit einer einseitigen Perspektive verbunden ist. Man mag dies ›Eklektizismus‹ nennen; der Praktiker aber muß seine Erkenntnisse nehmen, wo immer sie ihm angeboten werden — es ist kaum glaublich, daß eine einzige Schule alle Einsicht für sich gepachtet haben kann.

Angstneurose

Das Problem der Angst stellt uns vor vielfältige Fragen. An seiner Erforschung sind Medizin, Psychologie, Sozialwissenschaften, Philosophie und Theologie beteiligt. Da das Phänomen der Angst sehr komplex ist, darf man nicht erwarten, daß es mit einfachen Thesen oder Theorien zu erfassen ist.

In mancher Hinsicht erinnert die Angst an den Schmerz, mit dem sie eine ›Wächterfunktion‹ gemeinsam hat. Da das Lebewesen fast andauernd bedroht ist, bedarf es physischer und psychischer Alarmreaktionen, um Gefahren zu vermeiden oder den Anstoß zur Flucht zu geben.

Die meisten Autoren unterscheiden zwischen Furcht und Angst, wobei das Sich-Fürchten auf ein äußeres Objekt bezogen wird. Eine exakte Trennung der beiden Gefühls- oder Affektreaktionen ist wahrscheinlich nicht sinnvoll, gehen doch Furcht und freiflottierende Angst in der Regel ineinander über, wobei die eine Emotion die andere steigert oder gar hervorruft.

Medard Boss (1975) meint sogar, daß eine Trennung unnötig sei, da es für den Betroffenen keinen Erlebnisunterschied ausmacht, ob seine Empfindung Angst oder Furcht genannt wird.

Mario Wandruszka zeigt in seiner Schrift *»Angst und Mut«*, daß die Begriffe Angst und Furcht kaum je eindeutig gebraucht wurden, ja, daß Furcht ehemals der bedeutungsvollere Terminus war. Etwa bei Kant, der die Angst als eine Sprosse auf der Stufenleiter der Furcht empfand: »Bangigkeit, Angst, Grauen und Entsetzen sind Grade der Furcht« (Wandruszka, l. c., S. 20). Erst Existentialismus und Psychoanalyse ließen die Furcht in ihrer Bedeutung hinter die Angst zurücktreten.

Unabhängig davon, ob wir Furcht oder Angst den Vorrang einräumen, finden sich bei dem jeweils Betroffenen reiche somatopsychische und psychosomatische Erscheinungen, deren biologische Seite relativ leicht zu erfassen ist. So bestehen die körperlichen Symptome der Angst u. a. aus Reaktionen verstärkter sympathikotoner Tätigkeit wie erhöhter Atem- und Pulsfrequenz, Trockenheit des Mundes, Erweiterung der Pupillen und Schweißausbruch. Gleichzeitig treten Erscheinungen auf, die auf eine erhöhte Erregung des Parasympathicus hinweisen. Hierzu gehören Übelkeit und Erbrechen, Durchfall und verstärkte Blasentätigkeit.

Der psychische Aspekt der Angst ist weitaus schwerer zu fassen. Es kommt zu einem Erlebnis der Enge und Unsicherheit (Angst = angustiae, lat.: Enge), des Fehlens jeglicher Geborgenheit in der Welt. So definiert z. B. Martin Heidegger die Angst als ein ›Hineingehaltensein in das Nichts‹, als eine Sorge um das Seinkönnen überhaupt. Darin liegt eine gewaltige Ohnmachtserfahrung, das Gefühl der Hilflosigkeit und des Ausgeliefertseins. Die Angst ist der Ort der Hoffnungslosigkeit, die Welt versinkt in ihr, so daß die Angst zum ›Gradmesser für den Sog des Nichts‹ (v. Gebsattel) wird. Manche Psychiater (etwa H. S. Sullivan) sprechen davon, daß intensive Angst einem ›Welt-Zusammenbruch‹ gleichkommt. Sie gründet in einem tiefen Mangel an ›interpersonaler Sicherheit‹, was einem Schwindelgefühl vergleichbar ist, in welchem jegliche feste Kontur vermißt wird. Gleichzeitig ist dies aber auch ein ›Schwindel der Freiheit‹ (Kierkegaard). Dem Ängstlichen scheinen seine Möglichkeiten dahinzuschwinden. In der Angst wird er aber auch frei zu seinen Möglichkeiten, deren äußerste das Sein zum Tode sei. So ist Angst, wie Kierkegaard sagt, ›sympathetische Antipathie‹ und ›antipathetische Sympathie‹:

»Sie ist sympathetisch: die Angst fesselt und zieht auf sich hin, der Mensch ahnt die Freiheit als die Möglichkeit, nun sein Leben durch sich selbst zu gestalten. Das zieht ihn an. Zugleich ist die Angst antipathetisch: der Mensch ahnt, wenn er sich als Geist gesetzt hat, dann ist es mit der träumenden Unschuld zu Ende, dann muß der Mensch eben sein Dasein selbst übernehmen.« (Schulz 1977, S. 21 f.)

Angst, Schuld und Ohnmacht sind irgendwie miteinander verwandt, doch zur näheren Bestimmung dieses Verwandtschaftsverhältnisses bedarf es anthropologischer, psychologischer und psychopathologischer Untersuchungen. Das Studium der Angst führt uns in das Zentrum der Interpretation des menschlichen Daseins.

Das einfachste psychologische Angstmodell wird durch die sogenannte ›Verhaltenspsychologie‹ geliefert. Ausgehend von der Beobachtung, daß die Entfernung der Unterlage sowie laute Geräusche bei kleinen Kindern angeborene Angst auslösen, suchten Watson und seine Schüler Angst zu konditionieren (Lahmann 1981, S. 26). Es sollte gezeigt werden, daß die Angst auf Grund von *bedingten Reflexen* zustande kommt, woraus folgt, daß sie dementsprechend durch Dekonditionieren oder »Abbedingen« wieder beseitigt werden kann. Berühmt und berüchtigt wurde das Experiment von Watson und Rayner aus dem Jahre 1920. Ein Kind namens ›Little Albert‹ (ein Jahr alt) spielte gern mit einer weißen Ratte. Nach Durchlaufen einer Versuchsreihe, in der die Berührung der geliebten Ratte mit einem lauten Geräusch gekoppelt wurde, reagierte Albert bald beim bloßen Anblick der Ratte mit Schrecken und Weinen. Damit nicht genug, stellten die Experimentatoren nach einigen Tagen auch eine Angstreaktion gegenüber einem Kaninchen, einem Pelzmantel und anderen pelzartigen Objekten fest. Sie konstatierten — triumphierend —, daß die Angst sich generalisierte; der ›bedingte Reflex‹ heftete sich an andere Stimuli, die dem auslösenden Stimulus ähnlich waren.

Demnach ist Angst unter besonderen Umständen erworben. Es scheint aber auch angeborene Angst zu geben, denn tote und verstümmelte Körper erzeugen bei höheren Tieren und Menschen auch ohne Konditionierung Angstreaktionen. Durch Dressur und Gewöhnung kann fast jedes beliebige Objekt oder jede Situation zur Angstquelle werden.

Ganze Bibliotheken sind inzwischen mit den Reflexexperimenten an Mensch und Tier gefüllt worden, aber die Ergebnisse des Behaviorismus und der ›Reflexologie‹ sind keineswegs befriedigend. Sie beruhen allesamt auf der Voraussetzung, daß die psychologische Erforschung des menschlichen Seelenlebens ›exakt naturwissenschaftlich‹ vorgehen kann und muß, wobei alle subjektiven Faktoren ausgeklammert werden und radikale Objektivität angestrebt wird. Gewiß werden hierbei meß- und kontrollierbare Resultate erzielt, aber das Bedauerliche an dieser mit großem Pathos vorangetriebenen Forschungsweise ist stets, daß sie ›Bagatellen und Banalitäten‹ zutage fördert. Daher zeichnet sich mehr und mehr der Rückgriff auf jene Methoden ab, die im Sinne Diltheys ›beschreibend und zergliedernd‹ sind und die Erlebniswelt in ihrer subjektiven Erscheinungsweise möglichst vollständig zur Geltung kommen lassen. Psychoanalyse und

Phänomenologie entsprechen am meisten der Forderung nach einer Psychologie, die die Subjektivität des Forschers einbezieht und grundlegend im Erleben selbst wurzelt. Daher werden in der Folge die behavioristischen Texte fast ganz aus dem Spiel gelassen und die tiefenpsychologischen und phänomenologischen Gesichtspunkte allein berücksichtigt. Der Vorteil dieser beiden Forschungsrichtungen liegt auch darin, daß sie hervorragend wichtige Beiträge zur philosophischen Anthropologie leisten. In ihnen ist stets die Frage lebendig: *Was ist der Mensch?*, indes der Behaviorismus nicht selten den Menschen mit Ratten, Tauben und Mäusen zu verwechseln scheint.

Psychoanalyse der Angst

Man kann bei Sigmund Freud drei Angsttheorien unterscheiden, die die Deutung der Angst, die zu einer Angstneurose wird, auf eine jeweils unterschiedliche Basis stellen. Zunächst sah Freud in der Angst eine Auswirkung von Libidostauung, die er auf unbefriedigende Sexualpraktiken zurückführte. So machte er Coitus interruptus, Onanie und sexuelle Stimulierung ohne echte Befriedigung als Angstquellen geltend. Gemäß dieser ›physiologischen Theorie‹ war Aufklärung über normales Sexualverhalten die angezeigte Therapie der Angstneurose. Freud will beobachtet haben, daß der Verzicht auf minderwertige Sexualbetätigung oft zur Angstbehebung führe. Folglich postulierte er sexuelle Ursprünge der Angst, die vornehmlich in Neurasthenie und Angstneurose ihre Wirkung entfalten. In diesem Zusammenhang ordnete er die Angstneurose den *Aktualneurosen* zu, die eine andere Ätiologie als die Psychoneurosen haben.

Diese Theorie ist derzeit von den Psychoanalytikern fast ganz vergessen worden. Freud selbst bekam diese Ablehnung schon deutlich zu spüren, was er mehrfach bedauerte. Seine zweite und dritte Angsttheorie fanden größere Beachtung, waren sie doch mehr psychologisch als biologisch fundiert.

Dennoch ist auch in der ersten Theorie ein wahrer Kern enthalten. Setzt man für ›abusus sexualis‹ den Begriff ›abusus actionis‹ (Rattner), so gelangt man zu dem Schluß, daß nicht nur unvollständiges Sexualverhalten, sondern auch *unkomplettes Handeln* angsterzeugend ist. Angstneurotiker machen nahezu alles nur halb und unvollständig, wodurch die psychophysische Entlastungsfunktion der abgeschlossenen Handlung nicht zustande kommt.

In seinen *»Vorlesungen zur Einführung in die Psychoanalyse«* (1916/17) unterscheidet Freud zwischen Realangst und neurotischer Angst. Erstere ist ungefähr mit der Furcht gleichzusetzen: Man ängstigt sich vor einer äußeren Gefahrensituation. Bei der neurotischen Angstregung kommt die Gefahr jedoch von innen. In beiden Fällen gerät das Ich in einen Alarmzustand, der allerdings oft genug nicht nur anregend, sondern auch lähmend sein kann. So scheint für Freud »die Angstbereitschaft (...) das Zweckmäßige, die Angstentwicklung das Zweckwidrige an dem, was wir Angst heißen, zu sein« (Freud, GW, Bd. XI, S. 410).

In seiner zweiten Angsttheorie nimmt Freud an, daß Angst bei der Wiederkehr von verdrängten Inhalten entsteht. Denn die abgewiesene Libido fordert gleichsam Zugang zum Bewußtsein. Wie bei der Realangst setzt die Angstentwicklung als Reaktion des Ich ein. Sie ist das Signal zur Einleitung der Flucht oder Gegenreaktion. Das Ich ängstigt sich vor den Ansprüchen des Es, welche das Pendant zur äußeren Gefahr darstellen. Wie der äußeren Gefahr mit zweckmäßigen Verteidigungshandlungen begegnet wird, »so weicht auch die neurotische Angstentwicklung der Symptombildung, welche eine Bindung der Angst herbeiführt« (Freud, a.a.O., S. 420). Bei Kinderängsten sei häufig die Trennung von der Mutter (die der Garant für die Erfüllung der meisten libidinösen Wünsche ist) als Hauptmotiv in Anschlag zu bringen. Hier zeigt sich wieder der Zusammenhang zwischen Angst und Libido, den Freud zeitlebens für wesentlich hielt.

Die dritte Angsttheorie ist bei Freud niedergelegt in *»Hemmung, Symptom und Angst«* (1926) und in *»Angst und Triebleben«* (in: *»Neue Folge der Vorlesungen zur Einführung in die Psychoanalyse«*, 1933). Hier gibt er die Annahme, nichtentladene Libido würde in Angst verwandelt, gänzlich auf. Die Angstreaktion ist vielmehr mit psychisch traumatisierenden Gefahrensituationen verbunden. So tritt die Angst immer dann auf, wenn das Ich sich durch »Reizüberflutung« bedroht sieht. Solche Gefahr droht ihm gleichermaßen von der Außenwelt, dem Es und dem Überich. Angst ist eine Art von Kapitulation des Ich vor den mannigfaltigen Forderungen seiner nach Befriedigung verlangenden Triebbasis und den gleichzeitigen Verzichtsforderungen von Realität und Überich: ein Konflikt, der die Kräfte eines schwachen Ich übersteigt. Das Modell der Hilflosigkeit aber sei der Geburtsvorgang. An dieses Trennungserlebnis werde in anderer Form bei dem Vermissen der Mutter (Objektverlust) gemahnt, ebenso in der Kastrationsangst, da der Verlust des Gliedes die Wiedervereinigung mit der Mutter (bzw. Mutterersatz) verhindere. Wenn nun das Ich ›die Stätte der Angst‹ ist, dann kann man die mannigfaltigen Formen von Trennungsangst als Gleichnis verstehen, welches in verschiedenen Ausdrucksweisen das Problem der Übernahme von Verantwortung für die eigene Lebensgestaltung versinnbildlicht.

So spricht Freud vom ›Angstsignal‹ bei drohendem Objektverlust als dem ersten Schritt in der Fürsorge für die Selbsterhaltung. Auch die Kastrationsangst müßte ›übersetzt‹ werden. Diese kann als Forderung nach der Loslösung von der Mutter verstanden werden, im Sinne der Verselbständigung des Heranwachsenden, oder als Befürchtung jeglicher Art von Einschränkung des Expansionsbedürfnisses durch den Vater. Auch ähneln die Entbehrungen, die der Heranwachsende bei seiner Verselbständigung erleidet, durchaus dem Zustand extremer Hilflosigkeit, die den Fötus nach der Geburt auszeichnet.

Otto Rank — dieser Anregung Freuds folgend — hat in jedem Angstzustand ein Analogon zur ›Geburtsangst‹ gesehen. Die (angebliche) Angst des Säuglings beim Passieren der Geburtswege sei Modell oder gar Ursache aller späteren Angstzustände. Er ging so weit, alle folgenden Angstreaktionen als Versuch der Abreaktion des ursprünglichen Geburtstraumas aufzufassen. Das entspricht der psychoanalytischen Tendenz, stets eine ›Ursache‹ zu suchen, um irgendwelche pathologischen Reaktionen des späteren Lebens begreiflich zu machen.

Es ist fraglich, ob die Geburtsangst des Säuglings (die sicherlich nicht bewußt erlebt wird, da das Nervensystem noch nicht entwickelt ist) mit späteren Lebensängsten kausal verknüpft werden kann. Im metaphorischen Sinne hat der Ranksche Gedanke jedoch sehr wohl einen Sinn. Aus ihm läßt sich nämlich ableiten, daß jede Angst so etwas wie ›Geburtsangst‹ ist: Es geht um das Werden der Person, wobei Angst deutlich der Ausdruck einer Werdenshemmung ist. Entwicklung läßt sich begreifen als eine lebenslängliche *Selbstauszeugung der Person* (A. Pfänder), wobei von Mal zu Mal die ›zweite Geburt‹ des Menschen vorangetrieben werden soll. Hier geht es um die Selbstentfaltung und Selbstverwirklichung, die einem nicht mehr ohne weiteres Zutun geschenkt wird wie die erste, die biologische Geburt.

Im Grunde hat Freud dies unter den verschiedenen Formen von Trennungsangst beschrieben. Geburtsangst, Angst vor Objektverlust, Kastrationsangst, Gewissensangst und Todesangst bilden Begleitumstände der Entwicklung der Persönlichkeit.

»Wenn wir bei diesen verweilen (Geburtsangst als Vorbild aller späteren Gefahrensituationen, d. V.), werden wir sagen können, daß eigentlich jedem Entwicklungsalter eine bestimmte Angstbedingung, also Gefahrsituation, als ihm adäquat zugeteilt ist. Die Gefahr der psychischen Hilflosigkeit paßt zum Stadium der frühen Unreife des Ichs, die Gefahr des Objekt-(Liebes-)verlustes zur Unselbständigkeit der ersten Kinderjahre, die Kastrationsangst zur phallischen Phase, endlich die Angst vor dem Über-Ich, die eine besondere Stellung einnimmt, zur Latenzzeit.« (Freud, GW, Bd. XV, S. 94)

»Als letzte Wandlung dieser Angst vor dem Über-Ich ist mir die Todes- (Lebens-)angst, die Angst vor der Projektion des Über-Ichs in den Schicksalsmächten erschienen.« (Freud, GW, Bd. XIV, S. 171)

Angst im Erwachsenenalter ist Ausdruck einer irgendwie gescheiterten Trieb- und Persönlichkeitsentwicklung. Der äußere Anlaß mobilisiert nur die bereitliegenden inneren Ängste, in denen auch »pervertierte Libido« in Erscheinung tritt. Je mehr Verdrängungen, desto mehr Angst. Wenig Verdrängung kann aber nur ein starkes Ich zulassen, das sich mit seinem Es, seinem Über-Ich und der Außenwelt in befriedigender Weise zu arrangieren weiß. Bei Ichschwäche ist dies kaum möglich. Angst wird somit zum Synonym für Ichschwäche. Ein ängstliches und hilfloses Ich kann die vielfältigen Lebensanforderungen nur durch Symptombildung ertragen, da die Symptome Angst binden. Das Symptom erzwingt Entlastungen in der Außenwelt und ermöglicht den Rückzug von sozialen Aufgaben. So ist Angst Fluchtbereitschaft, wenn nicht gar Flucht selbst.

Da Libido jedoch in allen Erlebnisstrukturen enthalten ist, müßte sie auch im Angstanfall zu finden sein. Michael Balint hat geradezu von ›Angstlust‹ gesprochen, die viele Menschen bei der Bewältigung von Pseudolebensaufgaben empfinden. Das Ausharren in solch kalkulierbaren Gefahren (Rummelplatz, Krimis usw.) vermittelt ein erhöhtes Bedeutungsgefühl, welches beim Angstneurotiker unter Umständen als eine Art ›narzißtischer Befriedigung‹ charakterisiert werden kann.

Die Psychoanalyse dringt tief in das weite Gebiet der Angst mit den Konzepten der Geburtsangst, der Kastrationsdrohung, der Libidostauung und der Regression auf frühere Entwicklungsstadien der Libido vor. Sie hat damit mehr als viele andere Theorien die innere Dynamik und die Entstehungsgeschichte der Angst bloßgelegt. Sie bleibt aber in manchen Teilen unbefriedigend, da ihre Hypothesen konstruiert anmuten und mitunter nicht zu verifizieren sind. Störend wirkt auch Freuds ›genetisches Vorurteil‹, welches jegliche Angst auf lebensgeschichtliche Ereignisse meint zurückführen zu müssen. In der Deutung der Phobien machen sich diese Engen und Einseitigkeiten besonders bemerkbar.

Neopsychoanalyse

Harald Schultz-Hencke (»*Der gehemmte Mensch*«, 1940) führt übersteigerte Angst auf ›Hemmungsschicksale‹ menschlicher Antriebe zurück. Gegeben sind in der menschlichen Entwicklung bestimmte Bedürfnisse, ›Strebungen‹, die er als ›Habenwollen‹ (kaptative Tendenz), ›Behaltenwollen‹ (retentive Tendenz), ›Geltungsstreben‹ (aggressive Tendenz) und als ›Sexualstreben‹ bezeichnet. Erfolgt eine vernünftige und antriebsfreundliche Erziehung, können diese natürlichen Bedürfnisse in soziale Verhaltensweisen einfließen. Sofern nicht ›Härte und Verwöhnung‹ in der Erziehung diese ›Strebungen und Impulse‹ hemmen, kann das Individuum Tun und Erleben lustvoll empfinden. Aufgrund der ›Gehemmtheit‹ ist aber der einzelne von seinem Erleben abgeschnitten. Sogar die Angst erlebt er oft genug nicht mehr.

»Einst waren Strebungen lebendig. Dann wurden sie bedroht. Dann waren sie von Furcht begleitet. Dann traten sie in den Hintergrund. Dann entwickelte sich ein reflexhaftes Gefüge. *Angstreflexe* ersetzten das Furchterlebnis. Sie erstickten den Rest der Strebungen, die *Impulse*. Auch die Angstreflexe wurden immer unbemerkter, wie es ein Lidreflex gewöhnlich ist. Dann war schließlich in gleicher Situation bloß ›nichts‹ mehr da.« (Schultz-Hencke, l. c., S. 57)

Jedoch verfallen diese Strebungen nicht gänzlich der Hemmung. Was übrigbleibt, durchdringt das Bewußtsein in Form von ›Hal-

tungen‹, die das gesamte Denken, Fühlen und Handeln beeinflussen. Diese Haltungen nennt Schultz-Hencke ›Sprengstücke
des Unbewußten‹ oder ›Antriebssprengstücke‹. In bestimmten
›Versuchungs- und Versagungssituationen‹ brechen die verdrängten Antriebe aus dem Unbewußten hervor und können
Angst und Schrecken erzeugen. Alle Neurosen bestehen aus spezifischen Antrieben und Hemmungen, die jeweils ganz besondere Ängste bewirken.

Von besonders praktischem Wert sind die diesbezüglichen Ausführungen Fritz Riemanns (»*Grundformen der Angst*«, 1975),
der im Anschluß an Schultz-Hencke vier Angsttypen unterscheidet:

a) In der schizoiden Persönlichkeit dominiert die *Angst vor
   Hingabe*;
b) in der depressiven Persönlichkeit dominiert die *Angst vor
   Selbständigkeit*;
c) in der zwanghaften Persönlichkeit dominiert die *Angst vor
   Veränderung*;
d) in der hysterischen Persönlichkeit dominiert die *Angst vor
   Beständigkeit*.

Diese Ängste gründen in einer bestimmten Charakter- und Er-
lebnisstruktur. Der Schizoide z. B. legt ein auffälliges Streben
nach Unabhängigkeit und Autarkie an den Tag. Solche Menschen möchten auf niemanden angewiesen sein. Zwischen ihnen
und den Mitmenschen klaffen scheinbar unüberbrückbare Ab-
gründe, eine Distanz, die jede Form der Nähe als Gefährdung
der so hoch eingeschätzten Unabhängigkeit unmöglich macht.
Diese Menschen zeigen eine typische Angst, andere, gerade auch
Liebespartner, in ihre Nähe zu lassen. Sie entwickeln eine Reihe
von Abwehrmechanismen, um die unvermeidliche Intimität im
Leben doch zu verunmöglichen.

Der Depressive hingegen lebt erst durch ein Du. Seine Angst betrifft vor allem das Selbständigwerden. Er benötigt immer jemanden, der ihm seine Bedürfnisse erfüllt, die er »aus sich selbst
heraus nicht glaubt erfüllen zu können« (Riemann, S. 60). Dies
führt zu Riesenerwartungen an die Bezugspersonen, die notwendig enttäuscht werden. Folglich fehlen beim traurig Ver-
stimmten selten Groll und indirekte Vorwürfe, in denen die
Klage gegen die Umwelt anklingt. Daß jede Klage immer auch
Anklage ist, hat bereits Friedrich Nietzsche betont.

Für den zwanghaften Menschen ist vor allem Veränderung und

Spontaneität mit Angst verbunden. Am besten sollte alles in geregelten Bahnen verlaufen, alles in überschaubare Formen gebracht sein. Das führt zu Problemen im zwischenmenschlichen Kontakt, aus dem Überraschungsmomente nicht zu eliminieren sind. Der Mitmensch läßt sich nicht in Schablonen fassen, so daß der Umgang mit ihm für den Zwanghaften mit latenter Angst verbunden ist. Im allgemeinen lebt der Zwanghafte ›einsam in seiner Welt‹ — die anderen bleiben ›draußen‹, sind Gegenstand von Sehnsucht und Abwehr.

Im Gegensatz dazu will sich der Hysteriker nicht festlegen lassen. Für ihn ist das Leben nur im Augenblick interessant. Kontinuität und Dauerhaftigkeit sind ihm Quellen der Angst. In diesem Typ finden wir die sogenannten ›schnellebigen Naturen‹, die leicht Feuer und Flamme für etwas sind. Ist das Strohfeuer erloschen, fliehen sie aus der Situation, um die Fassade zu retten, die zu zerbröckeln droht. Der Hunger nach Anerkennung und schneller Bestätigung läßt sie Charme, Brillanz und gespielte Begeisterung entwickeln. So können sie andere Menschen leicht für sich einnehmen, die geweckten Erwartungen jedoch selten einlösen.

Riemann und Schultz-Hencke beschreiben offensichtlich konkrete Angstformen, die im Alltag vielfältig zu beobachten sind. Sie lassen erkennen, daß die Angst im Zentrum aller psychopathologischen Zustandsbilder zu finden ist.

Auch Karen Horney und H. S. Sullivan haben neopsychoanalytische Angsttheorien entwickelt, die an Freud anschließen und Ähnlichkeit mit den Konzepten von Alfred Adler und Harald Schultz-Hencke aufweisen.

Horney betrachtet die Angst als das ›dynamische Zentrum‹ der Neurose. Fehlende Einfühlung und Unaufrichtigkeiten der Eltern bringen für das Kind Konflikte mit sich, die auf nicht geäußerten feindseligen Gefühlen den Eltern gegenüber beruhen. Horney nennt verschiedene Gründe, die das Kind veranlassen, diese Gefühle zu verheimlichen: Abhängigkeit, Angst vor den Erziehern (durch Gewalterziehung), Angst vor Liebesverlust und Schuldgefühle. Diese Eindrücke verdichten sich zu Gefühlen der Hilflosigkeit und Einsamkeit, welche nach Horney in der ›Grundangst‹ des Kindes kulminieren.

Auf der Basis solcher Grundangst kann sich kein ›wahres Selbst‹ entfalten; an seine Stelle tritt ein ›idealisiertes Selbst‹, was zu Entfremdung vom eigenen Ich und den Mitmenschen beiträgt.

Der selbstentfremdete Mensch unterliegt der ›Tyrannei des Solls‹, nämlich der Forderung verinnerlichter übersteigerter Ansprüche, die er nie erfüllen kann. Daraus erwachsen ihm immer neue Konflikte, bei deren Aufkeimen Angst erlebt wird, die durch den weiteren Ausbau starrer Charakterzüge sowie durch Ausbildung von Symptomen in Schach gehalten werden soll. Jede Neurose ist Angstabwehr, weshalb der Patient, der seine neurotischen Züge aufzugeben beginnt, zunächst mit seiner Grundangst neu konfrontiert wird, was sehr schmerzlich ist. Daher auch der Widerstand gegen die Heilung, der sich gegen den Therapeuten richtet.

Das Gegenstück zur Angst und Unsicherheit ist Liebe und Selbstverwirklichung. Die Entwicklung beider Persönlichkeitstendenzen erfordert, daß man sich zur Welt hin öffnet und ein bestimmtes Maß an Angst ertragen lernt.

Ähnliche Auffassungen vertritt Harry Stack Sullivan, der auch hinsichtlich der Entstehung der Angst mit Freud, Adler, Schultz-Hencke und Horney weitgehend übereinstimmt. Jedoch betont er besonders den zwischenmenschlichen Aspekt der Angst des ›relativ erwachsenen Lebens‹ und definiert sie als ›vorweggenommene Mißbilligung‹ von seiten bedeutsamer Bezugspersonen. Soziale Sicherheit ist an ein hohes Maß von Selbstachtung gebunden, die wir in gewisser Hinsicht durch die ›verinnerlichte Zustimmung unserer Mitmenschen‹ erworben haben. Ist die Beziehung zu ihnen tiefgreifend gestört, dann leben wir in einer ›kahlen Umgebung‹, die uns regelrecht ins ›Nichts‹ zu stürzen scheint. Man versteht, daß sich der Mensch dieser Leere entziehen möchte und nach Zustimmung und Beachtung trachtet. Erst wenn jemand in seinem mitmenschlichen Beziehungsrahmen in keiner Weise anzukommen scheint, ergibt sich — nach Sullivan — so etwas wie eine ›böswillige Umformung der Persönlichkeit‹. Bar jeder Hoffnung auf Zuwendung gibt es das Kind auf, zu kooperieren und um Liebe zu werben. Ein großer Teil der Patienten der Psychotherapie entbehrt echte Mitmenschlichkeit; sie sind zu wenig und kaum gründlich sozialisiert. Daraus erwachsen die umfänglichen Komplikationen ihres Lebens, die den Sinn haben, menschliche Nähe zu reduzieren, weil diese ihre Grundangst beleben könnte.

Phänomenologie der Angst

Jeder Persönlichkeitsartung entspricht eine dazugehörige Auffassung von der Wirklichkeit. Die Welt des Depressiven ist anders gestaltet als die des Schizoiden, die des Hysterikers anders als die des Zwanghaften. In der Folge wollen wir die Wirklichkeitsstruktur des Ängstlichen herausarbeiten, wobei wir versuchen, durch die phänomenologische Betrachtungsweise die tiefenpsychologische noch zu präzisieren. Die Phänomenologie fragt etwa nach dem In-der-Welt-Sein des Menschen, seinem Raum- und Zeiterleben, seiner Geschichtlichkeit sowie seiner Leiblichkeit. Ebenso müssen wir die Tatsache der Sterblichkeit in die Betrachtung einbeziehen.

Begreift man Angst als ›Durchgangsstadium zur Geborgenheit im Sein‹ (Jaspers), so muß für den Ängstlichen die Welt voller Unwägbarkeiten bleiben. Ihn sprechen vor allem die bedrohlichen ›Verweisungszusammenhänge‹ an, die er in seiner pessimistischen Sicht überbetont. Nicht selten gehen damit Entwertungstendenzen einher, die die erfreulichen Weltbezüge als bloße Oberflächlichkeiten entlarven sollen. Immer stärker zieht er sich aus Enttäuschung von der Welt und den Mitmenschen zurück, wobei seine Liebeswünsche und Forderungen in der Phantasie ins Unermeßliche steigen, was die nächste Enttäuschung bereits vorwegnimmt.

> »Ist der Mensch aus der Liebe gefallen, so kann ihm die Menschenwelt zur Feindwelt werden, aus der er, angstvoll sich sichernd vor dem Bösen in der Welt, als Déserteur du monde sich verzweifelt in sich selbst zurückzieht.« (v. Gebsattel 1954, S. 384)

Das Raumerleben des *Angstpatienten* zeichnet sich durch Enge und Überschaubarkeit aus. Er entspricht dem ›Oknophilen‹ (Balint), der sich an einen Menschen klammert und von ihm die Erfüllung seiner Bedürfnisse verlangt. Nicht selten finden wir den Ängstlichen in einer symbiotischen Abhängigkeitsbeziehung, in der jeder Versuch der Loslösung von heftigen Angstanfällen begleitet wird. Selbst der Versuch, die Symbiose durch Einbeziehen eines größeren Freundeskreises aufzulösen, scheitert, da der ängstliche Partner im geselligen Beisammensein es nicht versteht, sich durch Beitragsleistungen einen Platz zu erobern. Dieses Unvermögen, sich auf nützliche Weise Raum zu verschaffen bzw. Raum zu füllen, offenbart sich bis in die Handschrift hinein, die das Papier oft nicht ›ausschreibt‹ und meist den Rechtsrand nicht erreicht, der — etwa im Sinne von Max Pulvers »Symbolik der Handschrift« — den Empfänger symbolisiert.

In zeitlicher Hinsicht lebt der Ängstliche vorwiegend im Augenblick, der ganz von seinen Ängsten erfüllt ist. Die Vergangenheit ist ihm wenig attraktiv, da sie, wie es scheint, in erster Linie aus Mißerfolgen besteht, die ihm sein Gedächtnis mahnend in Erinnerung ruft. Die Zukunft erscheint ihm hoffnungslos, sie bedroht ihn als Herannahen nicht bewältigbarer Anforderungen. Das Leben nur im Augenblick führt jedoch zum ›gelebten Nihilismus‹ (v. Gebsattel), unter dessen Herrschaft

»die ›obersten Werte sich entwerten‹, der ›Verlust der Mitte‹ sich ereignet, der ›Sinn des Daseins‹ verlorengeht«. (v. Gebsattel 1968, S. 143)

So offenbart sich der Ängstliche als vergangenheitslos und zukunftslos, als jemand, der ständig sich selbst und andere entwertet und so des Gefühls für die Identität seiner Person verlustig geht. Dieser Nihilismus drückt sich auch in einem eigentümlich gebrochenen Verhältnis zur eigenen und kollektiven Geschichtlichkeit aus. Ängstliche Menschen sind nicht nur von ihrer privaten Geschichte abgetrennt, sie sind auch losgelöst von der Menschheitsgeschichte im Ganzen. Sie kümmern sich um wenig Überindividuelles und Öffentliches und meinen mit ihren Ängsten schon genug belastet zu sein, so daß sie sich nicht auch noch um das ›Römische Reich‹ sorgen können.
Hier deuten sich bereits Maßnahmen für die Therapie an. Es geht um die Zusammenschau der gelebten Zeit, wo Vergangenheit, Gegenwart und Zukunft zu einer Einheit zusammenfließen und die Zerrissenheit des einzelnen zu einer Ganzheit gefügt wird. Gelingt es zudem, durch die Weckung des Interesses für Kultur und Politik, daß der Patient sich als ›Teil der Menschheit‹ begreifen lernt, so kommt er auch von seinen morbiden Gedanken und Gefühlen los.
Das Verhältnis zum Leib ist beim Angstpatienten ebenso irritiert. Meist hat er gelernt, durch ›Sich-krank-Fühlen‹ Erleichterung zu erlangen. Ängstlich lauscht er auf jede Mißempfindung seines Leibes, der ihm eher als Last denn als Instrument des Wirken- und Liebenkönnens erscheint. Das oft geschilderte

Schwächegefühl des Angstkranken läßt sich physiologisch nicht erhärten, obwohl der Körper durch übermäßige Schonung tatsächlich an Leistungsfähigkeit eingebüßt haben mag. Ermutigung zur Bejahung der Leiblichkeit soll zu sportlicher Betätigung hinleiten, auf deren Boden auch Stärke- und Sicherheitsgefühle wachsen können.

Die Tatsache des Sterblich-Seins ist für den Angstpatienten eine schreckliche Vision. Da er keine sinnvolle Einstellung zur eigenen Endlichkeit gefunden hat, wehrt er sich in absurder Weise gegen die Begrenztheit menschlichen Seins, wobei er ›tausend Tode‹ stirbt, ehe ihn der wirkliche Tod ereilt. Viele Ängstliche waren ehemals verwöhnte Kinder, denen es eigen ist, unangenehme Dinge durch andere erledigen zu lassen bzw. sich sonstwie zu entziehen.

Nun lehrt uns aber die ›Daseinsanalyse‹, daß im Sterben jeder von uns unvertretbar ist. Wird sich der Mensch seines Sterblich-Seins inne, so offenbart sich ihm, daß jeder Augenblick unwiederbringlich ist, also genutzt sein will. Diese Gewißheit könnte in Tatkraft münden. In der Versöhnung mit dem Tode liegt auch eine Versöhnung mit dem Leben. Erst dadurch wird der Mensch frei zu seinen Möglichkeiten und kann sich sorgend der Welt und den Mitmenschen zuwenden. Diese Hinwendung eröffnet ihm die Welt, läßt ihn die glücklichen und erfüllenden Seiten des Daseins auskosten.

> »Die Menschen, die sich als solchen offenen Weltbereich aus Ansprechbarkeit für die Bedeutsamkeiten des Begegnenden haben brauchen lassen und ihr Leben in einem antwortenden Verhalten verbraucht haben, sterben ohne Angst.« (Boss 1975, S. 461)

Schon aus diesen wenigen Andeutungen wird deutlich, daß phänomenologische Überlegungen für die Psychologie und Psychotherapie nutzbringend sein können, was nun in der Betrachtung einiger Phobien zur Geltung kommen soll.

Phobien

Als Phobien bezeichnet man Angstzustände, die an bestimmte Objekte oder Situationen gebunden sind, so daß der Patient durch deren Vermeidung dem Angstanfall zu entgehen sucht.

H. E. Richter empfiehlt, sogenannte *Nosophobien,* wie Herz-phobie, Carcino-, Luo- und Erythrophobie, von den typischen *neurotischen Phobien* abzutrennen, da der Patient ja z. B. seinem Herzen nicht entfliehen kann. Solche Trennungen erscheinen künstlich, tragen sie doch wahrscheinlich ebensowenig zum Ver-ständnis der Phobie bei wie die unzähligen gelehrt klingenden z.T. griechischen Namen. Ein amerikanischer Psychologe (Stanley Hall) hat einmal eine Liste von 135 Phobien zusammengestellt, von denen wir eine kleine Auswahl benennen. So finden sich im erwachsenen Leben: Angst vor der Dunkelheit oder Nacht (*Nyktophobie*); Angst vor Blitzen (*Astraphobie*); Angst vor Donner (*Keraunophobie*); Platzangst (*Agoraphobie*); Angst vor geschlossenen Räumen (*Claustrophobie*); Angst vor Menschen (*Anthropophobie*); *Eigenblicksphobie* (von dem Japaner Kasa-hara beschrieben); Angst vor der Häßlichkeit des eigenen Ge-sichts oder Körpers (*Dysmorphophobie*) sowie die vielfältigsten Tierphobien.

Phobien sind im übrigen gar nicht so selten, wobei es darunter einige gibt, die sich recht gut ›tarnen‹ lassen oder gar als ›normal‹ angesehen werden, zumal sie im Leben nicht hinderlich in Er-scheinung treten. Wilhelm Stekel (»*Nervöse Angstzustände und ihre Behandlung*«, Wien 1924) führt eine ganze Reihe ›promi-nenter Phobiker‹ auf:

»Cäsar Augustus zitterte am ganzen Leibe, wenn es zu don-nern begann; er flüchtete dann in die tiefsten Kellerräume sei-nes Palastes und bedeckte, um das Rollen des Donners nicht hören zu müssen, sein Haupt mit dicken Pelzen. Erasmus konnte aus der Fassung geraten, wenn er einen Fisch sah, und Pascal gar fürchtete tausenderlei. Friedrich der Große soll ge-gen neue Uniformen und überhaupt gegen jedes neue Ge-wand einen wahren Widerwillen gehabt haben; er soll oft einer Ohnmacht nahe gewesen sein, wenn er einen neuen Rock anziehen sollte. Bernardin de Saint-Pierre, der Verfasser von ›*Paul und Virginie*‹, Newton und Paganini empfanden Furcht und ein Übelkeitsgefühl, wenn sie an Wasserbassins vorübergehen mußten. Mozart nahm Reißaus, wenn er eine Trompete oder ein Jagdhorn erklingen hörte. Schopenhauer zitterte vor einem Rasiermesser. Carlyle wagte nie einen Fuß in einen Kaufmannsladen zu setzen . . .« (Wilhelm Stekel, l. c., S. 21 f.).

Die Phobie-Interpretation variiert je nach der ›Theorie des See-lenlebens‹, die sich die jeweiligen Forscher zu eigen gemacht ha-ben. Verhaltenstherapie, Psychoanalyse, Individualpsychologie und ähnliche Schulen haben für sie kennzeichnende Phobiedeu-tungen, die erheblich voneinander abweichen.

Für die Verhaltenstherapie bzw. den Behaviorismus sind Pho-bien durch traumatische Erlebnisse konditioniert, wobei die ent-stehende Angstreaktion später generalisiert wird. So mag etwa ein Kind sich am heißen Ofen verbrennen und nun in der Folge alle ähnlichen Gegenstände, etwa die dunkelbraune Kommode, ängstlich meiden. Ähnlich kann es einem Jungen oder Mädchen mit einem autoritären und gewalttätigen Vater ergehen, von dem sie oft erschreckt worden sind; die Folge ist u. U., daß der spätere Mann Angst vor Autoritäten aufweist oder daß die spätere Frau einer erotischen Bindung an Männer ausweicht, weil sie in ihnen ganz allgemein ›angsterregende Menschen‹ sieht. Da das Angst-erlebnis als sehr schmerzhaft empfunden wird, kommt es zu kei-ner Realitätsprüfung; der phobisch Reagierende hat alle Aus-sicht, lebenslänglich Angst zu haben, es sei denn, daß er sich einer Therapie unterzieht.

Den Psychoanalytiker interessiert vor allem der ›unbewußte (meist sexuelle) Sinn‹ der Angstreaktion. Die *Agoraphobie* oder Platzangst wird nach psychoanalytischer Auffassung entwickelt, um der sexuellen Versuchungssituation der öffentlichen Straßen und Plätze entfliehen zu können bzw. sich ihr gar nicht erst aus-zusetzen.

Nun ist aber die Straße nicht notwendigerweise der Ort sexueller Annäherung, obwohl auch dies vorkommt. Auffälliger ist, daß wir auf Straßen und Plätzen in eine anonyme Masse eintauchen, gleichsam in ihr untergehen. Dies kommt einem Bedeutungsver-lust gleich, der etwa durch das In-Dienst-Stellen einer Begleit-person gemildert werden kann. Haben nicht auch Könige einen Hofstaat, ohne den sie niemals ausgehen? Für ehemals ver-wöhnte Kinder ist Beachtung ein Garant für Selbstwertgefühl. In ihrer wattierten Umgebung wurden ihnen oft alle Probleme vom Halse geschafft, so daß sie sich in ihren vier Wänden geborgen fühlen, weshalb der Agoraphobe unter Umständen das Haus nicht mehr verlassen kann und will.

Aus diesem Blickwinkel wird die Platzangst unmittelbar ein-fühlbar. Wer in seiner Entwicklung nicht Selbständigkeit und Expansion erlernen durfte, der meidet panisch jede Situation, die diesen Mangel offenbart. ›Allein oder in der Familie bin ich alles, draußen bin ich nichts‹, könnte das Motto eines so Verängstigten sein.

Einer anderen Form phobischen Reagierens begegnen wir bei der *Claustrophobie*. Hier handelt es sich um eine Angst, die beim Betreten von engen Räumen wie Fahrstuhl oder Flugzeug auftritt. Sobald die Patienten einen engen Raum betreten, überfällt sie die Angst, und daher suchen sie ihn sofort wieder zu verlassen. Die Furcht des Claustrophoben, allein in einem Raum zu sein, wird in der psychoanalytischen Literatur zur unbewußten Befürchtung des Patienten, er könne dem Onaniewunsch erliegen. Die Angstregungen kreisen jedoch häufig um die Idee des Gefangenseins, des Nicht-mehr-entrinnen-Könnens. Auch finden sich oft Mischformen von Claustro- und Agoraphobie, etwa in der Beschreibung eines Patienten:

»Also, wenn ich meine Angst umschreiben kann, in der U-Bahn z. B., dann verenge ich mich dermaßen, laß es mir aber nicht anmerken. Die Leute gucken dann alle, weil ich schon krebsrot im Gesicht bin, die Augen haben dann so einen merkwürdigen, unheimlichen Glanz, dann weiß ich gar nicht, wo ich hin soll. Dann gucken die Leute alle, das finde ich ganz furchtbar.«

Einerseits findet sich in dieser Beschreibung wieder der Bedeutungswunsch des Agoraphoben. Andererseits tritt die Angst in der Untergrundbahn auf, hat also auch claustrophoben Charakter. Das Wichtige bei der Fahrt in der U-Bahn oder etwa im Fahrstuhl liegt darin, daß man das Vehikel nicht beeinflussen kann, was im Flugzeug noch drastischer gegeben ist. Es scheint, daß diese Patienten immer alle Fäden in der Hand behalten wollen, sich der Führung anderer nicht hingeben können. Niemand soll über sie bestimmen dürfen; sie selbst aber bestimmen gerne über andere.

In dieser Mentalität offenbart sich ein unbewußter Größenanspruch des Claustrophobiepatienten. Zwar demonstriert er uns einen Angstanfall, seine allergische Reaktion auf Abhängigkeitspositionen zeigt jedoch seinen Traum von Allmacht und unbedingter Selbstbestimmung.

Die *Akrophobie* (Höhenangst oder Höhenschwindel) begegnet uns im Wachen wie im Träumen. Solche Störungen können relativ unauffällig sein, weil sie im Wachen an den Blick in die Tiefe gebunden sind. So läßt sich das Besteigen von Türmen im Alltag recht gut vermeiden, auch Brücken lassen sich in einiger Entfernung vom Geländer überqueren, so daß der Abgrund nicht ›aufdroht‹. Kommt es doch zum Höhenschwindel — etwa, weil die Brücke durch die Planken den Blick in die Tiefe freigibt —, so kann sich der Betroffene dem nur entziehen, indem er die Augen auf das Ende der Brücke richtet, »weil der Blick den Leib an den Ort zieht, worauf er ruht« (v. Gebsattel).

Bei manchen treten gar Zwangsgedanken auf, etwa, daß sie sich aus ›eigener Initiative‹ aus dem Fenster stürzen müßten.

Wie kommt es aber, daß der Akrophobe dort einen ›Abgrund‹ erlebt, wo der Schwindelfreie nur Tiefe erkennen kann? Wer sich so vor der Tiefe ängstigt, muß irgendwie ›oben sein‹ und ›oben stehen‹. Man hat die Akrophobie daher auch das Leiden von ›zitternden Ehrgeizigen‹ (A. Adler) genannt, die immer bangen, ob sie ihre hochstehende Position halten können. Überhaupt ist die ›vertikale Dimension‹ eine Dimension des Ehrgeizes, ist sie doch der räumliche Ausdruck von Unter- und Überlegenheit. Flug- und Fallträume weisen in dieselbe Richtung. Wie Ikarus droht dem übertrieben Ehrgeizigen der Sturz in den Abgrund, wenn er der Sonne zu nahe kommt. Wer nicht zwanghaft oben sein und oben bleiben will, der muß auch keine Angst vor dem Fallen haben. Bei manchen Akrophoben fühlt man sich an die Zwangsneurose erinnert. So kämpfen sie jahrelang gegen den Zwang, sich aus dem Fenster zu stürzen — mit Erfolg. Nur haben sie dann viel Zeit ihres Lebens mit einer Nichtigkeit vertan.

Bekanntlich zählte Freud die Agora-, Claustro- und Akrophobie zu den ›Phobien der Lokomotion‹, die an bestimmte Bewegungen des Körpers im Raum gebunden sind. Für den Menschen ist der Raum aber nicht bloß eine physikalische Größe, sondern immer mit sozialen Bezügen angereicherter Raum. So könnten wir Freuds Beobachtung dahingehend verstehen, daß derartige Phobien Störungen der Bewegung im sozialen Raum darstellen. Immer ist in solchen Fällen die Beziehung zu den Mitmenschen gestört, ist die soziale Geschicklichkeit des Phobikers mangelhaft ausgebildet.

Im Gegensatz zu den eben genannten Phobien, die meist erst in reiferem Alter erworben werden, scheinen *Gewitter- und Dunkelheitsphobien* von früher Kindheit an zu bestehen. Oft haben bereits die Mutter und die Großmutter Angst vor dem Gewitter und wissen mancherlei Schauergeschichten zu erzählen, die die

Kinder in zusätzliche Angst versetzen. So erfährt auch Mark Twains Held Tom Sawyer, daß Blitz und Donner von Gott gesandt werden, wenn die Menschen Unrechtes getan haben. Tom reagiert — nachdem er wieder einmal einen Streich ausgeheckt hat — jedoch nicht bloß ängstlich, indem er sich die Bettdecke über den Kopf zieht; er ist auch beeindruckt, daß dieses großartige Schauspiel allein seinetwegen in Gang gesetzt wurde.

Nicht jeder kann sich solchen Schauermärchen so leicht entziehen wie Tom. Herrscht in der Erziehung ein Angstklima, so werden alle Kinder davon erfaßt. Bei Angst findet ebensosehr eine Ansteckung statt wie bei körperlichen Krankheiten.

Sehr erschwerend und belastend im sozialen Verkehr ist die sogenannte *Erythrophobie*, die Angst vor dem Erröten. Sie tritt meist in Erscheinung, wenn sich der Patient irgendwie exponieren muß. Bereits während des Gesprächs können Gesicht und Hals von der Rötung betroffen werden. Die Psychoanalyse sprach in der ihr eigenen Weise von der ›Erektion des ganzen Kopfes‹ (Ferenczi), womit, bei nüchterner Betrachtung, die schamhafte Begierde (besonders der Frauen damaliger Zeit) gemeint war. Tatsächlich finden wir bei erythrophoben Patienten eine übertriebene Schamhaftigkeit, die nicht nur mit sexuellem Exhibitionismus, sondern auch mit dem Sich-zeigen-Können im weitesten Sinne zu tun hat. Hierbei ergibt sich ein Circulus vitiosus: Das Erröten entstammt übersteigerter Scham, und der Errötende schämt sich seines Rotwerdens, und zwar in so hohem Maße, daß er viele zwischenmenschliche Kontakte deswegen möglichst unterläßt.

Nicht selten haben solche Patienten eine Erziehung durchlaufen, in der viel Wert auf den äußeren Eindruck, die äußere Erscheinung gelegt wurde. Nach außen sollte alles in Ordnung sein, was die Lebenslüge sozusagen mit einschließt. So ist Angst vor dem Erröten auch Angst vor der Entdeckung von Unzulänglichkeiten, die durch Verdrängung aus der Welt geschafft werden sollen, weil zu wenig Zutrauen in ihre Bewältigung besteht. Sartres Analysen des Blickes (in: »*Das Sein und das Nichts*«, 1962) lassen erkennen, wie sehr ›Angeschautwerden‹ von überempfindlichen Charakteren als Freiheitsverlust empfunden wird. Sie verdeutlichen auch, wie sehr wir uns durch den Blick der anderen unserer vermeintlichen und tatsächlichen Fehler und Mängel bewußt werden.

Zu den wohl am weitesten verbreiteten Phobien zählen die sogenannten *Tierphobien.* Hier ist der Angstaffekt an ein Tier geheftet: Dieses wird nach Möglichkeit gemieden oder sein Auftreten mit großem Schrecken wahrgenommen. Sehr viele Gedanken des Tierphobikers kreisen um sein Angstobjekt, das für sein Seelenleben eine ungewöhnliche Bedeutung gefunden hat. Hunde, Katzen, Spinnen, Mäuse, Ratten, Pferde, Insekten usw. können panische Angst hervorrufen. Die Tiere sind meistens harmlos, aber die Phantasie des Phobikers macht aus ihnen eine Schreckgestalt. Es scheint schier unbegreiflich, was für ein Affektgetöse solche Patienten um ein Lebewesen zu machen gewohnt sind, das von anderen Menschen kaum beachtet wird.

Bei Frauen waren früher und sind wohl auch noch heute die Spinnen- und Mäusephobien stark verbreitet. So konnte man in der Vergangenheit ein Publikum von Frauen in Panik versetzen, wenn man in einem Zimmer oder Saal ein paar Mäuse laufen ließ oder nur behauptete, man habe welche gesehen. Auch hier wollen die Psychoanalytiker symbolische Zusammenhänge entdeckt haben, die allerdings weithergeholt anmuten. ›Natürlich‹ handelt es sich um eine Parallelität zwischen Maus und Penis. So könne man verstehen, daß die Frauen die Beine zusammenpressen oder auf Stühle springen, da sie sich davor fürchten, dieses schnelle und wendige Tier könnte ihnen die Beine hinaufhuschen.

Es ist zweifelhaft, ob diese Symboldeutungen das Richtige treffen. Wahrscheinlich handelt es sich eher um soziale Lernprozesse, die schon den kleinen Mädchen vorschreiben, wie sie beim Auftreten dieser Tiere zu reagieren haben.

Alfred Adler verschmähte allzu ingeniöse Deutungen und führte Phobien auf die *Übervorsichtigkeit* und die *Sicherungstendenzen* des Neurotikers zurück. Letzterer sei ein ›Angsthase‹ und für die Aufgaben des Lebens nicht ausreichend vorbereitet. In »*Praxis und Theorie der Individualpsychologie*« (S. 161) schreibt Adler:

»Daß die Phobiker und Hypochonder vorsichtig sind, ist eine Binsenwahrheit, und es lohnte nicht der Mühe, davon zu sprechen, wenn sie diesen Charakterzug nicht mit jedem Neurotiker teilten. Eine eingehende Analyse ihrer Zustände kann jeden leicht belehren, daß die phobischen Symptome eine ausgezeichnete Eignung besitzen, ihren Träger vor einer Niederlage im Leben zu sichern, ja daß Vorsicht in unserem Sinne fast überflüssig erscheint, da sie ganz durch die Phobie ersetzt werden kann, wie die Angst durch die Sicherung. Nur daß die

Phobie an einer anderen, früheren, rückwärts gelegenen Stelle des menschlichen Bezugssystems einsetzt und deshalb zu stärkeren, weitergreifenden Ausschaltungen führt als die Vorsicht.«

Somit dient die konkretisierende allgemeine Furchtsamkeit der Ausklammerung wichtiger Lebensbereiche; die Phobie dient der Ersparnis weiterer Angst, verhindert die unausweichliche Begegnung mit dem allgegenwärtigen Minderwertigkeitsgefühl. Solange der Phobiker um seine Angstobjekte kreist, ist er an Unwesentliches gebunden, kann er die anstehenden Aufgaben nicht erfüllen. Soll er z. B. einkaufen gehen, überfällt ihn die Platzangst, worüber der eigentliche Grund seines Ausgehens ›vergessen‹ wird. Hat er Schwierigkeiten im sozialen Kontakt, so enthebt er sich des eigentlichen Problems, indem er nur noch mit der Angst vor dem Erröten beschäftigt ist.

Ähnlich wie der Zwangsneurotiker ist der phobische Patient völlig mit seinem Symptom ausgelastet, was nicht selten mit einer Entwertung der übrigen Lebensmodalitäten verbunden ist. Was sind schon die täglichen Verrichtungen, die hellen und die dunklen Seiten der Welt, solange im Vordergrund diese oder jene Angst, dieser oder jener Zwang stehen? Wer am ›Unwesentlichen‹ des Lebens haftet, kann kaum ein ›wesentlicher Mensch‹ sein. Daher sind Phobien ein Zeichen von verfehlter Selbstentfaltung, einer Verkümmerung des Werdens der Persönlichkeit.

Der Angstcharakter

Freud rechnete die Angstneurose zu den Aktualneurosen, die Phobien zu den Psychoneurosen. Diese Einteilung ist heute nicht mehr üblich, da sich Angstneurose und Phobie weder nach dem Erscheinungsbild noch nach ihrer Entstehung scharf voneinander abgrenzen lassen. So wäre im Sinne von Alfred Adler nach einem übergeordneten gemeinsamen Dritten zu suchen, das wir in einer spezifischen Persönlichkeits- und Charakterstruktur finden. Analoge Begriffe für Charakter sind u. a. Lebensstil, Gesamtpersönlichkeit, unbewußte Weltanschauung, Lebensentwurf, Lebensplan, Persönlichkeitsideal und ›Meinung über sich selbst und die Welt‹. Die Stellungnahme des Individuums gegenüber sich selbst und der Welt bestimmt weitgehend sein Verhalten zu sich selbst und zu anderen, wobei alle Verhaltensweisen eine ›innere Einheit‹ erkennen lassen.

Ängstliche zeigen offen, daß sie sich klein und minderwertig fühlen. Das — kompensatorische — Streben nach Geltung und Überlegenheit ist nicht so offensichtlich. Erst die psychologische Untersuchung fördert den Wunsch nach Macht und Überlegenheit zutage. Auf Umwegen versucht der Kleinmütige zu Geltung zu gelangen, was die Tiefenpsychologie unter dem Aspekt des *Herrschens durch Schwäche* aufgezeigt hat.

Der ängstliche Charakter leidet in der Regel unter verminderter sozialer Verbundenheit und kann wenig Interesse für die Mitmenschen aufbringen. So wird mangelndes Gemeinschaftsgefühl zur Quelle der Angst, und Ängstlichkeit verhindert die Ausbildung sozialen Bezogenseins. Damit einher gehen trennende Charakterzüge, wozu etwa Neid, Eifersucht, Eitelkeit, Geiz, übertriebener Ehrgeiz, Anspruchshaltungen, Trauer und Launenhaftigkeit gehören. Nicht selten erkennen wir im Ängstlichen ein ehemals braves Kind mit verborgenem Trotz. Es lassen sich in der Vergangenheit verwöhnende Bezugspersonen finden, die jeden expansiven Schritt ängstlich kommentierten, oder solche, die ständig am Kind herumkritisierten, ihm so die Aktivitäten verleideten, die sie jedoch später als eine selbstverständlich zu erbringende Leistung verlangten.

Nun wäre es allerdings müßig, einen Schuldigen zu suchen, etwa den Eltern alles anzulasten. Der Ängstliche bekommt immerhin Übung darin, sich schwierigen Situationen durch seine Angstgebärde zu entziehen. Es findet quasi ein ›Angsttraining‹ statt, was dazu führt, daß der Patient in allen Bedrängnissituationen ›mühelos‹ seine Angst mobilisieren kann. Sie dient damit dem Rückzug vor allen Schwierigkeiten; wer wird schon allzuviel von einem zitternden, scheuen Menschen verlangen?

Nun simuliert der Patient nicht etwa, sondern ihm fehlt das Verständnis für den Zusammenhang zwischen seinen Gemütsbewegungen und seinem späteren Angstanfall, der ihn — wie er es sieht — ›einfach überfällt‹. Erst die Psychotherapie muß die Verbindungslinien ziehen und den Zusammenhang deutlich machen. Der Therapeut kann dem Patienten im Zuge seiner Persönlichkeitsforschung aufzeigen, wie er seine Erinnerungen, seine Erfahrungen mit Menschen und Dingen so lange zurechtbiegt, bis sie ihm seine Kleinheit und Unbeholfenheit suggerieren, geradezu den ›Widerstandskoeffizienten der Welt‹ gewaltig übertreiben. So holen Angstcharaktere aus ihrem Erinnerungsschatz meistens tendenziös jene Ereignisse hervor, die sie in ihrem Pessimismus und ihrer Resignation zu bestärken scheinen. Auch die Träume haben vorwiegend Verfolgung, Bedrohung und hilfloses Ausgeliefertsein zum Inhalt. Bis in die Tagträume hinein wird die Feindseligkeit der Welt und der Mitmenschen übertrieben, so daß die emotionale Ablösung von der Umgebung wesentlich erleichtert wird. So scheint die Welt geteilt: Ich hier, dort die anderen. Angstpatienten beklagen sich oft über ihr Einsam- und Isoliertsein, aber sie erkennen zu wenig, daß sie mit an dem Bau eines imaginären Grabens beteiligt sind.

Beispiele: Eine 34jährige Erzieherin hat noch nie sexuellen Kontakt mit einem Mann gehabt. Bei Annäherungsversuchen von Männern zieht sie sich bald auf sich selbst zurück; sie hat offenbar Angst vor Intimität. Sie ist in einer prüden, katholischen, kinderreichen Familie aufgewachsen. Der Vater war still und gehemmt, die Mutter sehr dominierend. Auf die religiöse Einstellung wurde sehr viel Gewicht gelegt. Als Kind wollte sie gerne Missionsschwester oder Nonne werden; von diesem Wunsch kam sie aber bald los. In ihrer Pubertät schämte sie sich ihres Körpers, weil sie größer als ihre gleichaltrigen Kameraden war. Auch meinte sie, nicht hübsch genug zu sein; die anderen Mädchen hatten dicke Zöpfe, während sie mit ihrem dünnen Haar keinen Zopf flechten konnte. Seit den Entwicklungsjahren kennt sie Triebängste, aber auch Beziehungsängste überhaupt. Nach Träumen befragt, erinnert sie sich an einen Traum, den sie oft geträumt hat:

Sie ist auf einem Bauernhof, vermutlich in einer Scheune. Ihr Vater ist auch dabei, aber im Hintergrund. Die Scheune wimmelt von Ratten, die überall herausspringen. Dann wird von irgend jemandem auf die Ratten Jagd gemacht. Sie werden getötet, und ihr Blut spritzt überall herum. Es ist grausig anzusehen. — Meistens sei sie von diesem Traum mit einem Ekelgefühl erwacht. Den Inhalt kann sie sich nicht erklären.

Der Traum drückt unseres Erachtens *Triebangst* und *sadomasochistische Ängste* aus. Ratten sind fruchtbar; man kann sie als Sexualsymbol denken. Der Ekel nach dem Traum dient der Triebabwehr, die sie bereits jahrelang erfolgreich praktiziert. Sie ist auf dem Rückzug vor dem Leben und der Liebe: Sie trainiert Angst und Triebverneinung bis in den Traum hinein.

Ein ca. 30jähriger Lehrer berichtet darüber, daß er sich selbst und seine Umwelt durch hektische Aktivität dauernd in Atem halte. Er ist verheiratet und hat zwei Kinder. In seiner Schule ist er ständig bestrebt, Verbesserungen einzuführen; es sind ihm hierbei beachtliche Neuerungen geglückt, die auch die Anerkennung von seiten der Behörde erhielten. Aber er ist ruhelos und fühlt, daß mit ihm etwas nicht in Ordnung sei.

Er leidet an Gastritis und erhöhtem Blutdruck. In der sexuellen Beziehung zu seiner Gattin kommt häufig Ejaculatio praecox vor. Seine ewige Unruhe möchte er durch Psychotherapie beheben.

Er ist als Einzelkind bei einer sehr energischen und tüchtigen Mutter aufgewachsen. Der Vater war als Soldat im Krieg und kam aus der Gefangenschaft erst nach Hause, als sein Sohn bereits 13 Jahre alt war. Auch später spielte der Vater in seinem Leben keine wichtige Rolle. Er war ganz auf seine Mutter bezogen, die alles für ihn tat und heute noch mit ihm Kleidung einkaufen geht, wobei sie bestimmt, was ›derzeit Mode ist‹.

Nach einem Traum befragt, erzählt der Patient, er habe seit vielen Jahren einen *stereotypen Traum*, der in gleicher Form immer wiederkehrt. Er sieht sich in jener Wohnung, die er zusammen mit der Mutter als Kind bewohnt hat. Er ist allein in seiner Stube, oft liegt er im Bett. Aber dann öffnet sich von selbst die Tür im Raum; man sieht keinen Menschen, der daran beteiligt wäre. Hinter der geöffneten Tür scheint ein Abgrund zu sein. Das erzeugt in ihm ein Gefühl der Angst und des Grauens, so daß er meistens im Schlaf aufschreit, wenn er diesen Traum träumt. Seine Frau weckt ihn dann und versucht ihn zu beruhigen.

Der Traum wird folgendermaßen gedeutet:

Der Träumer hat seine Kindheit und Jugend zusammen mit einer dominierenden (aber auch liebevollen) Mutter verbracht. Es kam zu einer symbiotischen Beziehung; vielleicht war der Träumer für seine Mutter auch so etwas wie ›Partnerersatz‹. Infolge dieser innigen Verflechtung mit der Mutter konnte er keine eigene Persönlichkeit entfalten. Er blieb ein Anhängsel der Mutter und ist heute noch innerlich von ihr abhängig.

Darum träumt er stets in jene Zeit zurück, wo er mit ihr noch zusammen lebte. Sodann stellt der Traum mit dem Abgrund hinter der Tür gewissermaßen die Unvollständigkeit seines Ichs dar. Er hat kein Zentrum in sich selbst, daher auch die angstgetönten Bilder seines Traumes und seine Handlungsunfähigkeit: Die Tür öffnet sich von selbst.

Derzeit ist aber nicht mehr die Mutter hauptsächlich wichtig, sondern seine eigene Charakterstruktur; er übertönt seine Ängstlichkeit und Ich-Lücke durch übertriebene Geschäftigkeit, mit der er sich bei den Behörden ›Liebkind‹ machen will. Sein hoher Blutdruck, seine Gastritis und seine Potenzstörungen sind ebenfalls Ausdruck der Schwerpunktlosigkeit seiner Person, die in keinem Falle durch hektische Aktivität beseitigt werden kann. Heilung seiner Angst ist nur möglich, wenn er lernt stillzuhalten, sich zu besinnen, seinen Standort in der Welt zu reflektieren. Als von der Mutter ›verschlucktes Kind‹ ist er nur halb geboren; er muß den Aufbau seiner Persönlichkeit mit Hilfe der Therapie neu angehen, wenn er ein ›vollständiger Mensch‹ werden will. Relative Angstfreiheit ist dort zu finden, wo Reife, Vernunft und soziale Einbettung entwickelt wurden. Für die Individualpsychologie Alfred Adlers steht es außer Frage, daß die Ängstlichkeit eines Menschen nur auf dem Wege größerer sozialer Verbundenheit beseitigt werden kann. Der Patient muß es aufgeben, nach irrealen Sicherheits- und Geltungszielen zu streben. Er muß sich darüber klar werden, daß er keine Sonderrechte zu beanspruchen hat und daß er seine Ängstlichkeit nur überwinden kann, indem er ein Mitspieler in der Gemeinschaft der Menschen wird. Hat ihm auch seine Kindheit nahegelegt, daß er nur durch ›Ausnahmebedingungen‹ seine Selbstachtung aufrechterhalten kann, so gilt es heute, die Einsicht zu gewinnen, daß der Preis des Sich-Anstemmens gegen die Realität mitunter recht hoch ist. Es ist eher von Vorteil, sich mit seinen Mitmenschen solidarisch zu erklären und sich an die Behebung allmenschlicher Komplikationen heranzuwagen, als sich im Schmollwinkel der Angst darüber zu beklagen, daß die Welt so ist, wie sie ist. Man kann den Charakterzug der Angst als *versteckte Revolte* gegen die natürlichen und sozialen Bedingungen des Lebens ansehen.

Therapie der Angstneurose

Die einfachste Angstbehandlung wird durch die Verhaltenstherapie vorgeschlagen. Da die Angst als ein ›bedingter Reflex‹ betrachtet wird, ist man bestrebt, diese ›schlechte Gewöhnung‹ durch ein ›Übungsprogramm‹ wegzutrainieren. Dabei wird stufenweise die gefürchtete Situation dem Patienten nähergebracht, meistens verbunden mit irgendwelchen positiven Reizen oder

Belohnungen, die das Festhalten der neuen Gewohnheiten schmackhaft machen sollen. Innerhalb von gewissen Grenzen mag diese Methode durchaus erfolgreich sein.

Den Tiefenpsychologen befremdet aber, daß verhaltenstherapeutische Behandlungen die ›Innenwelt des Behandelten‹ ausklammern und auf dem Wege von *stimulus und response* eine menschliche Persönlichkeit wandeln und entwickeln wollen.

Das Verfahren der Umgewöhnung ist weniger neu und revolutionär als die Verhaltenstherapeuten meinen. Es wurde eigentlich von jeher schon in der Kinder- und Selbsterziehung geübt. Über eine bewundernswerte Angsttherapie an sich selbst berichtet Goethe im neunten Buch von »*Dichtung und Wahrheit*«; der damals 21jährige Dichter befand sich in Straßburg und kurierte sich von Lärm- und Höhenangst, indem er sich eine Roßkur verordnete. Im genannten Werk liest man u. a.:

>»Ein starker Schall war mir zuwider, krankhafte Gegenstände erregten mir Ekel und Abscheu. Besonders aber ängstigte mich ein Schwindel, der mich jedes Mal befiel, wenn ich von einer Höhe hinunterblickte. Allen diesen Mängeln suchte ich abzuhelfen, und zwar, weil ich keine Zeit verlieren wollte, auf eine etwas heftige Weise. Abends beim Zapfenstreich ging ich neben der Menge Trommeln her, deren gewaltsame Wirbel und Schläge das Herz im Busen hätten zersprengen mögen. Ich erstieg ganz allein den höchsten Gipfel des Münster-Turms und saß in dem sogenannten Hals, unter dem Knopf oder der Krone, wie man's nennt, wohl eine Viertelstunde lang, bis ich es wagte, wieder heraus in die freie Luft zu treten . . .
>
>Es ist völlig, als ob man sich auf einer Montgolfière in die Luft erhoben sähe. Dergleichen Angst und Qual wiederholte ich so oft, bis der Eindruck mir ganz gleichgültig ward, und ich habe nachher bei Bergreisen und geologischen Studien, bei großen Bauten, wo ich mit den Zimmerleuten um die Wette über die freiliegenden Balken und über die Gesimse der Gebäude herlief, ja in Rom, wo man eben dergleichen Wagstücke ausführen muß, um bedeutende Kunstwerke näher zu sehen, von jenen Vorübungen großen Nutzen gezogen.«

Goethe hatte es relativ leicht, seine Ängste zu überwinden, da er im Grunde ein überaus mutiger und bis zur Tollkühnheit verwegener Mensch war. Für ›mittlere Sterbliche‹ wird daher seine

Methode nicht unbedingt zu empfehlen sein. Die Selbsthilfe bedarf in der Regel der Ergänzung durch Psychotherapie.

In der letzteren muß man zunächst den Patienten dazu bewegen, nicht dauernd von der Angst reden zu wollen (sein ›Lieblingsthema‹), sondern quasi an ihr vorbei mit dem Therapeuten oder der Therapiegruppe die Selbsterforschung voranzutreiben. Angst wird nur beseitigt durch eine weitläufige Unternehmung des Umerziehens und Umschulens des Patienten, der buchstäblich an ›allen Ecken und Enden‹ umlernen muß, wenn er von seiner Ängstlichkeit befreit werden soll.

Sehr wichtig ist hierbei die *Umstimmung des Patienten,* der schon an der Persönlichkeit des Therapeuten und dessen beharrlicher Zuwendung zu ihm erkennen soll, daß ein Leben in relativer Angstfreiheit auch für ihn möglich ist. Während einer psychotherapeutischen Behandlung kommt es zu einer Gefühlsansteckung in beiden Richtungen: Der Patient steckt seinen Analytiker mit Angst und der Analytiker seinen Patienten mit Mut und Zuversicht an.

Sodann kommen viele Erkenntnisprozesse ins Spiel. Der Angstpatient erfährt nach und nach, auf welchen Wegen er in seine Angst hineingeraten ist. Durch Wissen um seine Lebensgeschichte kann er über viele emotionale Zwänge hinauswachsen: Denn das Vergangene, das man begreift, hat keine dämonische Macht mehr über uns. Die Erkenntnis macht auch in der Therapie frei, vor allem dann, wenn zur Selbsterkenntnis noch Welt- und Menschenkenntnis hinzukommt.

Der Angstpatient weiß wenig vom anderen Menschen, da er weitgehend um sich selbst kreist. Besonders vorteilhaft wirkt daher die *Psychotherapie in Gruppen,* wo der Patient auch die Nöte und Leiden anderer Patienten kennenlernt und sich an der Stabilisierung seiner Leidensgenossen helfend mitbeteiligt. Dabei weitet sich sein geistiger und emotionaler Horizont enorm aus. Er lernt *mitfühlen* und *mitdenken.*

Weiß man um die Komplexität des menschlichen Seelenlebens, dann wird man leicht der Versuchung entgehen, einen Menschen zur Gesundheit ›dressieren‹ zu wollen. Menschliches Verhalten und auch Fehlverhalten ist verankert in einer Vielzahl von Einstellungen, Werthaltungen, Gesinnungen und Gefühlsregungen. In der Regel muß man eine ganze Persönlichkeit einem *Revisions- und Umerziehungsprozeß* unterwerfen, wenn man ein Symptom beheben will.

So hängt etwa die Ängstlichkeit eines Phobikers mit *mangelnder Arbeitsgewöhnung* zusammen, mit materieller und emotionaler *Abhängigkeit* von irgendwelchen Beziehungspersonen, mit Gefühlen der *Aggression* und *Erwartungshaltung*, mit *masochistischen Einstellungen* und *Weltanschauungskomponenten*, mit *Bequemlichkeit* in vielerlei Abwandlungen, mit *Verwöhnungswünschen* und *Geltungsansprüchen* usw.

Geht man ›ganzheitspsychologisch‹ vor, dann ist es geradezu absurd, Symptome frontal beseitigen zu wollen, da die Symptomatik im Seelenhaushalt des Patienten eine ›stabilisierende Rolle‹ spielt — das Symptom hat seinen Stellenwert in der neurotischen Lebensführung und ›Selbstverwirklichung‹. Nur wenn der Lebensentwurf des Neurotikers geändert wird, hat er sein Symptom nicht mehr nötig.

Alles, was die *Selbständigkeit* des Patienten fördert, vermindert seine Angst. Viele Angstneurotiker hängen in wichtigen Lebensbereichen noch von der Mutter oder den Eltern oder anderen Beziehungspersonen ab. Bei Muttersöhnen oder -töchtern ist es quasi, als ob die ›Nabelschnur‹ zur Mutter hin noch nicht abgetrennt wäre. In der Sprache eines Naturvolkes gibt es ein Wort für die Angst, welches wörtlich übersetzt heißt: »Dort, wo einer ausruft, oh Mutter, ich bin verloren!«

Die fehlende oder schlechte *Körperbeziehung* des Angstpatienten muß ebenfalls verbessert werden. Solche Menschen stammen aus Familien, in welchen ›Sanatoriumsatmosphäre‹ herrschte. Dabei konnten sie die Kräfte und Energien ihrer Leiblichkeit weder entdecken noch üben. Sie sind meistens zimperlich und fast hypochondrisch. Durch sportliche Aktivitäten kann der Leib ertüchtigt werden. Ein gesunder Leib ist — wie die Antike schon wußte — eine gute Basis und Heimstätte für die gesunde Seele.

Aus der rein privaten Existenz muß der Angstcharakter ins öffentliche und kulturelle Leben hineinwachsen. Sein ›Individualismus‹ dreht sich nur um Selbsterhaltung und ist demgemäß lediglich eine Karikatur des echten Selbstseins. Letzteres entsteht nur in der Hingabe an überindividuelle Ziele und Werte, die dem Wachstum der Persönlichkeit die sinnvolle Richtung weisen. Aus der ›Fremde des Lebens‹, die den Angstpatienten so mächtig bedrückt, kann nach und nach ›Welt als Heimat‹ werden, wo neue Geborgenheit empfunden und erlebt wird. Der sich geborgen fühlende Mensch aber hat wenig oder gar keine Angst mehr.

Hysterie

Im frommen Mittelalter und bis tief in die Neuzeit hinein wurden gelegentlich ganze Nonnenbelegschaften in Klöstern von einer unbegreiflichen Kollektivkrankheit befallen. Man sagte in der Sprache der damaligen Zeit, daß die Frauen von ›Dämonen‹ besessen seien. Nur so konnte man sich erklären, daß die gottergebenen Jungfrauen plötzlich obszöne Aussprüche produzierten, in quasi-sexuelle Krämpfe und Verzückungen gerieten und oft an den heiligsten Orten und bei den unpassendsten Gelegenheiten von Anfällen geschüttelt wurden, die offenbar orgiastischer Natur waren.

Das breitete sich mitunter wie eine Seuche aus. Die herbeigerufenen Beichtväter und Teufelsaustreiber versuchten mit wechselndem Erfolg, dieser Epidemien Herr zu werden. Mit Exorzismen aller Art wurden die Teufel im Leibe der Nonnen angesprochen und gebannt. Oft wand sich das Opfer in verzückten Krampfanfällen, indes der Priester sich darum bemühte, mit Bibelkommentaren und Sakramenten die Herrschaft des Glaubens über Leib und Seele wieder aufzurichten. Das Geschäft des Exorzierens konnte für die Mönche auch gefährlich werden. Gelegentlich behaupteten die Nonnen nicht nur, daß sie der Teufel nachts heimsuche und sexuell belästige; sie schuldigten auch die Priester an, daß sie sie vergewaltigt hätten, und konnten ihre Behauptungen sehr dramatisch darstellen. So mancher Teufelsaustreiber endete deswegen auf dem Scheiterhaufen; aber auch manche der verzückten Nonnen wurden als Hexen verfolgt und verbrannt.

Aus der heutigen Sicht müssen wir feststellen, daß jene Frauen nicht von Teufeln und Dämonen behelligt wurden, sondern an Hysterie litten. In ihren oft epidemischen Erkrankungen brach das ›ungelebte Leben‹ aus ihnen hervor: daher die Überflutung des (frommen) Bewußtseins durch Obszönitäten, Aggressionen und Sittenwidrigkeiten aller Art, die das Entsetzen des bigotten Zeitalters ausmachten. Neben dieser ›lauten Hysterie‹ gab es natürlich auch sehr viele stillere Manifestationen der Revolte gegen das Frauendasein durch Kränkeln, psychische und somatische Ausfallserscheinungen. Die Frauen, die noch bis ins 19. Jahrhundert hinein ihre ›Vapeurs‹ hatten, sehr leicht in Ohnmacht fielen und bei kleinsten Anlässen in Tränen ausbrachen, waren die Nachfolgerinnen der entfesselten und enthemmten Nonnen: nur hatten sie die Ausdrucksform des Leidens gewechselt, da es dem Zeitgeist nicht mehr entsprach, von Teufeln infiltriert zu werden und aus allen Organen mit Teufelsrede über die Welt zu lästern.

Diese Vorgeschichte machte die Wissenschaft vorsichtig und skeptisch gegenüber der hysterischen Erkrankung, mit der man lange Zeit nichts Vernünftiges anzufangen wußte. Hysteriker wurden im 18. Jahrhundert durch Mesmer und seine Schüler mit dem animalischen Magnetismus behandelt. Auf dem Wege der Selbst- und Fremdsuggestion wurden Wunderheilungen erzielt, die Aufsehen erregten. Wer sich nicht ›magnetisieren‹ ließ, begab sich auf ›Wallfahrt‹, wobei es auch nicht selten zur Genesung kam. So blieb die Hysterie im Einflußbereich von Aberglauben und Scharlatanerie, bis sich die Psychiatrie ihrer anzunehmen beliebte.

Charcot, Janet und die Hysterie

Jean-Martin Charcot (1825—1893), der berühmte französische Neurologe, befaßte sich seit 1870 mit der Hypnose und mit Untersuchungen über die Hysterie. Letztere galt als eine sehr problematische Erkrankung, die großenteils mit Simulation identifiziert wurde. Mit dem ganzen Gewicht seiner Autorität setzte sich Charcot dafür ein, die hysterischen Patienten ernst zu nehmen und ihre Leiden sorgfältig zu überprüfen. Damit entfachte er das Interesse für jenes Zwischenreich der Forschung, in dem Seelisches und Körperliches zu gemeinsamen Symptomen zusammenfließen.

Charcot konnte die Symptomatik der Hysterie unter anderem auch auf dem Wege der hypnotischen Beeinflussung erzeugen. In seinen vielbesuchten Demonstrationen an der Salpêtrière in Paris rief er bei geeigneten Patientinnen die von ihm entdeckten drei Stadien der Hypnose hervor: die Lethargie (Teilnahmslosigkeit, Schlaffheit); die Katalepsie (Gliederstarre); den Somnambulismus (Schlafzustand). Auch konnte man den Kranken ›hysterische‹ Lähmungen und Anfälle suggerieren, die auf Gegensuggestion wiederum verschwanden. Daraus wäre eigentlich zu folgern gewesen, daß die hysterischen Patienten ›psychisch Kranke‹ seien; aber Charcot dachte vollständig in organisch-biologischen Kategorien und nahm an, daß der Hysterie eine noch unbekannte Hirnschädigung zugrunde liege. Gleichwohl war die Arbeit an seiner Klinik der Anlaß dafür, daß man die Gesamtsituation der Hysterischen ins Auge zu fassen begann.

Charcot ging seinen Patientinnen insofern auf den Leim, als er viele ihrer Krankheitsdemonstrationen für echt nahm und nicht wußte, daß die oft dramatischen Anfälle und Krämpfe sorgfältig eingeübt worden waren. An diesen Übungen waren die Assistenten des ›Meisters‹ mitbeteiligt, die ungefähr wußten, welche Symptome dieser zu sehen wünschte; daher forderten sie von den Kranken bestimmte Krampferscheinungen, die von diesen willig produziert wurden. Spätere Autoren haben darüber berichtet, daß man noch Jahre nach Charcots Tod in der Salpêtrière Patienten gesehen habe, die gegen ein kleines Entgelt alle jene ›hysterischen Krisen‹ zu imitieren vermochten, die Charcot als ›krankheitstypisch‹ beschrieben hatte. Ganz ahnungslos war allerdings der ›Meister‹ nicht gewesen, denn er hatte gesagt:

»Das bringt mich darauf, ein Wort über das Simulieren zu sagen. Man begegnet ihm in jeder Phase der Hysterie und ist manchmal bis zur Bewunderung überrascht von der List, dem Scharfsinn und der unerschütterlichen Zielstrebigkeit, die jene Frauen, welche unter der Einwirkung einer schweren Neurose stehen, zu Täuschungszwecken an den Tag legen ... besonders, wenn das Opfer der Täuschung ein Arzt sein soll.« (G. Guillain: *J. M. Charcot: »Sa vie, son œuvre«*, 1955, S. 137)

In Charcots Forschungsresultaten wurde jedenfalls deutlich, daß es ›bestimmte Vorstellungen‹ waren, mit denen das Panoptikum der hysterischen Symptomatik im Zusammenhang stand. Die Frage war nun logischerweise, woher diese Vorstellungen kamen, die sich spontan in der Psyche der Kranken oder aber auch durch hypnotische Suggestion konstellierten. Charcot hielt am Gedanken der Vererbung und Konstitution fest, indes Janet, Breuer und Freud stärker das ›lebensgeschichtliche Moment‹ berücksichtigten.

Pierre Janet (1859—1947) betrachtete sich als unmittelbaren

Schüler von Charcot. Er wandte sich bereits intensiv dem psychisch-geistigen Zustand der Hysterischen zu, wiewohl auch er noch den Konstitutionsfaktor sehr hoch einschätzte. In jahrelangen Beobachtungen an solchen Kranken fand Janet einige hervorstechende Charakteristiken der Hysterie, die er in seinen zahlreichen Werken über diesen Gegenstand umständlich beschrieb. Hierüber eine kurze Zusammenfassung:

1. Die Patienten litten an einer allgemeinen *Psychasthenie* oder Seelenschwäche. Ihr Bewußtsein hatte nur selten die notwendige Aufmerksamkeitsspannung, derer wir bedürfen, um kraftvolle, psychische und soziale Leistungen zu vollbringen. Daher sei auch die ›Realitätsfunktion‹ gestört: Die Kranken seien viel ›geistesabwesend‹. Man könne von einem ›abaissement du niveau mental‹ (*Absinken des Bewußtseinsniveaus*) sprechen. Es werde in der Hysterie viel geträumt und phantasiert.

2. Die Gedankensprünge und Mitteilungslücken der Patienten lassen nach Janet darauf schließen, daß ein Teil ihres Denkens ›im Untergrund‹ bleibt und nicht kommuniziert wird. Man muß demnach eine Sphäre des *Unbewußten* oder *Unterbewußten* annehmen, die den Schlüssel zur neurotischen Symptomatik beherbergt. Da die unbewußten Seelenregungen in solchen Fällen nicht ins Ganze der Persönlichkeit integriert sind, komme es zu einer ›dissociation de la personnalité‹, zu einer *Persönlichkeitsspaltung*. Diese weist auf *traumatische Ereignisse in der Vorgeschichte der Kranken* hin, aber auch auf ›hereditäre Zusammenhangslosigkeit der Psyche‹.

3. Sehr wichtig wurde für die Folgezeit Janets Befund, daß die hysterischen Patienten *unterbewußte fixe Ideen* hätten, nach deren Bewußtmachung sich ihr Zustand wesentlich verbessere. Könne man die ›fixe Idee‹ in Worte kleiden, dann wachten die Kranken gleichsam aus einem Halbschlaf auf: Ihr psychisches Niveau sei hernach ›angehoben‹. Damit war Janet der ›Verdrängung‹ auf der Spur, deren Auswirkungen er bereits notierte, als er von der *Einengung des Bewußtseinsfeldes* in der Hysterie, in den Phobien und in den Zwangsneurosen sprach.

4. Janet arbeitete in seiner ›Psychotherapie‹ auf Ichstärkung und Bewußtseinserweiterung hin. Er verstand seine Arbeit als moralische Umerziehung und ›psychologische Desinfektion‹. Da an den Patienten fast immer auch ein ›sentiment d'incomplétude‹ (*Gefühl der Unvollständigkeit und Unvollkommenheit*) fand, mußte er darangehen, auch die Details ihres Selbstbildnis-

ses zu überprüfen. Dabei nahm er Alfred Adlers Entdeckung des Minderwertigkeitskomplexes in prägnanter Weise vorweg. Auch der sozialen Untauglichkeit der Hysterischen war er sich wohl bewußt; allerdings drängten ihm seine Beobachtungen an der Salpêtrière, in der sich hauptsächlich ungebildete und sozial geschädigte Patienten sammelten, die Hypothese auf, daß zur Hysterie notwendigerweise eine biologische und gesellschaftliche Minderwertigkeit gehöre.

Charcot und Janet begründeten die wissenschaftliche Hysterielehre, die — wie es weiter nicht erstaunlich ist — ihre Vorläufer in der Dichtung hatte. So manche Schriftsteller des 19. Jahrhunderts beschrieben Hysteriefälle in ihren Dichtungen.

Als ein Beispiel für viele sei der Roman »*Germinie Lacerteux*« (dt.: »*Das Dienstmädchen Germinie*«, 1928) erwähnt, der schon im Jahre 1864 erschien; Verfasser sind die beiden Brüder Edmond und Jules Goncourt, die den wissenschaftlich dokumentierten naturalistischen Roman schufen. Von Germinie wird erzählt, daß sie vom Lande in die Stadt kam und in einem Wirtshaus als Bedienerin arbeitete. Sie wurde von einem Kellner vergewaltigt, wurde schwanger, aber ihr Kind, das sie in Pflege gab, starb früh. Nun schien ihre Sexualität ganz zurückgedrängt, und sie widmete sich leidenschaftlich dem Dienste eines aristokratischen Fräuleins, bei dem sie es recht gut hatte. Später verliebte sie sich in einen jungen Mann, der sie in jeder Beziehung ausnützte und ausplünderte. Auch dabei wurde sie schwanger: Wiederum starb das Kind, was Germinie einen gewaltigen Schlag versetzte. Nun brach bei ihr die Hysterie aus, die die Autoren fast fachmännisch als Anfallsgeschehen schildern:

»Sie röchelte und führte, statt auf die an sie gerichteten Fragen zu antworten, ihre Hände an die Kehle, die sie umklammerte, als wolle sie sie von einem würgenden Druck befreien, der ihr das Atmen erschwerte. Man ließ sie an Äther riechen, gab ihr Orangenblütenwasser zu trinken. Es half nichts. Das schmerzliche Wogen, das ihren Körper durchlief, ließ nicht nach, und ihr Gesicht bewahrte den Ausdruck von dumpfer, angsterfüllter Traurigkeit, der darauf zu deuten schien, daß ein seelisches Leid die Ursache der körperlichen Qualen war.« (l. c., S. 86)

Germinie führt von da an ein Doppelleben als Trinkerin, Diebin und treue Dienerin des Fräuleins, das zu alt und zu sehr krän-

kelnd ist, um die Wandlungen ihrer Angestellten zu beobachten.
Den langsamen Verfall der Kranken, die immer tiefer absteigt,
beschreiben die Goncourts akribisch.

Freuds Hysterieforschungen

Josef Breuer, der Freund und väterliche Mentor von Sigmund
Freud, hat das große Verdienst, die Anregungen der französischen Autoren erstmals für die psychotherapeutische Behandlung der Hysterie fruchtbar gemacht zu haben. Im Jahre 1880
übernahm er die Behandlung der 21jährigen Patientin Anna O.,
die im Verlaufe der Pflege ihres kranken Vaters an Hysterie erkrankt war. Sie war eine kluge und temperamentvolle junge Frau,
die nun an Sehstörungen, Lähmungen, Nahrungsekel, nervösem
Husten, Ängsten usw. litt.
Breuer beobachtete, daß das ›sexuale Element bei ihr erstaunlich
unentwickelt‹ war. Die Kranke phantasierte vor sich hin und ließ
sich durch Suggestion nicht beeinflussen. Aber es war möglich,
ihr Vorleben zu erforschen, da sie in einer leichten Hypnose über
den Ursprung ihrer Symptome Auskunft zu geben vermochte.
Die Patientin selbst nannte dies ›Rauchfangkehren‹ oder ›Redekur‹ — tatsächlich zeigte sich meistens eine Besserung der
Symptomlage nach dem Aussprechen der Symptomherkunft.
Konnte die ›traumatische Szene‹ mit entsprechendem Affekt erinnert werden, dann kam es sogar zur Beseitigung der Störungen. Breuer hatte die Geduld, Schritt für Schritt mit der Patientin
ihre Vergangenheit ›auszuleuchten‹, wobei in zunehmendem
Maße Genesung einzutreten schien. Allerdings verliebte sich
hierbei der Arzt beinahe in seine Patientin, was zu einem radikalen Therapieabbruch Anlaß gab. Die Kranke reagierte darauf mit
einem schweren Rückfall, der eine ›hysterische Schwangerschaft
mit darauffolgender Geburt‹ imitierte.
Anna O. wurde später doch sozial lebenstüchtig und hat sich in
der Frauenbewegung und in der Fürsorgeerziehung einen Namen gemacht (sie hieß in Wirklichkeit Bertha Pappenheim). Sie
blieb unverheiratet; der Kampf für gesellschaftspolitische Ideale
scheint ihr die Partnerschaft ersetzt zu haben.
Breuer erzählte Freud von diesem Fall und ermutigte ihn dadurch, die Psychotherapie an hysterischen Patienten anzuwenden. Dies führte dann im Jahre 1895 zu den gemeinsam veröf-

fentlichten »*Studien über Hysterie*«, in welchen Breuer auch den Fall ›Anna O.‹ mitteilte; die theoretischen Konzeptionen des Werkes stammen von beiden Autoren, sind aber überwiegend von Freuds Gesichtspunkten determiniert.

Breuer und Freud postulieren, daß die hysterischen Erkrankungen auf traumatischem Wege entstehen. Die Traumen wirken pathologisch, weil sie bei den Kranken auf einen ›hypnoiden Seelenzustand‹ fallen, in welchem sie fast hypnotisch beeinflußbar seien. Gelingt es, sich vom Symptom zu dessen (unbewußter) Veranlassung vorzuarbeiten, dann kann man die Hysterie psychologisch kurieren. Man könne den Satz formulieren: ›Der Hysterische leidet größtenteils an Reminiszenzen‹. Die Therapie, als ›Katharsis‹ (Seelenreinigung) bezeichnet, muß zu einer (verspäteten) Abreaktion führen, zu welcher die ›Wiedererinnerung‹ die Voraussetzung bietet. ›Eingeklemmte Affekte‹ schaffen Verwirrung im Seelenleben, die durch ›Affektabfuhr‹ bereinigt werden kann. Freud gibt Fallbeispiele zu dieser These.

Im Jahre 1889 übernahm Freud die Behandlung einer ca. 40jährigen Dame (Frau Emmy v. N.), die hysterische Symptome aufwies. Die Patientin war eine Witwe, die seit dem Tod ihres Gatten (vierzehn Jahre vor Behandlungsbeginn) immer gekränkelt hatte. Sie hatte ticartige Zuckungen im Gesicht, schnalzte eigentümlich mit der Zunge und äußerte oft — auch dem Arzt gegenüber — die ›Schutzformel‹: »Seien Sie still — reden Sie nichts — rühren Sie mich nicht an!« Offenbar hatte sie eklige oder peinigende Gedanken, derer sie sich mit Abwehrbewegungen zu erwehren versuchte.

Freud behandelte mit Ausforschung in der Hypnose und mit Massagekuren. Das schien der Patientin gutzutun, und sie erzählte im hypnotischen Dämmerzustand einiges aus ihrer Vorgeschichte, was in ihrem Leben wichtig war. Die Auswahl der Eindrücke war hauptsächlich grausig und verängstigend. Im Verlaufe der Therapie wurde sie aber sichtlich umgestimmt und konnte bei Gelegenheit auch recht heiter sein.

Freud wußte damals noch nicht, wonach er bei einer Neurose suchen sollte und ließ sich daher fast ganz von der Patientin führen. In einem späteren Nachtrag zur Krankengeschichte sagt er allerdings, er hätte die Angstneigung der Patientin mit ihrer *sexuellen Abstinenz* in Zusammenhang bringen sollen: Aber dieses Thema war noch ›tabu‹ für ihn.

So beschränkte sich das Therapiegeschehen darauf, daß die Pa-

tientin den Arzt mit qualvoll-quälenden Erinnerungen und Vorstellungen beeindrucken durfte und sowohl körperlichen (Mas-
sage!) als auch seelischen Kontakt erhielt, was die Besserung
ihres Zustandes begreiflich macht.

Merkwürdigerweise beschreibt Freud die Patientin als eine ›ausgezeichnete Frau‹, die durch sittlichen Ernst und Pflichtethos
charakterisiert sei, durch hohe Bildung und Wahrheitsliebe und
eine ›geradezu männliche Intelligenz und Energie‹ imponiere.
Sodann spricht er von ›innerer Bescheidenheit und Feinheit der
Umgangsformen‹; Frau Emmy v. N. zeige ›gütige Fürsorge‹ für
alle ihr unterstehenden Personen.

Diese Beschreibung kontrastiert mit dem Nachtrag aus dem
Jahre 1924, der die Krankheit der hysterischen Dame unseres
Erachtens viel transparenter erscheinen läßt als die Darstellung
aus dem Jahre 1895. So heißt es im späten Kommentar:

>»Einige Jahre später traf ich auf einer Naturforscherversamm-
lung einen hervorragenden Arzt aus der Heimat der Frau
Emmy, den ich befragte, ob er die Dame kenne und etwas von
ihrem Befinden wisse. Ja, er kannte sie und hatte sie selbst
hypnotisch behandelt, sie hatte mit ihm — und noch vielen
anderen Ärzten — dasselbe Stück aufgeführt wie mit mir. Sie
war in elenden Zuständen gekommen, hatte die hypnotische
Behandlung mit außerordentlichem Erfolg gelohnt, um sich
dann plötzlich mit dem Arzt zu verfeinden, ihn zu verlassen
und das ganze Ausmaß ihres Krankseins wieder zu aktivieren.
Es war der richtige ›Wiederholungszwang‹.

Erst nach einem Vierteljahrhundert erhielt ich wieder Kunde
von Frau Emmy. Ihre ältere Tochter, dieselbe, der ich ehemals
eine so ungünstige Prognose gestellt hatte, wandte sich an
mich mit dem Ersuchen um ein Gutachten über den Geistes-
zustand ihrer Mutter aufgrund meiner seinerzeitigen Behandlung. Sie beabsichtigte gerichtliche Schritte gegen die Mutter
zu unternehmen, die sie als grausame und rücksichtslose Ty-
rannin schilderte. Sie hatte beide Kinder verstoßen und wei-
gerte sich, ihnen in ihrer materiellen Not beizustehen. Die
Schreiberin selbst hatte einen Doktortitel erworben und war
verheiratet.« (GW, Bd. I, S. 162)

Von dieser Beschreibung her gesehen, erweist sich die oben ge-
nannte ›Schutzformel‹ als eine anmaßend-preziöse Kontaktein-
leitung, die die Elemente der Herrschsucht und Unnahbarkeit

deutlich zum Vorschein bringt. Das Schwelgen in ekelhaften und
abscheuerregenden Reminiszenzen deutet auf einen ›sadomasochistischen Charakter‹ hin, den Freud übersehen zu haben
scheint.

Er entschuldigt sich für die Versäumnisse in dieser Therapie mit
der Anmerkung, es sei eben der erste Fall einer ausgiebigen Anwendung des kathartischen Verfahrens gewesen; von einer eigentlichen ›Analyse‹ könne man in diesem Falle nicht sprechen.
Ein anderer Fall jener Zeit war Miss Lucy R., eine 30jährige eng-
lische Gouvernante im Hause eines verwitweten Fabrikdirek-
tors. Die junge Dame hatte Geruchshalluzinationen — sie wurde
durch den Geruch von ›verbrannter Mehlspeise‹ behelligt. An
ihr entdeckte Freud ein unterdrücktes Liebesgefühl für den Vater der von ihr betreuten Kinder, sodann auch emotionale Spannungen mit dem übrigen Hauspersonal, das ihr nicht die
wünschbare Achtung entgegenbrachte. Indem Freud die Aussichtslosigkeit ihrer Liebeserwartung offen mit der Patientin diskutierte, trug er sichtlich zur Besserung ihres Zustandes bei; er
erzog sie hierbei zur bewußten Verzichtleistung, welche im Vergleich zur ›Verdrängung‹ als normale Reaktion zu betrachten ist.
In seinem Sommerurlaub traf Freud die Patientin, deren Behandlung neun Wochen gedauert hatte, zufällig, worüber er mitteilt: »Sie war heiter und bestätigte die Fortdauer ihres Wohlbefindens.«

Bei einem Ausflug in die Hohen Tauern (Großglocknergebirge)
wurde der erholungsuchende Freud von der Serviererin (›Katha-
rina‹) angesprochen, die unter Atemlosigkeit und ›Druck auf der
Brust‹ litt. In einem flüchtigen Gespräch ermittelte Freud sexuelle Attacken auf das junge Mädchen durch ihren Onkel, den sie
auch in intimen Situationen mit der Magd des Hauses überrascht
hatte. Da sie dies ihrer Tante mitteilte, kam es zur Scheidung der
Eheleute; der Onkel drohte dem Mädchen, sie für ihre Indiskre-
tion zu bestrafen. Im »Zusatz 1924« ergänzt Freud die Schilderung; es sei nicht der Onkel, sondern der Vater gewesen, der
seine Tochter sexuell belästigt habe: Hieraus seien die Symptome
abzuleiten.

Einer der interessantesten Fälle der »Studien« ist der Bericht
über die Patientin Elisabeth v. R., die an Schmerzen in den Bei-
nen litt und schlecht gehen konnte. Diese Behandlung fand 1892
statt; Freud war bereits seiner Sache sicherer und wußte, was er
›zu suchen hatte‹. Daher konzentrierte er sich auf die Lebensge-

schichte und das Liebesleben der jungen Frau und vermutete, hinter den körperlichen Symptomen seelisches Unglück zu finden. Seine Recherchen bestätigten diese Mutmaßung; er fühlte sich hierbei wie ein Archäologe, der eine ›verschüttete Stadt ausgrub‹ (l. c., S. 201) oder wie ein Sprachforscher, der den ›Dialekt der Symptomatik‹ in die Umgangssprache übersetzte.

Elisabeth war die jüngste von drei Töchtern gewesen, welche von ihrem Vater besonders geliebt wurde. Sie war ein ehrgeiziges, keckes und knabenhaftes Mädchen, das überall eine Mittelpunktstellung anstrebte. Der frühe Tod des Vaters brachte jedoch die Familie in größere Schwierigkeiten, die auch die Laufbahn Elisabeths überschatteten. Ihre Schwestern heirateten, aber sie selbst konnte sich zu keiner Partnerwahl entschließen. In den schwesterlichen Ehen ging manches schief, so daß Elisabeth in ihrem Pessimismus hinsichtlich der Liebe bestärkt wurde. Als Haupttrauma fand Freud jedoch erotische Avancen von seiten des einen Schwagers, in den Elisabeth teilweise verliebt war. So sah sich das Mädchen vom Leben überfordert und wich gleichsam in ihre Krankheit aus. Wie die Symptome im einzelnen zu verdolmetschen waren, sagt Freud in einer klassisch schönen Stelle unseres Textes:

> »Wenn die Kranke die Erzählung einer ganzen Reihe von Begebenheiten mit der Klage schloß, sie habe dabei ihr ›Alleinstehen‹ schmerzlich empfunden, bei einer anderen Reihe, welche ihre verunglückten Versuche zur Herstellung eines neuen Familienlebens umschloß, nicht müde wurde zu wiederholen, das Schmerzliche daran sei das Gefühl ihrer Hilflosigkeit gewesen, die Empfindung, sie ›komme nicht von der Stelle‹, so mußte ich auch ihren Reflexionen einen Einfluß auf die Ausbildung der Abasie einräumen, mußte ich annehmen, daß sie direkt einen symbolischen Ausdruck für ihre schmerzlich betonten Gedanken gesucht und ihn in der Verstärkung ihres Leidens gefunden hatte.« (l. c., S. 217)

Wiederum war die Erkrankung eine ›unsaubere Lösung‹ für ein echtes Lebensproblem. Elisabeth stand tatsächlich vor schwierigen und eventuell auch niederdrückenden Gegebenheiten: Man konnte ihre Krankheit als ›Ausdruck des Elends und Protestation dagegen‹ deuten. Aber der Protest durch Krankwerden löst keine Probleme und beseitigt keine Notlagen. Offenbar gelang es Freud, die Patientin nach einigem Widerstreben zum Mut und zur inneren Selbständigkeit zu erziehen, wodurch die ›Geh- und Stehstörungen‹ eliminiert werden konnten. In einem rührenden Nachsatz zu seiner Krankengeschichte erwähnt Freud, er habe 1894 gehört, daß Elisabeth einen Hausball besuchen werde; er nahm die Gelegenheit wahr, sich unter das Ballpublikum zu mischen, und hatte die Genugtuung, seine einstige Kranke ›im raschen Tanze dahinfliegen zu sehen‹. Des weiteren teilt er mit, daß sie sich später ›aus freier Neigung mit einem Fremden verheiratet‹ habe. Auf Grund dieser Falldarstellungen bemühte sich Freud um eine Theorie der hysterischen Neurose, wobei er den Grundstein zur Psychoanalyse legte. Die Funde an der Hysterie fügten sich zusammen zum ›Neurosenmodell‹, und dieses leitete über zu einem Modell der menschlichen Psyche.

Interessant ist die Tatsache, daß Freud in den »*Studien*« in Umrissen bereits eine komplette psychotherapeutische Theorie vorlegt. Ein zentraler Begriff seiner damaligen Krankheitslehre ist schon die ›Abwehr‹ oder der ›Widerstand‹; auch ist er sich im klaren darüber, daß die *positiv getönte Beziehung* zwischen Arzt und Patient der Motor des Heilungsvorganges ist. So taucht schon im folgenden Passus die Idee der ›Gegenübertragung‹ auf:

> »Das Verfahren ist mühselig und zeitraubend für den Arzt, es setzt ein großes Interesse für psychologische Vorkommnisse und doch auch persönliche Teilnahme für den Kranken bei ihm voraus. Ich könnte mir nicht vorstellen, daß ich es zustande brächte, mich in den psychischen Mechanismus einer Hysterie zu vertiefen bei einer Person, die mir gemein und widerwärtig vorkäme, die nicht bei näherer Bekanntschaft imstande wäre, menschliche Sympathie zu erwecken, während ich doch die Behandlung eines Tabikers oder Rheumatikers unabhängig von solchem persönlichen Wohlgefallen halten kann.« (l. c., S. 264)

Der ›Widerstand‹ des Patienten entspringt nach Freud daraus, daß es sich beim Kern der hysterischen oder neurotischen Erkrankung um Vorstellungskomplexe handelt, die seinerzeit aus dem Ich oder dem Bewußtsein ausgeschlossen wurden, weil sie mit ihm (mit seinen Wertvorstellungen) unverträglich waren. An solche Gedankengruppen seien Affekte der Scham, des Schmerzes, des Ekels, des Vorwurfes und der Beeinträchtigung geheftet; will sie der Arzt wieder ins Bewußtsein hineinholen und integrieren, dann muß er sich auf intensive Abwehr seitens des Patienten gefaßt machen. Dieser verweigere die Erinnerungsarbeit, und der Heilungserfolg stellt sich erst ein, wenn das Vergangene, Vergessene und Verdrängte erinnert und akzeptiert werden kann. Freud erzog den Hysteriker durch seine Therapie zur Wahrhaftigkeit, zur wahren Aneignung seiner eigentlichen Lebensgeschichte; damit bekämpfte er sozusagen nebenbei die Verschwommenheit der hysterischen Selbst- und Weltauffassung: Ein präzises Wahrnehmen, Denken, Erinnern usw. ist ein Heilmittel gegen psychische Erkrankungen. Auch war die psychoanalytische Überbetonung des sexuellen Momentes für die Hysteriker nicht so abwegig; es stieß die Kranken ›mit der Nase‹ auf die verschmähte Lebenssphäre der Liebe und Sexualität, so daß sie Impulse zum Erwachsenwerden bekamen.

In die Sprache gehobene Gedanken und Gefühle sind nicht nur kommunikabel, sondern auch klarer, deutlicher und produktiver. Freud leistete bei seinen Patienten ein Stück ›Spracherziehung‹ und lehrte sie zu sagen, worunter sie litten und gelitten hatten. Dies war die eigentliche Katharsis oder Seelenreinigung, die man — Aristoteles zuliebe — mit der ›Abfuhr von eingeklemmten Affekten‹ gleichgesetzt hatte.

Freud wollte den Patienten, der sein Leben quasi dumpf dahinlebte, dazu gewinnen, ein Selbsterforscher und ein Forscher im Rahmen des menschlichen Seelenlebens zu werden. Da dies auch seine eigene Ambition war, bot er dem Analysanden eine geistige Partnerschaft unter dem Leitstern der Wissenschaft an. Vermutlich hat diese Introduktion von ›Geistigkeit‹ ins Therapiegeschehen mindestens soviel zu den Genesungen der Patienten beigetragen als die oft gewagten Deutungen, die eher Staunen und Befremden als Zustimmung beim Patienten hervorriefen. Wahrscheinlich wurden viele Patienten *trotz der Interpretation* geheilt; was der Therapeut sagt, ist nicht so wichtig wie das, was er *ist* und was er *ausstrahlt*.

Neuere tiefenpsychologische Autoren

Da sich viele tiefenpsychologische Autoren seit Freuds frühen Anfängen mit der Hysterie beschäftigt haben, kann es nicht unsere Aufgabe sein, alle in der Fachliteratur ventilierten Thesen und Theorien zu erörtern. Wir beschränken uns auf einige wenige Hysteriekonzeptionen, die über Freud hinausführen.

Auch in den neueren Theorien ist jedoch stets viel von Freuds Einsichten enthalten, wie man beim Scharfsinn und der Universalität des Begründers der Psychoanalyse wohl erwarten kann. In den meisten Neuerungen wird an die schon von Freud vertretene Meinung angeknüpft, daß der Hysteriker mit seinen Symptomen ›versteckte Mitteilungen‹ mache. Er stellt gleichsam seine Probleme und sein Lebensgefühl ›im Medium des Leibes‹ dar. Anstatt eigentlicher Willensentschlüsse und Handlungsvollzüge produziert er seine Symptomatik, die übersetzbar ist ›wie eine Sprache‹ und verstehbar ›wie ein Traum‹. Der Schlüssel zur Hysterie liegt demnach in der Ausdruckskunde und in der Symbolpsychologie: Man muß hierbei nicht unbedingt an die verrufene Sexualsymbolik der Psychoanalyse denken, sondern an den umfassenderen *Symbolsinn,* daß man nämlich unendlich vieles mit Metaphern zum Ausdruck bringen kann.

In der Folge referieren wir einige Auffassungen von Riemann, Schultz-Hencke, Richter, Sullivan und Szasz, die als Paradigmata für die modernen Hysterieanschauungen gelten sollen.

In seinem Buch *» Grundformen der Angst«* (1961) widmet Fritz Riemann ein aufschlußreiches Kapitel den ›hysterischen Persönlichkeiten‹ (S. 96–118). Entsprechend dem Aufbau seines Textes sucht der Autor nach der spezifischen ›hysterischen Daseinsangst‹; er findet sie in der ›Angst vor dem Endgültigen, Unausweichlichen, vor der Notwendigkeit‹ (l. c., S. 96). Der hysterische Mensch strebe nach Freiheit und Ungebundenheit und wolle sich nirgendwo festlegen. Er sei reizsüchtig und außenorientiert und lebe in seinen phantastisch ausgemalten Möglichkeiten; sein Zusammenbruch erfolgt oft dann, wenn die Wirklichkeit drastisch an ihn herandringt und ihre unausweichlichen Forderungen präsentiert.

So fürchten hysterische Charaktertypen fast panisch das Altern, die endgültige Übernahme ihrer Geschlechtsrolle (am Ausgang der Pubertät), das Unvermeidliche in allen seinen Erscheinungsweisen. Sie wollen sich eine Scheinfreiheit bewahren, und zu diesem Zwecke müssen sie eine Pseudorealität erdichten, in der Wünsche allmächtig sind, weil Natur- und Gesellschaftsgesetze außer Kraft gesetzt werden.

Lug, Betrug und Simulation gedeihen im Klima der hysterischen Pseudowelt, in der es immer darum geht, den Impulsen des Augenblicks zu folgen und sich über das ›Nachher‹ nicht viel Gedanken zu machen. Dabei kommt es zu einem ›Fortwursteln‹, das nach und nach in eine Katastrophe einmündet. In der Sprache C. G. Jungs ausgedrückt, kann man Hysteriker als extrem Extravertierte bezeichnen, die wenig Selbstbesinnung und Selbstkontrolle haben. Hysteriker können nicht wachsen und reifen, weil sie in ihrer Kindheit keine geeigneten Vorbilder hierzu haben. Meistens deutet sich die Fehlentwicklung schon zwischen dem vierten und sechsten Lebensjahr an (›phallische Phase‹ der Psychoanalyse), wo die Anerkennung der Realität und der Verzicht auf die kindliche Wunsch- und Traumwelt bereits aktuell wäre. Der zukünftige ›hysterische Charakter‹ wird auf eine ›infantile Starrolle‹ festgelegt: Dies wird ihm oft von einem Elternteil vorgemacht, indes der andere Elternteil sich eventuell im Licht des aufgepäppelten Stars zu sonnen pflegt. Die Frauen in der patriarchalischen Kultur wurden überall zu Infantilismus, Masochismus und Narzißmus erzogen. Dies machte sie für die Hysterie besonders geeignet, weshalb dieses Leiden früher eine der bevorzugten ›Frauenkrankheiten‹ war.

Der Geltungsdrang des Hysterischen ist ausgeprägt, kann aber nicht durch Leistungen befriedigt werden. Das Symptom ersetzt dann die Leistung; es ist nicht so sehr, wie Freud sagte, ›das Liebesleben der Kranken‹, sondern eher noch die ›Lebensleistung der Patienten‹. Vom sozialen und kulturellen Standpunkt ist diese Effizienz mehr als ungenügend.

Hysteriker neigen zu Projektionen, d. h., sie suchen die Fehler mehr bei anderen als bei sich selbst. Als politische Demagogen sind sie ausgezeichnete Prediger des Fanatismus und des Vorurteils. In Partnerschaften sehen sie ›den Splitter im Auge des Partners‹, nicht aber den ›Balken im eigenen Auge‹. Sie sind ichhaft und bindungsgehemmt, quecksilbrig und bodenlos, lebhaft ohne Lebensverankerung.

Riemanns Schilderungen erinnern oft an die Gedankenwelt von Harald Schultz-Hencke, der in seinem *»Lehrbuch der analytischen Psychotherapie«* (1951) der hysterischen Persönlichkeitsstruktur eine treffende Darstellung widmet (S. 109—112). Für Schultz-Hencke ist der Hysterische ein ›motorisch Ausgereifter‹, dessen entscheidende Hemmungen erst nach dem dritten Lebensjahr zum Tragen kommen. Der Reifungsschritt der Realitätszuwendung wird aber nur unzulänglich vollzogen. Auch wird die Sprache nicht korrekt erlernt; sie dient dann nicht eindeutigen Bezeichnungen, sondern wird schwebend-zweideutig, privatistisch. Etwas Spielerisches kommt in das Verhalten des

Heranwachsenden hinein. Von Spielerei zur Schauspielerei ist oft nur ein Schritt. Planlose Aktivität beherrscht das Leben der Hysteriker, die ihre Phantasie zügellos überwuchern lassen.

Die genitale Stufe der Entwicklung wird nicht erreicht: Der Hysteriker meidet das Sexuelle, weil es mit menschlicher Bewährung verbunden ist. Natürlich kann er es zum Sexualschauspiel herabwürdigen, sei es als Don Juan und Casanova oder als ›Dirne‹.

Hysteriker sind überexpansiv, aber es gibt wenig Resultate bei ihrer Expansion. Das Überrennen von Schwierigkeiten ist ihr Modus der Auseinandersetzung. Damit wird eine Angst übertönt, die gleichsam durch einen Erregungssturm beantwortet wird.

Die Körpersymptome dienen oft dem Geltenwollen und werden in charakteristischer Weise übertrieben. Trotz scheinbarer ›Enthemmtheit‹ sind Hysteriker sehr gehemmte Menschen.

Im Sinne seines familientherapeutischen Konzeptes (»*Patient Familie*«, 1970) sucht Horst-Eberhard Richter nach der psychischen Beschaffenheit jener Familien, in denen eine hysterische Subkultur obwaltet und welche dementsprechend auch hysterische Charaktere ›auszubrüten‹ vermögen. Solche Familien können unter dem Stichwort ›Theater‹ zusammengefaßt werden. Oft bestehen sie aus einer ›hysterischen Zentralfigur‹, die den übrigen Familienmitgliedern ihr ›Arrangement‹ aufzwingt. Man spielt einander in solchen familiären Kleingruppen viel vor; aber man beeindruckt auch die Umgebung mit Aufwand und ›Show-Effekten‹, hinter denen viel Klägliches verborgen liegt.

Schein und Sein klaffen auseinander; Echtheit ist weniger gefragt als Effekthascherei um jeden Preis. Der Exhibitionismus des eigentlichen hysterischen Charaktertypus spielt hierbei eine entscheidende Rolle — die übrigen Familienmitglieder lassen sich entweder davon anstecken oder übernehmen die Funktion von ›Voyeuren‹, die gebannt auf die Aktionen des Hysterikers achten.

Hört das hysterische Getue aus irgendwelchen Gründen auf, dann kommt die Depression zum Vorschein, die durch Hysterie übertüncht worden ist. So leben solche einzelne oder Familiengemeinschaften auf einem brüchigen Fundament, das jederzeit einbrechen kann.

Wachsen Kinder in einem Milieu dieser Art heran, dann gewöhnen sie sich von früh auf an das Theatralische, Übertriebene und

Unechte: Meistens lernen sie auch das Gegenteil davon verachten. Die Zufälle des Lebens können dann zum Ausbruch der (hysterischen) Neurose führen. Besonders einleuchtend ist die Hysterieauffassung von Harry Stack Sullivan im Rahmen seiner ›interpersonellen Psychiatrie‹, die alle seelischen Erkrankungen als zwischenmenschliche Strategien und ›Spiele‹ interpretiert. In Sullivans postum erschienenem Werk »*Clinical Studies in Psychiatry*« (1956) findet sich ein ausgezeichnetes Kapitel über das Hysterieproblem (S. 203—228).

Gleich zu Beginn erläutert Sullivan, daß die hysterischen Symptome der Aufrechterhaltung der prekären Selbstachtung des Patienten zu dienen haben. Sie sind Sicherheitsmanöver ohne sozialen Wert; für den Patienten selbst aber ergeben sie ein Bedeutungsgefühl, das er auf andere Weise nicht glaubt erreichen zu können. Er greift unbewußt nach einem Rettungsanker für sein Prestigebedürfnis:

> »Im Prinzip könnte man den Hysteriker als eine Person bezeichnen, die auf Grund eines glücklichen Einfalls einen Weg entdeckt hat, wie sie sich Achtung verschaffen kann, ohne dabei ihren Standards genügen zu müssen. Aber eine solche Beschreibung des Hysterikers ist sehr irreführend, denn natürlich kommt dem Hysteriker niemals dieser Einfall. Zumindest besteht keine Möglichkeit eines praktischen Nachweises, daß er ihn gehabt hat.« (S. 203)

Oft will der Hysteriker mit seinen Symptomen seine Umgebung ›bestrafen‹: Er fühlt sich nicht anerkannt genug und entdeckt eines Tages, daß er mit seinem Leiden die Umwelt in Atem halten und beschäftigen kann. Auch ist der Schrecken, den die anderen bei seinen ›Anfällen‹ empfinden, eine sadomasochistische Genugtuung, die nach Lust und Laune — oder aber auch nach jeweiligem Bedürfnis — ausgekostet wird.

Somit ist es ein untergründiger und doch auch wieder offener Kampf, der mit Hilfe der Neurose gegen die Familienangehörigen geführt wird. Es wird allgemeine ›Entlastung‹ gesucht und auch erreicht. Dieser Dispens von den Lebensaufgaben ist notwendig, weil der Hysteriker das Leben in geradliniger Auseinandersetzung mit ihm nicht meistern könnte. Ihm fehlt ein bestimmtes Entwicklungspensum,

> »das er hätte durchmachen sollen, um es zu einer wohlabgerundeten Persönlichkeit mit einigermaßen eindrucksvollen

Zukunftsaussichten zu bringen. Da Hysteriker so früh lernen, sich mit einem Minimum an Aufwand und Anstrengung durch Unannehmlichkeiten und Schwierigkeiten hindurchzuschlängeln, ist ihr Leben genau so gewesen, wie sie es darstellen: einzigartig, phantastisch einfach. Selbst wenn man die pathogenen oder pathologischen Mechanismen einmal außer acht lassen könnte, hätte man also Personen vor sich, die sich überhaupt nicht für eine komplexe interpersonale Umwelt eignen. Ihnen fehlt es schlicht an der Erfahrung; sie haben eine Erziehung versäumt, die viele andere Menschen erhalten haben.« (S. 228)

In Sullivans Sprechweise haben wir es bei der Hysterie mit einem sehr ›unvollständigen Selbst‹ zu tun, das größere Antriebssysteme in der Abspaltung oder Dissoziation halten muß, um sein Gleichgewicht festigen zu können. Ichschwäche, Kontaktarmut, Realitätsfremdheit usw. folgen notwendigerweise aus diesem Entwicklungsdefizit.

Körperliche Symptome sind kein notwendiger Bestandteil der hysterischen Erkrankung. Wenn sie zustande kommen, dann ›benützt‹ sie der Kranke als ›Alibi‹, womit er sich dem ›Ernst des Lebens‹ entziehen kann. Er wird gerne darauf hinweisen, was er alles zustande gebracht hätte, wenn ihn sein Leiden nicht behindert haben würde.

Des weiteren betont Sullivan den ›juvenilen Charakter‹ der Hysterischen. Sie stecken allesamt in der ›Vorpubertät‹, was sie kindlich und unreif erscheinen läßt. Liebe ist ihnen fremd; dafür sind sie ansprechbar auf Neid und Eifersucht, auf Wettstreit mit anderen. Vor allem die Rivalität mit gleichgeschlechtlichen Wesen ist eine wesentliche Charakterkomponente: Sie kann, bei zusätzlichen Motivationen, zur Ausbildung von Homosexualität überleiten.

Ein Beispiel für Sullivans Charakterisierungskunst gibt folgende Passage seines Textes:

»Der Hysteriker empfindet eine recht tiefe Verachtung für andere Leute. Damit meine ich, daß er andere Menschen als vergleichsweise schattenhafte Schemen betrachtet, als — so kommt es mir jedenfalls manchmal vor — Zuschauer seiner Vorführung. Worin zeigt sich das? Nun, man könnte sagen, daß Hysteriker die größten erfolglosen Lügner im gesamten Spektrum der menschlichen Persönlichkeiten sind. Nichts ist ihnen gut genug, wie es ist. Beim Erzählen wird es ständig verbessert. Die Hysteriker müssen einfach alles ein wenig übertreiben ... Wenn sie über ihr Leben sprechen — ihre Interessen, ihr Vergnügen, ihre Sorgen und so fort —, genügen ihnen nur Superlative. Und damit stellen sie in gewisser Weise die Unzulänglichkeit der Realität fest — just das, was ich meine, wenn ich sage, daß Hysteriker Ereignisse und Menschen an sich ziemlich verachten. Sie führen sich auf, als seien sie etwas Besseres gewöhnt, und das sind sie auch.« (S. 209)

In der Psychotherapie böten Hysteriker große Schwierigkeiten, da sie sich leicht in einen Machtkampf mit dem Therapeuten engagieren, respektive ihn zum ›Publikum‹ für ihre dramatischen Produktionen herabwürdigen oder umfunktionalisieren wollen. Man müsse ein umfängliches Entwicklungsprogramm mit ihnen nachholen, bis eine eigentliche Kooperation und Kommunikation möglich sei. Mitunter scheitere die Behandlung an Lug und Betrug, die den Therapeuten allzusehr in die Irre führen.

Eine eigentümliche Neuformulierung des Hysterieproblems gibt Thomas S. Szasz in seinem vieldiskutierten Buch »*Geisteskrankheit — Ein moderner Mythos?*« (1961, dt. 1972/1975). Szasz will einen Teil der Geschichte der Psychiatrie rückgängig machen. Seiner Ansicht nach haben Charcot und Freud darin geirrt, daß sie die Neurosen zu echten ›Krankheiten‹ stempelten. Das Motiv hierbei war natürlich edel: Die Gemütsgestörten sollten denselben Respekt und dasselbe Behandlungsrecht bekommen wie die Patienten mit somatischen Erkrankungen. Daher wollte man auch die Neurosen irgendwie in der Physis des Menschen verankern; dies ist einer der Gründe dafür, daß die Psychoanalyse hartnäckig seelische Leiden auf Triebanomalien und Triebkonflikte meint zurückführen zu müssen.

Daraus erwuchs zum Beispiel Freuds ›konversionstheoretisches Modell‹ der Hysterie. Danach entstand die Krankheit, indem seelische Probleme in den Körper ›verlagert‹ wurden. Nur mit Hilfe sehr spekulativer Konstruktionen konnte Freud diese angebliche Libido- oder Energieverlagerung aus dem Psychischen ins Physische deutlich machen. So heißt es etwa in den »*Studien über Hysterie*«:

»Man hat ein Recht, der Theorie näher auf den Leib zu rücken und zu fragen: Was ist es denn, was sich hier in körperlichen

Schmerz verwandelt? Die vorsichtige Antwort wird lauten: Etwas, woraus seelischer Schmerz hätte werden können und werden sollen. Will man sich weiter wagen und eine Art von algebraischer Darstellung der Vorstellungsmechanik versuchen, so wird man etwa dem Vorstellungskomplexe dieser unbewußt gebliebenen Neigung einen gewissen Affektbetrag zuschreiben und letztere Quantität als das Konvertierte bezeichnen.« (l. c., S. 233)

Freud griff zu einer ›Vorstellungsmechanik‹, um sich die Erzeugung der hysterischen Symptome verständlich zu machen. Insofern Patienten erotische Vorstellungen aus dem Bewußtsein verdrängten, sei es möglich, daß der damit verknüpfte Affektbetrag in somatische Schmerzempfindungen verwandelt werde: ein rätselhafter alchemistischer Vorgang, bei dem auf dem Wege einer innerpsychischen Zauberei Liebesbedürfnis in Krämpfe, Lähmungen usw. transformiert werden kann.

Nach Szasz ist das im Ansatz bereits völlig falsch. Hysteriker sind nicht Kranke im medizinischen Sinne des Wortes. Ihre ›Krankheit‹ hat auch nicht ›Ursachen‹ in bestimmten Traumen oder Triebpathologien, wiewohl die sexuelle Situation und die Vorgeschichte des Patienten viel Licht auf seine Störung werfen kann. Man kommt aber dem Problem besser bei, wenn man die Hysterie *kommunikations- und spieltheoretisch* interpretiert: Demnach ist der Hysteriker ein Mensch, der aus bestimmten Gründen eine seltsame Form der Kommunikation wählt und *ein Krankheitsspiel spielt,* das ihm halbwegs eine Lösung für seine kaum lösbaren Lebensprobleme zu versprechen scheint.

Hysterie ist nicht eine Krankheit, sondern eine Mitteilung ›in Körpersprache‹. Gewöhnlich verwenden wir Worte zum Kommunizieren; es kann aber nützlich sein, den ganzen Körper als Sprechinstrument einzusetzen, zum Zwecke verschlüsselter und suggestiver Mitteilungen, die man als ›Anspielungen‹ begreifen kann. Der Hysteriker spielt ein Krankheitsspiel, um seine Umgebung stärker und nachdrücklicher zu Hilfeleistungen animieren zu können.

Damit scheint man zur alten Theorie zurückzukehren, daß die Hysterie eine Art von Simulantentum sei. Szasz ist nicht dieser Meinung, aber er bringt das hysterische Verhalten doch in einige Nähe zu Lüge, Betrug, Rollenspiel und vorsätzlicher diffuser Mitteilungsweise. Die Körpersprache der Patienten erleichtert die Beziehungsaufnahme ohne faßbare Kommunikationen. Sie übt eine gewisse Macht über die Angehörigen der Kranken aus, die unter dem Imperativ stehen, daß einem leidenden Menschen unter allen Umständen geholfen werden muß. Das weiß der Hysteriker, und er demonstriert sein Leiden am Leben mit solcher Wucht und oft Überzeugungskraft, daß er zum Mittelpunkt seiner Familie wird und Schonung beanspruchen darf.

Muster für dieses Verhalten gibt es genug: Als Kind lernt man die Posen der Hilfsbedürftigkeit in tausendfältigen Erfahrungen; nachher kann Körperkrankheit zur hohen Schule der Leidensdokumentation werden, womit man soziale und kulturelle ›Dispense‹ erzielen kann.

Sieht man es so, dann muß der hysterische Patient zum Verzicht auf Machtausübung, zur Kooperation und (vollgültigen) Kommunikation erzogen werden. Freud ahnte dies sehr wohl, als er in der Falldarstellung von ›Elisabeth v. R.‹ die Resignation der Kranken hervorhob und behauptete, die Patientin habe sich in ihr Leiden wie in ein Kloster zurückgezogen:

»Dies also war die Leidensgeschichte des ehrgeizigen und liebebedürftigen Mädchens. Mit ihrem Schicksale grollend, erbittert über das Fehlschlagen all ihrer kleinen Pläne, den Glanz des Hauses wiederherzustellen — ihre Lieben teils gestorben, teils entfernt, teils entfremdet —; ohne Neigung, eine Zuflucht in der Liebe eines fremden Mannes zu suchen, lebte sie seit eineinhalb Jahren, fast von jedem Verkehre abgeschieden, der Pflege der Mutter und ihrer Schmerzen.« (GW, Bd. I, S. 206)

Demnach würde eine psychologische Kur des Hysterikers beinhalten, daß man seine Spiele ›nicht mitspielt‹, d. h., man gibt ihm keine Vorzugsrolle für seine dramatisch vorgetragenen Leidensbekenntnisse, in denen der Anspruch steckt, daß man einen ›enorm kranken Menschen‹ wie einen Prinzen oder eine Prinzessin behandeln müsse. Dieses ›Nicht-Mitspielen‹, welches die Angehörigen der Patienten kaum je zustande bringen, nennt man in der psychoanalytischen Fachsprache das ›Meistern von Übertragung und Gegenübertragung‹: Da der Psychoanalytiker ›auch nur ein Mensch‹ ist, geht ihm die ›furchtbare Symptomatik‹ des Hysterischen leicht unter die Haut und nicht selten wird er zum Publikum für die Show, die der Kranke in beeindruckenden Abwandlungen vor ihm abzieht.

Wie suggestibel Therapeuten gegenüber ihren hysterischen Analysanden sind, zeigt auch das Schicksal von Freud selbst. Die Patientinnen erzählten dem ›ersten Psychoanalytiker‹ mit großer Farbigkeit und Überzeugungskraft, daß sie von ihren Vätern, Onkeln usw. sexuell mißbraucht worden seien. Wahrscheinlich lag darin auch eine *kokette Botschaft an den Arzt,* er solle doch ›etwas Sexuelles‹ unternehmen: Hätte er dies getan, so wäre ihm wohl da und dort ein Entgegenkommen, öfter aber eine moralische Abfuhr beschieden gewesen. Freud glaubte die Verführungsmythen der Hysterischen und entwarf seine Lehre von der sexuellen Traumatisierung im Kindesalter, die er später als ›Phantasiebildung‹ zurücknahm. Offenbar durchschaute er noch nicht den Kommunikationsmodus und die Spieltechnik der Patienten, die ihn aufs Kreuz zu legen versuchten.

Der hysterische Charakter

So subtil Freud die einzelnen Symptome der Hysteriker auf reale oder konstruierte Anlässe in ihrer Vorgeschichte zurückzuführen vermochte, ermangelte ihm doch der Blick für die hysterische Gesamtpersönlichkeit, die er mitunter ziemlich überschätzte. Irrtümlicherweise betrachtete er die Neurose in Analogie zu einem ›Fremdkörper‹ im gesunden Gewebe des Organismus (GW, Bd. I, S. 311), den man ausräumen könne: Das ist unseres Erachtens schief gesehen, denn die Neurose affiziert den ganzen Menschen, seinen Charakter, sein Denken, Fühlen und Wollen bis in alle Details des Erlebens und Verhaltens.
Karl Jaspers in seiner »*Allgemeinen Psychopathologie*« (8. Aufl., 1965, S. 370) findet folgenden ›Grundzug‹ in allen Hysterikern:
»Anstatt sich mit den ihr gegebenen Anlagen und Möglichkeiten zu bescheiden, hat die hysterische Persönlichkeit das Bedürfnis, vor sich und anderen mehr zu scheinen, als sie ist, mehr zu erleben, als sie erlebnisfähig ist. An Stelle des ursprünglichen, echten Erlebens mit seinem natürlichen Ausdruck tritt ein gemachtes, geschauspielertes, erzwungenes Erleben; aber nicht bewußt ›gemacht‹, sondern mit der Fähigkeit, ... ganz im eigenen Theater zu leben, im Augenblick ganz dabei zu sein, daher mit dem Schein des Echten. Daraus leiten sich verständlich alle weiteren Züge ab. Der hysterischen Persönlichkeit ist schließlich gleichsam der Kern

ganz verlorengegangen, sie besteht nur noch aus wechselnden Schalen. Ein Schauspiel löst das andere ab. Da sie in sich nichts mehr findet, sucht sie alles außer sich ... Alles, was einen starken Reiz von außen bedeutet, zieht sie an: Skandal, Klatsch, berühmte Persönlichkeiten, alles Wirkungsvolle, Maßlose, Extreme in Kunst- und Weltanschauungen. Um sich ihrer Bedeutung gewiß zu sein, müssen hysterische Persönlichkeiten immer eine Rolle spielen ...«

Das tönt nun doch ganz anders als das, was Freud z. B. über Frau Emmy v. N. und teilweise auch über Elisabeth v. R. zu berichten hatte. Freud blendete irgendwie das ›Ich‹ des Kranken aus und konzentrierte sich meistens auf unbewußte und triebhafte Dynamismen, die er entschlüsseln wollte; die ›Ichpsychologie‹ wurde erst spät von den Psychoanalytikern entdeckt: Erst in den dreißiger Jahren begann man sich für dieses Thema zu interessieren (A. Freud, Heinz Hartmann u. a.).

Daher gewinnt man mehr Aufschluß über den hysterischen Charakter, wenn man sich der Individualpsychologie Alfred Adlers zuwendet, die schon in ihren Anfängen davon ausging, daß das Rätsel der Neurose im ›nervösen Charakter‹ begründet liege (»*Über den nervösen Charakter*«, 1912). Adler bemerkte an den Neurotikern, daß sie ausgeprägte und zugespitzte Charakterzüge hätten, die die soziale und kulturelle Einfügung ungemein erschwerten und zwischenmenschliche Beziehungen belasteten. Als solche ›neurotische‹ oder ›neurotisierende‹ Charakterkomponenten beschrieb er u. a. Ehrgeiz, Eitelkeit, Neid, Geiz, Haß, Eifersucht, Launenhaftigkeit, Angst, Aggression, Trauer, Überempfindlichkeit und Mißtrauen.

Diese Charakterdeformationen sind Ausdruck des tiefliegenden Minderwertigkeitskomplexes und des daraus folgenden Geltungs- und Machtstrebens. Die Notwendigkeit, solche ›kämpferische‹ und ›sozial trennende Eigenschaften‹ auszubilden, sei für den Neurotiker durch seinen Mangel an Gemeinschaftsgefühl oder Sozialinteresse geboten. Infolge von Kontaktarmut und Beziehungslosigkeit entsteht die Palette nervöser Charakterzüge, die in Krisenzeiten des individuellen Lebens zur Neurose zusammenfließen, d. h. zur unproduktiven Revolte gegen die Bedingungen der gemeinschaftlichen Existenz, die an den Kranken unausweichlich die ›Lebensaufgaben‹ der Arbeit, der Liebe, der Sexualität und des Kulturbeitrages heranträgt.

Mit diesem Konzept sehen wir tiefer in das Gewebe des hysterischen Charakters hinein. Meistens handelt es sich um verwöhnte Menschenkinder, die schon in der Kindheit in eine *Star-Rolle* hineingelockt wurden. Nicht selten wird frühzeitig der eigene Geschlechtscharakter abgelehnt: Freud notiert bei Gelegenheit, daß die Patientinnen keck und vorlaut waren, ›halbe Knaben‹, die sich nicht mädchenhaft gebärdeten. Kam dann die Pubertät mit der Ankündigung, daß die Übernahme der Frauenrolle biologisch und sozial unvermeidlich sei, dann gerieten die zukünftigen Hysterikerinnen in Angst und Panik. Da sich innerhalb der Verzärtelung stets Entwicklungsdefizite einstellen, ist es fast unmöglich, mit kulturellen Mitteln die Position eines ›Stars‹ beizubehalten; angeregt durch die mitmenschliche Umgebung (Eltern, Verwandte usw.) oder durch eigene Erfahrung, gerät die Hysterika darauf, die Mittelpunktstellung durch ›Kranksein‹ zu erzwingen. Man kann in der entwickelten Kultur durch Schwäche herrschen, durch Krankheit Ausnahmebedingungen fordern, durch Leiden Macht über die Umwelt erhalten. Die überhitzte Phantasie solcher Menschen erhält Einfluß auf das Körpergeschehen, wobei die erstaunlichsten Symptome zustande kommen (bis zu Stigmata, die den leidenden Heiland imitieren!). Nur eine Erweckung der sozialen Verbundenheit und der damit gesteigerten Selbstachtung kann die Hysterie heilen.

Hysterie als Zeit- und Kulturkrankheit

Alfred Adler sprach davon, daß er in jeder neurotischen Psyche den sogenannten ›männlichen Protest‹ als eigentliches Movens der Krankheitserscheinungen zu diagnostizieren vermöge: Alle Patienten — Männer und Frauen — seien vom Wunsche beseelt, sich als ›ganzer Mann‹ zu gebärden, einem pathologischen Ideal von Männlichkeit nachzustreben. Dieser destruktive und unkontrollierbare Drang habe seine letzte Wurzel in den patriarchalischen Lebensbedingungen, die seit Jahrtausenden unsere kulturellen Maßstäbe bestimmen. Da der Mann in der Kultur über die Frau dominiert, sich selbst als das ›wertvolle Geschlecht‹, die Frau aber als ein ›minderwertiges Wesen‹ hinstellt, wird die Wert-Polarität von Mann und Frau zum Desorientierungsfaktor in der gesunden und in der kranken Psyche. Besonders in der letzteren werden ›männlich‹ und ›weiblich‹ als zwei absolute Gegensätze erfahren, wo Frausein als identisch gesetzt wird mit Unterlegenheit, Untensein, absoluter Minderwertigkeit, moralischer und intellektueller Defizienz.

Das Idealbild des Mannes aber umfaßt Größe, Stärke, Schönheit, Klugheit, Verantwortungsbewußtsein, Reife, Vernunft, Mut und Souveränität. Wie sollte da das heranwachsende Mädchen sich mit seiner biologischen und sozialen Existenz abfinden, wenn diese an das *Gefühl des Unwerts* geknüpft ist? Nach Adler strebt jeder Mensch nach Wertverwirklichung, nach Achtung und sozialer Anerkennung. Für die Frau war dieses Streben stets großenteils zur Erfolglosigkeit verurteilt.

Die Niederlage ist immer schmerzlich, und der Erniedrigte und Benachteiligte wird nach Adler offen oder geheim zur Revolte tendieren. Wer die Geschichte der Kultur überblickt, wird konstatieren, daß auch die Frauen den selbstherrlichen Männern in ihrer Weise den Kampf angesagt haben: Der ›Kampf der Geschlechter‹ geht durch die Jahrtausende, und man kann nicht sagen, wer der Gewinner und wer der Verlierer ist — verloren haben dieses ›Spiel‹ beide Seiten, die in der gegenseitigen Bekämpfung Glück, Freude und Lebensproduktivität gedrosselt oder zerstört haben.

Kann die unterdrückte Frau den Mann nicht beherrschen, dann vermag sie durch sexuelle Anästhesie (Frigidität usw.), durch Krankheit, durch unverträgliche Charakterzüge, durch Ängste, Frömmigkeit usw. das Leben des Unterdrückers zu dämpfen und zu überschatten. Man muß die Hysterie als ein Mittel in der zeitüberdauernden Auseinandersetzung der beiden Geschlechter sehen, als eine *Waffe der Frau*, die keinen anderen Weg sah, um zum Gefühl der Geltung und Bedeutungsfülle zu gelangen. Darum sehen wir Fluktuationen des Auftretens der Hysterie: Das Bild wandelt sich von Epoche zu Epoche. Die maßlos unterdrückten Frauen des Mittelalters, die im Kloster Zuflucht vor den Männern und der Sexualität suchten, wurden vom Sexualtrieb und vom Geltungshunger überfallen, indem sie hysterische Symptome bekamen, die man im Geiste jener Zeit als Teufelsbesessenheit mißverstand. Damals äußerte sich der ›männliche Protest‹ in Heilandswundmalen, im asketischen Leben, in religiösen Halluzinationen, aber auch in hysterischen Provokationen und Obszönitäten, die so manches Kloster vor schwer lösbare Probleme stellten.

Im 19. Jahrhundert kam wieder eine Blütezeit der Hysterie: Der patriarchalische Terror hatte sich gelockert, und den Frauen standen bereits einige soziale und kulturelle Möglichkeiten offen. Da aber die weibliche Sozialisation in dieser Übergangszeit sehr unterschiedlich gewesen sein muß, mag für manche Frauen der Weg der Kulturintegration doch als allzu schwierig erschienen sein. Diese waren dann bei ›günstigen Nebenbedingungen‹ dazu disponiert, Hysterien oder andere psychische Krankheiten auszubilden. Wer den Mut zur Selbstentfaltung nicht hatte, konnte die *Selbstverwirklichung durch Krankheit* wählen — ein Weg, der nicht nur von den Frauen, sondern auch von den Männern beschritten wird.

Die kulturell und sozial blockierte Frau, deren Lebenszweck als Kinderkriegen, als Sexualpartnerin usw. definiert wird, hatte nur den *eigenen Leib* als Demonstrationsobjekt für ihre Wichtigkeit und ihren Bedeutungsgehalt. Daher neigen Frauen viel mehr zur Hysterie als Männer, die durch die andersgeartete Erziehung ihren Körper mehr instrumental und operational empfinden lernen (nämlich als Werkzeug des Handelns und Gestaltens). Wird die Kultur die Wandlung vollbringen, daß sie Mann und Frau ähnliche oder gleiche *Möglichkeiten der Selbstwerdung* einräumt, dann ist es anzunehmen, daß die Hysterie, die Frigidität und viele sogenannte Frauenkrankheiten ihren Boden verlieren werden. So führt das Hysterieproblem zurück zu den Mangelhaftigkeiten der Kultur, die zu verändern unser aller Aufgabe sein muß.

Depression

Schon die Ärzte der Antike waren mit dem Problem der Depression vertraut, welches sie in der sogenannten ›Temperamentenlehre‹ abzuhandeln pflegten. Hippokrates sprach von den vier Temperamenten: vom Choleriker, Sanguiniker, Phlegmatiker und Melancholiker. Die Erklärung für die Reaktionsunterschiede der genannten Typen war noch rein ›mythologisch‹: Das menschliche Verhalten wurde auf die Zusammensetzung der ›Körpersäfte‹ zurückgeführt. Vom Melancholiker wurde angenommen, daß er an einem Übermaß an ›schwarzer Galle‹ leide; diese zirkuliere im Blut und gelange auch ins Hirn, wo sie trübe und schwermütige Gedanken hervorrufe.

Von Albrecht Dürer ist uns eine Radierung überliefert, welche den Titel *»Melencolia«* trägt. Sie zeigt eine schwermütig-sinnende Frauenfigur, die von allerlei wissenschaftlichen Instrumenten umgeben ist. Der Künstler will wohl u. a. andeuten, daß nur Melancholiker über Probleme sich den Kopf zerbrechen; er wandelt damit den Satz des Aristoteles ab, wonach viele Genies Melancholiker gewesen seien.

Die Medizin des 17. und 18. Jahrhunderts beschreibt die Depression u. a. als eine Krankheit, die die Schweizer in der Fremde befiel. Die Söldner, die sich an Könige und andere Potentaten verkaufen lassen mußten, litten häufig unter Trübsal, Appetitlosigkeit und trostlosem Lebensgefühl. In alten Publikationen wird von ›le heimwê‹ oder der Schweizerkrankheit gesprochen.

Das 19. Jahrhundert ist die Epoche der naturwissenschaftlichen Medizin. Nun wurden die Depressionen als angeblich somatische Erkrankungen studiert. Schwerste Formen dieser Krankheit wurden zu den Psychosen gerechnet. In der Tat gibt es Steigerungsgrade der Depression, bei denen man von Wahnhaftigkeit sprechen muß. Man denke etwa an den Versündigungswahn der Melancholiker. Solche Patienten haben nichts Übles oder Unmoralisches getan, aber sie beschuldigen sich der verschiedensten Delikte. Von ihrer eingebildeten Schuld sind sie nicht abzubringen. Parallel zur Versündigungsidee gibt es dann auch den Kleinheitswahn, die Hypochondrie und ähnliche Symptome.

Der depressive Wahn wurde zu den ›endogenen Psychosen‹ gezählt, ähnlich wie die Schizophrenie und das manisch-depressive Irresein. Für diese drei Krankheiten gab und gibt es keine faßbaren körperlichen Befunde. Gleichwohl vertrat die traditionelle Psychiatrie die Meinung, daß man eines Tages Stoffwechselstörungen oder Hirnanomalien finden werde, die diese endogenen Irritationen (endogen = von innen heraus) erklären würden. Bis zum heutigen Tag wurden jedoch keine somatischen Ursachen der Depression (wie auch der anderen Neurosen und Psychosen) gefunden — die ›Somatiker‹ auf diesem Gebiet scheinen auf einem verlorenen Posten zu stehen.

Aber nicht nur die Psychiater, sondern auch die Psychologen liebäugelten mit dem ›somatischen Vorurteil‹. Um die Jahrhundertwende war z. B. die James-Langesche Gefühlstheorie weit verbreitet, welche die paradoxe Formulierung propagierte: ›Wir sind traurig, weil wir weinen!‹ Damit wurde ausgesagt, daß der Primärvorgang in den Depressionen ein physischer und biologischer sei. Aus irgendwelchen verborgenen Ursachen heraus beginne der Mensch zu weinen: Die Trauer sei hierzu nur das Epiphänomen, sozusagen die psychische Spiegelung des körperlichen Hauptvorganges. Das entsprach der damals vorherrschenden Lehrmeinung, die Psyche sei nur eine mehr oder minder bedeutungslose Randerscheinung der physikalischen und chemischen Lebensprozesse. Alle Krankheiten und Ausdrucksphänomene seien ›somatisch‹ zu verstehen. Die ›Wirklichkeit der Seele‹ mußte für die Psychologie jener Epoche erst entdeckt oder wiederentdeckt werden. Hierzu leistete die Tiefenpsychologie einen ganz entscheidenden Beitrag.

Die somatische Betrachtungsweise ist natürlich zum Lebensverständnis ebenso wichtig wie die psychologische, wie man leicht am Depressionspatienten aufzeigen kann. Man vergegenwärtige sich nur das Erscheinungsbild des Depressiven: Zunächst springen uns tatsächlich auch leibliche Symptome ins Auge. Oft bekundet sich Schwermut am Gang und an der Haltung: Solche Menschen sind auch physisch ›niedergedrückt‹, reagieren langsam und betont schwerfällig. Der Appetit ist stark herabgesetzt, Blutdruck und Herzfunktionen sind merklich vermindert.

Sodann ist aber auch der Blick matt und müde: Die Patienten schauen ihr Gegenüber nicht an. Es ist wenig oder kein psychischer Rapport zur Umwelt da. Die Stimme ist gleichgültig und tonlos. Die Gedanken fließen nur zäh, motorische und andere Impulse sind gehemmt — das ganze leib-seelische Existieren der Patienten ist gedrosselt.

Wenn wir diese Phänomene erklären wollen, dann müssen wir sinnvollerweise im physischen und im psychischen Bereich ansetzen. Der Tiefenpsychologe wird jedoch den Akzent eher auf die ›Seele‹ legen, die man u. a. auch als Steuerungsorgan des Organismus oder als seine ›Ganzheitsfunktion‹ begreifen kann. Das Psychische repräsentiert die Gesamtreaktion des Organismus bezüglich seiner Umwelt (und seiner selbst). Dies muß auch den Physiologen und Neurologen in Erinnerung gerufen werden, die sich mit der Wirkungsweise des ›Vegetativums‹ befassen. Wenn solche überwiegend biologisch orientierte Forscher zwecks Erklärung von Funktionsverminderungen irgendwelcher Art das ›vegetative Nervensystem‹ heranziehen, so muß ihnen nur teilweise widersprochen werden. Tatsächlich steuert ja der Sympathicus alle ›ergotropen‹ Handlungsweisen des Organismus (also Angriff, Flucht, Tätigsein usw.), indes der Parasympathicus für die ›trophotropen‹ Funktionen einspringt (Schlaf, Erholung, Ernährung usw.). Sicherlich war es ein großer Fortschritt der Physiologie (W. R. Hess u. a.), die Funktionskreise der beiden vegetativen Nervenstränge genau zu beschreiben. Aber sowohl Sympathicus wie auch Parasympathicus unterstehen dem Zwischenhirn und damit der psychischen Einwirkung. Es hilft uns nicht weiter, wenn wir die Depressionen auf ein Überwiegen parasympathischer Impulse zurückführen können. Dies ist nur ein Partialaspekt der ›Fehlsteuerungen im Organismus‹: Im Grunde ist es die psychische Ganzheitsreaktion, die infolge bestimmter existentieller Schwierigkeiten die Körperfunktionen dämpft, weil der ganze Mensch auf Angst und Flucht gestimmt ist.

Depressionstheorie bei Freud und Adler

Um 1915 veröffentlichte Sigmund Freud eine sehr aufschlußreiche Abhandlung über »*Trauer und Melancholie*« (GW, Bd. X). Darin sucht er die Melancholie aus dem normalen Affekt der

Trauer abzuleiten. Trauer ist wesensmäßig nichts Pathologisches. Sie tritt auf, wenn der Mensch einen sogenannten ›Objektverlust‹ erleidet. Unsere Welt besteht bekanntlich aus bestimmten Objekten, die wir mögen, an denen wir hängen. Das können sowohl Menschen als auch Dinge sein. Man kann durchaus der These beipflichten, daß die Menschen, die man liebt, regelrecht ein Bestandteil unseres Ich werden. Ich und Welt sind miteinander verflochten. Wenn nun ein geliebter Mensch stirbt oder uns verläßt, so entsteht unzweifelhaft ein Gefühl der Verarmung. Die Welt wird ärmer um einen Menschen, ein Tier oder einen kostbaren Gegenstand. Es kommt natürlich immer darauf an, wieviel ein solches Objekt für uns ›subjektiv‹ bedeutet. Immerhin reißt jeder Verlust dieser Art ein ›Loch‹ in unsere Welt. Diese Lücke muß mühsam geschlossen werden. Freud prägt hierfür den schönen Ausdruck ›Trauerarbeit‹: Man muß seelische Arbeit leisten, um die Welt wieder rund und komplett zu machen, d. h., um sich auf neue ›Objektbeziehungen‹ vorzubereiten.

Kann man dieses Schema auf den Depressionspatienten anwenden? Nicht immer läßt sich dies auf den ersten Blick schon bestätigen. Die Psychiater sprachen oft von der ›Uneinfühlbarkeit‹ pathologischer Depressionen, weil — wie sie meinten — eine winzige Ursache mitunter ein Maximum an Depression auslösen kann. Man darf jedoch nie vergessen, daß das, was für den einen eine Bagatelle ist, für den anderen eine Lebenstragödie sein kann. Die Uneinfühlbarkeit liegt wohl häufig nicht so sehr auf der Seite des Patienten als auf der des nicht besonders einfühlsamen Psychiaters. Lange Zeit erkannte die Psychiatrie nicht deutlich genug den Umstand, daß jeder Mensch in einer ›ganz persönlichen Welt‹ lebt: Was den einen kaum berührt, kann für den anderen einen ›Weltuntergang‹ bedeuten. Der Verlust eines Liebespartners, ein beruflicher Mißerfolg, ein Geldverlust, eine Demütigung, ja, sogar ein paar Unfreundlichkeiten durch Beziehungspersonen: All dies kann zum Anstoß von Depressionen werden. Man muß hierbei den Stellenwert ermitteln, den irgendein negatives Erlebnis im *Bezugssystem des Patienten* einnimmt. Das ist eine der Voraussetzungen für die psychologische Einfühlungstätigkeit: ›Wenn zwei dasselbe erleben, ist es für sie nicht dasselbe!‹

Freuds Ausführungen rücken das Phänomen der Trauer in ein helles Licht. Wie steht es nun aber mit der Melancholie? Diese ist in der Tat sehr rätselhaft. Es gibt in der außermenschlichen

Lebenswelt kaum Erscheinungen, bei denen das Leben sich gegen sich selbst wendet. In der ganzen belebten Natur wird man umsonst nach dem Suizid fahnden: Alles Lebendige ist auf Selbsterhaltung angelegt. Nur für den Menschen kann dieses Prinzip ungültig werden. So behauptet etwa der Melancholiker von sich: Ich darf nicht leben! Ich bin der niedrigste, erbärmlichste, gemeinste Mensch, den es gibt! Wir treffen hier bei an sich unschuldigen Menschen auf einen Selbsthaß, der erschütternd wirkt. Hier ist Leben, das zur Selbstvernichtung tendiert.

Freud zog seine Lehre von den drei Seeleninstanzen zur Erklärung der Depression und Melancholie heran. Er unterteilte bekanntlich das Psychische in das Es (Triebhaftigkeit), das Ich (Wahrnehmung und motorische Kontrolle) und das Über-Ich (Gewissen, Selbstwahrnehmung, Ichideal). Diese Gliederung ist nicht identisch mit der Einteilung in Bewußtsein und Unbewußtes. Sowohl das Ich wie auch das Über-Ich reichen tief ins Unbewußte hinab.

Aus der Interaktion dieser drei Instanzen kann die Depression gedeutet werden. So wird die Fülle der Selbstanklagen, die Selbstverneinung, der Selbsthaß beim depressiven Menschen der Maßlosigkeit seines Über-Ichs zur Last gelegt. In der Depression falle gleichsam das Über-Ich über das Ich her; gelegentlich kann es sogar so weit gehen, daß es das Ich ›zum Tode verurteilt‹. Die Frage ist nur, woher das Über-Ich eine derartige destruktive Kraft oder Orientierung bezieht.

Nach Freuds Auffassung kommt die unnatürliche Härte und Unvernunft der Gewissensreaktionen teilweise aus der Elternbeziehung des ›Gewissensträgers‹. Durch Identifikation mit den Eltern und Introjektion ihrer Verhaltensaspekte erwerbe der Mensch die Grundzüge seines Über-Ichs. Nun stimmt es oft genug, daß Melancholiker und Depressive lieb- und verständnislose Eltern hatten, bei deren Erziehungsmethode kritische und herabsetzende Äußerungen eine erhebliche Rolle spielen. Man kann sich ohne weiteres denken, daß das Über-Ich solche Kindheitseindrücke aufbewahrt und lebenslänglich ›repetiert‹. Aber manche depressive Menschen hatten auch weiche, verwöhnende Eltern. Bei ihnen stammen die grimmigen Eigenschaften des Über-Ichs nicht von den realen Eltern, sondern von den *Eltern-Imagines,* d. h. den seelischen Bildern der Eltern, wobei zwischen Bild und Realität große Diskrepanzen obwalten können. Jedes Kind entwirft sich seine Elternbilder entsprechend seiner

›Triebstruktur‹, seinen dominanten Emotionen, Charakter- und Willensrichtungen. Des weiteren muß man sich im klaren darüber sein, daß in das Über-Ich auch andere Autoritäten als die Eltern eingehen. Haben letztere milde Erziehungsformen bevorzugt, dann können Lehrer, Beziehungspersonen aller Art und Kulturidole für eine Verhärtung des Über-Ichs verantwortlich gemacht werden.

Einen zusätzlichen Versuch zur Rettung seiner Theorie der Über-Ich-Bildung machte Freud mit seiner Aggressionstrieb-Hypothese. Nach dieser Lehre hat der Mensch einen angeborenen, konstitutionellen Hang zur Grausamkeit. Diese aggressive Triebenergie wird zunächst nach außen abgeleitet und bildet die motorische Kraft, mit der sich der Organismus der Umwelt bemächtigt. Die Erziehung hält jedoch einen Teil dieses primären ›Sadismus‹ auf und zwingt ihn, nach ›innen‹ abzufließen. Aus der verinnerlichten Aggression entsteht nun das Gewissen. Gewissen ist Aggressivität gegen sich selbst. Nun gibt es nach Freud Individuen, die einen extrem starken Aggressionstrieb haben; in anderen Fällen wieder wird bei normalen konstitutionellen Verhältnissen zuviel Aggression durch Erziehung und moralische Beeinflussung nach innen geleitet. Beiderlei kann die Depression hervorrufen. Sie ist tendenziell Selbstzerstörung, da die Fremddestruktion blockiert ist: Der Mensch steht vor der schlimmen Alternative, entweder sich selbst oder andere zu bekämpfen. Freuds Annahme eines Aggressions- oder gar Todestriebes ist bis zum heutigen Tag sehr umstritten. Die moderneren Theorien führen die Aggression des Menschen auf erzieherische und kulturelle Einflüsse zurück. Von Freuds Beschreibungen wäre lediglich zu übernehmen, daß depressive Menschen, die so sehr gegen sich selbst wüten, im Grunde auch gegen ihre Umwelt aggressiv sind. Auto- und Fremdaggression liegen im Psychischen dicht beisammen. Wer sich selbst quält, wird gegen andere kaum liebevoll sein können.

Alfred Adler rekurrierte zur Erklärung des depressiven Verhaltens nicht auf Triebenergien und vage Konstitutionshypothesen, sondern bemühte sich darum, den immanenten *Sinn* der Depression herauszuarbeiten. In seiner ›Individualpsychologie‹ ist die *Finalität* der Phänomene ebenso wichtig wie deren *Kausalität.* Bei der Frage nach den Ursachen einer Depression wird man auf die Charaktere der Eltern, auf die Ehe der Eltern, auf ungünstige Kindheitserlebnisse, auf Entmutigungen und soziale Benachteiligungen usw. zurückkommen. Aber damit ist die ›Sinnproblematik‹ des Geschehens noch nicht erfaßt. Der Mensch ist nicht nur ein Spielball äußerer Kräfte; er ist ein Ich, ein Subjekt, eine Persönlichkeit. Als solche unterliegt er nicht nur Einflüssen, sondern macht auch etwas aus ihnen. Er verwertet lebensgeschichtliche Faktoren im Sinne seiner persönlichen Zielsetzungen. Sobald ein Ich da ist (im zweiten und dritten Lebensjahr), werden psychische Prozesse auf ein vorschwebendes Entwicklungsziel ausgerichtet. Alles Seelische enthält einen teleologischen Charakter; Erinnern, Phantasieren, Wünschen, Hoffen und Handeln sind auf einen unbewußten Zweck abgestimmt, was mit dem Begriff ›Finalität‹ (Zielstrebigkeit) erfaßt wird. So überkommt etwa einen Menschen die Depression nicht wie z. B. die Pocken oder eine Lungenentzündung. Eine seelische Erkrankung wird vom Patienten unbewußt strukturiert, ja, sogar ›gewollt‹. Man baut sie gleichsam auf, man gestaltet sie. Man *will* etwas mit ihr. Sie dient geheimen persönlichen Zwecken.

Diese Zwecksetzung ist jedoch nicht leicht zu erkennen. Sie liegt im seelischen Halbdunkel und ist dem Betroffenen weitgehend unbekannt. Der Depressive selbst wird in der Regel entrüstet ablehnen, danach zu fragen, wozu ihm seine Depression nützlich sei. Ist sie doch für ihn sein größtes Unglück, welches er allzugerne gegen eine handfeste Körperkrankheit eintauschen würde.

Aber der Sinn der Depression wird doch einigermaßen transparent, wenn wir uns in die Situation eines Kindes versetzen, das Angst vor elterlichen Strafen hat. Wie soll es sich in einer solchen Notlage schützen? Wenn es zur Selbstanklage greift (sich selbst demütigt und kleinstellt), dann entschärft es gewissermaßen die Aggression der Erwachsenen. Auch härteste Erzieher werden milder gestimmt, wenn der ›Delinquent‹ reuig und geständig ist und seine Schuld erkennt. Mitunter fällt sogar ein wenig Trost für das unglückliche Kind ab. Diese Verknüpfung von Depression, Milde und Trost scheint auch für das Leben des erwachsenen Depressiven zu gelten. Daher kann man das depressive Klagen als eine Art von ›Liebeswerbung‹ verstehen. Der ganze Verhaltenskomplex soll der Entlastung dienen — wer so arm dran ist, darf und kann nicht zur sozialen Beitragsleistung herangezogen werden. Die Regression in den Zustand des traurigen Kindes dient der moralischen Rechtfertigung und der Erpressung von ›Liebesbeweisen‹.

Damit sind aber noch keineswegs alle Motivationen sichtbar

geworden. Die genauere Beobachtung bringt zusätzliche Intentionen zutage. Wenn z. B. einer in einer Familiengemeinschaft (oder in anderen sozialen Gruppierungen) in sein depressives Jammern verfällt, spüren die Beziehungspersonen, daß in diesem Klagen fast immer auch *Anklagen* liegen. Anstelle von Freundlichkeit, Kooperation und Hilfeleistung erfahren die Mitmenschen die fruchtlosen Selbstanklagen des Depressiven, die jedermann die Stimmung verderben und niemanden fördern. Auf diese Weise drückt der Depressionspatient auf die Stimmung der anderen und übt gleichsam Macht über sie aus. Man kann auch durch Depressionen seine Mitmenschen beherrschen. Man erzwingt damit Erleichterungen, Entgegenkommen, Nachgiebigkeit und sogar Liebeszuwendung. So erweist sich das depressive Syndrom als ein *Kampfmittel gegen die Umwelt*.

Das gilt selbst für solche Fälle, bei denen der Depressive in seinem stillen Kämmerlein ›weint‹: Letztlich werden diese Gefühle, die sich angeblich nur im verborgenen austoben, doch auf die anderen einwirken. Die Verhaltensweise, die man in der Isolierung vorbereitet, wird bei der nächsten Interaktion mit anderen ›wirksam eingesetzt‹. Man verbirgt seine Depression nicht auf die Dauer. Es ist wie bei den Leuten, die — nach Lichtenberg — heimlich trinken und dann ›öffentlich besoffen sind‹. Irgendwo und irgendwann schlägt man den Mitmenschen seine Depression um die Ohren und wirft ihnen auf diese Weise den ›Fehdehandschuh‹ hin. Adler sagte, daß es sich hier um einen Menschentyp handelt, der das ›Mitspielen‹ nicht gelernt hat und seinen Frieden mit der Welt nicht machen kann. Daher der Groll gegen das Leben, von dem die Selbstverneinung nur ein Teil ist.

Spinoza und Sartre über die Depression

Um den Adlerschen Gedanken etwas zu verdeutlichen, kann man auch einige Überlegungen aus Spinozas »*Ethik*« (1677) heranziehen, welche eine tiefgründige Psychologie enthält, die viele Erkenntnisse der Psychoanalyse vorwegnimmt. Auch vermeidet Spinoza viele Denkfehler, die man bei Freud und seinen Schülern findet. So vertraten die Psychoanalytiker die unseres Erachtens irrige Meinung, daß Lust und Glück Primärziele des Menschen seien. Spinoza ist hierin sehr skeptisch. In seinem Hauptwerk lesen wir den erstaunlichen Lehrsatz, daß Freude ›der Übergang des Menschen von geringerer zu höherer Vollkommenheit‹ sei. Ein paralleler Lehrsatz besagt: ›Trauer ist der Übergang des Menschen zu einem Zustand von geringerer Vollkommenheit.‹ Nach Spinoza entsteht Freude als ›Nebenprodukt‹ des Umstandes, daß der Organismus seinen Zielen (der Selbstverwirklichung usw.) näherrückt. Dies entspricht der These von Jean-Paul Sartre, daß Freude in gewisser Weise ›die Erkenntnis der Freiheit durch sich selbst‹ sei. Wann immer der Mensch als ›Werdender‹ seiner Freiheit und seiner Möglichkeitsfülle bewußt wird, empfindet er Glück, Freude und Lust; wenn er aber seine Möglichkeiten brachliegen läßt und sich in seine Unfreiheit verbohrt, wird er unglücklich, freud- und lustlos.

Depressionen werden nicht ›verursacht‹ durch Rückschläge im Leben, sondern entstehen aus unserer Unfähigkeit, diese konstruktiv zu beantworten. Der Hoffnungslosigkeit und Verzweiflung liegt oft ein *Starrsinn* zugrunde. Wenn Trauer eintritt, sofern dem Menschen irgend etwas mißlingt oder ›wider den Strich geht‹, so erklärt dies noch nicht die Symptomatik der Depression, die über das übliche Gedämpft- und Entmutigtsein angesichts des ›Widerstands der stumpfen Welt‹ hinausgeht. Denn man könnte sich einen traurigen Menschen durchaus vorstellen, der trotz seines Kleinmuts an der Kooperation mit den Mitmenschen festhält: Dies wird denn auch seine Trauer bald beenden. Anders jedoch beim Depressiven: Er vergräbt sich regelrecht in seine Stimmung oder Mißstimmung, er hadert mit sich und der Welt und ist nicht in der Lage, sich mit den ›gegebenen Umständen‹ zu versöhnen. Sartres Buch »*Versuch über die Theorie der Gefühle*« (dt. 1964) schildert sehr einfühlsam die Gefühlswelt und die Weltanschauung des Depressiven, wobei ein Beispiel von Pierre Janet dem Autor als Paradigma dient:

Eine Kranke konsultiert den Arzt. Dieser beginnt routinemäßig, die Patientin zu befragen. Seine Haltung ist hierbei notwendigerweise nüchtern. Das spürt die Kranke; ihre Worte beginnen zu stocken, und sie fängt an zu *weinen*. Damit hört das Frage-Antwort-Spiel auf. Der Arzt kann nur noch beschwichtigen, trösten und aufmuntern. Was hat demnach die Patientin mit ihrem ›Gefühlsumschlag‹ bewirkt? Janet (und mit ihm Sartre) vermutet, daß der Kranken die Befragung zu mühsam war. Diese verlangte von ihr ein Reagieren auf der Ebene des Erwachsenseins. Sie mußte zuhören, mitdenken und Stellung beziehen. Indem sie in Tränen ausbricht, regrediert sie auf die Ebene des Kindseins: Der

Arzt soll zum liebevollen Tröster werden, was wunderbarerweise auch geschieht.

Nach Sartre haben fast alle Gefühle eine Regressionstendenz in sich. Sobald sie überhandnehmen, werden höhere psychische Funktionsstufen verlassen, und die Welt und das Leben ›vereinfachen sich‹ auf dem Wege der Magie. Man tut gut daran, jede Neurose als eine *magische Antwort* auf die als allzugroß empfundenen Lebensschwierigkeiten zu interpretieren.

Somit bedeutet auch die Depression ein Ausweichen vor der jeweiligen Situation mit der unbewußten Absicht, ein Kind ohne Verantwortung zu sein, dem man Mühe und Plackerei abnimmt. Man fällt nicht in Depressionen hinein, sondern man läßt sich in sie fallen. Man sucht und findet einen Ausweg aus Komplikationen, zu deren direkter Bewältigung man auf Grund der inneren und äußeren Vorgeschichte schlecht gewappnet ist.

Das Regredieren muß man sich nach Sartre etwa folgendermaßen vorstellen: Normalerweise spielen sich menschliche Beziehungen in Form des Dialogs, des Zusammenarbeitens, des Miteinander-Durchstehens von Komplikationen ab. Dabei ist der Mensch ›außerhalb seiner selbst‹, nämlich draußen bei den Mitmenschen und Dingen. Sobald er sich ins Gefühl zurückzieht, holt er sich auch aus der Umwelt in seinen Leib zurück. Genau das gibt dem Gefühl seine leib-seelische Intimität und Intensität. Gefühl heißt physisches und psychisches Bewegtsein. Es kommt hierbei zu einer Umschaltung oder Umstellung des Menschen, die zugleich seine Sicht der Welt verändert. Vor allem intendiert ist hierbei eine grandiose Vereinfachung. Hat man realiter mit der Welt zu tun, dann ist diese meistens erheblich komplizierter. Die Tendenz zur Simplifikation wird begreiflich, wenn sich ein Individuum durch den Schwierigkeitsgrad des Lebens überfordert fühlt. Man denke etwa an den Ausbruch der Depression: Hat letztere einmal Gestalt angenommen, dann wird die Wahrnehmung der Welt sehr schattenhaft und distanziert. Die realen Probleme rücken in die Ferne; statt dessen beschäftigt man sich mit den Scheinproblemen der Selbstanklage, des Kleinmuts, der imaginären Gewissensbisse und der allfälligen Hypochondrie. Zudem kann ein ›weinendes Kind‹ (und das ist der Depressive für seine Umgebung) nicht dazu aufgefordert werden, die Steine zu wälzen, die uns im Wege liegen. Man ist davon dispensiert und hat, wie die Psychoanalyse sagt, den ›sekundären Krankheitsgewinn‹.

Es lassen sich leicht folgende Gedankenfragmente herausarbeiten, die dem Depressiven, wenn man sie ihm ›auf den Kopf zusagt‹, sehr bekannt vorkommen: Die Welt ist zu hart für mich. — Ich will das alles so nicht mitmachen. — Das muß ganz anders werden. — Ich komme zu kurz und bin benachteiligt. — Was will man denn noch von mir? — Überall Probleme und Probleme; das wächst mir noch über den Kopf. — Wenn ich doch nur von alldem weit weg wäre!

So entsteht die Depression, die eine selbstveranlaßte Rückzugsbewegung darstellt, eine Verminderung der Weltbeziehung des Ich, um Aufwand an Mühe und Lebensarbeit zu sparen. Natürlich muß man hierfür seine ›Kriegskosten‹ zahlen. Die Flucht aus der Welt läßt diese verarmen: Sie wird für den Depressiven flach, grau und konturenlos. Immerhin hat er es dann leichter, sich in seinen Schlupfwinkel zurückzunehmen. Oft liegt er im Bett und döst. Auf den Hintertreppen seiner Schwermut jagt er aber in der Regel zügellosen Größenphantasien nach. Man muß sich klar darüber sein, daß hinter jedem Kleinmut stets auch ein verborgener Größenwahn steckt. Die kleinmütige Fassade des Depressionspatienten verhüllt eine Hybris, die mitunter phantastische Züge aufweist; er will unendlich geliebt sein und mühelos Erfolg haben.

Der Charakter des Depressiven

Nach Alfred Adler kann man eine seelische Erkrankung nur dann angemessen verstehen, wenn man die Charakterstruktur des Patienten genau ins Auge faßt. Welche Charakterzüge finden wir nun beim Depressionspatienten? Wie steht er in der Welt, wie ist sein Bezug zu sich selbst und zu den Mitmenschen? Da jede Psychotherapie letztlich auf eine *Charakteränderung* des Analysanden hinzielen muß (wenn sie nicht nur symptomatisch sein will), ist die Charakteranalyse der Depression von entscheidender Bedeutung. Nur sie kann dem Patienten wesentlich in seiner Not helfen. Trösten, aufmuntern und guter Zuspruch sind meistens vergeblich. Die Patienten sind unendlich erfinderisch im Formulieren von Rationalisierungen, mit denen sie ihren Zustand verfestigen und absichern. Sie wollen nicht heraus aus ihrer Depression, da jenseits der Erkrankung das Leben mit allen seinen Anforderungen auf sie wartet. Daher ist es jeweils ein psychologischer Kraftakt, wenn man den Depressiven aus seinem depressiven Sumpf herauslotsen will.

Die Charaktereigenschaften des Depressiven sind allemal solche, in denen Kooperation und Mitspielen eindeutig reduziert sind. Adler hat oft in seinen Büchern die Hauptmerkmale eines guten Mitspielers im Spiel des Lebens (in seiner Terminologie: der Mensch mit entfaltetem *Gemeinschaftsgefühl*) beschrieben; hierzu gehören u. a.: Mut, Solidarität, Verläßlichkeit, Wohlwollen, Freude, Hilfsbereitschaft, Geduld, Einfügung, Freundlichkeit, Sozialinteresse, Mitgefühl usw. Der gute Mitmensch geht an die Aufgaben des Lebens direkt heran und sucht Lösungen, die ihm selbst und der Allgemeinheit zugute kommen. Er fühlt sich auf der Erde und bei den Mitmenschen heimisch. Er drückt sich nicht vor den großen Aufgaben des gemeinsamen Lebens; er ist nicht nur ein ›Nehmer‹, sondern vor allem auch ein ›Geber‹. Wer in der Kindheit ungünstige Entwicklungsbedingungen hatte, bildet in der Regel cher Eigenschaften aus, mit denen er die Umwelt bekämpfen kann. Unverstandene, unglückliche, verwöhnte und erniedrigte Kinder legen sich auf psychische ›Leitlinien‹ fest, die in ›Werdenshemmungen‹ einmünden. Neid, Eifersucht, Eitelkeit, Machtgier, Schadenfreude, Trotz, Negativismus, Ungezogenheit usw. liegen auf der Linie der verweigerten sozialen Einordnung. Viele Depressive waren oder fühlten sich in ihrer Kindheit benachteiligt. Als Antwort darauf entwickeln sie Neid und Eifersucht, die die soziale Selbstverwirklichung korrumpieren. Sie geraten in permanenten Groll, werden Ressentiment-Charaktere und fressen sich selbst infolge ständiger Anklagehaltung auf. Die Widerspenstigkeit solcher Menschenkinder gibt ihren Eltern vielfachen Anlaß, sie negativ einzuschätzen. Dies vermindert wiederum die Selbstachtung und erhöht den Kleinmut, der nichts Gutes ausbrütet. Das weitere Leben und Erleben ist dann oft eine Wiederholung des Kindheitsunglücks. Wer als Kind traurig war, hat alle Chancen, es weiterhin zu bleiben. Er entwickelt nicht die Dispositionen, die nötig sind, um sich und anderen Freude zu bereiten. So bleibt er in seinem ›Teufelskreis‹ stecken. Die Charakterzüge, die man hat, bestimmen die Erfahrungen, die man macht. Das gilt nicht nur für den depressiven, sondern für *jeden* Charakter.

Bei genauerer Betrachtung findet man beim Depressiven die Konfiguration von Bequemlichkeit und Riesenerwartungen, auf die Schultz-Hencke in seiner Neurosenlehre mit besonderem

Nachdruck hinweist. Solche Patienten sind wenig aktiv, aber ihre Wunschvorstellungen hinsichtlich dessen, was sie haben und erreichen wollen, gehen ins Grenzenlose. So fühlen sie sich dauernd vom Leben frustriert — ein weiterer Grund dafür, sich in den Schmollwinkel der Depression zurückzuziehen. Das Leben ist kein ›Verwöhnungs-Institut‹. Der Depressive, der oft auch ein verwöhntes Kind war, kann sich damit nicht abfinden. Er fordert, wenn auch großenteils unbewußt, alles und jedes, ohne selbst Beiträge leisten zu wollen.

Das Begriffspaar ›Ichhaftigkeit—Sachlichkeit‹, mit dem Fritz Künkel seine Charakterkunde in Anlehnung an Adler formulierte, kann hier weitere Klarheit schaffen. Ichbezogenheit ist in jeder Neurose auffällig. Der Neurotiker tut oder empfindet so, als ob er der Mittelpunkt der Welt sei. Beim Depressiven ist die Ichhaftigkeit nicht immer auf den ersten Anhieb zu erkennen. Wer soviel Kritik an sich selbst übt, scheint doch eher zur ›Sachlichkeit‹ (Gemeinschaftsgefühl) zu neigen.

Beobachtet man aber, wie oft der Depressive mit seinen fadenscheinigen Selbstanklagen der Umwelt in den Ohren liegt und dabei auch Mißstimmung verbreitet, dann erkennt man, daß er sehr gerne von sich redet und damit eben im Mittelpunkt zu stehen wünscht. Man kann auch durch Selbstverkleinerung einem Größenideal nachjagen: ›Wer sich erniedriget, wird erhöhet werden!‹

Abschließend sei noch erwähnt, daß das psychoanalytische Theorem der ›Oralität‹ auf die Depression sinnvoll angewendet werden kann. Depressive sind ›orale Charaktere‹: Habenwollen, Nehmenwollen und Behaltenwollen sind Grundzüge ihres Wesens. Im Ansichhalten von Gefühlen, Gedanken, Beitragsleistungen (und oft auch der Exkremente — Depressive leiden in der Regel an Verstopfung) kommt allerdings auch ein ›analer Zug‹ zum Vorschein.

Sucht man Analogien zum depressiven Weltbild in der Frühkindheit, so könnte man gut den Vergleich wagen, daß der Depressionspatient einem Kinde ähnelt, welches die Welt als eine große Mutterbrust erlebt, von welcher es in passiver Haltung ernährt wird. Die Brust jedoch, die der spätere Depressive als Modell für die Welt nimmt, ist unergiebig, angsteinflößend und gibt wenig oder gar keine ›Milch‹ her. Daraus erwächst andauernde Verstimmung, ein Frustriertsein, welches den Mißerfolg vorausahnt und ihn dann auch herbeiführt. Ein Kind, das sich an Nahrung und Zärtlichkeit freut, entwickelt Hoffnung. Gerade diese fehlt den Depressiven, die aus einem unguten Ernährungs-, Zärtlichkeits- und Kooperationsschicksal Frustration und Aggression mitbringen, wodurch sich ihr Lebensgefühl verdüstert.

Der Lebensentwurf des Depressiven

Es ist oft erstaunlich, nach welchen harmlosen Enttäuschungen oder ›Niederlagen‹ schwere Depressionen ausbrechen können. Man versteht das nur, wenn man an die verheerenden Folgen einer verwöhnenden oder vernachlässigenden Erziehung denkt. Wer z. B. als Kind wie ein kleiner Prinz oder eine Prinzessin behandelt wurde, tritt mit einer riesigen Erwartungshaltung an das Leben heran. Sein Ehrgeiz entartet ins Irreale. Er kann sich nicht in die Bedingungen des Daseins fügen. Hat er irgendeinen kleinen Mißerfolg, so sieht er sich schon als entehrt, erniedrigt oder als ›Abschaum der Menschheit‹. Ein Versagen in einer Prüfung, eine geschäftliche Fehlkalkulation usw.: Schon entstehen Gefühle der Schwermut, und katastrophale Konsequenzen werden für unvermeidlich gehalten. Oft erfolgt sogar Suizid wegen Bagatellen: Aus der Sicht des Betroffenen aber handelt es sich um ›irreparable Fehlschläge‹, die nur durch Selbstvernichtung gesühnt werden können.
Alfred Adler wies in seinem Buch *» Über den nervösen Charakter«* (1912) darauf hin, daß Neurotiker und andere Gemütskranke stärker als die ›Normalen‹ sich mit ›Fiktionen‹ einen Überblick im Leben zu verschaffen suchen — im Gegensatz zum ›Normalmenschen‹ hängen sie steif und starr an ihren willkürlichen Annahmen, die sie der Realität entfremden. Der seelisch Kranke zappelt gleichsam in den Maschen eines selbstgeschaffenen Fiktionsnetzes, welches ihm den Ausblick auf die Wirklichkeit verstellt. Er peilt grob über den Daumen, um Menschen und Sachverhalte zu beurteilen; wären seine *Voraussetzungen* richtig, so hätten auch seine *pathologischen Reaktionen* auf die Ereignisse ihren guten Sinn. Wenn man zum Beispiel wirklich in allen Lebenssituationen überlegen sein müßte (Fiktion Nr. 1), wäre es tatsächlich untragbar, eine Absage von einem Liebespartner hinzunehmen. Wenn man nie Mißerfolge haben dürfte, wäre ein Suizid nach einem Fehlschlag durchaus berechtigt (Fiktion Nr. 2). Wenn man in jedem Wortwechsel das ›letzte Wort‹ behalten

müßte, muß man den opponierenden Ehepartner sicherlich mit einer Depression bestrafen, sofern er nicht unseren Wünschen oder Argumenten nachgibt (Fiktion Nr. 3). Solche Fiktionen oder haltlose Verallgemeinerungen gibt es in der Psychopathologie tausendfach, und eine Heilung des Patienten erfolgt erst dann, wenn er dazu bereit ist, seine trotzigen, infantilen und störrischen Meinungen einer Korrektur zu unterziehen.

Wer einen perfektionistischen, maßlos ehrgeizigen, unduldsamen und rigiden Lebensanspruch hat, wird immer wieder in Depressionen verfallen, wenn die Wirklichkeit gegen seinen ›Wahn‹ Einspruch erhebt. Man stößt hier auf die verblüffendsten Fehleinstellungen und -haltungen. Die in der Kindheit erworbenen Denk- und Gefühlsschablonen können meistens nur in die Irre führen. Es ist fast so, als wenn einer in einer Stadt herumirren würde, deren Straßennamen er willkürlich und seiner kranken Phantasie gemäß abgeändert hat. Wo wird er etwa hingelangen, wenn er die Straßen umbenennt in: ›Zur Hoffnungslosigkeit‹, ›Zum Untergang‹, ›Zur Verzweiflung‹ und ›Zur Lieblosigkeit‹? Man konstruiert einen Großteil der Eindrücke selbst, die zur Depression Anlaß geben.

Die Freudsche Ansicht, daß das Über-Ich in der Depression das Ich des Patienten bestraft, ist wohl nicht ganz sachgerecht. Es hilft auch dem Patienten wenig weiter, wenn man ihm sagt, sein Über-Ich sei hart und grausam. Und was dann? Besser ist es, den Patienten auf seinen Ehrgeiz, seinen Kontakt- und Liebesmangel, seinen Perfektionismus, seine Lebensfremdheit (alles Eigenschaften des Ich und nicht des Über-Ich!) hinzuweisen; dann ahnt er auch, wo Korrekturen angebracht werden müssen. Auch der Gedanke von Fritz Künkel, daß depressive Menschen einen zu kleinen ›Spannungsbogen‹ haben, ist aufschlußreich; solche Menschen ›begründen‹ ihre Depression mit all den Fehlschlägen, die sie trotz ihrer ›Bemühungen‹ hinnehmen mußten: Bei genauerem Zusehen handelt es sich um sehr kleine Anstrengungen von in der Kindheit verwöhnten oder entmutigten Menschen, die — wenn sich der Erfolg nicht sofort einstellt — schleunigst den Rückzug in den Schmollwinkel der Depression antreten. Es kommt dann zu Selbstmitleid, Resignation und düsteren Gedanken; dazu wird eine Haltung angenommen, die auf das Mitleid der Mitmenschen hinzielt. Man kann auch mit Trauer und Tränen die Umwelt dominieren und niederdrücken. Depression kann ohne weiteres eine Form von (unbewußter) Herrschsucht sein. Das ist dem Depressiven selbst kaum einsichtig; er wird eine solche Hypothese energisch zurückweisen: ›Ich und herrschen wollen! Wo ich doch der letzte, kleinste, sündhafteste und armseligste Mensch bin!‹ Die sprachlichen Superlative in dieser Selbstcharakteristik lassen jedoch erahnen, daß in der Selbstverkleinerung ›Größenwahn‹ stecken kann.

Daseinsanalyse der Depression

Wertvolle Erweiterungen des Depressionsverständnisses brachte die ›daseinsanalytische Schule‹ (L. Binswanger, M. Boss, R. Kuhn u. a.), die im Anschluß an die Philosophie von Martin Heidegger (»*Sein und Zeit*«, 1927) neuartige Auffassungen zur Psychopathologie und Psychotherapie entwickelte. Das Vokabular der Heideggerschen Seinsphilosophie ist schwierig; wir wollen in der Folge versuchen, die ›Daseinsanalytik der Depression‹ mit einigen Vereinfachungen zu schildern, die die Esoterik der Lehre etwas abschwächen.

Die Daseinsanalytiker erforschen das In-der-Welt-Sein des Menschen, d. h. die Art und Weise, wie er sich zu sich selbst, zu den Mitmenschen und zu den Dingen verhält. Sie betonen, daß die meisten Menschen kein eigentliches Ich-Selbst-Sein aufweisen; sie leben im Modus des Man-Selbst-Seins, was etwa bedeutet, daß sie gänzlich in der Lebensweise des Kollektivs, dem sie zufällig angehören, aufzugehen pflegen. Es ist ein komplizierter und gefahrvoller Weg, der von der Verlorenheit in das ›Man‹ zum wahren Ich-Selbst-Sein führt. Überträgt man diese These auf die Neurosentheorie, dann kann man die Vermutung wagen, daß jede Neurose auch durch einen ›Substanzmangel im Selbst‹ zu charakterisieren ist; man wird neurotisch, wenn man die Möglichkeiten seines Selbstseins verfehlt.

Die Daseinsanalytiker sprechen vom ›Weltentwurf‹ des Daseins: Jeder Mensch entwirft sich auf sein Sein-Können im Rahmen seiner Möglichkeiten. Am depressiven Patienten fällt uns auf, wie ›schmal‹ sein ›Lebensentwurf‹ ist, was eine Konsequenz der Angst vor dem Selbstsein ist. Der Depressive ist auch eingeengt in seinem ›Verstehen‹, was nach Heidegger nicht nur das Begreifen rationaler Zusammenhänge, sondern auch die Fähigkeiten der aktiven Weltbewältigung beinhaltet. Dem Verstehen zugeordnet ist die ›Befindlichkeit‹, womit die Grundstimmung des

Menschen gemeint ist. Das Dasein ist je und je schon gestimmt in seiner Welt. Für Neurotiker bedeutet dies allerdings, daß sie meistens ›verstimmt‹ sind, d. h. in düsteren, freudlosen und gequälten Stimmungen leben, die ihnen den Ausblick auf ihre ›Werdensmöglichkeiten‹ verstellen. Daher müssen sie in der Psychotherapie *umgestimmt* werden. — Als dritte Strukturkomponente neben Verstehen und Befindlichkeit führt Heidegger die ›Rede‹ ein. Er ist der Meinung, daß menschliches Sein sich im sprachlichen Ausdruck und in der Kommunikation vollzieht. — Im Man-Selbst-Sein herrscht das ›Gerede‹ vor, nämlich beziehungsloses Schwatzen ohne echten Bezug zur Sache. Oder die Sprache verkümmert und versickert, da keine Öffnung für die Ding- und Menschenwelt besteht. Wer mit Depressiven zu tun hat, ist oft beeindruckt durch ihre Spracharmut, die Dürftigkeit ihrer Lebens- und Sprechäußerungen.

Als ausgezeichnete Grundstimmung des Daseins bezeichnet Heidegger die ›Angst‹, die er als ein Erkenntnismittel bezüglich der Situation des Menschen in der Welt definiert. Im Sich-Ängstigen erfährt der Mensch, daß er einen Spielraum der Freiheit besitzt. Er ist frei zu seinen Möglichkeiten, deren äußerste allerdings der Tod ist. Wer frei sein will, muß auch den Mut dazu haben, seine eigene Endlichkeit zu sehen, d. h., dem Tode ins Auge zu blicken. Angst ist gewissermaßen die Konfrontation mit dem ›Nichts‹, das Aufbrechen einer Ahnung, daß zwischen uns selbst und der Welt ein ›Abgrund‹ klafft. Daher nennt Heidegger die Erfahrung der Angst ein ›Hineingehaltensein in das Nichts‹.

Offenbar scheuen Neurotiker und Depressive im speziellen diese Angsterfahrung und sind weit mehr in der Zone der ›Furcht‹ heimisch, wo dies und jenes mit schreckhaften Akzenten versehen wird, weil der Furchtsame ganz auf Selbstbewahrung und Selbstsicherung ausgerichtet ist. Der Depressionspatient z. B. engagiert sich zu wenig im Leben; seine Furchtsamkeit dient ihm als Alibi, sich überall herauszuhalten und die Zeit mit Schuldgefühlen, Gewissensbissen und düster-grimmigen Erwägungen zu vertreiben. Die Angst als ›Schwindel der Freiheit‹ (Kierkegaard) bleibt solchen Kleinmütigen meistens fremd. Sie müssen erst den ›Mut zur Angst‹ erwerben, der immer auch ein ›Mut zur Freiheit‹ ist.

Wer die Todesangst überwindet, hat es in der Regel nicht mehr nötig, den Hypochonder zu spielen und sich mit realen und eingebildeten Krankheiten ›hauptamtlich‹ zu befassen. In sehr vielen Depressionen ist Hypochondrie ein wichtiges Symptom, welches darauf deutet, daß der Kranke ganz mit sich selbst beschäftigt ist und von der Welt und den Mitmenschen wenig wissen will.

Dem entspricht auch, daß das ›Mitsein‹ des Patienten immer unterentwickelt ist. Sein Verhältnis zu den anderen sollte nach Heidegger die ›Fürsorge‹ sein: Er sollte sich bemühen, den anderen zum Selbstsein zu verhelfen, und zwar dies im Sinne der ›vorausspringenden Fürsorge‹, die für den anderen *Möglichkeiten des Werdens* erkundet und vorzeichnet, nicht aber ihm damit sein Selbstsein-Können und -Müssen abnimmt. Für eine derartige Zuwendung zum Mitmenschen hat der Depressive weder Zeit noch Kraft; er ist ja selbst so klein und hilflos, daß er seiner Ansicht nach für niemanden als Helfer und Förderer in Betracht kommen kann. So bleibt er in sich selbst verfangen und kultiviert seine trostlose Innerlichkeit.

Parallel zur Reduktion der Fürsorge wandelt sich auch die ›Sorge‹ des Depressiven ab und erscheint in einer pervertierten Form. Nach Heidegger heißt Sorge etwa In-die-Zukunft-Gerichtetsein und Weltoffenheit. Die Zukunft wird als die eigentliche Dimension des Menschendaseins beschrieben. Der gesunde Mensch lebt in seinen Zielen, Plänen und möglichen Selbstverwirklichungen. Aus den Zukunftsbestrebungen erhalten Gegenwart und Vergangenheit ihren tragenden Sinn. Wer nichts Zukünftiges im Auge hat, weiß nicht, wozu er existiert. Er stagniert innerlich und äußerlich, was man wohl für den neurotischen oder depressiven Lebenslauf bestimmt als Charakteristikum hervorheben darf.

Fast alle Depressiven sagen, daß es für sie keine Zukunft — als Wandlung und Wachstum — gebe. Sie sehen vor sich ein ewiges Einerlei von Problemen, Konflikten und Krankheiten. Meistens haben sie dementsprechend keine *Hoffnung* mehr. Sie müssen verzweifelt sein, weil sie sich in ihrer Lieblosigkeit eingemauert haben, d. h. an nichts und niemandem mehr wahres Interesse nehmen. Dadurch modifiziert sich auch ihre Gewissensinstanz, über die Heidegger sehr aufschlußreiche Phänomenbeschreibungen liefert. Wir kennen das Gewissen häufig nur als strafende und ermahnende ›Stimme‹, die uns nach bestimmten Fehlhandlungen oder Unterlassungen rügt, also Reue, Gewissensbisse und Schuldgefühle in uns hervorruft. Dies ist aber im Sinne des daseinsanalytischen Denkens eine nur oberflächliche Gewissenserfahrung, die lediglich die Reminiszenzen der Lebensanschauungen von Eltern und anderen Autoritäten zu Gehör bringt. Das wahre (existentielle) Gewissen kritisiert nicht diese oder jene Einzelheit und hält sich nicht bei unseren Fehlern und Untugenden auf. Seine Botschaft ist als ›Ruf der Sorge‹: ›Werde, der du bist!‹ — ›Sei wahrhaft du selbst!‹ — ›Suche die Selbstverwirklichung der Persönlichkeit in einem radikalen Offensein für Menschen, Dinge und für die Welt als Ganzes!‹

Hieraus wird begreiflich, daß die vielen Selbstvorwürfe und oft mörderischen Selbstanklagen der Depressiven *kein echtes ethisches Phänomen* sind. Oft klagt der depressive Patient in seinen endlosen Selbstquälereien versteckt seine Umgebung an, die ja durch das Wühlen im depressiven Sumpf immer erheblich niedergedrückt wird. Nietzsche kannte bereits die Spiegelfechterei bei den scheinbar moralischen Selbstquälern und formulierte den tiefsinnigen Satz: ›Gewissensbisse sind unanständig!‹ Wer nämlich in der Vergangenheit angeblich oder real so manches falsch gemacht hat, tut niemandem etwas Gutes, wenn er sich deswegen selbst ›zerfleischt‹: In derselben Zeit kann er seine ›Sünden‹ durch Taten der Liebe und des Wohlwollens ausgleichen. Die Existenzphilosophie ist sich wohl bewußt, daß das Dasein des Menschen eine Last ist und nicht leicht getragen werden kann. Aber angesichts dieser allgemeinen Plackerei auf der Erde muß jeder in Solidarität mit den anderen seinen Beitrag zum Fortschritt und zur Lebenssicherung leisten. Im Schlupf- und Schmollwinkel der Depression kommt nichts Gedeihliches zustande. Die kostbare Zeitspanne des Daseins wird sozusagen mit ›Kinkerlitzchen‹ vertan.

Wo aber entscheidet sich wahrhaft der Wert unseres Lebens in der Welt? Die Vergangenheit ist vorbei, und die Zukunft ist noch nicht da, wenngleich sie aus dem Schoße des Werdens stets auf uns zukommt. Trotz Bevorzugung der zukünftigen Zeitdimension gegenüber den anderen ›Ekstasen der Zeitlichkeit‹ betont Heidegger (und mit ihm die Daseinsanalyse), daß das zentrale existentielle Zeitphänomen der *Augenblick* sei. In der jeweiligen *Situation* können wir ›hier und jetzt‹ durch das entschlossene Ergreifen unserer Möglichkeiten die Gestaltung unserer selbst und der Welt realisieren. So gesehen, wird der Augenblick zur ›Fülle der Zeit‹: Er ist nicht ein gleichgültiger Zeitpunkt in einem mechanischen Zeitablauf, sondern der Schlüssel zu dem, was unsere Existenz ist und sein wird. Diese Erkenntnis tut sich dem

›entschlossenen Menschen‹ auf, wobei Entschlossenheit nur dann einen Sinn hat, wenn sie aus der ›Erschlossenheit‹ gespeist wird. In psychologischen Ausdrücken heißt dies: Wille ohne Einsicht ist Sturheit; wer entschlossen leben und handeln will, muß zunächst wissen, welche Werte, Ziele und Zwecke seine Handlungen leiten sollen, damit er nicht blindem ›Aktivismus‹ verfällt.

Erst der entschlossene, weltoffene und mutige Mensch erfährt, daß die Zeit sein ›Besitz und Acker‹ ist, auf dem er sein Dasein ›zum Austrag bringen‹ kann. Er fühlt sich nicht wie der Depressionspatient als ein gleichgültiges Partikel im Weltgeschehen, als ein Blatt im Wind oder eine Nußschale im Ozean. Diese Selbstverkleinerung und Selbstauslöschung ist ein furchtbarer ›Lebensirrtum‹. Denn es ist dem Menschen als Aufgabe gegeben, ›Hirt und Wächter des Seins‹ zu sein; er ist nämlich jene Stelle im Kosmos des Seienden, wo sich Bewußtsein und Freiheit ereignet und wo das Sein in und an ihm selbst ›gelichtet‹ ist. Demgemäß soll er auch das Sein in seine Obhut und Fürsorge nehmen, d. h. als Gewissen des Universums fungieren. Der Mensch kann und darf jedem Seienden so begegnen, daß es seine größtmögliche Integrität bewahren und sich zu den ihm eigentümlichen Möglichkeiten entfalten kann.

Die Tragik der Depression besteht darin, daß sie eine Form des *in sich verschlossenen Daseins* darstellt, welches sich in uneigentliches Schulderleben verstrickt, anstatt durch Seinserhellung und Selbstverwirklichung die eigentliche Daseinsschuld auf sich zu nehmen. Indem der Mensch irgendein Schicksal wählt (und wer handelt und sich entscheidet, hat allemal ein ›Geschick‹), muß er notwendigerweise dies oder jenes versäumen oder beiseite lassen, da ja Endlichkeit ein Grundzug des Daseins ist. Wer sich um diese Entscheidungen drückt, liebäugelt vermutlich mit der ›Unendlichkeit‹, d. h. mit dem Gottähnlichkeitsanspruch. Wer aber Gott werden will, wird nicht einmal Mensch im wahren Sinne des Wortes.

Psychotherapie der Depression

Die Psychotherapie des Depressionspatienten ist oft schwer und beschwerlich, weil dieser nur wenig dazu bereit ist, die ihm angebotene Kooperation anzunehmen. Freud spricht in diesem Zusammenhang geradezu von einer ›negativen therapeutischen Reaktion‹; er macht den ›Todestrieb‹ dieser Patienten dafür verantwortlich, daß bei ihnen mitunter die Besserung ihres Zustandes oder die Heilung in der Therapie ausbleibt.

Nun ist aber der ›Todestrieb‹ keine besonders gesicherte Hypothese: Man sollte ihn in der Erklärung menschlicher Verhaltensweisen nicht überstrapazieren. Einleuchtender ist wohl der Gedanke, daß in jedem depressiven Menschen oft ungezügelte Kampf- und Rivalitätstendenzen vorhanden sind. Diese bringt er selbstverständlich auch in die psychologische Behandlung mit. Daraus folgt, daß er unter Umständen nicht zum Nachgeben und zum Sich-führen-Lassen bereit ist. In manchen Fällen gewinnt man auch den Eindruck, daß eine erfolgreiche Therapie vom Patienten als eine Niederlage gegenüber dem Therapeuten aufgefaßt wird. Extrem ehrgeizige und kämpferische Charaktere wollen immer und überall überlegen sein. Daher haben sie es nicht leicht, Deutungen und Hilfeleistungen von ihrem ärztlichen Helfer zu akzeptieren. Da sie nicht gelernt haben, anderen Menschen Freude zu bereiten, machen sie auch dem Seelenarzt nur ungern die Freude, daß er sie zu heilen vermag. Diese Hinweise mögen für den Laien seltsam tönen; wer aber Einblick in das labyrinthische Gewirr der menschlichen Seelenregungen besitzt, wird wissen, daß derlei tatsächlich vorkommt.

Jede ›analytische Therapie‹ muß den *Lebenslauf* des Patienten ›durcharbeiten‹, damit ihm die Entstehung seiner seelischen Deformation verständlich werden kann. Auch muß die gesamte Gegenwartssituation verstehend erhellt werden, wozu u. a. die Klärung aller *Übertragungsvorgänge* in der Behandlung selbst gehört, ja, sogar den Zentralpunkt der Selbsterkenntnis des Analysanden ausmacht. Aber das ›Analytische‹ ist nur ein Teilfaktor des therapeutischen Geschehens. Die *persönliche Begegnung* von Arzt und Patient ist die größte therapeutische Macht, und sie allein kann den seelischen Transformationsprozeß einleiten, der ein verkümmertes Dasein zum Erblühen bringt.

Der Therapeut muß in die Seele des Kranken eintreten durch die ›Pforte der Hoffnung‹. Wer einen Menschen hoffen lehrt, verringert seine Verzweiflung und aktiviert seine Kräfte. Diese sind auch beim Depressionspatienten umfangreicher, als er meint. Aber die Kunst, einen Hoffnungslosen in einen Hoffenden zu verwandeln, ist keine Kleinigkeit. Mit verbalen Deklamationen kann man hierbei nichts Wesentliches ausrichten. Man muß selbst ein kraftvoller Optimist sein, wenn man einem kleinmütigen Menschen den Wert des Lebens demonstrieren will. Auch muß man die Höhlen und Schlupfwinkel der depressiven Psyche in- und auswendig kennen, um alle Gedanken des Schwermütigen zu begreifen, mit denen er seine Schwermut ›zementiert‹. So ist man für den ›Ringkampf‹ gewappnet, in welchem man den Depressiven aus seiner selbstgeschaffenen Isolierung befreit, in der er seine Zuflucht gefunden hat. Wir sprachen auch davon, daß man den ›Gewissensplunder‹ beim Depressionspatienten beiseite schieben muß, damit er für die echte Gewissenserfahrung oder -erschütterung reif werden kann. Man destruiert gewissermaßen die Pseudomoralität der Selbstanklagen und weist nachdrücklich darauf hin, daß man *nicht Gewissen hat,* wenn man trostlos und mürrisch durch die Welt geht. Wer moralisch sein will, soll sich und andere voranbringen und Freude und Heiterkeit in der Welt vermehren (was sie dringend nötig hat!).

Soll der Depressive zur *Situationsbewältigung* erzogen werden, dann muß er in der Therapiesituation erstmals erleben, daß Mitsein und Miteinandersein nichts Leeres und Gleichgültiges ist, sondern eine Chance des Selbstseins und Selbstwerdens darstellt. Je lebendiger und einfühlsamer der Therapeut von Situation zu Situation mit dem Patienten kommunizieren kann, um so reicher und schöner wird dieser nicht nur die Behandlung, sondern auch das ganze vor ihm liegende Leben empfinden.

Aber der Ausbruch aus dem ›Totstellreflex‹ der Depression wird stets große Mühe bereiten. Man gewöhnt sich an das negativistische Abseitsstehen und das Wühlen in düsteren, traurigen und feindseligen Stimmungen wie an ein *Suchtmittel,* und tatsächlich rotiert der Depressive um seine schwermütigen Gedanken und Gefühle wie ein Süchtiger um seinen Alkohol oder seine Drogen. Es ist ein regelrechter ›Entwöhnungsvorgang‹ mit allen ›Entzugserscheinungen‹, wenn eine Depression abheilt. Daraufhin muß eine weitläufige *Umerziehung* in Gang gesetzt werden, um den Patienten aus seinen Entwicklungsdefiziten zu befreien, damit er sich ein menschenwürdiges und weltoffenes Dasein aufbauen kann.

Depression als Kollektivneurose

Die Depression ist nicht nur ein Privatschicksal, sondern hat weittragende kollektive Bedeutung. Dies lehrt schon die große Zahl depressiver Erkrankungen, die in der Gesamtbeschaffenheit unserer Lebensbedingungen wurzeln müssen. Die Kultur als Ganzes muß einen empfindlichen Mangel aufweisen, wenn viele Menschen in ihr den Glauben an das Leben verlieren und sich einem selbstvernichtenden Pessimismus oder gar Nihilismus überantworten.

Viktor E. Frankl und seine Schule (›Logotherapie‹ und ›Existenzanalyse‹) behaupten, daß dieses Kulturmanko in der Abwesenheit von ›Sinn‹ und ›Sinnstrukturen‹ besteht. Wie die Luft zum Atmen und die Nahrung zum Essen benötigt der Mensch die Sinnerfahrung, um als ›geistiges Wesen‹ existieren zu können. Wo die Sinndimension verarmt, entstehen Langeweile, Überdruß und Lebensverleider. Man muß ein ›Wozu‹ des Lebens haben, um sein ›Wie‹ zu ertragen. Man kann die These nicht von der Hand weisen, daß die Menschen der Gegenwart an einem ›Sinndefizit‹ leiden, das bei vielen von ihnen zum Ausbruch von Neurosen und Psychosen führt.

Auch die Depression ist insofern eine ›noogene (geistige) Neurose‹, als sie nur dort zustande kommt, wo das Dasein als sinnlos erscheint und keine tragfähige Antwort auf die Sinnfrage gefunden wird. Wie sollten aber Individuen den Lebenssinn gestalten, wenn die sie umgebende Kultur auf die niederen Werte der Macht, des Geldes, des Prestiges und der egoistischen Selbstbehauptung ausgerichtet ist?

Eine Welt, die nicht vom Ethos der Mitmenschlichkeit, der Lebensfreude und der Solidarität erfüllt ist, ist wesensmäßig eine traurige Welt. In ihr verfallen viele einzelne der ›Trauerkrankheit‹, weil die ›Kulturstimmung als solche‹ nicht heiter und lebensgläubig ist. Die Neurose der Individuen zeigt wie in einem Mikroskop verdeutlicht die Neurose des Kollektivs, des Zeitgeistes und der Kultur.

Darum wird die Heilung der Depressionspatienten erst dann einen gewaltigen Aufschwung nehmen, wenn die Ideale der Selbstverwirklichung, der gegenseitigen Hilfe, des Kulturfortschritts, der permanenten Erziehung, der Lebens- und Liebesbejahung, der Vernunft und der wechselseitigen Förderung aller tiefer im menschlichen Bewußtsein verankert werden.

Zwangsneurose

Historisches. – Was wir heute Zwangsneurose nennen, wurde lange Zeit im Bereich der Wahnideen oder Monomanien abgehandelt. Aber schon Esquirol betonte 1839, daß die Patienten mit Zwangsvorstellungen normal intelligent sein können und daß sie um die Absurdität ihrer Vorstellungen wissen. Das war mit dem Wahnbegriff unvereinbar; daher konnte Morel 1866 im Zusammenhang mit Zwangsideen von einer »Neurose« sprechen.

Krafft-Ebing führte 1867 im deutschen Sprachbereich den Begriff »Zwangsvorstellung« ein. Griesinger berichtete 1868 über drei Patienten, die an Grübel- und Fragesucht litten. Hans Quint in seinem Buch *Über die Zwangsneurose* (Göttingen 1971, S. 10) zitiert den Psychiater Westphal aus dem Jahre 1877 wie folgt:

> Unter Zwangsvorstellungen verstehe ich solche, welche bei der übrigens intakten Intelligenz und ohne durch einen gefühls- oder affektartigen Zustand bedingt zu sein, gegen und wider den Willen des betreffenden Menschen in den Vordergrund des Bewußtseins treten, sich nicht verscheuchen lassen, den normalen Ablauf der Vorstellungen hindern und durchkreuzen, welche der Befallene stets als abnorm, ihm fremdartig anerkennt und denen er mit seinem gesunden Bewußtsein gegenübersteht.

Die Idee, daß es sich bei der Zwangsneurose um eine primäre Denkstörung handelt, blieb nicht unangefochten. Einige bedeutende Psychiater meinten, daß auch der Affekt irgendwie deformiert sei; möglicherweise sei dies sogar die Grundstörung. Andere Autoren wieder suchten einen vermittelnden Standpunkt.
Mit Sigmund Freud trat eine tiefere Sicht der Zwangskrankheit in Erscheinung. Hier erst wurde die lebensgeschichtliche

Entstehung der Zwangssymptomatik ins Auge gefaßt. Freud suchte nach infantilen Triebschicksalen, aufgrund derer sich Zwanghaftigkeit im Seelenleben entwickeln kann. Er wies auf anale Fixierungen und Regressionen in allen ihm bekannten Fällen hin; auch beobachtete er eine intensive Kastrationsangst bei Zwangspatienten. Die Libidoorganisation erreiche bei ihnen nie die genitale Stufe; ja sogar schon die phallische Phase werde kaum oder nur sehr lückenhaft absolviert. Infolge dessen erkenne man bei solchen Typen eine archaische Libidoformation und starke aggressive Charakterkomponenten, die vom Eros in keiner Weise gemildert sind.

In einer berühmten Abhandlung aus dem Jahre 1908 (*Charakter und Analerotik*) stellt Freud eine Relation her zwischen der Analerziehung und bestimmten Charakterstrukturen, in denen die Trias Reinlichkeit, Ordnungsliebe und Gewissenhaftigkeit (Eigensinn) imponiert. Dieser Analcharakter entspringe prägenden Erfahrungen in der Defäkationserziehung; Kinder, die ihren Stuhlgang gerne zurückhalten, um anale Lust zu gewinnen, werden später Analcharaktere, die unter Umständen zur Zwangsneurose disponiert sind. In der letzteren komme es zu karikaturistischen Ausprägungen von Ordentlichkeit, Sparsamkeit und Eigenständigsein, die sich einer genitalen Weiterentwicklung entgegenstemmen.

Tatsächlich ist der Analsadismus ein beherrschender Zug in der zwangneurotischen Persönlichkeit. In der letzten Trieblehre Freuds, die vom Zusammenwirken oder Gegeneinanderwirken von Eros und Thanatos redet, figuriert dieser Tatbestand als »Entmischung der Grundtriebe«, womit die Gefühlskargheit des Zwangsmenschen anvisiert wird. Solche Typen sind mitunter intellektuell gut funktionierend, aber emotional sehr reduziert.

Der Schöpfer der Psychoanalyse beobachtete am Zwangskranken drei Dynamismen: Die Isolierung, das Ungeschehenmachen und reaktive Charakterbildungen. Der Zwangscharakter trenne oft Affekt (Emotion) und Vorstellung, als ob sie nichts miteinander zu tun hätten. Auch unterdrücke er assoziative Verbindungen, die erst den Sinn seiner Verhaltensweisen klären könnten. Im Ungeschehenmachen zeige sich eine magisch-abergläubische Haltung des Zwangspatienten, der fast animistisch in seiner Welt lebt.

Wilhelm Stekel verwies auf die Disposition zum Haß (Ärger, Groll und Wut) bei diesen Menschentypen. Als Kompensation zur Lieblosigkeit komme es zu einer strengen Moral, die aber nie lupenrein sei. Aus Moral wird Moralin, aus Sittlichkeit eine Form von moralistischem Überheblichsein.

Karl Abraham und Ernest Jones akzentuierten physiognomische Befunde am Zwangskranken. Man finde bei diesem oft mürrische Gesichtszüge und eine scharfe Nasolabialfalte. Diese Menschen scheinen zu schnüffeln, was aus ihrer infantilen Koprophilie stammen könne.

Harald Schultz-Hencke hob auf die aggressiv-motorische Hemmung der Zwangscharaktere ab. Die innere Versteifung und Starrheit komme aus dieser Hemmungsstruktur.

Erscheinungsbild. – Die Symptomatik der Zwangsneurose ist sehr mannigfaltig. Manche ihrer Phänomene finden sich auch im normalen Seelenleben, indes andere deutlich den Stempel der Anomalie tragen.

So sind wiederkehrende Zwangsgedanken etwas, was vermutlich jeder Mensch dann und wann im Leben hat. Fragmente einer Melodie oder eines Liedes drängen sich dem Bewußtsein auf. Wenn man sie sorgfältig erforscht, kann man eventuell den Sinn der perseverierenden oder obsedierenden Gedanken erkennen. So erzählt ein junger Mann, daß er oft ein Liedchen aus dem Musical »Pygmalion« (nach G.B. Shaw) vor sich hinsumme, in dem es heißt: »Wenn die Leute schaun, schau' ich drüber hin...« Der junge Mann kämpft gegen die Meinungen seiner Umgebung an und muß sich offenbar versichern, daß er seine Unabhängigkeit verteidigen wird. Weniger harmlos ist es, wenn ein Mann, dessen Männlichkeit etwas fraglich ist, auf Befragen zugibt, daß er gewisse Melodien aus einer Lehar-operette und aus der »Arabella« von R. Strauß zwanghaft zu singen pflegt; bei Lehar ist sein Favorit das Lied einer Frau, das mit den Worten beginnt: »Niemand liebt dich so wie ich«, und endet mit dem Passus: »Bin Sklavin dir und Königin!« Die Arabella jedoch singt beiläufig: »Du sollst der Kaiser meiner Seele sein!«

Nach Alfred Adler sollen Zwangsgedanken eine Unsicherheit übertönen und irgendwie das Selbstwertgefühl hochhalten. Nicht immer ist diese Tendenz erkennbar; aber es lohnt sich, danach zu suchen.

Im Seelenleben des Zwangstyps nehmen Zwangsimpulse und Zwangshandlungen einen breiten Raum ein. Zu solchen Impulsen gehört etwa der Drang, durch ein offenstehendes

Fenster sich auf die Straße zu stürzen oder von einer Brücke ins Wasser zu springen. Die Patienten meiden ängstlich diese Situationen, weil sie fürchten, ihrem Impuls zu folgen. So entwickeln sie Vermeidungsstrategien, die ihre Aufmerksamkeit weithin okkupieren. Allerdings vergeuden sie hierbei enorm viel Zeit. Aber sie sind immerhin beschäftigt und entrinnen anderen Aufgaben, denen sie sich nicht gewachsen fühlen. Der Kampf gegen sich selbst ist bequemer und sicherer als der Lebenskampf. So finden wir denn Menschen, die jahrzehntelang gegen solche Zwangsimpulse gekämpft haben und »Sieger geblieben sind« (denn sie leben ja noch). Nur hat dieser Sieg niemandem Nutzen gebracht.

Andere Patienten berichten davon, daß sie beim Anblick eines Messers vom Drang erfüllt werden, zuzustechen. Gefährdet ist dabei mitunter der Lebens- und Liebespartner, dem allerdings nichts weiter geschieht. Aber der Kranke genießt unbewußt den Gedanken, was für ein gefährlicher und gefährdeter Mensch er sei; jedenfalls ein Monstrum, das aus der schlichten Durchschnittlichkeit herausragt. Die genauere Analyse zeigt, daß der Partner irgendwie und irgendwann den Zorn und die Wut des Zwangskranken auf sich zieht. Die Messerphantasie ähnelt somit einem Rachegedanken, wie denn überhaupt in der Zwangsneurose aggressive Affekte keine kleine Rolle spielen.

So fühlen sich denn auch manche Patienten dazu gedrängt, ganze Kanonaden von Schimpfworten und Flüchen herzubeten. Sie empfinden sich dabei als Ausbund von Kraft und Anklagementalität.

Die Aggressionsstimmung gegen die ganze Welt verschwistert sich in der Regel mit den Schuldgefühlen, die ebenfalls pathognomonisch sind. Der Kranke verbringt viel Zeit mit Schulderwägungen, wobei er seine angeblichen Verfehlungen aufbauscht, um als großer Sünder dazustehen. Oft stammt er aus einem religiösen und moralistischen Milieu, wo sittliche Zerknirschtheit hoch gewertet wurde. Die Untugenden des Milieus werden übertrieben und zur Krankheitssymptomatik ausgebaut.

Unter den alltäglichen Zwangssymptomen findet man die Unsicherheit, ob man eine Türe wirklich geschlossen, einen Lichtschalter betätigt, den Gashahn zugedreht usw. hat. Man nennt das die *ontologische Unsicherheit* des Zwangsneurotikers.

Ähnlich sind auch die Reinlichkeitsfanatiker unter diesen Patienten nie sicher, ob sie nun alles um sich herum desinfiziert und gereinigt haben. Die vom Waschzwang ergriffene Hausfrau reinigt Töpfe und Tassen unzählige Male, da sie immer wieder Argumente erfindet, die eine Möglichkeit der Verunreinigung belegen. Interessant ist, daß im Umkreis eines solchen Putzzwanggeschädigten sehr viel Schmutz anzutreffen ist. Es wird eben nicht wirklich gereinigt, sondern nur die Symptomatik abreagiert. Der Patient jedoch erhebt sich über seine Umgebung, der er de facto mitteilt, daß sie nicht so sauber ist wie er selbst. Adler kleidet das in die Formel, die für viele Neurotiker gilt: »Edel bin ich auch!«

Andere Patienten benötigen viele Rituale, um Sicherheit zu gewinnen. Zum Symptomkomplex gehört auch die Hypochondrie, die eine ängstliche Verstimmung in den Körperbereich projiziert. So wird oft genug eine gewisse Ansteckungsfurcht bei Zwangskranken beobachtet. Sie wittern überall Bakterien, Bazillen, Viren und andere Krankheitserreger. Darum verbringen sie eine Menge Zeit damit, alle ihre Gebrauchsgegenstände und die gesamte Umgebung zu desinfizieren. Aber das Unglück will, daß man mit dieser Aufgabe kaum je zu Ende kommt. Hat man einen Gegenstand oder einen Körperteil sterilisiert, dann kann eine unbedachte Bewegung den Erfolg der Bemühungen sabotieren. Man darf oder muß wieder von vorne anfangen.

Manche Patienten sind zwanghafte Beter, die beteuern oder glauben, daß durch ihr Gebet weitreichende Wirkungen entfaltet werden. Versäumen sie etwa ihre fromme Litanei, dann kann einem Verwandten oder einer anderen Beziehungsperson etwas Schlimmes geschehen. Auch das eigene Wohl und Wehe hängt von allerlei Ritualen ab. Das erinnert tatsächlich an die Religion, die Freud in einer kühnen Formulierung eine »kollektive Zwangsneurose« nennt.

In anderen Fällen steht ein »Zählzwang« im Vordergrund. Der Patient muß bestimmte Zahlen beachten oder meiden. Freud selbst hatte gelegentlich einen derartigen Tick. Er registrierte die Wiederkehr derselben Zahl an Hotelzimmern, Zufallsdaten usw. und wollte daraus ableiten, wie lange er noch zu leben habe. Noch zahlengläubiger war C.G.Jung, der überhaupt für alle Art von Aberglauben eine Schwäche hatte.

Wenn sich der Fromme in einer gefährlichen Situation bekreuzigt und ein Vaterunser abhaspelt, ähnelt er dann nicht dem Zwangsneurotiker? Wenn Hotels mitunter die Zimmernummer 13 überspringen, damit die Gäste nicht verunsichert werden, sieht man den Kulturmenschen nicht weit von jenem Wilden entfernt, der vor der Jagd allerlei Magie und Zauber absolviert, um das Beutetier schon von vornherein in den Griff zu bekommen. Das primitive Menschentum lebt in uns weiter; nur wird es bei uns Neurose und Psychose genannt. Aber auch schon der Aberglaube gehört zu den »milden Wahnkrankheiten«.

Sowohl Freud als auch Adler haben die These vertreten, daß in allen Neurosenformen Elemente von Zwanghaftigkeit angetroffen werden. Nur im Lehrbuch sind die Seelenkrankheiten streng getrennt; im Leben vermischen sie sich, und der reine Typus ist eher selten.

Freuds »Rattenmann«. – Wer immer sich mit Zwangsneurose beschäftigt, wird Freuds Aufsatz aus dem Jahre 1909 (*Bemerkungen über einen Fall von Zwangsneurose*) mit Gewinn studieren. Es handelt sich um eine Falldarstellung, die auf mehr als sechzig Druckseiten dieses Thema sehr gründlich erörtert.

Freuds Patient war ein junger Mann von akademischer Bildung, der an einer eigenartigen Ratten-Vorstellung litt, weshalb seine Geschichte in der psychoanalytischen Literatur abgekürzt als »der Rattenmann« zitiert wird. Es war bei ihm das ganze Panoptikum der Zwangsneurose vorhanden; Zwangsgedanken, Zwangsimpulse, Zwangshandlungen, Schuldgefühle, Zweifel, affektive Ambivalenz und Stagnation der Lebensbewegung.

Der Patient hatte ein langdauerndes Liebesverhältnis zu einer Frau, die er nicht heiraten konnte oder wollte. Beruflich war bei ihm auch nichts entschieden. Seine Krankheit hinderte ihn daran, im Leben festen Fuß zu fassen.

In der Vorgeschichte gab es eine »Frühblüte des Sexuallebens«, mit sexueller Neugier, Onanie und Betastungen von Kindermädchen. Das Verhältnis zum etwas jüngeren Bruder war durch Eifersucht und Aggression überschattet. Die Beziehung zum Vater war problematisch. Dieser neigte zu Zornausbrüchen, in denen er die Kinder blindlings schlug. Es muß beim Patienten Vaterhaß gegeben haben, den er später verdrängte.

Wut, Zorn und Haß lagen aber im Seelenleben bereit und wurden bei Frustrationen leicht mobilisiert.

In einem Manöver hörte der Patient als junger Offizier von einem Dienstkameraden, daß es im Orient eine schreckliche Strafe für Delinquenten gebe. Man binde einem Verurteilten um das Hinterteil einen Topf, in welchem sich lebendige Ratten befinden. Diese fressen sich dann ins Gedärme ein, bis der Gequälte zugrundegeht. Dieses Bild wurde zur Zwangsvorstellung; derlei könne auch der Geliebten des Patienten passieren! Sofern der Patient irgendeiner Pflicht zu genügen hatte, tat er das enorm umständlich. Er fürchtete immer, Fehler zu machen, weshalb er Entscheidung und Handeln möglichst lange hinausschob.

Er hegte Schuldgefühle gegenüber seinem bereits verstorbenen Vater und gegen seine Geliebte, offenbar im Zusammenhang mit seinen Gefühlsambivalenzen. Mit dem Vater gab es eine wichtige Kindheitsszene, die Freud wie folgt rekapituliert (GW, Bd.VII, S. 426):

Als er noch sehr klein war – die genauere Zeitbestimmung ließe sich noch durch das Zusammentreffen mit der Todeskrankheit einer älteren Schwester gewinnen – soll er etwas Arges angestellt haben, wofür ihn der Vater prügelte. Da sei der kleine Knirps in eine schreckliche Wut geraten und habe noch unter den Schlägen den Vater beschimpft. Da er aber noch keine Schimpfwörter kannte, habe er ihm alle Namen von Gegenständen gegeben, die ihm einfielen, und gesagt: Du Lampe, du Handtuch, du Teller usw. Der Vater hielt erschüttert über diesen elementaren Ausbruch im Schlagen inne und äußerte : »Der Kleine da wird entweder ein großer Mann oder ein großer Verbrecher!«

Man erkennt hier eine aggressive Komponente, die nach Freud im Seelenleben der Zwangskranken überhaupt eine bedeutende Rolle spielt. Meistens gelangt diese jedoch nicht zur Abreaktion durch die Tat, sondern bleibt im Verbalen stecken. Verwünschungen, Schimpfworte und Flüche aller Art bevölkern das Innenleben des Zwangspatienten und sind auch mit seinen Schuldgefühlen verknüpft, da die entsprechenden Gewaltphantasien moralisch nicht gebilligt werden.

An der Rattenphantasie beobachtet Freud die »anale Komponente« im Zwangsdynamismus. Denn die Ratte ist ein Tier, das man mit Schmutz, Unreinlichkeit und Krankheit in Verbindung bringt. Nur ein »Analcharakter« kann sich grausig und genüßlich in eine solche Zwangsidee vergaffen.

Nach Freud findet man bei Zwangspatienten fast regelmäßig Aberglauben und die Vorstellung von der »Allmacht der Gedanken«. Solche Menschen meinen, mit ihren Gedanken den Gang der Ereignisse in der Welt beeinflussen zu können. Sie behaupten, das Wohl und Wehe ihrer Mitmenschen hänge von ihren Gedankenoperationen und magischen Ritualen ab.

Das bringt die Zwangskrankheit, wie erwähnt, mit der Religion in Verbindung. Freud findet Analogien zur Zwanghaftigkeit in gewissen Lebensformen der Naturvölker und in der Religiosität. An anderen Orten (*Zwangshandlungen und Religionsübungen*, 1907) hat er formuliert: »Die Religion ist eine universelle Zwangsneurose, die Zwangsneurose eine private Religiosität.«

Das gemeinsame Band dieser verschiedenartigen Phänomene ist die umfassende Daseinsangst, in der sie gründen. Zwangstypen haben eine »archaische Libidoorganisation«, in der der Eros schlecht repräsentiert ist. Ihre Willenslähmung kommt daher, daß sie ambivalent zwischen Liebe und Haß stehenbleiben. Sie sind keine »vollentwickelten Menschen«.

Finalität der Zwangsneurose. – Alfred Adlers Fragestellung unterscheidet sich grundlegend von derjenigen der Psychoanalyse und anderen Schulen der Psychologie und Psychiatrie. Er will wissen, »wozu« der Patient seine Zwangskrankheit entwickelt; das »Warum« und »Woher« ist daneben zweitrangig. Das bedeutet allerdings, daß man die seelische Erkrankung als *zweckhafte Schöpfung des Kranken* interpretiert. Nicht die Gen-Ausstattung und die Biologie der Persönlichkeit, nicht das Triebschicksal und das infantile Trauma, nicht eine geheimnisvolle Fehlkonstruktion in der Psyche schafft die Zwänge. Letztere sind eine »intelligente Antwort« auf die Lebensprobleme, allerdings ohne soziale Nützlichkeit und mit subjektivem Leid verbunden.

Die Zwangsneurose bricht meistens aus, wenn sich der Patient durch das Leben überfordert fühlt. Er errichtet sozusagen einen »Nebenkriegsschauplatz«, auf dem er sich redlich abmüht; dadurch wird er dispensiert von anderen Aufgaben, denen er sich nicht gewachsen fühlt. Das tröstet seinen Ehrgeiz und gibt ihm ein willkommenes Alibi für die Umwelt, die ja einen Kranken schonen und entlasten muß.

Die Grundstimmung solcher Menschen ist ängstlich, gequält und oft sogar verzweifelt. Sie sehen selbst ihre Symptome als widersinnig an; sie haben eine gewisse Distanz zu ihren Zwangsgedanken, Zwangsimpulsen und Zwangshandlungen. Aber sie sind ihnen gegenüber machtlos.

Der Zwangstyp liegt quer zum sozialen Dasein; er hemmt und hält auf, so daß man ihn als sperrig und widerspenstig empfindet. Die Nähe zum kindlichen Trotz ist unübersehbar. Auch scheint Einfügung jeder Art große Mühe zu bereiten. In manchen Fällen wird man an psychotische Zustände erinnert; tatsächlich gehen manche Zwangsneurosen in Schizophrenien über.

So gesehen, werden die Zwänge zu »nervösen Arrangements«, mittels derer Selbstwerterhöhung ohne produktive Leistung angestrebt wird. Es ist eine Botschaft an die Umgebung darin: »Ihr seht doch, wie ich mich abmühe; wollte Ihr dann noch, daß ich arbeite, lerne, mich verliebe, Verantwortung übernehme usw.?«

So unwahrscheinlich es tönen mag: Sobald die Zwangssymptome in Erscheinung treten, hat der Patient Erleichterung in seinem mühsamen Leben. Darum verteidigt er diese »mit Zähnen und Klauen«. Hindert man ihn etwa an seinen Zwangsritualen und Zwangsdynamismen, dann tritt ein *Angstanfall* auf.

Der Psychiater Kurt Schneider reihte die Zwangsneurotiker in die Gruppe der »selbstunsicheren Psychopathen« ein. Von der »Psychopathie« wollen wir absehen; aber die Unsicherheit ist beim Zwangspatienten mit den Händen zu greifen. Daher kann man sagen, daß die Zwangsmanöver eine pathologische Form von Sicherheit herstellen müssen. Im Schutz der Zwangskrankheit lebt es sich sicherer als vor den Anforderungen der sozialkulturellen Existenz, die sich der Kranke auf Grund seiner Werdensgeschichte einfach nicht zutraut.

Adler spricht vom »Gegenzwang« des Patienten gegen die »Zwänge der Mitmenschlichkeit«, denen wir alle ausgesetzt sind. Es kommt häufig genug vor, daß ein stigmatisiertes Individuum lieber eine Erkrankung unbewußt inszeniert, um sich »seitwärts in die Büsche schlagen zu können«. Man lebt dann im Kampf gegen die Neurose, die man immer neu konstelliert. Das Vorbild ist Penelope, die Frau des Odysseus. Von den Freiern bedrängt, angesichts des ausbleibenden Gatten eine neue Partnerwahl zu treffen, verkündete sie, erst nach der Beendigung einer Webarbeit könne sie wieder heiraten. Was sie aber tagsüber gewoben hatte, trennte sie nachts wieder auf.

Irrationale Schuldgefühle sind fast die Regel beim Zwangstyp. Da ihnen aber meistens keine tätige Reue folgt, hält Adler sie für moralische Plusmacherei. Man gibt sich als ethischer Skrupulant, um anderen zu zeigen, wie edel man sei. Auch sind Schulderwägungen ein Zeitvertreib für jene, die ansonsten ihre Zeit nicht nützlich verwenden können. Wer wirklich gemachte Fehler bereut, sollte seine Kraft dafür einsetzen, sie durch »gute Taten« zu egalisieren.

Überhaupt sperrt sich der Zwangsneurotiker gegen den Zeitfluß, der Veränderungen und Anforderungen an ihn heranbringt. Das ewige Einerlei ist ihm lieber als Entwicklung und Wachstum. Manche Autoren sprechen von der *inneren Stagnation* in dieser und in anderen Krankheiten. Auch »Werdenshemmung« (von Gebsattel) ist ein treffendes Wort. Aber meistens wird nicht erklärt, wie es zu dieser Abneigung gegen eine sich wandelnde Welt kommt.

Es ist unseres Erachtens die innere Isolierung des Zwangsmenschen, die die Pathologie seines Zeiterlebens und seines Entwicklungsgeschehens hervorbringt. Nur wer an die fortschreitende Gemeinschaft und Gesellschaft angeschlossen ist, kann die Zeit als »Erbe und Acker« (Goethe) erleben und nützen. Im Grunde hat der Zwangscharakter nicht unrecht, wenn er sich »schuldig« fühlt; nur sind es nicht seine oft kindischen Selbstvorwürfe, die zutreffen, sondern es geht um das, was er der Mitwelt und dem Leben ständig schuldig bleibt.

Die Welt des Zwangskranken. – Im Unterschied zu den tiefenpsychologischen Schulen legt die daseinsanalytisch-anthropologische Lehre den Akzent darauf, nicht so sehr das genetische Moment zu betonen, sondern den spezifischen *Weltentwurf in der Zwangskrankheit* nachzuvollziehen. Man will eher beschreiben als erklären; und tatsächlich haben Autoren wie L. Binswanger, V.E. von Gebsattel, E. Minkowski, E. Straus, M. Boss u.a. auf diese Weise viel zum psychopathologischen Verständnis beigetragen.

Von Gebsattel schreibt in *Imago hominis* (Salzburg 1968, S. 173) über »die anankastische Fehlhaltung«:

So ergibt sich die Aufgabe, die, verglichen mit der Welt des Gesunden, in ihren physiognomischen Charakteren radikal veränderte Welt zu erhellen als eine magische, ja pseudomagische *Gegenwelt*, die angefüllt ist mit gestaltwidrigen Potenzen (Schmutz, Gift, Leichenhaftem usw.), und andererseits ihr Zustandekommen zu begreifen als die Auswirkung gestaltauflösender Vollzüge des Anankasten, in der seine Werdensbehinderung, die Veränderung also seines Zeiterlebens, und ein ohnmächtiges Ringen um seine eigene Entfesselung sich bekunden.

Schon Wilhelm Dilthey hatte postuliert, daß die Urerfahrung des Menschen angesichts der Welt ein »Widerstandserlebnis« sei. Wir glauben an die Realität der Außenwelt, weil letztere sich uns dauernd als etwas »Widerständiges« entgegenstemmt. Gebsattel ist nun der Meinung, daß der Zwangspatient diesen Widerstandsfaktor viel massiver spürt als der sogenannte Normale. Darum sein inneres Gelähmtsein und das sich überallhin ausbreitende Gefühl der Unfreiheit, das diese Menschen zu beherrschen pflegt.

Der Patient selbst ist *werdensbehindert*, aber nicht nur durch die äußeren Umstände, sondern auch durch Bedingungen in ihm selbst. Diese sind zu definieren als Haltungen der *Gestaltauflösung*. Dort, wo der seelisch Gesunde »gute Gestalten« anstrebt und verwirklicht, wird der Zwangskranke überflutet von »Gestaltauflösungen«; daher das Übermaß an Sinnlosigkeit, die sein Dasein durchwaltet.

Jean-Paul Sartre hat übrigens in seinem Roman *Der Ekel* eine vorzügliche Falldarstellung einer »Zwangsneurose« gegeben. Der Held des Romans lebt einsam und will die Biographie eines Mannes aus dem 18. Jahrhundert schreiben. Die Stadt, in der er wohnt und arbeitet, ist ihm fremd; ihre Bürger werden von ihm als »Schmutzfinke« empfunden. Liebe ist bei ihm auf den Sexualverkehr reduziert; eine ferne Geliebte hat ihm allerdings versprochen, ihn irgendwann zu besuchen.

Bei einem Spaziergang in einem Park überfällt Roquentin (so ist der Name des Helden) ein »Zwangserlebnis«, das im Affekt des *Ekels* kulminiert. Er steht vor einem Baum, der für ihn die Lebensfülle des vegetativen Daseins repräsentiert. Dabei wird ihm bewußt, wie das Leben überall quillt und pulsiert; das Bewußtsein kann diese ungeheure Mannigfaltigkeit weder fassen noch verarbeiten. In einem Satz zusammengefaßt: »Das Sein ist *zuviel*!«

Nun taucht der Ekel als Abwehrfunktion auf. Er wendet sich gegen die Vereinigung des Menschen mit Unkontrollierbarem, mit Schmutz, Klebrigkeit und zerfallender organischer Substanz. Das ähnelt einem Sich-Aufbäumen einer lädierten Freiheit, die sich nur noch im Rückzug integer erhalten kann. Denn die Hauptsorge des Bewußtseins besteht nach Sartre darin, immer und überall einen Rest von Freiheit zu bewahren. Solche Erfahrungen kommen und gehen beim Durchschnittsmenschen und werden nur wenig registriert; wenn man kann, verdrängt man sie. Der Zwangskranke ist dazu nicht in der Lage. Er will das Lebendige kontrollieren, in starre Formen pressen, zum Leblosen herabwürdigen. Das ist ja auch die Grundhaltung des Sadomasochismus in seiner sadistischen Ausprägung: Nach Sartre will der Sadist das ihn beunruhigende Bewußtsein seines Gegenübers ganz in dessen Leiblichkeit hineinzwingen. Erst wenn er statt einem Du ein verängstigtes, zuckendes Stück Fleisch vor sich hat, kommt die zitternde Seele des Sadisten einigermaßen zur Ruhe und zur Überlegenheit. Diese Art von Aggression ist – wie vermutlich fast jede andere auch – eine *Überkompensation von Hilflosigkeit und Verzweiflung.*

So versteht man den stockenden Zeitfluß im »Anankasten« als eine Blockade aller Werdensimpulse, die nur dadurch realisierbar sind, daß sich der Mensch für die Welt öffnet und mit ihr eine innige Beziehung eingeht. Das kann der Zwangspatient nicht; er ist nicht nur ein *Werdensgehemmter*, sondern auch ein *Beziehungsgestörter*. Er kann sich dem Fluß des Lebens nicht anvertrauen, weil er kein Urvertrauen entwickeln konnte. Er steht dem Leben krampfhaft gegenüber und fürchtet sich davor, daß man ihn zur Nähe zwingen könnte. »Er ängstigt sich vor der Hingabe, als ob sie Hergabe wäre« (Harald Schultz-Hencke).

Anthropologisches Fazit und Therapieerwägungen. – Nach fast hundert Jahren Forschung im Bereich der Zwangsneurose erscheint es beinahe als aussichtslos, noch etwas Neues zu diesem Thema beifügen zu können. Gleichwohl wollen wir versuchen, einen eigenen Gedankengang zu wagen.

Die Zwanghaftigkeit zeigt sich im Zwangsdenken, in Zwangsimpulsen und in Zwangshandlungen. Möglicherweise findet man einen günstigen Zugang zum Verstehen dieser Symptome, wenn man über das Denken, die Impulsivität und die Handlung philosophisch-anthropologisch reflektiert.

Es gibt sehr viele Definitionen über das Denken. Von alters her wird betont, daß wir denkend »eine Anpassung an die Sache vollziehen«. Denken ist richtig oder wahr, wenn es durch die Sachverhalte bestätigt wird. Die Realität (was immer das sei) ist der letztgültige Maßstab, den wir ans Denken anlegen.

Nun beobachten wir beim Zwangskranken eine Zerrform der Denktätigkeit. Es sind Gedanken, die der Patient selbst als unsinnig einstuft. Ein schiefer Gedanke spreizt sich im Bewußtsein auf, perseveriert und will nicht weichen. Am liebsten würde ihn der kranke Mensch »wegwischen«.

Um diese Pathologie zu verstehen, möchten wir die These lancieren, daß alles vernünftige Denken *Mitdenken* ist. Ohne daß wir es wissen oder wollen, ist die soziale und kulturelle Welt am Denkvorgang des Individuums mitbeteiligt. Wir fangen ja nicht am Nullpunkt mit unseren Denkbemühungen an. Wir leben in einer Gemeinschaft, die eine jahrtausendealte Denktradition bereitstellt, an die wir anknüpfen können und müssen. Wer denkt, hat zuvor als Kind und Heranwachsender in Schule und Gesellschaft einigermaßen denken gelernt. Ordentlich denken ist demnach ein *Bekenntnis zur Sozietät*. Man kann auch sagen: Der »objektive Geist« (Hegel) denkt zuerst; die Individuen müssen in seinen Spuren wandeln.

Zwangskranke sind schlecht sozialisiert. Sie haben sich frühzeitig von der Mitwelt abgewendet und abgekapselt. Dementsprechend meinen sie, daß sie eigenständig und eigenwillig denken können und dürfen. Die Folge davon ist eine Entartung des Denkens ins Abstruse und Unsinnige. Wer außerhalb der Gemeinschaft denken will, denkt Blödsinn. Oder er ist ein Genie; aber dieses hat unendlich viele Denktraditionen verinnerlicht, bevor es seine eigenen Wege geht. Es erobert Neuland des Denkens für die Mit- und Nachwelt.

Sehr quälend für den Patienten sind auch die Zwangsimpulse. Sie sind Karikaturen der normalen Antriebserlebnisse. Anstelle dieser treten die vom Patienten selbst negierten Dränge und Zwänge auf, etwa sich aus dem Fenster zu stürzen, von einer Brücke herunterzuspringen, mit einem daliegenden Messer jemanden zu verletzen usw.

Gesunde Antriebe oder Impulse kommen zustande, wenn der Mensch von *Gefühlen* beseelt und getragen ist. Das Gefühl ist der Motor unserer (gemeinschaftsfreundlichen) Handlungen. Daher müssen wir vermuten, daß bei der Zwangsneurose eine zentrale Gefühlsstörung vorliegt. Solche Menschen haben wenig Gefühl; eher schon toben sich in ihrem Inneren Affekte aus.

Unter Gefühl verstehen wir ein positives Angemutetsein durch Menschen und Gegenstände, wobei wir uns motiviert sehen, auf das Angemutete hinzustreben. Wir wollen uns – sofern das möglich ist – mit ihm vereinigen oder doch ihm nahe sein oder bleiben. Gefühl schlägt die Brücke zwischen Mensch und Mitmensch, zwischen Mensch und Welt.

Nun ist der Zwangspatient einer, der auf Grund seiner lebensgeschichtlichen Erfahrungen und Traumatisierungen »von den anderen wegstrebt«. Er will irgendwie allein sein. Darum muß er alle Gefühle in sich blockieren. Er drosselt seinen Elan vital und die Intuition, die ihm ein Situationsverständnis ermöglichen würden. Er mechanisiert sich selbst und sein Leben, um die Kontrolle zu bewahren.

Die Zwangsimpulse sind die Quittung für diese »Sünde am Mitleben und Mitfühlen«. Denn auch das Fühlen bedarf des Mitseins, um existent sein zu können. Wer sich nicht mit dem Du und dem Wir verbindet, erleidet einen partiellen inneren Tod; daher die Mechanik der Zwangsimpulse, die jedem echten Lebensvorgang widerspricht.

Handlung ist ein Verhalten, worin wir uns innerhalb der Menschenwelt engagieren, indem wir eine Entscheidung fällen und dementsprechend zur Aktion schreiten. Wer handelt, definiert sich selbst und auch den Gang der Dinge. Er erfährt sich dabei als endlich und begrenzt; denn man kann keine Handlung zurücknehmen, und was man getan hat, muß man verantworten. *Vor* der Handlung ist man scheinbar unendlich frei; *hernach* schrumpft das Freisein, weil man aus vielen Möglichkeiten eine einzige herausgegriffen hat.

Zwangspatienten sind »Liebhaber des Unendlichen«, weil sie sich jenseits aller verantwortlichen Taten gottähnlich fühlen können. Sie wollen sich nicht an eine Aktion hingeben, weil das zur inneren und äußeren Einschränkung führt. Sie wollen frei bleiben, indem sie nichts tun.

Auch das wiederum ist ein soziales Defizit in der Persönlichkeit. Wir bekommen den Mut zum Handeln, wenn wir irgendwo und irgendwie *mithandeln*. Dann wiederum ist es die fortschreitende Menschenwelt, die die Aufgaben an uns heranträgt und uns zur Tat auffordert. Wer nur Zwangshandlungen anbietet, bleibt außerhalb der Mitwelt und des Mitdaseins.

Darum auch die Stagnation im Leben des Zwangskranken. Auf die Gefahr hin, monoton zu wirken, sagen wir es nochmals deutlich: Jedes Werden der menschlichen Person kann und muß sein ein *Mitwerden*, d.h. eine Daseinsbewegung, die ein Bekenntnis zur menschlichen Solidarität ist. Wer sich von den Menschen wegwendet, bleibt steril und krank.

Aus diesen Überlegungen sind die Therapieanweisungen abzuleiten. Die Psychotherapie des Zwangsneurotikers ist bekanntlich sehr schwierig. Die Patienten verweigern auch im Therapieprozeß das Mitdenken, das Mitfühlen und das Mithandeln. Darum erreicht man sie schwer oder gar nicht. In günstigen Fällen durchbricht der Therapeut infolge seiner eigenen entwickelten Mitmenschlichkeit die Mauer, die der Kranke um sich gezogen hat. Es wird dann über Jahre hinweg das *Mitdasein* eingeübt. Hat man Geduld, Feinsinn und Geschicklichkeit, dann kann man auf diese Weise auch komplizierte Zwangsneurosen kurieren.

Literaturhinweise

Adler, Alfred: Die Zwangsneurose (in: Praxis und Theorie der Individualpsychologie, Darmstadt 1965)

Ders.: Zwangsneurose (in: Psychotherapie und Erziehung – ausgewählte Aufsätze, Band II, Frankfurt 1982)

Benedetti, Gaetano: Psychodynamik der Zwangsneurose, Darmstadt 1978

Freud, Sigmund: Bemerkungen über einen Fall von Zwangsneurose (in: GW, Imago, Band VII, Frankfurt o.J.)

von Gebsattel, Viktor Emil: Imago hominis – Beiträge zu einer personalen Anthropologie, Salzburg 1968

Quint, Hans: Über die Zwangsneurose, Göttingen 1971

Schultz-Hencke, Harald: Der gehemmte Mensch, Stuttgart 1940

Psychosomatische Krankheitslehre

Für einen Großteil unserer Zeitgenossen steht Sigmund Freud als der Begründer einer Lehre von den psychischen Erkrankungen, als Schöpfer der modernen Psychotherapie und Urheber einer ›Psychologie des Unbewußten‹ da. Weniger bekannt ist die Tatsache, daß Freud durch seine Lehre auch die Grundlage zu einer Revolutionierung des medizinischen Denkens und Handelns geschaffen hat: Die von ihm eingeleitete Wandlung des Krankheitsbegriffs muß zu einer neuen Vorstellung vom Wesen des Arztes und der ärztlichen Tätigkeit führen, wenn man die in der Psychoanalyse liegenden produktiven Anregungen sinnvoll auszunützen weiß.

Freud zeigte am Beispiel der Neurosen, der Perversionen, der Psychosen und der Charakterstruktur, daß pathologische Befunde am menschlichen Seelenleben aus einer inneren und äußeren Werdensgeschichte hervorgehen. Er entdeckte in der Kindheit seiner Patienten prägende Trieb- und Seelenschicksale, deren Einfluß auf die spätere Lebensgestaltung nicht zu verkennen war. Vieles, was früher der Konstitution oder der Vererbung zugeschrieben wurde, löste sich durch die psychoanalytische Betrachtungsweise in ›lebensgeschichtlich Gewordenes‹ auf; die Gesamtbiographie der Patienten, die von den Ärzten zu einer rein ›biologischen Geschichte‹ reduziert wurde, erhielt nun die ihr zustehende pathogene Bedeutung, indem fast regelmäßig jedes (psychische) Kranksein als Summe aus aktuellem Anlaß und biographischem Hintergrund interpretiert werden konnte.

Es war naheliegend, dieses Konzept auch auf die körperlichen Erkrankungen anzuwenden. Ein solches Verfahren lag durchaus im Sinne der ›alten Ärzte‹, die sich oft genug ihre Gedanken über das Thema ›Krankheit und Lebensschicksal‹ gemacht hatten. Auch war es z. B. der Medizin der Romantik nicht fremd, über den ›Sinn‹ der Krankheit zu spekulieren und eine innere Mitbeteiligung des Patienten an seinem Krank- oder Gesundwerden zu vermuten. Da dies zumeist mit sehr spekulativen Philosophemen verbunden war, wandte sich der medizinische Materialismus im 19. Jahrhundert radikal von solchen Überlegungen ab und versteifte sich auf eine streng kausale, nahezu mechanistische Krankheitstheorie. Obgleich Freud von seinen akademischen Lehrern diese physikalistischen Vorurteile übernahm, wurde er durch seine Beobachtungen innerhalb der Neurosenpsychologie zu einem Sinnsucher und Sinnfinder im Bereich der menschlichen Erkrankungen. Wiewohl er noch hartnäckig am Ursache-Wirkungs-Modell der Krankheit festhielt, beschrieb er bereits psychogene Störungen als ›zweckmäßige Lebensäußerungen‹ des Unbewußten, welches seine geheimen Ziele direkt oder auf Umwegen durchzusetzen versteht.

Freud und seine Schüler konstatierten oft genug, daß eine neurotische Erkrankung verschwand oder überraschend gebessert wurde, wenn der Patient eine Körperkrankheit bekam. Auch brach bei manchen Patienten, wo man eine Neurose erwartete, eine körperliche Irritation aus. Damit verflüchtigte sich die Trennung oder gar Entgegensetzung von Leib und Seele; man mußte sich zu einer Einheitsauffassung durchringen, die Somatisches und Psychisches als ›Ganzheit‹ zu sehen vermochte.

Die Idee der Leib-Seele-Einheit wurde aber nicht nur von der Tiefenpsychologie erarbeitet. Gleichzeitig mit ihr befaßten sich mit diesem Thema gewisse Forschungen über das vegetative Nervensystem (Funktion von Sympathicus und Parasympathicus), über das endokrine System (Zusammenwirken der hormonalen Drüsen) und über die Gesamtteleologie organismischer Reaktionen (Neovitalismus von Driesch u. a.). Sowohl von biologischer als auch von psychologischer Seite her bekam das Ganzheitsdenken kräftige Unterstützung und schuf die Voraussetzungen zu einer neuen Krankheitslehre, die nicht nur in ›materiellen Kategorien‹ die Ursachen oder Bedingungen des menschlichen Krankseins postulierte.

Der geistige Umbruch, der in dieser Beziehung notwendig wurde, vollzog sich nur zögernd und ist auch heute noch in Stadien des Überganges und der Entwicklung. Eine uralte medizinische Tradition stemmte sich jener Neuerung entgegen, die die ›psychische Innenwelt‹ des Kranken oder seine ›Gesamtexistenz‹ für das Begreifen von Gesundheit und Krankheit transparent machen wollte. Die bis zum jetzigen Zeitpunkt überwiegend naturwissenschaftlich erzogenen und geschulten Ärzte verweigerten sich einer Annahme der psychologischen Denk-technik, die sie als ›unexakt‹ oder gar ›unwissenschaftlich‹ emp-fanden. Man sah (und sieht) hochmütig auf jene herab, die vom Arzt fordern, daß er ein Heiler für Seele *und* Leib werden soll. Immer noch schwebt der Medizin das Ideal des Ingenieurs und Technikers vor, welcher eine lädierte Maschine wieder in Gang bringt; die tiefenpsychologische Idee vom ›Arzt der Persönlich-keit› hat mit Widerständen zu kämpfen, wiewohl sie sicherlich die ›Medizin der Zukunft‹ sein wird. — In der Folge sollen einige Etappen auf dem Wege zur Psychosomatik in Erinnerung geru-fen werden.

Alfred Adler:
Organminderwertigkeit und Organdialekt

Alfred Adler (1870—1937) scheint der erste Tiefenpsychologe gewesen zu sein, dem es gelang, einen kompletten Entwurf einer tiefenpsychologischen Psychosomatik vorzulegen. Er tat dies in seiner Frühschrift *»Studie über Minderwertigkeit von Organen«* (1907), die noch im Rahmen seiner Zusammenarbeit mit Freud entstand.

Das Büchlein, das nach Adler ›am Eingang der modernen Medi-zin‹ steht, hat in der psychosomatischen Fachliteratur noch kei-neswegs ausreichende Beachtung gefunden. Adler stellt die Hy-pothese auf, daß nicht alle Organe des menschlichen Organis-mus als gleichwertig betrachtet werden können. Es gebe immer wieder konstitutionell ›minderwertige Organe‹, die in Form, Lage und Funktion von der Norm abweichen. Solche Organe bedeuten biologische ›Schwachstellen‹, Orte des geringsten Wi-derstandes. Sofern nun der Organträger durch das Leben be-drängt wird — und das ganze Dasein ist Bedrängnis durch vitale und kulturelle Anforderungen —, werden allgemeine Schwä-chungen und Schädigungen in erster Linie zu einer Symptomatik am minderwertigen Organ Anlaß geben. An derartigen Organen erkrankt man leichter als anderswo, und wenn die Summe der Organschwierigkeiten über ein gewisses Maß hinaus ansteigt, kann Krankheit in Tod übergehen. Betreibt man ›biographische Medizin‹, dann läßt sich beobachten, daß Organminderwertig-keiten frühzeitig als ›Kinderfehler‹ auffallen, später überhaupt Krankheitsdisposition zeigen und unter Umständen den Boden für chronische Erkrankungen darstellen. Organschwäche wird in der Regel zum Lebens- und Krankheitsschicksal.

Nun ist aber der Organismus solchen Dispositionen nicht hilflos ausgeliefert. Er verfügt über die Möglichkeiten der Kompensation und Überkompensation. Es ist bekannt, daß Organminderwertigkeiten durch symmetrische Organe oder durch andere Organsysteme ausgeglichen werden können. Bei einem Herzfehler z. B. schwillt der Herzmuskel auf die doppelte Wandstärke an, so daß eine vermehrte Arbeitsleistung zustande kommt. Fällt eine Niere durch Erkrankung oder Operation aus, dann vergrößert sich die andere Niere, bis sie das funktionelle Manko wettmachen kann. Blinde Menschen verfeinern ihren Tastsinn so sehr, daß dieser ihnen die Orientierung im Raume erlaubt. Der ganze Organismus ist offenbar ein Kompensationssystem, was die Überlebenschancen bei überdurchschnittlichen Belastungen, bei Krankheit und Organverlust erstaunlich erweitert.

Eine besondere Kompensationsmöglichkeit ist durch das Zentralnervensystem oder die Psyche gegeben. Diese kann als ein ›Organ der Auseinandersetzung mit dem Leben‹ gesehen werden. So kommt es nach Adler zu einem verstärkten ›seelischen Überbau‹ über den konstitutionellen oder erworbenen Organschwächen, wobei ein Plus an psychischer Aufmerksamkeit schwache Organe sowohl vor Traumatisierung behüten als auch durch zusätzliche seelische Hilfsquellen zu kulturellen Höchstanpassungen motivieren kann. Nicht selten sind minderwertige Organe Ausgangspunkte für den Fortschritt der Kultur. Adler hielt dafür, daß geniale Künstler, Wissenschaftler und Männer der Tat oft genug Träger von gut kompensierten Organmankos waren:

»Es darf uns nicht wundernehmen, daß die Merkmale des minderwertigen Sehapparates insbesondere bei Malern eine große Rolle spielen. Ich habe in meiner Schrift einiges darüber mitgeteilt. Guernico da Centa, 15. Jahrhundert, erhielt seinen Namen, weil er schielte. Piero della Francesca soll nach Angabe Vasaris im Alter erblindet sein. Ihm wird besonders die Kunst der Perspektive nachgerühmt. Von neueren ist Lenbach zu erwähnen, der einäugig war, der ungemein kurzsichtige Mateyko, Manet, der astigmatisch war, usw. Untersuchungen in Malerschulen haben ca. 70% Augenanomalien ergeben. Daß Redner, Schauspieler, Sänger die Zeichen der Organmin-

derwertigkeit aufweisen, habe ich sehr häufig gefunden. Von Moses berichtet die Bibel, er habe eine schwere Zunge besessen, seinem Bruder Aron war die Gabe der Rede verliehen. Demosthenes, der Stotterer, wurde zum größten Redner Griechenlands, und von Camille Desmoulins, der im gewöhnlichen Leben stotterte, berichten seine Zeitgenossen, daß seine Rede wie geschmolzenes Gold dahinfloß.
Ähnlich bei den Musikern, die ziemlich oft an Ohrenleiden erkranken. Beethoven, Robert Franz, Smetana, die das Gehör verloren, seien als bekannte Beispiele hierher gesetzt. — Klara Schumann berichtet aus ihrem Leben über kindliche Gebrechen der Hör- und Sprachfähigkeit.«
(»*Die Theorie der Organminderwertigkeit und ihre Bedeutung für Philosophie und Psychologie*«, in: »*Heilen und Bilden*«, N. A. Frankfurt 1973, S. 51)

Es ist offensichtlich, daß Adlers Theorie einen spekulativen Kern besitzt und nicht einfach ›empirisch‹ zu beweisen ist. Denn der Beweis bewegt sich im Zirkelschluß: Wenn jemand an einem bestimmten Organ erkrankt, so ist dies — definitionsgemäß — ein ›minderwertiges Organ‹. Das ist aber nicht die einzige Möglichkeit, bestimmte Organanfälligkeiten zu erklären. So könnte es z. B. durchaus sein, daß ganze Familien eine ›Tradition‹ des erhöhten ›Verdauungsinteresses‹ haben, wobei die Eltern auf ihre Kinder suggestiv das Sich-Beschäftigen mit Verdauungsfragen weitergeben, so daß in irgendwelchen Notlagen der Verdauungsapparat besonders leicht und auch eindrücklich mit Symptomen reagiert. Dieser Einwand darf im Auge behalten werden, aber damit sind Adlers Beobachtungen noch nicht ad acta gelegt.
Bedenkenswert ist z. B. die Adlersche These, daß jede Organminderwertigkeit durch eine ›Minderwertigkeit im Sexualapparat‹ begleitet sei (»*Studie*«, S. 87). Das ist ein merkwürdiger Befund, der einer Erklärung bedarf. Nach Adler stehen die gleichzeitigen Organschwächen stets miteinander ›im Bunde‹ — sie ergänzen und stützen einander. Heißt dies nicht, in die Sprache moderner Erkenntnisse übersetzt, daß im Falle eines ›blockierten Lebensvollzuges‹ irgendein Organ als gestört auffällt, aber die Sexualität — die stärkste Leistung der Hingabe des Leibes an ein Du und damit an das Leben — meistens auch beeinträchtigt sein muß? Dies würde zur Freudschen Lehre passen, daß in der Neurose (und bei psychosomatischen Krankheiten) das Lie-

besleben des Patienten auf seine Symptomatik zusammen-schrumpft; *anstelle von Eros* tritt Kränkeln und Kranksein, was fast immer Physis und Psyche gemeinsam tangiert.

Das alles sah Adler schon um 1912, und in einer kurzen Abhandlung unter dem Titel »*Organdialekt*« (in: »*Heilen und Bilden*«, 1914) unternimmt er bereits einen ›Übersetzungsversuch‹ bezüglich der *Sprache der Organe* und ihrer Krankheiten. So heißt es im genannten Text u. a.:

> »Überhaupt spielt in die Begriffswelt der Menschen der Abglanz ihrer minderwertigen, empfindlicheren Organe hinein. In den nervösen Symptomen kommt diese Beziehung zu greifbarer Gestalt. So kann ein nervöses Asthma (minderwertiger Atmungsapparat, Czernys exsudative Diathese) eine bedrängte Lage ausdrücken helfen, in der einem ›die Luft ausgeht‹, eine Hartleibigkeit unter anderem Sperrung von Ausgaben, nervöser Trismus (Kieferkrampf) auf Denkumwegen, aber gehorchend dem ›inneren Schlagwort‹, Hintanhaltung von Einnahme, etwa auch von Empfängnis (Schwangerschaft).« (l. c., S. 116)

Aufschlußreich ist auch Adlers Hinweis, daß die Entfesselung der Affekte (Angst, Wut, Zorn, Neid, Eifersucht, Trauer usw.) Organfunktionen am ehesten zur Entgleisung bringt. Dabei sind Aggression und Angst hervorragend wichtige Motoren des Affektlebens; man kann dies auch so ausdrücken, daß man die ›intensivierte Selbstbehauptung‹ oder den Willen zur Macht und Geltung als die eigentlichen Quellen der psychosomatischen Erkrankungen beschreibt. Es ist in erster Linie die ›nervöse Psyche‹ im Sinne von Adler, die unter Ausnützung von allfälligen Organschwächen das Kranksein erzwingt oder erzeugt, wobei der Status des kranken Menschen soziale Erleichterungen und Prestigeerhöhungen mit sich bringt.

Das nervöse oder neurotische Seelenleben analysierte Adler 1912 in seinem Hauptwerk »*Über den nervösen Charakter*«. Was er dort über die innere Dynamik der gesunden und kranken Psyche zutage förderte, ist nicht nur die Grundlage der Neurosenlehre, sondern eben auch jeder sinnvollen Psychosomatik. Folgt man Adler, dann beachtet man in psychosomatischen Krankheitsfällen immer auch den *Charakter des Patienten,* der den Schlüssel zu seinem Krankwerden in meistens nur mittleren Belastungssituationen enthält. Solche Patienten sind überempfindlich, kontaktschwach, unsicher, mutlos, egozentrisch, ängstlich und aggressiv. Ihr Seelenhaushalt entbehrt des Gleichgewichts, da sie von Minderwertigkeitsgefühlen zum Machtstreben hin tendieren und dabei kaum genügend ›Sozialinteresse‹ entwickeln.

Damit war Adler auf der Spur zur Einsicht, daß die Pathologie der Organfunktionen und der Organe in der Pathologie des charakterlichen Verhaltens ihren Ursprung hat. Dies hat auch eine eminent praktische Relevanz: Soll der Patient beeinflußt und geheilt werden, dann muß dies durch die *Umerziehung des Charakters* erfolgen, welche Hauptbestandteil der Psychotherapie ist.

Georg Groddeck: Lehre vom Es

Georg Groddeck (1866—1934) war der erste, der die orthodoxe Psychoanalyse auf den Bereich der Psychosomatik anzuwenden versuchte; seine 1917 erschienene Studie über *»Psychische Bedingtheit und psychoanalytische Behandlung organischer Leiden«* stellt einen Markstein der diesbezüglichen Forschung dar. Mit kühnem Zugriff behauptete Groddeck, daß auch Organkrankheiten — ähnlich wie Neurosen — psychologisch gedeutet werden können. Als Freud diese Abhandlung erhielt, äußerte er seine entschiedene Zustimmung zu Groddecks Grundgedanken; der Zweifel des Autors, ob er sich einen ›Psychoanalytiker‹ nennen dürfe, wurde in jeder Hinsicht zurückgewiesen, da er nicht nur die Phänomene von ›Übertragung‹ und ›Widerstand‹ anerkannte, sondern auch die Bedeutung des Unbewußten für das Gesundsein und Kranksein des Menschen eindrücklich unterstrich.

Zum Verständnis des menschlichen Seelenlebens führte Groddeck den Begriff ›Es‹ ein, dessen sich schon Nietzsche in einem analogen Wortsinn bedient hatte. Freud übernahm diesen Terminus dankbar (*»Das Ich und das Es«*, 1923, GW, Bd. XIII), gab ihm aber eine andere Bedeutung. Für ihn ist das Es ein Gegenspieler des Ich, auch ›topisch‹ (räumlich) von ihm abgegrenzt. Es ist zwar ein machtvoller psychischer Faktor, nicht aber das ›Gesamtpsychische‹. Genau das soll es aber bei Groddeck sein, welcher aus dem Es einen Schopenhauerschen ›Willen‹ macht, der jegliches Verhalten des Individuums bestimmt und noch weit über die Individualsphäre hinausgreift.

Das Groddecksche Es ist die biologische Teleologie, die den

Aufbau des Organismus aus Same und Eizelle determiniert, seine Organe formt und später sein Lebensschicksal bis in alle seine Verzweigungen hinein gestaltet und weise überwacht. Die Trennung von Soma und Psyche lehnt Groddeck ab: Das Es hat, je nach Betrachtungsweise, einen physischen oder psychischen Aspekt. Es ist auch der große Marionettenspieler, der die Marionette ›Ich‹ an seinen verborgenen Drähten tanzen und agieren läßt. Der Mensch wird voll und ganz von seinem Es ›gelebt‹. Es gehört zu den geheimen Kunstgriffen des Es, dem Ich die Einbildung zu suggerieren, daß es eine gewisse Souveränität besitze; aber das ist Selbstbetrug, denn faktisch setzt sich in allen Belangen das Es durch, von dem das Ich ja nur ein Teil ist.

Das Es kann krank und gesund machen, wann immer es will. Es schafft sich ›seine Krankheiten‹, weil es damit bestimmte Zwecke verfolgen kann. Oft wählt es die Erkrankung als das ›kleinere Übel‹, da es damit den Organismus aus ungünstigen Verhältnissen herausholt und ihm eine Schonungszeit auferlegt. Wird es aber ganz ratlos und verzagt es durchaus am Leben, dann läßt es den Organismus sterben: Auch der Tod ist eine *Wahlhandlung* des Es, welches mitunter sogar aus der Außenwelt die geeigneten ›Todesursachen‹ heranziehen kann, damit das Lebensende eintritt. Groddeck geht in seiner phantastischen Unerschrockenheit so weit zu erklären, daß das Es einen Dachziegel vom Dache lösen oder eine Kugel aus dem Gewehr ›anlocken‹ kann, wenn es sterben will: denn das Es ist prinzipiell ›allmächtig‹.

Von dieser exzessiven Logik abgesehen, war es doch für die Psychoanalyse ungemein hilfreich, daß Groddeck überall nach dem ›Sinn‹ der Krankheit fragte und vom Ursachendenken der traditionellen Medizin Abstand nahm. Schon den erwähnten Aufsatz aus dem Jahre 1917 schloß er mit den Worten:

»Ich bin darauf gefaßt, daß meine Mitteilungen selbst bei Psychoanalytikern — nicht bei allen — Befremden erregen werden, geschweige denn bei Ärzten, die, wie es mir früher ging, über die Lehre Freuds falsch unterrichtet sind. Ich habe mich bemüht, einseitig zu sein, und weiß einigermaßen, welche Fehler dadurch in die Darstellung gekommen sind. Mir kam es hier nur darauf an, so deutlich wie möglich auszusprechen, daß die Beschränkung psychoanalytischer Behandlungen auf das Gebiet der Neurose den Kenntnissen über die Wirkung der Analyse nicht entspricht. Diese Grenze ist zu eng.

Die Psychoanalyse darf und wird vor organischen Leiden nicht haltmachen. Wie weit ihr Machtbereich geht, wird sich zeigen.«

(»Psychoanalytische Schriften zur Psychosomatik«, 1966, S. 45)

Das Lebenswerk Groddecks ist ein einziger Hymnus auf das Es. Dieses tut sich an allen Ecken und Enden des Menschenlebens kund, aber seine Sprache ist ebenso schwer verständlich wie die Sprache des Traumes, die Freud durch sein epochemachendes Traum-Buch erstmals in die ›Umgangssprache des Alltags‹ übersetzte. So redet etwa das Es in Symbolen, und wichtige Bestandteile seines Vokabulars sind die Körpersymptome, die bei Krankheiten in Erscheinung treten. In der Interpretation solcher Es-Mitteilungen entwickelte Groddeck eine Art von Meisterschaft, wenngleich er mitunter dem Es Gedanken und Absichten unterlegt, die mehr als staunenerregend sind.

Widerstand und *Verdrängung* spielen bei körperlichen Erkrankungen eine gewaltige Rolle, und die positive ›Übertragung‹ des Patienten auf den Arzt ist ein stärkerer Heilungsfaktor als jegliches Medikament. Groddeck befragte regelrecht seine ›somatisch‹ kranken Patienten — sofern deren Zustand sich nicht besserte oder sich gar verschlimmerte —, ob sie etwas gegen ihn hätten oder noch ein Geheimnis in sich trügen, welches sie beichten könnten: er berichtet darüber, daß Ausräumung von Antipathien gegen den Arzt und Aussprechen von schuldhaften Lebensereignissen fast schlagartige Gesundungen zuwege brachten, da das Es seinen Widerstand gegen den Therapeuten, gegen das Leben und gegen die Selbstverwirklichung aufgab. Die wichtigste Funktion des Arztes sei es, dem Es seine Geheimnisse zu entlocken und ihm einen Anreiz zum Lebenwollen zu vermitteln. Denn Krankheit ist gewissermaßen ein Liebäugeln des Es mit dem Tod, ein unbewußter Wille zur Selbstverneinung oder Selbstvernichtung. Klärt man aber das Es über seine Probleme auf und spricht man es ›personal‹ richtig an, dann hat es sehr oft das Kranksein nicht mehr nötig, welches ja nur ein Notbehelf ist, wenn das Es mit der Lebensführung oder der Umgebung des betroffenen Individuums im Widerspruch steht. Der ›psychologische Arzt‹ kann und soll mit dem Unbewußten seines Patienten in einen Dialog eintreten:

»Sich in den Kranken einleben, das ist die eine Forderung, die an den Arzt gestellt werden muß. Der Arzt muß suchen nachzuempfinden, was in einem Menschen vorgegangen sein mag, ehe dieser Mensch sich entschloß, Fiebertemperaturen mit Hilfe irgendwelcher Bazillen hervorzubringen, Geschwülste wachsen zu lassen, bestimmte Mikroben in sich hineinkommen zu lassen und ihnen zu gestatten, sich lange Jahre im Gehirn aufzuhalten, damit sie irgendwann einmal dieses Gehirn zerstören, was ihn veranlassen konnte sich mit Schmerzen, Ängsten, Zwangsgedanken zu quälen: für all das und für tausend Dinge mehr wird er eine Antwort in sich selbst finden. Und wenn es keine richtige Antwort ist, so war es doch eine richtige Fragestellung. Richtige Fragen stellen zu lernen ist viel wert.« (l. c., S. 227)

Nach Groddeck ist es ein Irrtum, wenn man meint, daß derartige psychoanalytische Interventionen stets mit langdauernden Persönlichkeitsanalysen verbunden sein müsen. Er gibt selbst verblüffende Beispiele von ›Symbolinterpretationen‹ bei körperlichen Erkrankungen, die angeblich ›Blitzheilungen‹ ermöglicht haben. Dies könne jedoch nur dann bewirkt werden, wenn Arzt und Patient durch ein *sehr gutes Vertrauensverhältnis* miteinander verbunden sind. Wahrscheinlich hilft ein bewunderter oder geliebter Arzt mit ›falschen Deutungen‹ mehr als ein gleichgültiger Therapeut mit ›klügeren Aussprüchen‹; man muß sich das Groddecksche Es als sehr großzügig vorstellen, und wenn es einen ›Heiler‹ mag, dann läßt es sich von ihm heilen, ob er nun ein bestallter Arzt mit Universitätsdiplom oder ein kümmerlicher Kurpfuscher ist.
Oft sträubt sich die kritische Vernunft in uns, wenn Groddeck seine Spekulationen über das Es ausbreitet, die von einem abschreckenden Mystizismus nicht frei sind. Das bemängelte später auch Freud an seinem ›wilden Schüler‹, der seiner Meinung nach den Unterschied zwischen Physis und Psyche fast ganz eliminierte. Gleichwohl muß man zugeben, daß in den Groddeckschen Texten immer wieder geniale Intuitionen aufblitzen, die der psychosomatischen Forschung neue Wege gewiesen haben. Seit Groddeck sind folgende Fragen aktuell geworden: Wozu erkrankt der Patient? Warum gerade jetzt? Was symbolisieren seine Symptome? Gegen wen richtet sich die Krankheit? Welche unverstandene Botschaft teilt das Es dem Patienten mit? Was muß an diesem Leben geändert werden, damit das Es wieder gesund werden will?

Viktor von Weizsäcker: Studien zur Pathogenese

Ein zweiter ›Außenseiter der Psychoanalyse‹ war Viktor von
Weizsäcker (1886—1957), der den Weg von der pathologischen
Physiologie und der Neurologie zur Psychosomatik zurück-
legte. Weizsäcker war ein ›philosophischer Arzt‹ und suchte
nach einem tieferen Krankheitsverständnis, als ihm die naturwissenschaftliche Medizin anbot. Ein solches fundamentales Denken fand er in der Psychoanalyse, die er zu akzeptieren bereit
war, wiewohl er weltanschaulich weitgehend von Freud abwich
(z. B. in der Religionsfrage).

1933 veröffentlichte er seine Studie über »*Körpergeschehen und
Neurose*«, die den Auftakt zu einer ganzen Reihe psychosomatischer Schriften bildet, die immer umfassender und subtiler in das
Wesen der Krankheitsvorgänge eindrangen. In eindeutiger Ab-
kehr vom medizinischen Materialismus verfocht Weizsäcker die
These, daß Krankheit einen ›biographischen Sinn‹ habe und eine
›Leistung des Subjekts‹ sei. Sie könne nur aus der Lebensgeschichte und aus der sozialen Situation des Patienten verstanden
werden. Leib, Seele und Geist des Menschen seien an ihr beteiligt. Nicht das Symptom ist an ihr das Wesentliche, sondern die
›Lebenskrise‹, in die der Kranke irgendwie hineingeraten ist und
die er mit dem Ausbruch seines Leidens ›beantwortet‹. Da die
äußeren Gegebenheiten sehr oft nicht zu verändern sind, muß
der Patient dazu angeleitet werden, eine ›innere Wandlung‹ zu
vollziehen. Kranksein ist eine falsche Revolte gegen das Schicksal, welches man tragen oder überwinden soll.

Man muß nach Weizsäcker den Menschen in die sozialen und
kulturellen Ordnungen eingefügt sehen. Die wichtigste vom Leben geforderte Leistung ist, dieser allumfassenden Ordnung zu
entsprechen. Gelingt dies nicht, so kommt es zu Alarmreaktionen der psychophysischen Existenz. Die Psychoanalytiker sprachen davon, daß die Tatsache von ›Objektverlusten‹ krank machen kann. Das ist sicherlich nicht falsch gesehen: Wer Liebesverlust erleidet, wird größere Mühe haben, die Ordnungen der
Gemeinschaftswelt zu akzeptieren. Bei entsprechender Vorgeschichte ist er geneigt, sich gegen die notwendigen Lebensvoll-
züge anzustemmen, was unter Einfluß von Angst und Aggression somatische Funktionen zur Entgleisung bringt. *Man wird
oft krank, weil man schlecht liebt und in der Kooperation versagt.*
So hat Krankheit den Aspekt einer ›sittlichen Verfehlung‹, was

uns allerdings kein Recht gibt, den Patienten moralisch zu verurteilen. Sein ethisches Manko ist nicht größer als das unsrige, und Zufälle entscheiden darüber, daß er krank wird und wir vielleicht gesund bleiben.

Den psychoanalytischen Begriff der ›Konversion‹ lehnt Weizsäcker als ›kausal und energetisch‹ ab. Darin wurde behauptet, daß pathologische seelische Erregungen in Körpersymptome ›konvertiert‹ werden können — eine Erklärungsweise, die z. B. bei der Analyse der Hysterie Anwendung fand. Weizsäcker plädiert eher dafür, das Verhältnis von Leib und Seele als ›Stellvertretung‹ zu deuten; Seelisches vertritt Leibliches, und Leibliches steht für das Seelische. So kann etwa eine Angina anstelle einer Entscheidung in Liebes- und Sexualfragen in Betracht kommen. Oder eine Tuberkulose bricht aus, weil in der Liebe eine Versagung eintrat und der notwendige Verzicht nicht geleistet werden konnte. Als Exempel für die Angina berichtet Weizsäcker:

»Ein junges Mädchen wird mit starker Angina, unfähig auch nur zu sprechen, in die Klinik eingeliefert. Ein junger Arzt äußert nach der Untersuchung: ›Na, da haben Sie sich ja was Schönes geholt‹, worauf sie spricht und sagt: ›Das ist immer noch besser, als ein Kind kriegen.‹ Später stellt sich heraus, daß sie am Vortage dem Drängen eines Verehrers, welches solche Folgen hätte haben können, widerstanden hat.« (»Körpergeschehen und Neurose«, 1933, 2. Aufl. 1947; S. 139 f.)

Die meisten Psychosomatiker stimmen darin überein, daß das ›ungelebte Leben‹ in der Krankheit wirksam werde. Nur muß man die Idee des ›Ungelebten‹ möglichst genau fassen. Was ausbleibt, ist die bewußte Entscheidung, die Verzicht, Neinsagen oder Bejahung sein kann. Dies würde allerdings heißen, die Verantwortung für sich selbst und den Lauf der Dinge zu übernehmen. Das gerade wagt der psychosomatische Patient nicht. Er hat nicht nur Konflikte (wie jedermann), sondern er verdrängt sie; oft verdrängt er sogar noch diese Verdrängung. So wird seine Konfliktlage ›tief ins Körpergeschehen hinein‹ verlagert, wo sie die Symptome erzeugt. Weizsäcker redet hier von ›Unwahrhaftigkeit‹, was der psychoanalytischen Denkmodalität entspricht, die die Neurose mit der verfehlten ›Lebenswahrheit‹ in Zusammenhang bringt.

Wer seine Konflikte bewußt erlebt und irgendwie durch Handeln löst, wird nicht krank. Denn in der Handlung verbindet er sich trotz Infragestellung durch seine Situation wieder mit der Welt. Anders derjenige, der ängstlich zurückweicht. Für ihn kommt es zur ›Krise des Subjekts‹, die mit Weltverlust und Ich-Einschränkung einhergeht. Hier setzt dann die Krankheit an, deren äußerstes und unglückseligstes Fernziel der Tod ist, in welchem wir sowohl unsere Welt wie auch das Ich ganz einbüßen. So leuchtet in jeder Erkrankung offen oder heimlich die Todesgefahr auf; Krankheit heißt: sich gegen den Tod wehren.

Der Kranke aber soll von seinem Arzt biologische, psychologische und geistige Unterstützung erhalten. Er bedarf des Medikamentes oder des chirurgischen Eingriffs, aber auch des verstehenden Umgangs, der durch *sittlich-moralische Führung* ergänzt wird. Um letztere bieten zu können, muß sich der Arzt mit dem Patienten solidarisch fühlen. Er hat schließlich kein ›Objekt‹ zu behandeln, sondern übernimmt als Subjekt die Auseinandersetzung mit einem anderen Subjekt, d. h., er geht eine Ich-Du-Beziehung ein. Diese kann aber nur fruchtbar werden, wenn sie in gemeinsamer Hinwendung zum Wir, zur Gesellschaft und Kultur strukturiert wird. Hilfeleistung erfordert Gegenseitigkeit, und sei es auch nur, daß der Gebende den Nehmenden und der Nehmende den Gebenden durch ›Mitsein‹ bereichert. Aber beide Beteiligte des ›Gestaltkreises der Therapie‹ können sich nur aufeinander beziehen (einander ›begegnen‹), wenn sie sich als ›Glieder der Menschheit‹ verstehen und verständigen.

Als Weizsäcker im Jahre 1932 eine seiner ersten psychosomatischen Fallstudien an Freud sandte, nahm dieser die Anwendung des psychoanalytischen Denkens auf die Organmedizin mit einem ›seltenen Ausmaß an Befriedigung und Anregung‹ entgegen und schrieb u. a. an den Autor:

»Der ... Teil der Arbeit, in dem Sie die gemeinsamen Gesichtspunkte für psychische und organische Krankheit zu bestimmen suchen, bringt das, was uns neu ist und uns aufhorchen macht, gerade darum, weil wir uns durch gelegentliche Beobachtungen den Grenzen dieses unerforschten Gebietes genähert haben. Wir sind auf die psychogenen Faktoren organischer Krankheiten aufmerksam geworden, haben verstehen können, daß sich eine Neurose oft durch eine Krankheit ablösen läßt ... Die allem Kranksein gemeinsamen Gesichtspunkte der Unterbrechung, Wendung, Krise u. a. bereiten uns auf wichtige Neuheiten vor ... Ihre Arbeit, die ganze Richtung Ihres Arbeitens, eröffnet uns ... hoffnungsvolle Aussichten.« (Zitiert in: »*Körpergeschehen und Neurose*«, 2. Aufl. 1947, S. 7)

Franz Alexander: Analytische Psychosomatik

Indes Georg Groddeck mit wildem Impetus in das Gebiet der Psychosomatik vorstieß und dort oft genug ›dichterisch‹ anmutende Krankheitsinterpretationen wagte, war Franz Alexander (1891—1964) ein nüchterner Schüler von Freud, der das psychosomatische Denken und Handeln auf ein gesichertes wissenschaftliches Fundament zu stellen versuchte. Sein 1950 erschienenes Buch »*Psychosomatic Medicine*« (dt.: »*Psychosomatische Medizin*«, 3. Aufl. 1977) berichtet über jahrzehntelange, solide Forschungen in diesem Bereich, in dem Alexander grundlegende Pionierarbeit geleistet hat.

Hier ist nun nicht mehr von einem allmächtigen ›Es‹ die Rede, dem man quasi naturphilosophisch Kranksein und Gesundwerden zuschreiben darf. Alexander will Medizin als Naturwissenschaft mit der Psychoanalyse als naturwissenschaftlicher Psychologie kombinieren. Zu diesem Zwecke berücksichtigt er biologische und psychologische Erkenntnisse in gleicher Weise und will zumindest einen Teil der Erkrankungen als bio-psychische Funktionsentgleisungen deuten.

Krank wird immer der ›ganze Mensch‹ und nicht nur irgendein spezielles Organ. Aber die Prozesse, die die Krankheit konstellieren, spielen sich im verborgenen der Psyche und des Somas ab. Es steht für Alexander fest, daß erst die psychoanalytische Exploration das ganzheitliche Reagieren des Organismus verständlich macht, wobei die Abklärung nervöser und hormonaler ›Regelkreise‹ zum psychischen Befund ›dazugehört‹.

Psychosomatisches Forschen muß unter dem Leitstern der ›Multikausalität‹ stattfinden, denn es strömen stets viele Ursachen zusammen, bis leib-seelisches Erkranken erfolgt. So nennt Alexander etwa neun Faktoren, die in der Psychosomatik in Betracht zu ziehen sind: 1. Erbanlage; 2. Geburtstraumen; 3. organische Kinderkrankheiten, die erhöhte Organanfälligkeit schaffen; 4. Art der Säuglingspflege und Kleinkindererziehung; 5. physikalische traumatische Erlebnisse der frühen oder späten Kindheit; 6. emotionale traumatische Erlebnisse der Kindheit; 7. seelisches Familienklima und spezifische Persönlichkeitszüge von Eltern und Geschwistern; 8. spätere physische Verletzungen; 9. spätere emotionale Erlebnisse bei nahegehenden persönlichen und beruflichen Beziehungen (l. c., S. 30/31).

Es war für Alexander offenbar ein Greuel, wenn man psychosomatische Krankheiten oberflächlich auf die Patentformel der ›psychischen Spannungen‹ oder der ›vermehrten Grundangst‹ reduzierte. Er wollte eine *detaillierte Krankheitsätiologie* schaffen, die für jedes Krankheitsbild eine sorgfältig formulierte ›Bedingungsanalyse‹ bereitstellen konnte.

Warum erkranken manche Menschen an Herz-Kreislauf-Störungen, andere wieder an funktionellen Störungen des Magen-Darm-Traktes und wieder andere in der Sphäre des Atmungssystems? Warum kommt es in anderen Fällen zu Diabetes, Rheuma oder Schilddrüsenerkrankungen? Gibt es spezielle Persönlichkeitstypen und Belastungssituationen, die den einzelnen Krankheiten zugeordnet werden können?

Gemeinsam mit seinem Forschungsteam an der Universität Chicago stellte Alexander eine Reihe von Persönlichkeitstypen und Belastungssituationen heraus, die jeweils für einen besonderen Typ der psychosomatischen Erkrankung anfällig sind. Hierbei wurde die psychoanalytische Sozialisationstheorie in vollem Umfang zum Verständnis der aus der Persönlichkeitsstruktur hervorgehenden Krankheitsdisposition eingesetzt:

1. *Störungen des Magen-Darm-Traktes*: Hier hat man es mit Krankheitsbildern wie z. B. Eß- und Appetitstörungen, Anorexia nervosa (Magersucht), nervöses Erbrechen, Kardiospasmus, Magengeschwür, Zwölffingerdarmgeschwür, chronischer Durchfall, spastische Kolitis und Colica mucosa (Dickdarmentzündungen), chronische psychogene Verstopfung u. a. m. zu tun. Bei allen diesen Krankheiten muß man sich daran erinnern, daß Essen und Ausscheiden zwei sehr vom Psychischen abhängige Funktionen sind. Die Psychoanalyse hat die entwicklungsgeschichtlichen Probleme beider Organ- und Existenzbereiche unter dem Titel der ›oralen‹ und ›analen Phase der Libidoentwicklung‹ beschrieben. Darin wird gezeigt, daß die Kinder nur dann gut essen, verdauen und ausscheiden lernen, wenn sie mit ihren frühkindlichen Kontaktpersonen in einem guten gefühlsmäßigen Austausch stehen. Beziehungsstörungen führen stets zu Anomalien des Eß-, Verdauungs- und Defäzierverhaltens, an denen man einen feinen Indikator der allgemeinen Sozialisierung des Menschenkindes besitzt.

So entspringt etwa das Magengeschwür einem inneren Konflikt zwischen passivem Gefüttertseinwollen und aktivem Unabhängigkeitsstreben. Solche Patienten können in dauernder Verdauungsbereitschaft sein, weshalb sie ihre Magenschleimhaut mit der körpereigenen Säure ›auffressen‹. Ehrgeizhaltung und Aggressivität bei verdrängten Anlehnungswünschen können zur Ulceration des Magens führen, den man durch Medikamente vorübergehend ›beschwichtigen‹ kann, wobei aber die Fehleinstellung des ›Magenneurotikers‹ nur durch Psychotherapie ernstlich zu verändern ist. Meistens greift der Chirurg zum Operationsmesser und entfernt den Übersäuerungsmagen, so daß sich die Neurose ein anderes Organ zur Manifestation suchen muß. Besser wäre es jedoch, den oft ›leistungsfanatischen‹ Ulcustyp zur ›Gelassenheit‹ anzuleiten, damit er in seinem Autonomiestreben nicht seine naturgegebene biologische Basis zerstört.

Auch Verstopfung und Durchfall haben mit den Problemen der Hingabe und Selbstbehauptung, des Gefühlsaustausches und des Leistungswillens, des Selbsteinkönnens und der Beziehungsfähigkeit einen viel engeren Konnex, als sich dies die traditionelle Organmedizin träumen ließ.

2. *Störungen der Atmungsfunktion*: Hinsichtlich des Bronchialasthmas erkannte die Chicago-Gruppe, daß es symbolisch einen ›Schrei nach der Mutter‹ bedeuten kann; spätere Autoren haben beigefügt, daß es sich auch um einen ›Schrei gegen die Mutter‹ zu handeln pflegt. Tatsächlich sind es oft Menschenkinder, die von der Mutter abgelehnt wurden und in einem ›emotionalen Vakuum‹ aufwuchsen. Dies führt zur Ichschwäche, die sehr ins Gewicht fällt, wenn jählings Situationen auftreten, in denen Autonomie gefordert wird. Der verängstigte Patient ›regrediert‹ dann gleichsam in den Säuglingszustand, den er in seiner Atemnot drastisch dokumentiert. Das unverarbeitete Trauma der Trennung von der Mutter ist die psychologische Grundlage des Asthmaanfalles, der durch die körperlichen Allergiereaktionen allein meistens nicht erklärt werden kann.

3. *Störungen der Herzfunktion*: Auch hier gibt es ein breites Spektrum von Krankheiten, die die Herzrhythmusstörungen, die essentielle Hypertonie (hoher Blutdruck), den Herzinfarkt usw. umfassen. Die Psychoanalytiker sprechen in diesem Zusammenhang von ›chronisch gehemmten aggressiven Antrieben‹, die z. B. den Blutdruck emporschnellen lassen. Die Verdrängung feindseliger Tendenzen bewirkt ein ›Dampfkesselgeschehen‹;

oft sind beim Hypertoniker auch die sexuellen Triebe unterdrückt, so daß er nirgendwo sich entspannen kann. Feindseligkeit zieht fast immer auch Furchtsamkeit nach sich, ein Faktor, der ebenfalls den Blutdruck erhöht. Man muß diese Patienten das ›Leben und Lebenlassen‹ lehren, damit ihr Kreislauf nicht dauernd überfordert wird.

4. *Kopfschmerzen, Migräne*: Über den Migränepatienen schreibt Alexander u. a.:

> »Es hat den Anschein, als ob bei Migränekopfschmerzen der gleiche Zustand vorliegt, wie er schon beim Hypertonus beschrieben wurde — nämlich das Fehlen spezifisch-psychoneurotischer Symptome, die für den Abfluß aufgestauter Feindseligkeitsantriebe geeignet wären... Fromm-Reichmanns Beobachtungen, daß in diesen Fällen die feindselige neidische Einstellung spezifisch gegen intellektuelle Leistungen (anderer — J. R.) gerichtet ist, könnte sich als signifikant betreffs der Organwahl erweisen.« (l. c., S. 121)

Unzufriedenheit mit der eigenen Intellektualität im weitesten Sinne des Wortes kann sich demnach in Kopfschmerz umsetzen: Die Wege der Psyche sind wirklich seltsam!

5. *Hautkrankheiten*: Die Haut ist nicht nur ein wichtiges Stoffwechsel-, sondern auch ein Ausdrucksorgan: Viele seelische Stimmungen und Verstimmungen spiegeln sich in der Haut wider, so daß man diesbezüglich die Haut mit dem Auge verglichen hat. Wahrscheinlich haben viele Hautkrankheiten mit ›unbekannter Ursache‹ einen psychischen Hintergrund; fast sicher gilt dies für Ekzeme verschiedener Art, für Urtikaria (Nesselfieber), für plötzlichen Haarverlust (Alopecia areata) und plötzliches Ergrauen (Canities) und für Hautallergien mit mannigfaltigen Begleiterscheinungen.

6. Weitere psychosomatische Überlegungen äußert Alexander zu den *Thyreotoxikosen*, den *Ermüdungszuständen*, zum *Diabetes mellitus* (Zuckerkrankheit), zur *rheumatischen Arthritis* und zur ›*Unfallpersönlichkeit*‹. Der zum Unfall neigende Mensch z. B. hat oft unbewußte Motive, die seinen Zusammenstoß mit der Umwelt buchstäblich herbeiziehen; oft geht dem ganzen Geschehen ein aggressives Gefühl gegen eine Beziehungsperson voraus, die man nicht attackieren will oder kann. Die Aggression bleibt dann im Subjekt in der Schwebe und sucht sich widerständige Objekte, an denen sie sich ›bricht‹. Auch Angst und Schuld-

gefühle motivieren solche Unfälle, die psychoanalytisch mitunter als ›Selbstbestrafung‹ gedeutet werden. Ungestüme Menschen mit tiefem Groll gegen alle Autoritätspersonen haben mehr Unfälle als andere Charaktere, vor allem wenn sie ein strenges Über-Ich besitzen, das ihre Impulsivität drosselt und bis zum Explodieren zurückdrängt.

Selbstverständlich gehören auch die *Sexualstörungen* in den Bereich der Psychosomatik: Alexander hat in seinem Buch dieses Kapitel durch seine Mitarbeiterin Therese Benedek abhandeln lassen. Hier verfügt die Psychoanalyse über einen besonders reichen Erfahrungsschatz: In der Neurosenpsychologie ist die Sexualität am längsten und am gründlichsten untersucht worden, so daß ihre leib-seelischen Implikationen auch für den Laien schon transparent sind.

Auf Alexanders Unterscheidung von Konversionsneurose, vegetativer Neurose und psychogener organischer Störung müssen wir in unserem Zusammenhang nicht eingehen; durch diese Nomenklatur wurde zu erfassen versucht, inwiefern Krankheitssymptome ›unbewußten Ausdruck‹ enthalten (z. B. in der Hysterie) oder eher aus dem Spannungszustand des Organismus hervorgehen (z. B. bei den ›vegetativen Erkrankungen‹).

Medard Boss: Psychosomatik der Daseinsanalyse

Das Lebenswerk von Medard Boss (geb. 1903) ist ein Brückenschlag zwischen den Lehren von Sigmund Freud und von Martin Heidegger: Aus der Psychoanalyse wurde die psychotherapeutische Praxis und aus der Existenzphilosophie die sie fundierende Theorie übernommen. Dieser Ansatz ist noch sehr umstritten, aber seine Fruchtbarkeit in vielen Bereichen der Tiefenpsychologie ist kaum anzuzweifeln.

Mit Heidegger attackiert Boss jene Tradition der abendländischen Metaphysik, die von Descartes ihren Ausgangspunkt genommen hat. Der französische Philosoph machte aus dem menschlichen Subjekt ein denkendes ›Subjektding‹, dem eine ›Welt der Objekte‹ gegenüberstand. Für die Naturwissenschaften bereitete er einen universalen Materialismus vor, der sogar die Lebensvorgänge in Analogie zu maschinellen Prinzipien zu begreifen versuchte. Tatsächlich hat Descartes die Tiere als ›lebendige Maschinen‹ beschrieben, und sein später Nachfahre

Lamettrie im 18. Jahrhundert sprach vom ›homme machine‹, vom Maschinenmenschen. Die physikalisch-chemische Deutung der Lebenserscheinungen hat in manchen Forschungszweigen wichtige Erfolge gebracht: Sie ermöglichte einen grandiosen Aufschwung der naturwissenschaftlichen Medizin der Neuzeit, darunter auch der chirurgischen Operationstechniken. Aber viele Krankheiten entzogen sich ihrem Verständnis; so z. B. die Neurosen, die erst durch Freuds psychoanalytische Erkenntnisse transparent wurden. Freud fühlte sich noch als ›Naturwissenschaftler der Seele‹, aber seine Lehre steht an der Grenzscheide zwischen den Naturwissenschaften und einer philosophischen Menschenkunde.

Das alte Modell der Medizin sah folgende Krankheitsgenese vor: Organschädigung irgendwelcher Art — daraus folgende Funktionsstörung — Manifestation der Erkrankung. Dies ist nach Boss aus dem Geiste des ›technischen Weltverständnisses‹ gedacht. Hiernach muß Krankheit stets eine ›materielle Grundlage‹ haben. Aber schon die Hysterie führte diese These ad absurdum. Wo waren bei den hysterischen Lähmungen und Ausfällen der Sinnesfunktionen die ›Organläsionen‹? An dieser Stelle mußte die ›Psyche‹ als Krankheitsfaktor eingesetzt werden. Freud schuf einen Kompromiß zwischen dem Biologismus der damaligen Heilkunde und seinen psychologischen Funden, indem er das Subjekt oder das Seelische in Triebphänomene auflöste. Mit Hilfe einer ausgeklügelten ›Metapsychologie‹ näherte er die Psychoanalyse dem ›Physikalismus‹ an, aber der Reichtum seiner unverfälschten Beobachtungen sprengte vielfach die Engen und Einseitigkeiten des theoretischen Systems.

Boss warnt eindringlich davor, das menschliche Subjekt mit den *Kategorien der Dinghaftigkeit* zu beschreiben. Allein schon das Konzept, daß es eine vom Leib zu isolierende ›Psyche‹ gebe, die dann mit dem ›Soma‹ in Beziehung treten müsse, wirft zahllose, kaum lösbare Probleme auf. Es handelt sich doch hierbei um theoretische Konstruktionen oder Abstraktionen, deren Fragwürdigkeit auf der Hand liegt. Was meinen wir eigentlich, wenn wir ›Seele‹ oder ›Körper‹ sagen? Um über solche Fragen Klarheit zu gewinnen, ist es für die Ärzte unabdingbar, sich mit Philosophie zu befassen.

Heideggers Daseinsanalytik löst für Boss einen Großteil jener Probleme, die für die medizinische und psychologische Grundlagenforschung relevant sind. Diese entscheidend wichtigen Fra-

gestellungen verdichten sich in der Frage nach dem ›Menschenbild‹, das Heidegger in seinem Hauptwerk *»Sein und Zeit«*
(1927) und in seinen späteren Schriften auf eine neue Ebene der
Erörterung gehoben hat. Mit dem Begriff ›Existenz‹ oder ›Dasein‹ bestreitet die Existenzphilosophie von vornherein, daß irgend etwas am Menschen ›dinghaft‹ sein kann. Das Dasein ist
primär Weltoffenheit, In-der-Welt-Sein oder Zur-Welt-Sein.
Damit ist ausgesagt, daß es einen Helligkeitsbereich ›inmitten
des Seins‹ bedeutet, eine ›Lichtung‹, in die hinein sich Menschenschicksal ereignet. Auf der Basis der Stimmungen erschlie-
ßen sich dem Menschen die Mitmenschen und die Dinge, die in
sein Leben hineinwirken und es ›bestimmen‹; Boss sagt in der
»Einführung in die psychosomatische Medizin«:

> »So also ist des Menschen Wesen nie mit einem Gegenstande,
> sondern bestenfalls mit einem Lichte vergleichbar, dessen
> Schein die Dinge der Welt erhellt, oder mit einer Melodie, die
> die Dinge miterklingen läßt, je nach des Lichtes Tönung oder
> der Klänge Stimmungsart. Darum ist es stets — wie des Lich-
> tes Tönung — so auch des Menschen Gestimmtheit, der ent-
> sprechend sich ihm die Welt erhellt und erschließt. Bestimmt
> doch immer sein jeweiliges Gestimmtsein zum vorneherein
> die besondere Auswahl, Helligkeit und Tönung seiner Welt-
> bezüge. Nimmt denn nicht in einer Stimmung des Hungrig-
> seins zum Beispiel derselbe Mensch ganz andere Dinge wahr,
> erkennt sie auch in ganz anderen Bedeutungszusammenhän-
> gen als etwa aus einer Angststimmung oder aus der Stimmung
> eines verliebten Glücklichseins heraus?« (l. c., S. 43)

Damit muß aber auch das Leibverständnis fundamental gewandelt werden. Nach Boss ist auch der menschliche Leib weltoffen
und weltbezogen; auch an ihm — und an ihm besonders — werden die Lebensbezüge der Existenz ›ausgetragen‹; er ist Teil-
stück der Existenz, des ›ekstatischen‹ Draußenseins bei Menschen und Dingen. Normalerweise bleibt er unauffällig und ist
der verschwiegene Hintergrund unserer Lebensaktivität; wird
letztere aber aus irgendwelchen Gründen gedrosselt und eingeengt, dann tritt der Leib stärker in den Vordergrund: Aus ›leben‹
kann ›leiben‹ werden. Immer aber drücken körperliche Symptome oder Ausdruckserscheinungen die Gesamtsituation der
Existenz aus. Bei schärferer Beobachtung wird man stets feststellen, daß psychische und physische Vorgänge am Menschen

vom selben ›Sinngehalt‹ durchflossen sind. Dies im Falle von Erkrankungen zu erkennen und dem Patienten durch geeignete Mitteilung verstehbar zu machen, ist nach Boss die Aufgabe einer ›daseinsanalytischen Psychotherapie‹.

Sehr bedeutsam ist für die Daseinsanalytiker die Auffassung von den ›normativen Gegebenheiten‹ des menschlichen Daseins. In dieser Beziehung knüpfen sie unter anderem an Heideggers Begriff der ›Sorge‹ und der ›Transzendenz‹ an. Zu einer genaueren Erläuterung dieser beiden Grundbegriffe müßte man erhebliche Teile der Heideggerschen Seinsphilosophie in Erinnerung rufen. Da dies den Rahmen unserer Überlegungen sprengen würde, weisen wir lediglich darauf hin, daß ›Sorge‹ und ›Transzendenz‹ bei Heidegger das ›Zur-Welt-geöffnet-Sein‹ der menschlichen Existenz anvisieren. Nur dann wird der Mensch seiner Daseinsverfassung gerecht, wenn er sich liebend und verstehend für alle möglichen Weltbezüge öffnet und auch die Möglichkeiten des eigenen Seins wahrnimmt. Verfehlt er dies, dann verarmt sein Dasein und fällt etwa auch der Krankheit anheim.

So sollte man *bei jeder Erkrankung* der Frage nachgehen, wo das betroffene Individuum am Daseinssinn vorbeilebte, bis es in die Seinsweise der ›Verschlossenheit‹ und der daraus resultierenden Ängste und Entfaltungshemmungen geriet. Natürlich ist hier die Werdensgeschichte von früher Kindheit an, die alle tiefenpsychologischen Schulen sorgfältig eruieren, von unübersehbarer Tragweite. Immer kann und soll man durch lebensgeschichtliche Untersuchungen herausfinden, warum der Patient dem Lebensganzen gegenüber in eine Defensivposition hineinglitt, die seine Freiheit des Existierens vermindert und die Lebensbewegung zum Stocken bringt; in den Worten von Boss:

»Hat sich ein Mensch aber einmal der Freiheit begeben, allen seinen Möglichkeiten entsprechend weltoffen zu sein, dann bleibt den ihm zugehörigen, aber an ihrem normgemäßen Austrag verhinderten Weltbezügen allerdings gar nichts mehr anderes übrig, als sich nurmehr in den dunklen, wort- und gedankenstummen Sphären der Existenz, im Bereiche der eigenen Leiblichkeit vor allem, auszutragen. Deshalb wird eine so verhaltene Lebensmelodie den eigenleiblichen Bezirk nun nicht mehr bloß normgemäß im Durchgang zu den Dingen der Welt durchschwingen, sie wird vielmehr innerhalb der eigenen Leibsphäre steckenbleiben. Ein derart auf die eigene Leiblichkeit eingeengtes, in ihr steckengebliebenes Existieren jedoch wird stets als eine der Norm widersprechende, krankhafte Aufblähung und Verzerrung eben dieser Leiblichkeit in Erscheinung treten. Ein solches Steckenbleiben von Weltbezügen ist die eine Bedingung der Möglichkeit von Symptombildungen, die die Klinik ›funktionelle‹ Phänomene nennt.« (l. c., S. 75/76)

Bei der Hysterie teilt sich der Patient noch in ›Gebärdensprache‹ mit; er bringt halbwegs noch zum Ausdruck, woran er sich abmüht und was ihm zu schaffen macht. Bei den ›organneurotischen‹ Symptomen jedoch sind die existentiellen Anliegen tiefer verdrängt oder verhüllt; Affektionen des Magens und Darms, Erkrankungen des Blutdrucks und des Herzens, Kopfschmerzen, Atembeschwerden, Ekzeme und Allergien, Unfälle, Fett- und Magersucht usw. ›sagen‹ auch etwas über ganz wesentliche Existenzverhältnisse, aber sie benützen eine uns fremde Sprache, die nur mühsam dechiffriert werden kann.

Aus solchen Überlegungen leitet Boss recht ingeniös eine Lehre von der ›Neurosenwahl‹ ab, die in der psychosomatischen Medizin von großem Nutzen ist. Er stellt sich auf den Standpunkt, daß in jeder Organfunktion bestimmte Themen des allgemeinen ›Daseinsvollzugs‹ ausgetragen werden. Störung dieser Vollzüge wird daher jeweils dasjenige Organ oder Organsystem betreffen, das darin eine zentrale Bedeutung besitzt. So kann sich z. B. eine Störung des ›Bemächtigungsdranges‹ in eine hysterische Armlähmung ›umsetzen‹; eine Fettsucht ›bedeutet‹ oft eine Aufblähung des Körperumfanges, weil das Individuum für seinen allgemeinen Expansionsdrang (Sexualität, Arbeit usw.) kein Ventil findet; Magersucht ist sinngemäß für heranwachsende Frauen eine Revolte gegen das Frauwerden, gegen das Sexuelle und gegen das ›Leiblich-Sein‹: im Zuge dieses Aufbegehrens können sich Patientinnen zu Tode hungern; Unfälle entstehen dann, wenn das Dasein angesichts von anstehenden Lebensaufgaben oder Auseinandersetzungen ›bis zum Zerreißen‹ gespannt ist und anstelle der Situationsbewältigung die eigenen Knochen oder Gewebe lädiert; Kopfschmerz ›symbolisiert‹ ein Scheitern an Gedankenleistungen, die erbracht werden sollten usw.

Die Krankheitslehre von Boss, die auch in seinem Buch »*Grundriß der Medizin und der Psychologie*« (2. Aufl. 1975) detailliert dargestellt wird, bietet dem psychosomatischen Denken so manche Hilfestellung, auf die kaum zu verzichten ist.

Der kranke Mensch

Nach allgemeinen Schätzungen der Medizinstatistik bedürfen die Hälfte oder noch mehr der Patienten, die den ärztlichen Allgemeinpraktiker konsultieren, nicht nur der körperlichen, sondern auch der psychischen Behandlung. Da die Ärzte diesbezüglich nicht geschult sind, verabreichen sie dem psychisch oder psychosomatisch Kranken irgendwelche Medikamente, die eventuell beruhigen, aber die Krankheit selbst nicht wesentlich beeinflussen. Dadurch läuft man Gefahr, Krankheitsprozesse zu chronifizieren oder Abhängigkeit von Heilmitteln zu schaffen, die nicht wirklich heilen, wohl aber ›beruhigen‹. Für die pharmazeutische Industrie ist dieser Zustand unzweifelhaft sehr gewinnbringend; das Wohl des Kranken jedoch ist in keiner Weise gewährleistet, da er nicht die Therapie erhält, die für sein Leiden sinnvoll und zweckmäßig ist.

Der ›Problempatient‹ empfängt keine Hilfe, wenn man ihm Tabletten verabreicht, ihm Entspannung oder Urlaub verordnet oder gar zu unnötigen Operationen greift nach dem alten medizinischen Prinzip, ›daß irgend etwas geschehen muß‹. Er benötigt eine Klärung seiner Lebenssituation, aus der ihm sein Kränkeln oder Kranksein erwächst. Auf dieses Argument der Psychotherapeuten und Psychosomatiker erwidern die ›Körperärzte‹ nicht ohne Scheinheiligkeit, daß es ihnen ja an der notwendigen Zeit fehle, um sich ›persönlich‹ mit einem Kranken einzulassen. Psychologische Gespräche seien langwierig und umständlich; der niedergelassene Arzt von heute, der pro Tag hundert oder gar zweihundert Patienten ›abfertigen‹ müsse, könne es nur bei einer flüchtigen ›somatischen Anamnese‹ bewenden lassen: Lebensschicksale zu erörtern und Persönlichkeitsstrukturen zu durchleuchten sei praktisch in einem Arztbetrieb eine Unmöglichkeit.

Gewiß können wir nicht leugnen, daß die Ärzte schwere und große Verantwortlichkeiten tragen und daß ihr Beruf nicht zu den leichtesten gehört. Aber die psychologische Zuwendung zum kranken Menschen ist nicht nur eine Frage des Zeithabens: Eher noch ist sie ein Problem des Wissens und Könnens in dieser Sphäre, und hierin fehlt es bei den meisten Medizinern in erschreckender Weise. Anstatt diesen Mißstand mit oberflächlichen Ausflüchten zu retuschieren, wäre es besser, wenn man sich ihn ehrlich eingestehen würde: Es ist denkbar, daß dann Lösungen gefunden würden, durch die zumindest in der Zukunft günstigere Zustände geschaffen werden können.

Wichtig wäre wahrscheinlich in erster Linie, daß sich die Ärzte bewußt werden, wie sehr sie nicht nur durch Medikamente, sondern auch durch ihre Persönlichkeit selbst auf den Patienten wirken. Michael Balint hat mit Recht hervorgehoben, daß wir nicht länger eine ›Pharmakopoe‹ des behandelnden Arztes entbehren können: Für jede Droge gibt es genaue Dosierungsvorschriften, die den Behandlungsverlauf regeln, aber die ›Droge Arzt‹ wird den Patienten entweder vorenthalten oder in ganz willkürlicher Weise verabreicht. Es wäre bedeutsam, sich zu überlegen, wie und auf welche Weise *die Persönlichkeit des Arztes* als Heilmittel in Betracht kommt.

Um hierin Fortschritte zu erzielen, sollte es für die Ärzte gebräuchlich werden, selber eine psychoanalytische Schulung und Ausbildung zu absolvieren. Diese müßte nicht denselben Umfang haben wie die Charakter- und Lehranalyse für angehende Tiefenpsychologen und Psychotherapeuten; man könnte sich mit einem abgekürzten Lehrprogramm begnügen. Aber immerhin sollte dieser Lehrgang eine gründliche Kenntnisnahme der Neurosen- und Psychosenlehre, der tiefenpsychologischen Charakterkunde und das Studium der üblichen Behandlungstechniken beinhalten. Kernstück dieser ›Tiefenpsychologie für Ärzte‹ wird allerdings die ›Selbsterkenntnis des Arztes‹ sein, wozu er in einer Individual- und Gruppenanalyse angeleitet werden muß.

Hat sich nämlich der Arzt eine gewisse Selbst- und Menschenkenntnis angeeignet, die ihre Wurzeln im theoretischen Studium der Tiefenpsychologie und im Bemühen um die Erforschung der eigenen Persönlichkeit hat, dann wird er im Umgang mit seinen somatischen und psychosomatischen Patienten einen Großteil seiner psychologischen Hilflosigkeit ablegen können. Er wird einfühlsamer die Erzählungen des Kranken anhören; vermutlich wird er auch eher erspüren, wo das ›Grundproblem‹ des Kranken liegt, das die ›Flucht in die Krankheit‹ subjektiv notwendig machte. Weiß der ärztliche Helfer um solche Probleme, dann braucht er auch nicht Hunderte von Stunden, um auf seinen Patienten Einfluß zu nehmen. Mitunter reichen auch kurze psychologische Anamnesen hin, um sich über die innere und äußere Lage des Kranken ein Bild zu verschaffen. Oft kann sich auch die psychotherapeutische Intervention auf einige wenige, aber gut gezielte Bemerkungen des Arztes beschränken.

Wir leben in einer Epoche, wo dem Menschen zugunsten seiner eigenen Schöpfungen — der Maschinen und Apparate — eine Abwertung droht, die die Substanz des Menschen selbst angreift. Da wäre es nun die vornehmste Aufgabe der Heilkunde, sich auf das Wesen des Menschen zu besinnen und Gesundheit und Krankheit unter diesen quasi->philosophischen Aspekten‹ zu sehen und zu deuten. Man sage nicht, daß die Ärzte überfordert wären, wenn sie auch noch — zu ihrer mühseligen und zeitraubenden Ausbildung in medizinischer Theorie und Praxis — anfangen müßten zu philosophieren. War es doch immer schon bei guten und großen Ärzten eine gewisse Teilhabe an der Philosophie, die ihr Handeln am Krankenbett und ihre Begegnung mit dem kranken Menschen in das rechte Verhältnis zu bringen vermochte. Freuds gewaltige Entdeckungen waren nur möglich, weil er nicht nur ein vorzüglich geschulter Arzt, sondern auch ein ›philosophischer Kopf‹ war, der das Menschenschicksal fern von der medizinischen Routine seiner Epoche tiefgründig zu bedenken versuchte. Ähnliches darf man von anderen Förderern der Heilkunde aus allen Jahrhunderten der Kulturgeschichte behaupten.

Paracelsus, in dessen dunklem und von mittelalterlichen Elementen überwuchertem Lebenswerk so manche Einsicht der Tiefenpsychologie vorweggenommen wurde, sagt bei Gelegenheit:

»Der Arzt soll die Kraft und die Natur der Krankheit im Ursprung suchen und nit in dem, das von der Krankheit selber kommt; denn den Rauch vom Feuer sollen wir nit löschen, sondern allein das Feuer selber. Wollen wir, daß die Erde kein Gras gebe, so muß sie zerstört werden und nit das Gras ausgerauft. Also soll der Arzt zurück in den Ursprung der Krankheit denken und nit in das, was die Augen sehen; diese Dinge sind Anzeigung, aber nit Ursprung, wie ein Rauch ein Feuer anzeigt, ist aber das Feuer nit.«

Und an anderer Stelle sagt er ironisch:

»Es ist ein groß Ding um einen Arzt, der sich einen Arzt nennet, und hat kein Philosophie und kann ihr nit!«

Kinderneurosen

Das Kind zwischen seelischer Normalität und Neurose. –
Irgendwann hat sich die Redeweise eingebürgert, vom »Para-
dies der Kindheit« zu sprechen. Die Erwachsenen blicken zurück auf ihre Kinderjahre und pflegen diese zu verklären. Dabei
verdrängt man aber alles, was in jener Lebensphase an Nöten,
Schwierigkeiten und Tragik enthalten ist. Nur selten strahlt
über dem »Kinderland« überwiegend der Sonnenschein, und
viel häufiger ist es, daß Kinder im Verlaufe ihres Wachsens und
Werdens mit gravierenden Problemen konfrontiert werden.
Vor allem die Tiefenpsychologie hat mit dem Mythos der
»sorglosen Kindheit« gründlich aufgeräumt. Wir wissen heute,
daß die ersten Lebensjahre mit ganz schwierigen Entwick-
lungsaufgaben prall gefüllt sind.
Sigmund Freud befaßte sich zunächst nur mit erwachsenen
Neurotikern. Aber beim Studium der Krankheitsentstehung
wurde er immer wieder darauf verwiesen, daß die Ursprünge
neurotischer Leiden stets in der Kindheit liegen. So gelangte er
zu dem Satz, daß jeder späteren seelischen Störung eine
»Kinderneurose« vorangegangen sein müsse. Und da er der
Meinung war, daß die gesamte Menschheit »neurotisch« und
dementsprechend »sein Patient« sei, dürfen wir annehmen, daß
auch fast jede Kindesentwicklung vom Neurotizismus zumindest tangiert ist.
Als erstes Beispiel einer Neurosentherapie am Kind publizierte
Freud 1909 die Abhandlung *Analyse der Phobie eines fünf-
jährigen Knaben*, die in die psychoanalytische Literatur unter
dem Kurztitel *Der kleine Hans* eingegangen ist. Dieser Knabe
war das Kind eines Freud-Schülers, das an einer sogenannten
»Pferdephobie« erkrankte. Das Kind stand in der Phase des
Ödipuskomplexes; es hatte zwar gute Beziehungen zu seinem
Vater, hing aber leidenschaftlich an der verwöhnenden Mutter,
so daß eine Rivalität zum Vater entstand. Auch war dem Kna-

ben zuvor ein Geschwisterchen geboren worden, das er mit einem Gemisch von Liebe und Eifersucht aufnahm. Es entwickelte sich eine Angst, die allemal verstärkt wurde, wenn Hans auf die Straße gehen sollte. Er gab an, sich vor den Pferden zu fürchten. Der Vater des Kindes zeichnete alle Gepräche mit ihm minutiös auf und überbrachte sie Freud, der gelegentlich auch mit dem Knaben sprach. Die Pferdephobie wurde als Produkt der »Ödipus-Situation« gedeutet; der Vaterhaß hatte sich auf das Pferd verlagert, und da Hans Aggressionen empfand, fürchtete er Attacken von seiten der Pferde (Vatersymbol). Nach einiger Zeit klang das Symptom ab, und Hans war wiederum im Besitz seiner vollen Handlungsfähigkeit.

Diese fast hundert Seiten umfassende »Krankengeschichte« gilt als Grundstein der psychoanalytischen Kindertherapie und Neurosenlehre. Bald folgten zahlreiche andere Arbeiten auf diesem Gebiet. Die Kinderpsychologie ist seither zu einem bevorzugten Feld der analytischen Forschung geworden.

Auch Alfred Adler wandte sich früh diesem Bereich zu. Sein Interesse an Kindheit und Erziehung bzw. Psychohygiene im Kindesalter war noch viel ausgeprägter als dasjenige von Freud. Daher publizierte er schon 1904 eine Arbeit über *Der Arzt als Erzieher*; 1908 folgte ein Aufsatz über *Das Zärtlichkeitsbedürfnis des Kindes*. Das war der Auftakt zu einer lebenslänglichen Beschäftigung mit dem Thema der Erziehung als Neurosenprophylaxe, was für die individualpsychologische Schule besonders charakteristisch ist. Adler und seine Schüler waren von einem optimistischen Erziehungsglauben erfüllt und hofften, daß durch Verbesserung der Erziehungsmethoden viel neurotisches Elend verhütet werden könnte.

Auch der dritte Gründervater der Tiefenpsychologie, C.G. Jung, befaßte sich in seiner Frühzeit mit Erziehungsfragen. Im Gegensatz zu Freud, der die Wichtigkeit der »Triebschicksale« und der einzelnen Traumatisierungen im Kindesalter hervorhob, meinte Jung, daß die Atmosphäre des Elternhauses der wichtigste Erziehungsfaktor sei. Mit seismographischer Empfindlichkeit spüre das Kind die Spannungen in der elterlichen Ehe und werde davon geprägt. Mehr als alle Erziehungsmaßnahmen beeinflussen die Charaktere der Eltern und die Schicksale ihrer Partnerschaft das Lebensgefühl und den Lebensentwurf des Kindes.

Jahrzehnte tiefenpsychologischer Kinderbeobachtung haben ergeben, daß unsäglich viele Kinder neurotische Phasen oder gar handfeste Neurosen durchmachen, ohne daß die Eltern das sachgemäß registrieren. Man spricht bestenfalls von »Kinderfehlern« und »Entwicklungshemmungen«, ohne zu wissen, daß hierbei die Gefahr eines gesamtmenschlichen Scheiterns besteht. Oft verschwinden die Symptome im Laufe der Jahre, aber das neurotische Grundmuster persistiert. Wenn im späteren Leben Kalamitäten und Konflikte in dieselbe Kerbe schlagen, die schon in der Kindheit strukturiert wurde, dann brechen oft »wie aus heiterem Himmel« seelische Erkrankungen aus, über die die verständnislose Umwelt den Kopf schüttelt.

Warum laufen so viele Kindesentwicklungen schief? Das liegt an der erzieherischen Unbeholfenheit der Eltern, aber auch daran, daß diese selbst mangelhaft erzogen und »seelisch gestört« sind. Man kann den Kindern auch in dieser Hinsicht nicht mehr geben, als man hat; und da die Eltern nicht gut mit den Lebensaufgaben zurande kommen, wird eine »neurotische Tradition« über die Generationen hinweg weitergegeben.

Vorläufig ist kein Ausweg aus diesem Circulus vitiosus sichtbar. Auch wissen die Eltern so wenig von Psychologie und Kinderpsychologie, daß sie ihrem Kinde den Weg ins Leben nur wenig erleichtern können. Der Adler-Schüler Erwin Wexberg hat in seinem Aufsatz *Erziehung der Erzieher* (in: Zeitschrift für Individualpsychologie, Jgg. 1924, Heft 2, S. 41-45) die Situation des Kindes mit einem Fremden verglichen, der in eine Stadt kommt, deren Sitten, Sprache und Lebensformen ihm fremd seien, wobei er die Aufgabe hätte, in dieser Stadt zu leben. Wexberg schreibt:

Er würde sich anfangs nicht sehr wohl fühlen; umso mehr wird er bestrebt sein, so rasch und so vollkommen als möglich die in seiner neuen Umgebung üblichen Lebensformen zu erlernen. Ob und wie ihm dies schnell gelingt, hängt freilich nicht von ihm allein ab. Eine fremdenfeindliche Bevölkerung, die ihm nicht hilft, die ihn wegen seiner von der Majorität abweichenden Lebensweise verspottet und ihn für die Übertretung von Gesetzen bestraft, die er noch nicht kennt, verschärft seine Isolierung und erschwert ihm die Anpassung, zu der er von Anfang an bereit ist. Die Feindseligkeit der anderen wird leicht auch bei ihm neben dem Gefühl der Verlassenheit auch das des Hasses erzeugen, das durch die immer wieder empfundene Hilflosigkeit nur verstärkt wird...

Wieviele Leiden die »kindlichen Asylbewerber« von jeher durchzumachen hatten, kann man unter anderem in den Büchern von Philippe Ariès *Geschichte der Kindheit* und von Lloyd de Mause *Hört Ihr die Kinder weinen?* nachlesen. Es gibt über die Jahrhunderte hinweg eine »schwarze Pädagogik«, die mit fabelhafter Sicherheit Kinderneurosen und psychosomatische Leiden hervorrief.

Charakter, Charakteranomalien und Typenlehre. – Wenn man die Kinderneurosen (und die Neurosen überhaupt) verstehen will, dann ist es unabdingbar, sich mit Charakterologie zu beschäftigen. Die Neurose wurzelt stets im Charakter des Menschen. Andere Begriffe für Charakter sind stabiles Verhaltensmuster und Lebensstil. Darunter ist zu verstehen ein Insgesamt von Gewöhnungen, Einstellungen, Gesinnungen, Verhaltensweisen, Grundstimmungen und Weltanschauung.
Seit langem wird die Frage ventiliert, ob der Charakter angeboren oder erworben sei. Im Sinne der Individualpsychologie Alfred Adlers sind wir der Meinung, daß der Einfluß der Heredität nur sehr klein sein kann. Der Charakter entsteht in der Auseinandersetzung des Kindes mit seinen biologischen Gegebenheiten und seiner Umwelt. Dabei kommt auch ein schöpferisches Element zum Tragen. Keine Charakterentwicklung kann kausal aus der Biologie und aus dem Milieu hergeleitet werden. Es kommt immer darauf an, wie das Kind Einflüsse jeglicher Art aufnimmt und verarbeitet. Darin ist ein Freiheitsspielraum vorhanden, den man nicht unterschätzen soll.
Der Adler-Schüler Fritz Künkel hat in seinen Schriften eine individualpsychologische Charakterologie vorgelegt, die durch sehr eingängige Formulierungen die kindliche Charakterentwicklung und ihre Anomalien beschreibt. Künkel hat Adlersche Ideen popularisiert, wobei er nicht immer der Gefahr entgangen ist, eine Originalität vorzutäuschen, die nur teilweise vorhanden war. Aber immerhin sind seine Schilderungen didaktisch oft vortrefflich.
Nach Künkel beginnt das Kind seinen Lebenslauf mit einem »Urvertrauen«, mit dem es sich zärtlichkeitsbedürftig an die

Umgebung wendet und sich auch gerne erziehen läßt. Da aber die Erwachsenen ungeschickt sind, kommt es früher oder später zum »Vertrauensbruch«, und das Kind gerät in den Engpaß der »Ichhaftigkeit«. Es entfaltet sich nun nicht mehr in echter Hingabe an die Gemeinschaft und an das Lebensgeschehen, sondern faßt die ichhaften Ziele der Macht, Geltung und Selbstbewahrung ins Auge. Das blockiert das innere und äußere Werden, welches der eigentliche Sinn des Lebensvorgangs ist.

Charakter ist nach Künkel eine Summe von »Dressaten«, d.h. selbstgegebenen Imperativen, nach denen das Kind sich auf den Lebenskampf einläßt. Das entspricht der Formel des französischen Philosophen Alain, der den Charakter als einen mehr oder minder unbewußten »Schwur« auffaßte. Geprägt von schmerzlichen oder demütigenden Erfahrungen, schwört sich das Kind, das Leben so anzugehen, daß letztlich ein Triumph dabei herausschaut. Daß dieses Überlegenheitsbedürfnis alle »Sachlichkeit« (Sachbezogenheit) zuschanden macht, ist im Rahmen der Adlerschen Psychologie durchaus begreiflich.

Nach Künkel (wie auch nach Adler) schafft der Mensch sein Verhaltensrepertoire selbst, wird aber dabei von der Umgebung stark beeinflußt. Immer geht es darum, in der Zukunft Angst und Niederlagen zu vermeiden. Da aber die Verängstigung nach dem Bruch des Urvertrauens bereits im Seelenleben eingewurzelt ist, werden Lebensstil und Verhaltensweisen starr, mechanisiert und unkorrigierbar. Das macht die Dressate zu einer großen Belastung für das Kind. Es ist aber an sie gleichsam festgeschmiedet und kann sie kaum ohne fremde Hilfe loswerden.

Solche Dressate oder Charakteranomalien können mannigfaltig sein. Bei trotzigen Kindern heißt das Dressat etwa: »Ich muß immer das Gegenteil von dem tun, was die anderen von mir erwarten!« Ängstliche Kinder trainieren auf die zwanghafte Haltung: »Ich muß immer davonlaufen oder passen, wenn irgendetwas schwierig wird!« Machttypen folgen der starren Parole: »Ich muß immer erfolgreicher sein als die anderen; nur wenn ich alle meine Rivalen überrunde, bin ich ein wertvoller Mensch!«

Neurotische Charakterzüge sind in der Regel durch Affekte gestützt und radikalisiert. Wie schon Adler in seinem Hauptwerk *Über den nervösen Charakter* (1912) umfassend darstellte, geht man nie fehl, wenn man bei neurotischen Kindern oder Erwachsenen nach zugespitzten und affektuntermalten Charaktereigenschaften sucht, die die Einfügung ins soziale Leben empfindlich erschweren. Als solche nervöse Charakteranomalien beschreibt Adler z.B. Überempfindlichkeit, Ängstlichkeit, Trauer, Neid, Ehrgeiz, Eitelkeit, Geiz, Eifersucht, Haß, Pessimismus, Verstimmungen usw.

Künkel hat diese Charakterologie zu einer Typenlehre ausgebaut. Seiner Meinung nach gibt es schon im Kindesalter (und auch später) die vier Typen des Heimchens, des Stars, des Cäsars und des Tölpels. Diese vier charakterlichen Fehlhaltungen sind die Grundlage für viele Neurosenschicksale.

1. Das Heimchen. – Dieser Typus ist ängstlich, schüchtern und bleibt hinter seinen Möglichkeiten zurück, weil er wenig wagt und damit auch kaum Entwicklung zustande bringt. Das Heimchen kommt aus einer verwöhnenden Kindheitsatmosphäre. Man hat diese Form von Familienstruktur auch als »Sanatoriumsfamilie« bezeichnet. In diesen Familien hat man stets Angst vor Krankheiten, übertreibt die Gefahren des Lebens, ist overprotektiv und expansionshemmend.

Das Heimchen hat wenig Aktivität und läßt sich daher mit dem Leben nur am Rande ein. Es bleibt zeitlebens »häuslich«; zur Partnerschaft sucht es entweder ein anderes Heimchen, oder es bleibt ledig, oder es schließt sich an einen »Star« oder »Cäsar« an, den es grenzenlos verehrt. Seine Lebensbedingung ist nur, daß man von ihm nichts verlangt und es für sein Stillhalten prämiert oder lobt.

Das Heimchen ist anfällig für Hypochondrie, psychosomatische und andere Krankheiten. Es stellt Pflegeansprüche und tendiert dazu, bei auftauchenden Lebensproblemen ins Krankenbett zu flüchten.

Eine Krise im Heimchenleben kommt vor, wenn die Person, an die es sich anlehnt, stirbt, untreu wird oder es sonstwie im Stich läßt. Dann tritt Panik ein, die die Ouvertüre zu ernsten Leiden sein kann.

2. Der Star. – Auch der Star entstammt einem »weichen« Kindheitsmilieu, das aber ohne echte Liebe ist. Anstelle von emotionaler Zuwendung erhält er eine Mittelpunktsstellung; man preist ihn für Eigenschaften, die er meistens nur rudimentär besitzt. Die Folge davon ist ein hochgezüchtetes Geltungsstreben bei mangelhafter innerer Substanz. Da schon in der

Kindheitsumgebung Schein wichtiger als Sein ist, verlegt sich der Star darauf, eine scheinhafte Lebensführung aufzubauen. Für ihn werden die Menschen nicht Beziehungspersonen; sie sind nur sein Publikum. Vor ihnen zieht er andauernd seine »Schau« ab, unterbrochen von Phasen der Stumpfheit, in denen ihn seine innere Substanzlosigkeit einholt.

Es gibt schon Kinder, die diesen Typus des kleinen Hochstaplers, Angebers und Selbstdarstellers prägnant verkörpern. Sie entstammen »theatralischen Familien«, wo jeder jedem etwas vorspielt.

3. Der Cäsar. – Gemäß Künkel ist der »Cäsar« der Typus eines Menschen, der aus einer harten und lieblosen Erziehung stammt und demnach ichhaft, kämpferisch und diktatorisch wird. Er liebt die Macht über alles; darum muß er alle weichen und gefühlsmäßigen Regungen verdrängen und alle menschlichen Beziehungen nach dem Muster »Herrschaft oder Knechtschaft« strukturieren. Für ihn gilt die Lebensmaxime »Hammer oder Amboß«, und er setzt alles daran, der Hammer zu sein, der die Widerstände, die sich ihm entgegenstellen, zermalmt.

Der Cäsar ist ein aktiver Menschentyp, aber weitgehend ohne soziale Gefühle. Das gibt ihm eine gewisse Stärke und Unabhängigkeit. Er hat Führungseigenschaften. Ein solcher Mensch fühlt sich aber nur selbstbestätigt, solange ihm alles gelingt und er an der Spitze sein kann. Unerträglich ist für ihn, anderen zu folgen und ihnen unterstellt zu sein. Der Mann, der diesem Typ den Namen gab (Julius Cäsar) soll gesagt haben: »Lieber in einem armseligen Dorf der erste als in Rom der zweite!«

4. Der Tölpel. – Ein letzter Charaktertyp ist der Tölpel, der sich in sich selbst verschanzt und sich um die Welt kaum noch kümmert. Handelt es sich um ein Kind, dann prallen alle Erziehungsversuche am »Objekt« ab. Hier ist alle Hoffnung auf Entwicklung und Mitleben zusammengebrochen. Der Mensch erscheint dann fast autistisch; sein Rest von Selbstgefühl wird daraus bezogen, daß nichts und niemand ihn »berühren« kann.

Die Künkelschen Typen sind im Leben selten rein zu finden. Mischformen sind die Regel. Auch kann – infolge von Schicksalsschlägen – ein Typenwandel stattfinden. Ein Cäsar z.B., der nicht reüssiert, kann sich auf das Tölpeldasein retirieren. Und ein Star, der mit seinem Selbstdarstellungsbedürfnis mächtig scheitert, kann zum Heimchen werden. Der umgekehrte Weg ist schwieriger.

Kinderfehler. – Darunter versteht man ein auffälliges Verhalten von Kindern, das die soziale Einfügung stört. Die Fachliteratur spricht von nächtlicher Angst (Pavor nocturnus), Spielstörungen, Angeberei, Naschen, Eß- und Verdauungsstörungen, Nägelbeißen, Zerstörungslust, Geschwisterneid, Bettnässen, Stottern, Lügen, Stehlen, Trotz, Verwahrlosungserscheinungen, Dummheit, Faulheit, übermäßigem Gehorsam usw.; im Grunde müßte man alle diese Verhaltensanomalien bereits als »Kinderneurosen« einstufen.

Bei allen genannten Symptomen wird manifest, daß das Kind nicht in die richtige »Entwicklungsspur« hineingeraten ist und sich irgendwie im Widerstand zu seinen Erziehern und der Umwelt befindet. Das seelisch gesunde Kind ist weithin *erziehbar*; es kommt den Wünschen der Eltern, sofern diese vernünftig sind, entgegen und kämpft nicht gegen sie an. Wo aber ein derartiger neurotischer Kampf entbrennt, geht es bereits um *Macht und Angstvermeidung,* und das sind die wichtigsten Quellen des kindlichen Neurotizismus.

Wenn das Kind mehr oder minder selbstvergessen spielen gelernt hat, dann übt es schon viele spätere Tätigkeiten ein, die ihm nützlich sein werden. Nach Adlers Konzept ist das Spielen sozusagen »der Beruf des Kindes«. Im Spiel geht es oft um die Zukunft des Heranwachsenden; er erträumt sich passende Rollen und Lebensfunktionen, die er später möglicherweise auch wahrnimmt.

Spielgestörte Kinder sind oft verwöhnt; sie können sich nur beschäftigen, wenn ein Erwachsener dabei ist und sie beachtet. Auch seelisch vernachlässigte Kinder haben keine Lust zum Spielen. Ihr Entwicklungsmut ist gebrochen, und sie bringen keine innere Freiheit auf, die das Lebenselement des Spiels ist. Friedrich Schiller hat die Meinung vertreten, daß der Mensch nur dort »ganz Mensch sei«, wo er spielt. Das spielunfähige Kind ist demnach an der Wurzel seines Menschseins desorientiert und geschädigt.

Individualpsychologisch gilt also das Spiel als ein Charakterdiagnostikum. Man muß darauf achten, welche Position ein Kind z.B. im Gemeinschaftsspiel einnimmt. Will es führen?

Ordnet es sich ein? Leistet es Beiträge zum Gelingen? Ist es ein Störenfried? Ein Mitspieler oder ein Gegenspieler? Daraus kann man nach Adler viel über das zukünftige Lebensverhalten ableiten.

Angeberei zeigt das Kind bereits in seinem Bemühen, Überlegenheit über die Umgebung zu erlangen (mit falschen Mitteln). Ein bißchen Wichtigtuerei wird man jedem Kind durchgehen lassen; wir Erwachsene sind ja auch nicht frei davon. Zudem ist das Kind noch unbeholfen und hat wenig Selbstbestätigung im Dasein; daher benötigt es große Worte, denen wenig Taten folgen. Immerhin übt es mitunter bei seinem Angeben die Intelligenz oder Schlauheit, und das kann man im Leben gewiß auch brauchen. Ein Kind z.B. erzählte seiner Mutter oft dramatische Erlebnisse, die sich später als unwahr herausstellten. Einmal kam es atemlos nach Hause und sagte der Mutter, es sei von einem gelben Löwen verfolgt worden. Das wollte die Mutter nicht glauben. Man ging gemeinsam zum Fenster, und vor dem Haus stand ein gelbes Hündchen. Die Mutter wußte, daß das Kind vor dem Einschlafen »mit dem lieben Gott sprach«; daher empfahl sie dem Kind, es solle seine Unwahrheit dem lieben Gott beichten. Am Morgen fragte sie das Kind neugierig: »Was hat denn der liebe Gott gesagt?« Antwort: »Ach, er meinte, der kleine gelbe Hund hat mich auch schon öfter veräppelt!«

Ein anderes Beispiel pflegte Alfred Adler gerne in seinen pädagogischen Vorlesungen zu erzählen. Im Sinne einer Testsituation nahm er drei Knaben nacheinander in den Zoo mit und führte sie vor den Käfig eines bengalischen Tigers. Der erste Knabe fing an zu weinen und verlangte, rasch nach Hause gebracht zu werden. Der zweite sagte: »Ich habe gar keine Angst!« Aber er zitterte doch. Der dritte jedoch fragte demonstrativ im Bewußtsein des Gitters, das ihn vom Raubtier trennte: »Soll ich ihn anspucken?« Adler kommentierte diese Verhaltenstrias, indem feststellte: »So unterschiedlich sind schon die Lebensstile der Kinder.«

Genäschigkeit ist Selbstverwöhnung, in der Regel die Folge von elterlicher Verwöhnung oder die Kompensation von erzieherischer Vernachlässigung. Fritz Künkel sprach bei solchem Verhalten vom »kleinen Spannungsbogen«; je neurotischer ein Menschenkind ist, umso rascher verlangt es Befriedigung, sofern es irgendein »Minus« empfindet. Die Naschgier wird dann meistens beim Heranwachsen beibehalten; sie stellt ein bedeutsames Element im Verhaltensrepertoire vieler Erwachsener dar und leitet über zur Eßgier, eventuell zum Alkoholkonsum und zum Rauchen, ja sogar zum Tabletten- und Drogenmißbrauch.

Wenn das Kind seine Nägel beißt, ist es »nervös«. Es tut etwas, was den Eltern nicht gefällt und Anlaß zu kritischen Ermahnungen gibt. Vielleicht ist das auch der Hauptzweck der Übung. Ein trotziges Kind will auffallen, indem es sich »sperrig« gibt. Die Quelle des Verhaltens ist also Trotz und Aggression. Auch ist ein autistisches Element in diesem Symptom unverkennbar. Die Energie, die eigentlich zur Gestaltung der Umwelt und der sozialen Beziehungen verwendet werden soll, verfängt sich gewissermaßen im Leibe selbst. Freud sprach bei allen neurotischen Symptomen von einer »autoplastischen« Libidoapplikation, wobei der Normalfall eigentlich die »alloplastische« Libidoabfuhr ist.

Ein feines Indiz der seelischen Gesundheit oder des Gestörtseins sind allfällige Geschwisterbeziehungen. Man ist sosehr an Konflikte in der Kinderstube gewöhnt, daß man Geschwisterrivalität, Neid, Eifersucht und Haß fast schon als etwas »Geläufiges« hinnimmt. Es ist aber immer schon eine ernstzunehmende Entwicklungssackgasse; wenn das Kind mit seinen Geschwistern hadert, dann versäumt es ganz wichtige Möglichkeiten seiner Selbstentfaltung und seiner zwischenmenschlichen Beziehungsfähigkeit. Daher muß jeder Erzieher sorgsam darauf achten, daß keines seiner Kinder bevorzugt oder benachteiligt wird. Derlei wird von den Heranwachsenden seismographisch registriert.

Dummheit und Faulheit. – Dummheit ist das Gegenteil von Intelligenz. Diese ist nach einer Definition von William Stern: »Die Fähigkeit des Verstandes, sich auf neue Bedingungen ein- und umstellen zu können.« Demnach ist Dummheit geistige Schwerfälligkeit.

Früher gab man sehr viel auf die Messung des sog. »Intelligenzquotienten«. Mit geeichten Tests konnte man die Intelligenz (angeblich) zahlenmäßig erfassen. Man ging dabei so vor: Wer alle Fragen seiner Altersstufe gut lösen kann, hat einen IQ von 100; begabte und hochbegabte Kinder lösen auch Fragen höherer Altersstufen, woraus sich ein Quotient von über 100 ergibt.

Dumme Kinder jedoch bleiben hinter ihrem Alter zurück. Der IQ von 90 oder 80 nähert sich dem Schwachsinn an. Aber man zweifelt heute, ob die scheinbar exakte IQ-Messung wirklich zuverlässig ist.

Dummheit liegt vor, wenn mittlere Lebens- und Intelligenzaufgaben nicht bewältigt werden können. Wichtig ist, daß man beide Sphären im Auge behält; nicht nur die Schule z.B. stellt Probleme, sondern auch die soziale Wirklichkeit. Manche Autoren unterscheiden zwischen einer sozialen und einer instrumentalen Intelligenz. Letztere ist rein formal und sagt wenig über die menschliche Qualität ihres Trägers aus. Erstere ist tiefer verankert und muß daher im Rang höher eingestuft werden als die reine IQ-Leistung.

Dummheit (sofern sie sich dem Schwachsinn annähert) kann biologische Wurzeln haben. Häufig jedoch ist sie neurotisch bedingt und beruht auf charakterlichen Fehlhaltungen. Der Charakter bestimmt weitgehend, wie intelligent man ist. Wer etwa Eigenschaften wie Angst, Trotz, Hemmung und Unsicherheit in sich trägt, wird kaum je voll-intelligent reagieren können.

Die Tiefenpsychologie hat uns bewußt gemacht, daß »Dummheit lernbar ist«. Auch das kann zur Erklärung der beobachteten Tatsache herangezogen werden, daß der IQ von Eltern und Kindern nicht selten ziemlich ähnlich ist. Daran muß man also viel eher denken als an die mysteriöse und schwer faßbare Vererbung, wenn man solche Übereinstimmungen zwischen Familienangehörigen entdeckt. Familien haben eben nicht nur einen Lebensstil, sondern auch einen *Denkstil*. Dazu gehört auch meistens ein gewisser *geistiger Horizont*, der in der Familiengruppe heimisch ist. Wer innerhalb dessen aufwächst, wird im Hinblick auf Intelligenz und Dummheit merklich geprägt.

Kinderneurosen sind oft die Quelle von Lernstörungen und Denkhemmungen. Freud sprach von der strahlenden Intelligenz des vorschulpflichtigen Kindes und wunderte sich darüber, wie rasch diese durch geistige Stumpfheit ersetzt wird. Er machte hierfür die repressive Erziehung verantwortlich und die Einpflanzung der autoritären, sexuellen und religiösen Denkblockaden. Da alle Kulturmenschen diese Denktabus verinnerlichen, sind sie in wichtigen Lebensbelangen nicht besonders klug.

Wo massive Hemmungen und Verdrängungen bestehen, wirkt auch die Angst auf den Menschen ein. Diese ist nach H.S. Sullivan ungefähr zu vergleichen »mit einem Schlag auf den Kopf«. Daher kann ein verängstigtes Kind z.B. weder gut hören noch gut sehen und schon gar nicht gut denken.

Individualpsychologisch ist nicht nur die Frage nach dem Woher und dem Warum der Dummheit, sondern auch nach ihrem Wozu. Das Kind kann nämlich die Dummheit als eine sehr wirksame Waffe gegen seine Erzieher einsetzen. Wenn trotzige Kinder spüren, daß den Eltern viel an ihrer Intelligenzleistung liegt, dann können sie diese empfindlich treffen, sobald sie sich darin verweigern. Auch erzwingt das neurotisch dumme Kind viel Zuwendung, die es vielleicht nicht erhielte, wenn es normal funktionieren würde. Daher ist stets die Gesamtsituation des Betroffenen in Betracht zu ziehen, wenn man Dummheit begreifen will.

Sodann ist Dummsein ein sicheres Zeichen für Mutlosigkeit und geringes soziales Training. Alle komplizierten Lebensaufgaben erfordern Geduld, Zuversicht und Übung. Hat man derlei einem Kinde nicht einpflanzen können, dann ist die Forderung nach Intelligenzleistungen von vornherein zum Scheitern bestimmt.

Ein weiterer Fehlschlag der kindlichen Entwicklung ist die Faulheit. Sie ist gewissermaßen die Schwester der Dummheit. Wo beide Schwestern in Erscheinung treten, ist die Sozialisierung des Kindes beinahe aussichtslos.

Oft wird Faulheit als eine konstitutionsbedingte Eigenschaft angesehen. Das ist vermutlich ein großer Irrtum. Gewiß ist der Aktivitätsgrad bei jedem Kind unterschiedlich, und hier kann man durchaus eine biologisch gegebene Komponente anerkennen. Jedenfalls beobachtet man schon bei Säuglingen sehr verschiedene Lebhaftigkeitsgrade. Auch bei Kindern derselben Familie können Eltern bestätigen, daß »von Anfang an« sehr differente Formen von Wachheit, Aufmerksamkeit und Lebhaftigkeit an den Tag gelegt wurden.

Aber aktives oder eher passives Temperament ist noch kein Schlüssel zum Faulheitsproblem. Auch ruhige und in sich gekehrte Kinder können unter günstigen Bedingungen viel Aktivität entwickeln. Wirkliche Trägheit des Kindes ist meistens neurotisch imprägniert; sie entsteht, wie die anderen Symptome, als »Antwort« auf ungünstige frühe Entfaltungsbedingungen.

H. Schultz-Hencke hat darauf aufmerksam gemacht, daß Primärfolgen jeglicher Antriebshemmung sowohl die *Bequemlichkeit* als auch die *Riesenerwartungen* sind. Wo das Kind durch verwöhnende, harte, lieblose und strenge Erziehung in seinen Wachstumsimpulsen blockiert wird, fehlt ihm die Energie, sich mit dem Leben auseinanderzusetzen. Es erträumt sich dann viel für seine Zukunft, ist aber nicht fähig und bereit, auf diese Traumziele hinzustreben. Es erwartet von der Umwelt, daß diese mehr oder minder alle seine Wünsche erfüllt.

Wir sollten also das faule Kind als ein Opfer einer falschen Erziehung sehen. Diese Eigenschaft ist ebenso reaktiv wie die oben beschriebene Dummheit. Oft spürt das Kind, daß die Eltern sehnlichst seinen Fleiß als »Erziehungshelfer« realisieren würden. Wenn aber bereits der Trotz im Seelenleben Fuß gefaßt hat, dann müssen diese elterlichen Vorstellungen durchkreuzt werden. Daß das trotzige Kind sich selbst dabei unermeßlich schadet, wird ihm anläßlich seines Kampfes gegen die Autorität nicht klar. Wie so oft, ist in der Prestigepolitik des Neurotikers das eigene Leid eine Art »Kriegskosten«, die man eben in Kauf nimmt.

Auch das faule Kind strebt Macht, Größe, Selbstherrlichkeit und Einflußnahme auf andere an. Es traut sich aber eine direkte bzw. sozial-kulturelle Verwirklichung dieses Fernziels nicht zu. Daher greift es zur scheinbar leichteren Methode der Obstruktion elterlicher Erziehungsziele. Ob man es glaubt oder nicht, der kleine Faulpelz genießt das Machtgefühl, daß Eltern, Lehrer und Umwelt an ihm scheitern.

Aber man sollte die finale Deutungsweise nicht überstrapazieren. Am Anfang dieser negativen Zielsetzung steht ein reales Nichtkönnen, d.h. ein Defizit an Training und Anleitung zur Überwindung von Schwierigkeiten. Das Kind fühlt sich den Aufgaben des Lebens nicht gewachsen. Das erzeugt ein schmerzliches Minderwertigkeitsgefühl. Nun ist es ein alter »neurotischer Trick«, ein Nichtkönnen in ein *Nichtwollen* zu verwandeln. Dabei fühlt man sich als Subjekt und Herr der Lage, was aber eine neurotische »Lebenslüge« ist. Der Faulpelz sagt sich: »Ich will ja gar nicht, was die anderen wollen!« Gelangt er so weit, einzusehen, daß er im Grunde nicht kann, dann ist der Weg für eine innere und äußere Umstellung frei.

Adler wies auch auf die Alibifunktion der Faulheit hin. Das faule Kind (oder der Erwachsene) kann vor sich selbst argumentieren, daß es unsäglich viel im Leben erreichen würde, wenn es nur nicht vom mysteriösen *Fluch der Faulheit* geschlagen wäre. So bleibt die Selbstachtung noch einigermaßen intakt, wiewohl man wenig oder gar nichts zustande bringt.

Die Heilung des Faulseins ist keine kleine heilpädagogische Aufgabe. Das Kind muß ermutigt und zur Mitarbeit und zum Mitleben gewonnen werden. Fleiß ist eine Eigenschaft, die auf dem Boden des Gemeinschaftsgefühls und der Selbstachtung wächst. Er ist auch eine Art »Realismus«; wie die Dinge liegen, kann in der Kulturwelt Wertvolles nur durch Fleiß geschaffen werden. Das faule Kind ist unter der Ungunst ungeschickter Erziehung in eine Parasitenexistenz hineingeraten. Denn die Faulheit ist ein Appell an die anderen, uns die Mühen des Daseins abzunehmen. Sie müssen dann doppelte Arbeit leisten, damit der träge Mensch florieren kann.

Enuresis nocturna. – Dieser Begriff stammt aus dem Griechischen und dem Lateinischen und bedeutet: nächtliches Einnässen. Es kommt auch gelegentlich Enuresis diurna (bei Tage) vor. Selten handelt es sich um eine biologisch gegebene Unzulänglichkeit der Blasenschließmuskulatur; viel häufiger aber ist es ein »Kinderfehler« bzw. das Symptom einer Kinderneurose. Die Psychoanalyse spricht von einer eigentümlichen »Harn-Erotik« bei Bettnässern und assoziiert diese mit Ehrgeiz und innerer Anspannung. Auch Schultz-Hencke hebt auf eine spezifische »urethrale Gehemmtheit« ab und schreibt dieser ebenfalls eine Ehrgeizthematik zu.

Etwas bildhafter formulieren jene Autoren, die beim Bettnässen vom »Weinen durch die Blase« reden. Da ist immerhin auch ein Zusammenhang mit der familiären Umgebung deutlich akzentuiert. Die Traurigkeit des Kindes (und seine Anklagehaltung) kann sich umsetzen in einen symbolischen Appell, bei dem der Patient gewissermaßen in ein Kleinkind-Stadium regrediert. Er macht das Bett naß, um zu zeigen, daß er sich schlecht geliebt fühlt. Mitunter setzt die Enuresis nocturna ein, wenn das Kind ein Geschwisterchen bekommt und sich entthront fühlt. Dann strebt es unbewußt zur »Baby-Existenz« hin und bekundet das durch das eingenäßte Bett, was ja offensichtlich zum Baby-Sein dazugehört.

Jedenfalls ist es eine Reifungshemmung und -verzögerung, wenn Kinder oft bis ins Schulalter hinein noch an diesem Kinderfehler festhalten. Wer das tiefenpsychologisch verstehen will, muß sorgfältig die sozialen Beziehungen des Kindes und sein Selbstwertgefühl durchleuchten. Man wird immer finden, daß der Bettnässer nur geringe Selbstachtung hat. Und dies nicht nur wegen seines Leidens, sondern schon primär, weil er mit der Familie nicht zufrieden ist und Kampf- oder Angstaffekte in sich kultiviert.

Einnässen (das sich bis zum Einkoten steigern kann) ist ein Zeichen dafür, daß die Sozialisierung des Kindes schlecht gelungen ist. Sozialisieren heißt: alle Organe und den ganzen Menschen ins Soziale einbinden. Dabei werden die Organfunktionen so geschult und gemeistert, daß sie im Zusammenleben nicht stören, ja sogar Beitragsleistungen zum Wohlbefinden des Individuums und der Gesamtheit ermöglichen.

Da nun die Blase bei Enuresis nocturna nicht kulturell und sozial funktioniert, muß man sich fragen, auf welchem Persönlichkeitshintergrund eine derartige Fehlfunktion imponiert. Jeder Fall liegt anders, aber es sind immer ängstliche, unbeholfene, sprachgehemmte, kontaktscheue, ehrgeizige, eitle und traurig-verstimmte Kinder, die zu »Hilflosigkeitsappellen« greifen, um die Umwelt an sich zu interessieren. Es kommt ja meistens ein »Krankheitsgewinn« zustande. Das Kind wird viel mehr beachtet, man schimpft mit ihm oder ermahnt es, man lobt es, wenn es trocken bleibt und – als Hauptgewinn – man muß sich sehr viel um es kümmern.

Die Verhaltenstherapie hat die wenig erfreuliche »Klingel-Methode« als therapeutisches Vorgehen empfohlen. Man schließt die Windel des Kindes an einen elektrischen Stromkreis an. Wird eingenäßt, dann reißt ein Glockensignal das Kind unsanft aus dem Schlaf. Gelegentlich hat man damit Erfolg, aber nicht selten gibt es eine Symptomverlagerung: Die Neurose des Kindes »wählt« sich einen anderen Manifestationsbereich, und sie ist darin enorm erfinderisch.

Sinnvoller ist wohl die analytische Kindertherapie. Hier muß man die gesamte Familie einbeziehen, denn die Enuresis nocturna ist im Sinne der Familientherapie oft ein »delegiertes Symptom«. Der kleine Bettnässer bringt eine ganze Familienanomalie zum Vorschein; nun will man ihn behandeln lassen, aber die Familie soll weiterhin »neurotisch« bleiben dürfen.

Dagegen muß der Therapeut Einspruch erheben und den kleinen Patienten als »Familien-Botschafter« ansehen, der das Opfer einer weitläufigen Familienneurose ist.

Viel Nutzen bringt es, wenn der Bettnässer soziale, schulische und andere Erfolge hat. Was immer die Selbständigkeit und die menschlich-kulturelle Effizienz des Kindes stärkt, verringert seine Symptomatik. Auch muß das Kind lernen, ungute Affekte abzubauen. Wer tagsüber traurig, ängstlich, eifersüchtig oder feindselig lebt, ist auch nachts kein »Mitmensch«; warum sollte er da nicht sein Bett naß machen! Individualpsychologisch ist die These, daß solche Kinder nicht nur »durch die Blase weinen« (wie die Pychoanalytiker sagen), sondern daß sie auch die Welt und ihre Beziehungspersonen im Schlaf »anpinkeln«. Das ist nun ein aggressiver Akt, und wer bei der Enuresis nocturna nicht nur nach Angst und Trauer, sondern auch nach Aggression sucht, wird meistens fündig werden.

Will die Familie nicht mittherapiert werden, dann soll man zumindest parallel zur Behandlung des Kindes die Mutter gelegentlich beraten. Sie kann viel verbessern, wenn sie die innere Not ihres Kindes zu verstehen beginnt. Wie so oft in der Neurosenlehre, muß man die Enuresis nocturna nicht als Böswilligkeit des Patienten, sondern als eine »Werdenshemmung« begreifen. Gerät das Kind in eine innere und äußere Entwicklung hinein, dann wird es das lästige Symptom nicht lange beibehalten können.

Stottern. – Hier liegt eine Sprechanomalie vor, bestehend aus einer krampfartigen Blockade des Redebeginns oder einer Unterbrechung des Redeflusses mit auffälliger Symptomatik (Laut- und Silbenwiederholungen, mimische und motorische Mitbewegungen). Atmungs-, Stimm- und Sprechmuskulatur sind ins Stottern involviert. Schätzungsweise sollen ca. zwei bis drei Prozent der Gesamtbevölkerung davon betroffen sein; Kinder mehr als Erwachsene, Männer mehr als Frauen. Manche Kinder haben das Sprechen bereits gut gelernt, fallen aber ins Stottern zurück, wenn sie irgendwie traumatisiert werden. Schon die Geburt eines Geschwisterchens kann Stottern auslösen.

Man nimmt an, daß ein hoher Prozentsatz des Stotterns neurotisch bedingt ist. Sprechenlernen ist eine der wichtigsten Entwicklungsleistungen des Kindes; dabei rekapituliert es in kurzer Zeit eine Jahrtausende währende Menschheitsentwicklung. Diese komplizierte Kulturintegration kann nur dann störungsfrei verlaufen, wenn sich das Kind in der Familie geborgen und auch dem Leben gewachsen fühlt. Angst und Unsicherheit schlagen sich fast immer in störenden Sprechgewohnheiten nieder. Solche Störungen sind – neben dem Stottern – Legion. Hört man genauer auf den Sprechduktus der meisten Menschen, dann findet man, daß fast überall leichte oder schwere Blockaden eingebaut sind, die den Sprechakt behindern.

Haben sich einmal Sprechanomalien festgesetzt, dann werden diese nicht selten durch die Erzieher verstärkt, indem diese allzu viel und auch unfreundlich korrigieren und damit den Sprechakt (der unbewußt verläuft) stark ins Bewußtsein heben. Nach vielen Fehlschlägen in der Kommunikation überbürdet das Kind sein Sprechenwollen durch *Fehlererwartung und Perfektionismus*. Es gibt Familien, in denen solche Tragödien der Sprachentwicklung zur Familientradition gehören.

Nach Alfred Adler ist die Sprache dazu da, die Brücke zwischen Mensch und Mitmensch zu schlagen. Wir verbinden uns sprechend mit dem Du und dem Wir. Wer gute Gefühle und Spannungsfreiheit in sich trägt, kann besser kommunizieren als der Ängstliche, der Aggressive, der Asoziale, der Distanzierte und der Kleinmütige. Man darf das Stottern durchaus ausdruckspsychologisch als eine blockierte Bewegung auf die Mitmenschen hin deuten. Daher ist die spaßhafte Redewendung sinnvoll, daß die betreffenden Patienten »nicht nur beim Reden stottern«. Bei genauerem Zusehen entdeckt man, daß Stotterer auch mit ihren Gefühlen, mit ihren Handlungen, mit ihrem Lieben und dem Mitsein überhaupt »stottern«.

In der Psychoanalyse hat man gelegentlich behauptet, daß das Stottern letztlich auf »anale Fixierungen« und »Regressionen« zurückgeht. Das hängt mit der Theorie vom »Analsadismus« zusammen. Tatsächlich erweckt ja der Stotterer beim Sprechen den Eindruck, daß er die Sprache »zerhackt« und Gewalt gegen sie und sich selbst anwendet. Manche Autoren sprechen auch von einer analen oder zwanghaften Hingabestörung. Denn beim Kommunizieren müssen wir uns ja »ans Dialogische« hingeben, d.h. das Gespräch so führen, daß aus den Äußerungen zweier Menschen eine Art Einheit oder Ganzheit entsteht. Das aber kann der Stotterer schwer. Er empfindet sich als isoliert, und seine Störung macht diese Isolation noch prägnanter.

Man muß allemal beim Verstehen einer Neurose den Weg vom Symptom zur Gesamtpersönlichkeit beschreiten. Jedes Fixieren der Aufmerksamkeit auf die Symptomatik allein führt am Begreifen vorbei. Die Patienten selbst würden gerne nur »Symptomtherapie« betreiben, da ihnen hierbei die fundamentale Wandlung des Charakters erspart bliebe. Aber das sind Wege, die meistens nirgendwohin führen. Verhaltenstherapeuten trainieren die Stotterer, aber sie haben nur Erfolg, wenn zwischen »Trainer« und Hilfsbedürftigem eine gute emotionale Beziehung etabliert wird, die vermutlich mehr hilft als jedes »Trainingsprogramm«.

Daß man durch Übung sehr viel erreichen kann (wenn die entsprechende Gesinnung, der Mut und die soziale Verbundenheit vorhanden sind), beweisen manche Beispiele aus der Geschichte. Es ist interessant, daß unter den größten Rednern aller Zeiten primäre Stotterer waren. So war etwa Demosthenes durch dieses Leiden geplagt. Er trainierte am Meeresstrand, nahm Kiesel in den Mund und übertönte die Wellen durch sein energisches Sprechen. Da er auch an einem nervösen Schulterzucken litt, hängte er ein Schwert über sich auf, das ihm Schmerzen zufügte, wenn er eine Zuckung hatte. Nach einem solchen harten Übungsprogramm stand er wie ein Fels in der Volksversammlung und dröhnte seine »Philippiken«, d.h. seine Reden gegen Philipp von Mazedonien, der die Freiheit der Athener bedrohte. – Ein anderes Beispiel ist Camille Desmoulins, der lispelte und stotterte, aber in seinen großen Reden in der Französischen Revolution von 1789 eine Sprache führte, die nach Aussage der Zeitgenossen »wie ein mächtiger Strom daherwogte«.

Psychotherapie ist bei Stottern fast immer angebracht, auch wenn sie nicht zur völligen Beseitigung der Anomalie führt. Sie kann immerhin den Patienten lehren, seinem Symptom keine zentrale Stelle im Seelenleben einzuräumen; es ist oft nicht wichtig, *wie* man etwas sagt, sondern *was* man sagt. Mit dieser Haltung lernt der Stotterer sich entspannen, gewinnt Abstand zum Symptom, und das vermindert seine Sprechschwierigkeiten. Manche Therapeuten behandeln ganze »Stotterergruppen«, was ebenfalls recht günstig wirkt.

Lügen und Stehlen. – Ein ernsthaftes Symptom ist auch das Lügen. In der traditionellen Erziehung wurde unsäglich viel

Wert darauf gelegt, das Kind zur Wahrhaftigkeit zu erziehen. Sobald letzteres beim Lügen ertappt wurde, wurde dieses Delikt gewaltig aufgebauscht. Man sah bereits das Scheitern aller pädagogischen Bemühungen voraus und weissagte dem Delinquenten, daß er dereinst noch den »Weg des Verbrechens« beschreiten werde. Für den Tiefenpsychologen ist aber auch hier wichtig, vom Symptom zur Persönlichkeit hinzudenken. Wenn das Kind lügt, dürfen wir nicht am Vordergrundsphänomen haften bleiben, sondern müssen »in der Tiefe forschen«.

Die kindliche Lüge zeigt das zerrissene soziale Band zwischen Kind und Umgebung. Oft wird gelogen, um irgendwelche »strafbare Taten« zu verschleiern; des weiteren will sich das Kind Vorteile sichern oder ganz allgemein Überlegenheit über die Beziehungspersonen erlangen. Der Lügner fühlt sich allemal gescheiter als die anderen. Tatsächlich hat das lügende Kind meistens schon oft gelogen, ohne ertappt worden zu sein. Die Überführung angesichts von Unwahrhaftigkeit ist dann eben ein Betriebsunfall, den man mehr oder minder unwillig mit seinen Folgen zu tragen hat.

Psychologisch relevant ist die *Vereinsamung* des lügenden Kindes bzw. Erwachsenen. Offenheit zur Kommunikation bietet den tragenden Grund aller menschlichen Kontakte. Wenn das Kind die Unwahrheit sagt, dann war es schon zuvor innerlich isoliert und seine Einsamkeit vertieft sich noch durch sein Verhalten. Vor allem Karl Jaspers hat immer wieder darauf insistiert, daß die gemeinsame Wahrheit verbindet, die Verlogenheit jedoch aus der Angst geboren ist und den Kontaktmangel noch dramatisiert.

Aus kleinen Lügen eines Kindes setzt sich später die große *Lebenslüge* zusammen, die nach Henrik Ibsen im Seelenhaushalt des Kulturmenschen eine verhängnisvolle Rolle spielt. Alfred Adler hat diesen Begriff von Ibsen übernommen und ins Zentrum seiner Neurosenlehre gerückt. Man kann durchaus individualpsychologisch formulieren, daß eine Erziehung zur Wahrhaftigkeit (sofern sie auch nur annähernd gelingt) ein wertvoller Neurosenschutz ist.

Die kindliche Lüge ist meistens reaktiv auf das autoritäre und repressive Verhalten der Erzieher. Das Kind wird vermutlich »wahrheitsliebend« geboren; jedenfalls ist es offen und unverstellt in allen seinen Regungen und Lebensäußerungen. Da es aber auf die Heimlichtuerei und den Autoritarismus der Eltern stößt, muß es sich daran gewöhnen, selbst eine Sphäre der Heimlichkeit zu schaffen. Nicht nur die sexuelle Neugier, das Onanieren usw. werden ins »Rein-Private« abgedrängt; jedes Nicht-Genügen in bezug auf die elterlichen Ansprüche wird sorgfältig versteckt, da man sonst Strafe oder Tadel befürchten muß. Besonders die *Strafangst* wirkt als ein Faktor der Verheimlichung. Autoritäre und gewalttätige Eltern erzwingen regelrecht beim Kinde die Unaufrichtigkeit. Die Straferziehung hat diesbezüglich verhängnisvoll gewirkt; auch das Moralisieren ging in diese Richtung.

Ein Beispiel für viele: In Hermann Hesses Kindheit gab es unzählige Konflikte mit den strengen und frommen Eltern, die von ihrem Sohne absolute Wahrhaftigkeit verlangten, aber nicht bereit waren, ihm für seine »Untaten« Verständnis entgegenzubringen. So kam es zu tausenderlei Szenen wie jener, die der Dichter in seinem Frühwerk »Hermann Lauscher« (GW, Band 1, S.233) schildert:

> In meinem dritten Schuljahr hatte ich eines Tages einem armen Handwerker in unserer Straße ein Fenster eingeworfen. Der Mann lief zu meinem Vater, erzählte ihm meine, wie er glaubte, absichtlich begangene Tat und fügte noch hinzu, daß ich auch außerdem ein Tunichtgut und Straßentyrann wäre. Als am Abend mein Vater mir dies alles wieder berichtete und auf ein Geständnis drang, war ich über den Ankläger so empört, daß ich auch den unbestreitbar geschehenen Fensterschuß hartnäckig leugnete. Ich wurde ungewöhnlich hart gezüchtigt und glaubte nun vollends meinen Trotz nicht brechen lassen zu dürfen. So verhielt ich mich einige Tage scheu und feindselig, während mein Vater schwieg.

Man kann beinahe die quantitative Formulierung wagen: Je autoritärer und moralistischer die Eltern, umso unaufrichtiger das Kind. Man kann von Kindern nicht Wahrhaftigkeit verlangen, wenn man jede kindliche Unbeholfenheit und auch Spontaneität mit Strafen ahndet.

Eine »Übersetzung« des Lügens in Handlung ist das Stehlen. Auch hier wiederum hat die »alte Pädagogik« meistens so massiv eingegriffen, daß sie aus kleinen Delikten des Kindes Katastrophen machte, die eine innere und äußere Entwicklung ein für allemal blockierten. Eine sehr feine und weitläufige Analyse eines kindlichen Scheiterns nach Diebstählen hat Jean-Paul Sartre in seinem Buch *Saint Genet, Komödiant und Märtyrer* (1952, deutsch 1982) geliefert. Man muß nicht gerade Homosexueller und Berufsverbrecher wie Genet werden, aber der »ertappte Dieb« ringt oft um die Grundlagen seiner weiteren Existenzberechtigung. Dabei ist es in der Regel die Kompensation von Minderwertigkeitskomplexen, die im Diebstahl inszeniert wird. Es kommt auch häufig vor, daß Kinder stehlen und von den entwendeten Beträgen Süßigkeiten oder Spielzeuge kaufen, die sie an Kameraden verteilen. So wollen sie sich Liebe und Geltung verschaffen, die man ihnen – ihrer Ansicht nach – im Elternhaus verweigert. Wenn man solche Kinder nun verachtet, disqualifiziert und noch größerem Liebesentzug unterwirft, dann verschlimmert man ihr fundamentales Leiden und suggeriert ihnen weitere delinquente Kompensationshandlungen, die die Kluft zwischen Erziehern und Kind noch mehr aufreißen.

Verwahrlosung, Sucht und Suizidalität. – Lügen und Stehlen machen bereits große Erziehungsschwierigkeiten, aber noch größere sind durch die Verwahrlosung gegeben. Dieses Phänomen wurde bereits in der Frühzeit der Psychoanalyse eingehend untersucht. Besonders wertvolle Beiträge zum Studium dieser Fehlentwicklung findet man im Sammelband *Heilen und Bilden* (3. Auflage, München 1928), welchen A.Adler und C.Furtmüller schon 1913 herausgegeben haben.
Adler legt in einem besonderen Essay über *Wo soll der Kampf gegen die Verwahrlosung einsetzen?* (S. 139ff) dar, daß nur die mutlosen Kinder auf Lebens- und Schulschwierigkeiten mit Verwahrlosungstendenzen reagieren. Solche neurotischen Kinder haben ein zugespitztes Macht- und Geltungsbedürfnis. Wenn sie voraussehen, daß sie in der Schule z.B. Schiffbruch erleiden werden, »wählen« sie die Asozialität, um ihre Niederlage zu verschleiern.
Das sind Heranwachsende, die zwar einen gewissen Aktivitätsgrad, aber ein nur gering entfaltetes Gemeinschaftsgefühl haben. Ihre Kindheit spielt sich meistens in einer recht ungedeihlichen Situation ab. Oft handelt es sich um ein Gemisch von Lieblosigkeit und Verzärtelung, Triebbefriedigung und emotionale Vernachlässigung. Die soziale Kompetenz ist an

allen Fronten unentfaltet. Wenn nun Komplikationen auftauchen, werden diese Kinder faul, trotzig, pessimistisch und aggressiv. Sie nehmen den Kampf mit der Umgebung auf, der sie meistens vieles vorzuwerfen haben. Das entbindet sie der Verantwortung, denn wer sich benachteiligt fühlt, darf (angeblich) auch anderen Schaden zufügen.

Nach Adler denken Verwahrloste fast nur an sich und haben kein deutliches Bild vom Du und vom Wir. Sie sind ganz auf Selbstbehauptung und Selbstdurchsetzung eingestellt. Da sie in der Familie nicht für Mitarbeit gewonnen wurden, können sie auch in der Schule nicht reüssieren und erleiden dort empfindliche Niederlagen. Da tut sich ihnen die »asoziale Gegenwelt« auf, wo sie Kumpane finden, die ähnlich wie sie vor den sozial strukturierten Lebensaufgaben Reißaus nehmen. In ihrer jeweiligen Clique bekommen sie Respekt und Wertschätzung für ihre kleinen oder großen Missetaten. So entsteht eine Pseudogemeinschaft, deren hauptsächlicher Sinn darin liegt, die größere Gemeinschaft von Gesellschaft und Kultur zu leugnen oder zu bekämpfen.

Zur Verwahrlosung gehört meistens auch unkontrollierte Triebhaftigkeit bzw. ein triebhafter Charakter. Das zeichnet die Formen der Lustsuche vor, die bei solchen Menschenkindern einen imperativen Drang bedeuten. Selten wird man den Verwahrlosten in einem echten Liebesverhältnis finden. Eher schon inkliniert er zur Onanie, zum häufig wechselnden Geschlechtsverkehr und zur Prostitution.

Ebenfalls findet man im Rahmen der Verwahrlosung den sog. »männlichen Protest«. Wer das Opfer tiefsitzender Minderwertigkeitsgefühle ist, will nie in eine Schwächesituation hineingeraten oder eine solche nicht erkennen lassen. Daher der Kraft- und Männlichkeitskult bei den Verwahrlosten, wobei auch weibliche Asoziale pseudomännliche Verhaltensweisen adoptieren.

Eine fast ähnliche Optik können wir auf die Formen der Sucht anwenden. Auch hier geht es um ein Ausbiegen vor schwierigen oder als unlösbar angesehenen Lebensproblemen. Es ist allgemein bekannt, daß heute schon Kinder und Jugendliche zu Suchtmitteln greifen. Das Schulversagen öffnet den Weg zu diesem Abusus, der »künstliche Paradiese« anbietet, in denen man vorübergehend die »Last des Daseins« ablegen kann. Aber dem durch die Droge oder den Alkohol erzeugten Rausch folgt der

Katzenjammer, der den »Flüchtling« aufs neue mit den Lebensfragen konfrontiert, die zu lösen er nicht imstande ist.

Man hat oft beschrieben, daß der suchtkranke Mensch – nachdem er teilweise aus der Wirklichkeit ausgestiegen ist – im Suchtmilieu wieder eine Art Ordnung, Pseudo-Sinnstruktur und Aufgabenstellung findet. Er muß sich oft mühevoll sein Suchtmittel beschaffen, sich mit Dealern und anderen Süchtigen auseinandersetzen und vor allem auch die Geldmittel erwerben, mit denen er sein aufwendiges Narkotikum finanziert. Mit der Zeit verselbständigt sich der Kreislauf von Opiatkonsum, künstlicher Euphorie und nachfolgender Abstumpfung. Aber die anfängliche Motivation ist nicht nur in einem biologischen oder chemischen Mechanismus zu suchen, sondern in einer Interaktionsthematik und in einer nicht gelungenen Daseinsbewältigung.

Im Adlerschen Sinne kann man fragen, *gegen wen* diese Selbstzerstörung inszeniert und gerichtet ist. Schon das suchtkranke Kind genießt unbewußt das Scheitern seiner Erzieher und Lehrer, die angesichts der Suchtdynamik völlig hilflos sind. Auch kann man den eigenen krankhaften Ehrgeiz damit beschwichtigen, daß man eben »infolge der Sucht« zu gar keiner Leistung befähigt ist. Die Autodestruktion wird in Kauf genommen, um dem Gefühl der Selbstentwertung vorzubeugen.

Beunruhigend ist derzeit, daß das Alter der Suchtkranken immer mehr gegen die Kindheit und Jugend hin verschoben wird. In den USA und manchen anderen Ländern sind bereits Kinder- und Jugendlichenklassen zu einem hohen Prozentsatz drogen-, alkohol- und nikotinabhängig. Auch bei uns ist diese Tendenz deutlich zu registrieren.

Der Suizid hat keine andere Gesetzmäßigkeit als die oben geschilderten Krankheitsphänomene. Der Kinder- und Jugendlichenselbstmord ist leider keine Rarität. Will man die Ursachen dieser katastrophalen Entwicklung nachvollziehen, dann muß man daran erinnern, daß im innersten Kern der Persönlichkeit die stabilisierenden Kräfte der Hoffnung, der Selbstachtung und der sozialen Bezogenheit unentbehrlich sind. Sehr viele Kinder wachsen unter Bedingungen auf, wo diese essentiellen Bestandteile der Personalität nur rudimentär in Erscheinung treten können.

Die Psychoanalytiker sprechen beim Suizid von einer entscheidenden »narzißtischen Krise«, was man in der Umgangssprache auch schlichter als Zusammenbruch der Selbstachtung und Selbstbehauptung definieren kann. Immer hat man mit Fällen von »kindlicher Heimatlosigkeit« zu tun. Auch wird das Kind durch Einpflanzung von archaischen Über-Ich-Forderungen mit einem innerlichen Tyrannen versehen, der von ihm Überlegenheit um jeden Preis fordert. Nach Adler ist der Suizidale ein Typus, der durch Selbstschädigung »andere zu bestrafen pflegt«. Das Training hierzu beginnt oft schon in sehr frühen Jahren. Ein unglückliches Kind kann sich phantasie-mäßig in die Märtyrerrolle hineinsteigern und sich lustvoll aus-malen, wie es seine Angehörigen oder Beziehungspersonen zu demütigen vermag, wenn es sich selbst auslöscht. Der »rach-süchtige Triumph« fehlt selten im Gemüt des Selbstmörders. Mancher Suizidale hat Briefe hinterlassen, in denen spürbar wird, daß diese Motivation mit ausschlaggebend für die unseli-ge Tat ist.

Bei Kindern und Jugendlichen sind häusliche Konflikte, schu-lische Nöte, sexuelle Verstrickungen und Enttäuschungen in Freundschaft und Liebe die wesentlichen Suizidursachen. Vor allem in der Zeit der Zeugnisse kommt es immer wieder zu irre-parablen Kurzschlußhandlungen, weil das Kind oder der Jugendliche nicht mit schlechten Noten oder gar »Sitzen-bleiben« zu Hause Akzeptanz erhoffen dürfen. Aber der Suizid selbst entspringt nicht einer einzelnen Ursache, sondern ist Resultat einer von langem her angebahnten Ursachenver-kettung, in der im Sinne der Individualpsychologie die erziehe-risch induzierte Überempfindlichkeit, die Rachsucht und die emotionale Verschlossenheit die Hauptrolle spielen.

Gehorsam und Trotz als Grundmuster. – Alle oben dargestell-ten Fehlentwicklungen können auf die gemeinschaftlichen Nenner von Trotz und Gehorsam reduziert werden. Unseres Erachtens stoßen wir hier auf das Grundproblem der Erzie-hung und der Neurosenprophylaxe. Natürlich könnte man unsere Thematik auch noch von mancher anderen Perspektive her beleuchten.

Der Gehorsam des Kindes galt seit Jahrtausenden fast als das hauptsächliche Erziehungsziel. Ungehorsam jedoch erschien als »aller Laster Anfang«. Wir rebellieren heute gegen diese Optik; aber ganz unberechtigt ist sie nicht. Das Wort Gehor-sam enthält u.a. auch das »Hören-Können«. Soll das Kind erzogen werden, dann muß es auf seine Eltern hören, sich von ihnen führen und belehren lassen. Nur so können die tausendfachen Sozialisierungsaufgaben bewältigt werden.

Da aber die Gesellschaft bisher nahezu immer autoritär, patriarchalisch und repressiv war, verstand man im wesentlichen unter Gehorsamspädagogik das »Brechen des kindlichen Willens«. Perfekte Erziehung bedeutete, aus dem Kind einen »Anpassungsautomaten« zu machen. Die pädagogischen Lehrbücher bis in die Neuzeit hinein verherrlichen das brave, stille, gefügige bzw. masochistische Kind. Aus solchen Musterkindern konnte man gute Staatsbürger, willige Soldaten, leichtgläubiges Kirchenvolk und »Untertanen« in jenem Sinne formen, den Heinrich Mann in seinem berühmten Roman in extenso dargestellt hat.

Seit Rousseau bezweifeln wir aber sehr diese absolute Repressionspädagogik. Sie ruiniert alle positiven Kräfte in der kindlichen Psyche und erzeugt einen Typus, der für Kulturarbeit und Menschheitsfortschritt kaum brauchbar ist. Nachdem die neuzeitlichen Demokratien bereits Ansätze zu einer Erziehung zur Individualität, Autonomie und Freiheit gemacht hatten, war es das traurige »Verdienst« von Faschismus und Bolschewismus, wiederum zu einer Sklavereipädagogik zurückzulenken. Die historischen Folgen dieses Rückgriffs zum Mittelalter und zum grauen Altertum sind bekannt.

Die Tiefenpsychologie hat uns die Gefahren der überstrapazierten Gehorsamserziehung deutlich gemacht. Wo sie mißverstanden wurde, schwärmte man vom »revolutionären Kind« und von einer »Unterweisung im Trotzigsein«, wobei man alte Erziehungsfehler durch ihren Gegensatz neu präsentierte. Aus unseren Ausführungen sollte hervorgegangen sein, daß wir nicht der Meinung sind, die Erziehung eigne sich für verantwortungslose Experimente; der »Revolutionär im Kindesalter« ist ebenso absurd wie der »Untertan«.

Schultz-Hencke entlarvt in *Der gehemmte Mensch* das brave, stille und gefügige Kind als ein *gehemmtes*, das alle Aussichten hat, später infolge der Blockade seines Haben- und Behalten-Wollens, seiner Sexualität und Zärtlichkeit, seiner »Aggression« und »Intentionalität« ein Neurotiker, ein Perverser oder ein Wahnkranker zu werden. Daher ist allen Eltern zu empfehlen, ihre Musterkinder ebenso sorgsam zu überwachen wie jene, die durch Aufstand und Revolte auffallen.

Aber das trotzige Kind ist genauso problematisch wie sein gehorsames Pendant. In gewisser Weise wird man finden, daß in den meisten Kinderseelen ein unentwirrbares Gemisch von Trotz und Gehorsam sein Wesen treibt. Neurotische Kinder sind dort gefügig, wo sie es nicht sein sollen, und rebellisch, wo es ihnen und der Umwelt sichtlich schadet. Vermutlich stützen und ergänzen einander die beiden Charakterfehler und sind zwei Seiten einer Medaille.

Trotz erscheint als Seelenstärke, ist aber eine ähnliche Schwäche wie übermäßige Anpassungsbereitschaft. Man hat mit Recht gesagt, daß das Trotzigsein eine Imitation von Willenskraft sei. Denn das ständig kampfbereite Kind hat keine eigenen Ziele, sondern weiß nur, daß es anders will als die anderen. In der Kontraposition erschöpft sich seine ganze unproduktive Zielstrebigkeit.

Adler hat immer davor gewarnt, sich mit dem Kind in Kämpfe einzulassen. In der Regel ist nämlich der Erwachsene dann der Verlierer, und sein Sprößling der Sieger. Das Kind kennt noch keine Verantwortung, und wenn es zu unterliegen droht, sabotiert es einfach seine Gesundheit und Weiterentwicklung, und das trifft den Erzieher an seiner wundesten Stelle. Neurose ist eine Trotzrevolte, ein Nein-sagen gegen Eltern, Schule und Gesellschaft. Mit diesem »Nein!« läßt das unwissende Kind nicht nur die anderen, sondern auch sich selbst scheitern.

Das ganze Geheimnis der Erziehungskunst besteht offenbar darin, zwischen Skylla von Gehorsam und Charybdis von Trotz hindurchzulavieren und die Freiheit und Autonomie des Kindes anzustreben. Das kann nur gelingen, wenn die Erwachsenen selbst frei und autonom sind. Daß sie beim Erziehen auf jede Form von Gewalt, Entwertung und Unterdrückung verzichten müssen, ergibt sich aus dem Obigen von selbst. Die echte Freundschaft mit dem Kind, die Bereitschaft zur Entwicklungshilfe, Geduld und Güte sind beim Erziehungsgeschäft unabdingbar.

Erziehung als Neurosenprophylaxe. – Da die Tiefenpsychologie einen Großteil der psychischen Erkrankungen auf schädliche Kindheits- und Erziehungseinflüsse zurückführen konnte, ergab sich zwangsläufig daraus die Idee einer Vorbeugung der Neurosen. Sandor Ferenczi hat bereits im Jahre 1908 in einem Aufsatz angedeutet, daß von der Psychoanalyse große Umgestaltungen der Pädagogik zu erwarten seien.

Die klassische Psychoanalyse insistierte zunächst auf ein schonendes Abstillen des Kindes an der Mutterbrust, auf eine tolerante und geduldige Töpfchenerziehung, auf ein Vermeiden von sexuellen Denkhemmungen in der phallischen Phase und schließlich auf Wachsamkeit der Eltern in der Zeit der Ödipuskonflikte, wo sich die Wege der Entwicklung zur Neurose oder zur Normalität hin gabeln. Es muß vor allem darauf geachtet werden, daß das Kind sich nicht allzu sehr an den andersgeschlechtlichen Elternteil bindet und dem gleichgeschlechtlichen Elternteil gegenüber Groll, Rivalität und Aversion aufbaut. In der geschickten Bearbeitung des Ödipuskomplexes liegt ein wichtiger Aspekt der psychoanalytischen Erziehungskunst.

Vor allem sollten die Eltern Traumatisierungen und Frustrationen des Kindes tunlichst vermeiden. Da nie genau definiert werden konnte, was man darunter zu verstehen habe, wirkte sich die Psychoanalyse weithin dahingehend aus, daß die Erzieher verunsichert wurden und meistens zur Verwöhnung tendierten. In anderen Fällen wieder stellte man eine Laissez-faire-Pädagogik in den Vordergrund, was mitunter einer erzieherischen Gleichgültigkeit und Distanzierung zum Verwechseln ähnlich sah. Der Akzent wurde teilweise allzu stark auf die sexuelle Aufklärung der Kinder gelegt; aber es ist fraglich, ob man damit mächtige Entwicklungsimpulse auslösen konnte.

So waren die Resultate der psychoanalytischen Kindererziehung im großen und ganzen nicht überzeugend. Spätere Autoren postulierten daher, daß eine veränderte Pädagogik zunächst und vor allem eine *Erziehung der Erzieher* erfordere. Die Eltern dürfen sich der schmerzlichen Einsicht nicht verschließen, daß sie selbst einer Um- und Nacherziehung bedürfen. Sie sollen das Erziehen nicht als eine Einbahnstraße betrachten. Sie formen das Kind, müssen sich aber auch durch das Kind verändern lassen. Am ehesten treffen sie die richtige Haltung, wenn sie das Erziehungsgeschäft als *ständig lernende Menschen* antreten. Alfred Adler sagte lapidar: »Erziehen heißt, miteinander lernen, miteinander wachsen, miteinander sich entwickeln!«

Die größte Gefahr sah Adler in der Verwöhnung bzw. in der Selbstverwöhnung des Kindes. Es liegt dem elterlichen Narzißmus nahe, das Kind zu vergöttern und ihm viele Schwierigkeiten aus dem Wege zu räumen. Dadurch bekommt der Heranwachsende zu wenig Gelegenheit, Überwindung zu lernen. Als man Adler einmal fragte, welche gute Gabe eine Fee dem Kinde in die Wiege legen sollte, antwortete er: »Möglichst viele Schwierigkeiten, aber nur so große, wie das Kind sie gerade überwinden kann!«

Im Sinne der Individualpsychologie sind die zentralen Eigenschaften des seelisch gesunden Kindes der Mut und die soziale Verbundenheit. Diese Eigenschaften laufen parallel; eine kann ohne die andere nicht existieren. Erziehungsfehler setzen sich allemal in Entmutigung und in Kontaktstörungen um. Das dergestalt deformierte Kind traut sich eine aktive und geradlinige Entwicklung nicht zu und sucht seinen Weg auf der *Unnützlichkeitsseite des Lebens*. Es will seine Umgebung in Anspruch nehmen, hierfür aber keine oder kaum eine Gegenleistung erbringen. Alle Kinderfehler sind gewissermaßen Kinderneurosen und Blockaden der Persönlichkeitsentwicklung. Sie verweisen auf ein ungeschicktes Verhalten der Erwachsenen, welche dem Kinde infolge eigener Unreife und Realitätsfremdheit keine sinnvolle Entwicklungshilfe bereitstellen konnten.

Die zahlreichen Publikationen der Tiefenpsychologen zu den Erziehungsfragen haben vermutlich wenig Wirkung bei den lesenden Eltern und Pädagogen. Man liest in einen Text nur das hinein oder aus ihm das heraus, was der jeweiligen Charakterstruktur und Weltanschauung entspricht. Daher werden alle Hoffnungen auf revolutionäre Errungenschaften durch eine tiefenpsychologische Pädagogik vergeblich sein, bis man sachkundig die Aufklärung und seelisch-geistige Förderung der Eltern in Angriff nehmen wird. Dabei wird man oft eine Charakteranalyse und Eheberatung der Erzieher einleiten müssen, weil nur so analytische Erkenntnis auf fruchtbaren Boden fällt. Aber man darf doch einräumen, daß durch die Tiefenpsychologie das *Erziehungsklima* sich positiv gewandelt hat. Man hat heute mehr Geduld und Verständnis für das Kind, und das ist bereits ein beachtliches Resultat.

Pubertätsneurosen

Das Wort ›Pubertät‹ stammt aus dem Lateinischen und bezeichnet die Zeit der Geschlechtsreife oder des ›Mannbarwerdens‹. In der deutschen Sprache wird hierfür der Ausdruck ›Jugendalter‹ gebraucht. Die Autoren sind nicht ganz einig darüber, welchen Zeitraum sie diesbezüglich ansetzen sollen. Oft lassen sie die Kindheit bis zum siebenten Lebensjahr dauern; dann folgen Knaben- und Mädchenalter bis zum elften oder zwölften Jahr; die ›Reifezeit‹ jedoch soll von da an bis zum zwanzigsten oder gar fünfundzwanzigsten Jahr dauern. Das Ausreifen des Menschen erfolgt in zwei Phasen: In der ersten Phase oder Pubeszenz wird der Akzent auf mehr oder minder dramatische Reifungsschritte im körperlichen und seelischen Bereich gelegt, indes in der zweiten Phase oder Adoleszenz das eigentliche Erwachsenwerden mit Einfügung in die Gesellschaft (Liebe und Beruf) erfolgen soll.

Eine eigentliche ›Psychologie der Pubertät› gibt es erst seit ca. 50 Jahren. Um die Jahrhundertwende begann sich die Forschung auf die Psychologie der Kindheit zu konzentrieren. Erst als einige Klarheit auf diesem Gebiet geschaffen war, konnten die Probleme des Jugendalters ins Auge gefaßt werden. Bahnbrechend in dieser Sphäre waren Charlotte Bühler 1922 (*»Das Seelenleben des Jugendlichen«*) und Eduard Spranger (*»Psychologie des Jugendalters«*, 1924). Auch die Tiefenpsychologie trug viel dazu bei, die Bedeutung der Pubertätsfragen erkennbar zu machen. Seither ist die Literatur über dieses Thema schier unübersehbar angewachsen.

Über die biologische Seite der Pubertät soll an dieser Stelle nur wenig geäußert werden. Bekanntlich kommt es in diesem Zusammenhang zu tiefgreifenden hormonalen Umstellungen im Organismus, die einen körperlichen Wachstumsschub auslösen und auch zum Erwachen des Sexualtriebs und zur Ausbildung der ›sekundären Geschlechtsmerkmale‹ führen. Das schon erworbene physische und psychische Gleichgewicht gerät hierbei ins Wanken. Der junge Mensch reagiert auf seine veränderte Beschaffenheit mit Angst, Unlust, Unmut und Unsicherheit. Es stellt sich fast ausnahmslos eine ›Pubertätskrise‹ ein, die sein Leben jahrelang überschattet. Diese unruhevolle ›Zeit der Reife‹ interessiert den Psychologen und Psychotherapeuten ganz besonders, da man darauf aus ist, dem Jugendlichen in dieser kritischen Phase des Werdens und der Entwicklung Beistand und Hilfe zu leisten. Die wertvollste Hilfsaktion in der heillosen Verwirrung des Entwicklungsalters scheint aber das *Verstehen* zu sein; fast alle Autoren kommen darin überein, daß sich der Pubertierende außerordentlich nach dem Verstandenwerden sehnt, da er sich selbst kaum zu begreifen vermag. Andererseits enden jene Pubertätskonstellationen mit Katastrophen, wo echtes Verständnis von seiten der Umwelt ausbleibt. Es muß jedoch der Gerechtigkeit halber gesagt werden, daß der junge Mensch es seiner Umgebung sehr schwer macht, ihm nahe zu kommen und sein Innenleben verstehend zu erfassen. Die Tragik der Pubertät besteht u. a. darin, daß das Bedürfnis nach Nähe und Intimität in vielen Fällen ebenso groß ist wie die Kontaktscheu und Distanziertheit, was vor allem Eltern und Erzieher als schmerzliche Barriere im Zusammenleben empfinden.

Aspekte einer Pubertätspsychologie

Der auffälligste psychologische Befund des Pubertätsalters ist — nach Charlotte Bühler — das Hervortreten einer biologischen und psychischen *Ergänzungsbedürftigkeit* des jungen Menschen. In den vorangehenden Phasen der Entwicklung wird oft eine gewisse Autonomie erlangt, die natürlich ihre Grenzen hat, da der Mensch als soziales Lebewesen immer auf das Du und das Wir angewiesen ist. In den Entwicklungsjahren bricht ein Großteil des Selbstgenügsamen in sich zusammen; das Ich wird aufgeschlossen für eine Begegnung mit dem Du, für eine physische und psychische Vereinigung mit dem anderen Geschlecht. Im Prozeß dieses Aufgeschlossenwerdens entsteht Nervosität und Spannung, Wunschdenken und Sehnsucht, Triebbedürfnis und Liebesbereitschaft. Das Ausmaß an leib-seelischen Veränderungen in dieser Phase ist sehr groß. Im Kern aller Entwicklungen jedoch scheint die Vorbereitung auf die Zweierbeziehung zwischen Mann und Frau und das Erwachsenwerden überhaupt zu stehen. Charlotte Bühler, die vor allem den ersten Faktor betont, äußert sich in ihrem bereits genannten Buch (S. 59) folgendermaßen:

> »Für uns steht nun fest, der biologische Sinn der Pubertät ist der, daß das Individuum ergänzungsbedürftig wird. Daraus ergibt sich für die Struktur der seelischen Pubertät Sehnsucht als ihr Grunderlebnis. Sehnsucht und Suchen gibt allen Funktionen die Richtung auf eine zukünftige Erfüllung. Neugier, Hoffnung, Erwartung, Spannung, Sehnsucht, Wünsche und Süchte strecken sich dem Fehlenden entgegen, ganz gleich, ob dies bereits erkannt oder kaum dunkel geahnt ist. Wir definieren also seelische Pubertät als seelische Ergänzungsbedürftigkeit. Von hier aus gewinnen wir eine feste unverrückbare Basis zum Verständnis aller Pubertätserscheinungen. Ihr biologischer Sinn ist uns klar: Die Natur reißt das kindliche Individuum aus seinem bisherigen Leben, aus dem Genügen an seinem bisherigen Umkreis heraus, damit es sich Neuem, Weiterem öffne und empfänglich wird oder suchend nach der Begegnung mit einem Du.«

Charlotte Bühler und andere Autoren beobachteten in der Frühphase der Pubertät eine *Periode der Verneinung*, die fast gesetzmäßig auftritt. Der Jugendliche wird sensibler und reizbarer, einsamer und unglücklicher. Sehr häufig gerät er in ein zweites ›Trotzalter‹ hinein, welches die Anpassungsschwierigkeiten der Drei- bis Vierjährigen auf einer höheren Altersstufe zu wiederholen scheint. Die eigene Unsicherheit macht widerspenstig und sonderlingshaft; vielen Eigentümlichkeiten dieses Alters liegt eine fundamentale Mutlosigkeit zugrunde, die bis zur umfassenden Lebensangst und Lebensverneinung gehen kann. So manche Pubertätskrise endet unglückseligerweise im Selbstmord.

Die Schule stellt an den Pubertierenden vermehrte Anforderungen, denen er nicht zu entsprechen vermag, wenn seine inneren und Umgebungskonflikte ihm über den Kopf wachsen. Der Rückgang der Leistungen läuft fast immer parallel mit der Verschlechterung der zwischenmenschlichen Beziehungen, wobei man schwerlich sagen kann, welcher Faktor primär und welcher sekundär ist. Die verringerten Erfolgserlebnisse stehen in krassem Widerspruch zum erhöhten Geltungsanspruch, der für dieses Alter speziell charakteristisch ist. So kommt es zu Unzufriedenheiten an allen Ecken und Enden; wenn die Freudsche These vom ›Unbehagen in der Kultur‹ berechtigt ist, dann gilt sie in erster Linie für den jungen Menschen, der nicht selten alles und jedes als Last fühlt und am liebsten aus der Mitwelt ausbrechen würde.

In günstigen Fällen folgt aber auf die Verneinungsperiode eine *Phase der Bejahung,* die nach Bühler um das siebzehnte oder achtzehnte Jahr einsetzt. Es kommt zum Abflauen der körperlichen und seelischen Krisenerscheinungen, da sich eventuell der Ausblick auf das Leben zu klären beginnt und die Selbstfindung wichtige Fortschritte macht. E. H. Erikson spricht in diesem Zusammenhang vom Erwerb der ›Ichidentität‹, die seines Erachtens die herausragendste Aufgabe der Pubertät ist. Ein kontinuierliches und krisenbeständiges Ichgefühl ist aber in der Regel an die ›soziale Einordnung‹ gebunden. Nur der Jugendliche, der eine vernünftige Berufsentwicklung angeht und die ersten tastenden Schritte zur Eroberung seiner Geschlechtsrolle gut bewältigt, wird zu einer gewissen Stabilität gelangen. Mißerfolge in der Schule, in der Lehrzeit und im Liebesleben jedoch leiten eine Reihe von Konfliktsituationen ein, die für das Selbstwerterleben und die Zukunftserwartung sehr prekär werden können.

Wie bereits weiter oben erwähnt wurde, liegt der Angelpunkt einer positiven Entwicklung des jungen Menschen im Aufbau seiner Ichstärke. Je deutlicher er spürt, daß er dieser Aufgabe nicht oder noch nicht genügen kann, um so mehr karikiert er das fehlende Selbstbewußtsein durch Kraftprotzerei, Eitelkeit und Gefallsucht, Herablassung gegen andere, Egozentrismus und Verwahrlosung. Minderwertigkeitsgefühle sind in diesem Alter an der Tagesordnung; es fehlen aber auch kaum je die kompensierenden Wesenszüge des Geltungsstrebens und sogar des Größenwahns. Der Kampf gegen die Umwelt entbrennt um so heftiger, je weniger in den Kinderjahren die Beziehungsfähigkeit entfaltet worden ist. Starkes Ichgefühl und Kontaktbereitschaft hängen innerlich zusammen.

Um seine innere Einsamkeit zu durchbrechen, sucht der Jugendliche Freunde, mit denen er gewissermaßen die seelische Intimität einübt, die er später im Liebesleben mit dem anderen Geschlecht praktizieren soll. Freundschaft ist ihm ein wichtiges Hilfsmittel zur Bekämpfung seiner Lebensangst und Selbstverachtung. Wo sie fehlt, ist die Gefahr pathologischer Entwicklungen gegeben. Wie dem jungen Menschen in seinem Alleinsein zumute ist, hat Hölderlin in einem Pubertätsgedicht sehr schön zum Ausdruck gebracht:

> Jetzt wandl' ich einsam an dem Gestade hin.
> Ach, keine Seele, keine für dieses Herz.
> Ihr frohen Reigen? Aber weh dir
> sehnender Jüngling, sie gehen vorüber!
>
> Zurück denn in die Zelle, Verachteter,
> zurück zur Kummerstätte, wo schlaflos du
> so manche Mitternächte weintest,
> weintest in Durst nach Lied und Lorbeer.

Auch wer nicht auf ›Lied und Lorbeer‹ aus ist, bedarf dringend des mitfühlenden Herzens, um nicht alle Hoffnung aufzugeben und sich dem lähmenden Gefühl der Verzweiflung zu überlassen. Es wäre eine unberechtigte Simplifikation, dieses Verlangen nach einem Miteinandersein hauptsächlich auf die sexuelle Bedürftigkeit zurückzuführen. Der Eros in diesem Alter ist nicht mit dem Sexus identisch; auch später im Leben sind erotische und sexuelle Sehnsüchte durchaus nicht wesensidentisch. Aber es steht fest, daß eine Vereinigung beider Strebungen in *einem* Menschen zum fruchtbaren Ausgang der Pubertätsentwicklung gehört. Es ist viel gewonnen, wenn der Jugendliche aus der Phase seiner Masturbation und ziellosen Partnersuche auftaucht und ein konkretes andersgeschlechtliches Du findet, mit dem er sich *als Ganzer* zu vereinigen vermag.

Der tiefenpsychologische Standpunkt

Die tiefenpsychologischen Abhandlungen über die Pubertät betonen durchweg, daß in dieser Entwicklungsphase eine Wiederbelebung des Ödipus- und Kastrationskomplexes aktuell ist, wobei es zum Ausbruch von Neurosen und anderen psychischen Störungen kommen kann. Am besten absolvieren jene Jugendliche die Pubertätskrise, die in der Zeit der eigentlichen ›Ödipussituation‹ (im fünften und sechsten Lebensjahr) glimpflich davonkamen und — in bezug auf den Knaben gesehen — die Rivalität gegen den Vater und die sexuelle Neigung zur Mutter einigermaßen überwunden haben. Dabei wird der Ödipuskomplex abgebaut, und als Ergebnis seines ›Unterganges‹ entsteht ein intaktes Über-Ich, welches die soziale Einfügung sehr begünstigt. Das Über-Ich oder Gewissen enthält die sozialen Verhaltensnormen, so daß eine Instanz im Innern des Individuums gegeben ist, die die gesellschaftliche Anpassung fördert. Solche Jugendliche sind bereit zu kooperieren und Verantwortung für sich und andere zu übernehmen. Sie haben einen wichtigen Teil des Infantilismus überwunden. Ihre ›Trieborganisation‹ ist gegründet auf der wachsenden Vorherrschaft der genitalen Regungen über die prägenitalen; daher sind sie im Verlaufe der Jahre fähig zu arbeiten und zu lieben, was etwa dem Freudschen ›Gesundheitsideal‹ entspricht.

Schwieriger wird die Lage für jene, die in ihrer Kindheit steckengeblieben sind und daher beim Auftauchen von Schwierigkeiten auf kindliche Verhaltensmuster leicht regredieren. Sie haben Mühe, über die Familie hinauszuwachsen und die Bindung an die Eltern zugunsten anderer emotionaler Beziehungen zu lockern und aufzugeben. Solche junge Menschen stehen gleichsam vor einem ›unlösbaren Problem‹: Die erwachende Triebhaftigkeit, das fühlbare Erwachsenwerden, das Interesse an der größeren Umwelt treibt sie aus der Familie heraus; Angst, Unsicherheit und das Fehlen sozialer Techniken drängen sie in die Familie zurück, wo sie sich ebenfalls nicht geborgen und beschützt fühlen. Anstatt die eigene Entfaltung voranzutreiben, lassen sich dann Knaben und Mädchen in endlose Streitigkeiten mit ihren Eltern ein, sofern diese den Erziehungsdruck gegen den widerspenstigen Pubertierenden zu verstärken versuchen. Es kommt zu einer nicht abreißenden Kette von Konflikten, die ›Entwicklungsersatz‹ bedeuten. Man kann dies durchaus eine Neuauflage des ödipalen Denkens und Fühlens nennen, und tatsächlich benehmen sich die Pubertierenden beider Geschlechter mitunter so, als ob sie teilweise auf ein vorschulpflichtiges Alter zurückgefallen wären.

Verwöhnte, autoritär und lieblos erzogene Kinder sind besonders dazu disponiert, erhöhte Pubertätsschwierigkeiten zu haben. Die hierbei zutage tretende innere Vereinsamung, Ichschwäche und Lebensangst ist von langer Hand vorbereitet. Eigentlich muß die Erziehung zur Selbständigkeit und Kontaktfähigkeit schon im frühen Kindesalter beginnen, wobei die Erwachsenen die Emanzipationsschritte des Kindes verstehend und helfend begleiten sollen. Versäumen sie diese Erziehungsaufgabe, so wird ihr Kind durch Über- oder Minus-Sozialisation unbeholfen, konformistisch und lebensuntauglich. Die Pubertätstragödie ist aber eine Fortsetzung der Kindheitstragödie.

Wie sehr bei einer verwöhnenden und allzu konformistischen Erziehung die Selbstwerdung ausbleibt, zeigt jener junge Mann, der unter dem Pseudonym Fritz Zorn seine Lebensgeschichte mit dem Titel »*Mars*« (1977) kurz vor seinem Tode veröffentlichen ließ. Zorn war der Sohn einer reichen Schweizer Familie, der mit 32 Jahren an Krebs starb. Sein biographischer Bericht leidet ziemlich darunter, daß er fast durchgehend nur eine Anklage gegen die Eltern und die Erziehung enthält, welche Zorn für seine Depression vom 17. Lebensjahr an und sogar für seine spätere Krebserkrankung verantwortlich macht. Er ist — offenbar unter dem Einfluß oberflächlicher psychoanalytischer Einsichten — nicht in der Lage, seine Charakterstruktur und die daraus erwachsenden Lebensschwierigkeiten gründlich darzustellen; er meint lediglich, die ›sterile Elternhausatmosphäre‹ sei die einzige ›Ursache‹ seiner Komplikationen und auch Lebensängste gewesen.

Vermutlich war er ein sehr verwöhntes Kind, das auch durch Eifersucht auf einen jüngeren Bruder viele Hemmungen erwarb. Er verschanzte sich in sich selbst, wurde ängstlich und — unbewußt — hochmütig. Sein Konformismus entsprang der Ichschwäche. So schreibt er u. a. (S. 30):

»Ich gewöhnte mich daran, kein eigenes Urteil zu fällen, sondern immer nur den Urteilen der anderen beizustimmen. Ich gewöhnte mich daran, nicht selbst die Dinge zu schätzen, sondern immer nur die richtigen Dinge zu schätzen: was die anderen als richtig ansahen, gefiel mir auch, und was die anderen nicht als richtig betrachteten, dem zollte auch ich keinen Beifall. Ich las ›gute Bücher‹, und sie gefielen mir, weil ich wußte, daß sie ›gut‹ waren; ich hörte ›gute Musik‹, und sie gefiel mir aus demselben Grund. Was aber ›gut‹ war, bestimmten die anderen und nie ich selbst. Ich verlor jede Fähigkeit zu spontanen Gefühlen und Vorlieben. Ich hatte erfahren, daß klassische Musik ›gut‹, daß Schlager und Jazz aber ›schlecht‹ waren. Darum hörte ich klassische Musik, wie das meine Eltern taten, und fand es ›gut‹, und ich verabscheute Jazz, von dem ich wußte, daß er ›schlecht‹ war, obwohl ich noch gar nie Jazz gehört hatte und überhaupt keine Ahnung davon hatte, was Jazz eigentlich war. Ich hatte nur gehört, daß er ›schlecht‹ war, und das genügte mir.«

Das gute Funktionieren eines Kindes in der Schule, sein Brav- und Unauffälligsein heißt noch lange nicht, daß eine ausreichende Vorbereitung auf das Leben stattfindet bzw. stattgefunden hat. Das Heranreifen eines jungen Menschen darf nicht nur auf die Schulleistungen bezogen werden; fast noch wichtiger sind die Fähigkeit zur Freundschaft, zur Selbstbehauptung in der ›peer group‹, die Widerstandskraft gegen Aggressionen von seiten der Umwelt, die Wahl von kulturell wertvollen Zielen und Interessen. Oft ist es sehr aufschlußreich, wenn man Jugendliche frühzeitig nach allfälligen Berufswünschen befragt; die Mutigen und Realitätsbezogenen setzen sich schon sehr bald mit ihrer beruflichen Zukunft auseinander und schmieden Pläne, wie sie in der Welt nützlich werden und dabei auch eine prestigeorientierte Rolle spielen können. Das Ausbleiben von Berufsneigungen ist fast immer ein Indiz auf Verwöhnung im Elternhaus. In anderen Fällen wieder kommt es zu lebensfeindlichen oder aggressiven Berufswünschen (Totengräber, Räuberhauptmann usw.), die andeuten, daß das soziale Verbundenheitsgefühl unterentwickelt ist.

Eine positive Haltung zur eigenen Geschlechtsidentität, zur Leiblichkeit und zum Sexualtrieb ist ebenfalls ein großes Gesundheitskriterium. Über die Notwendigkeit der sexuellen Aufklärung muß man heute nicht lange diskutieren. Aber das Aufklären soll sich nicht nur auf ›anatomische Details‹ beschränken. Zur Anatomie des Sexus soll auch die ›Psychologie des Liebens‹ hinzugefügt werden. Scheiternde Pubertätsentwicklung kündigt sich meistens im schlechten Körperverhältnis an, das Ursache und Resultat sexueller Verdrängungen und der Lebensangst ist.

Der bereits erwähnte Fritz Zorn schreibt über sein Mißverhältnis zum eigenen Körper sehr eindrücklich (l. c., S. 60):

»Nur in einem Fach wollte es aber durchaus nicht klappen: im Turnen natürlich. Denn im Turnen ging es eben um etwas anderes als in den wissenschaftlichen Fächern: um Kraft, Mut und körperlichen Einsatz, und diese Dinge kannte ich alle nicht. Der Körper an sich war mir schon fremd, und ich wußte nichts damit anzufangen. Ich war sehr bewandert in der Welt des zweifelhaften ›Höheren‹, aber vor der geahnten Brutalität und Primitivität der körperlichen Welt hatte ich Angst. Ich bewegte mich nicht gerne, ich empfand mich als häßlich und ich schämte mich meines Körpers. Der Körper war eben immer

einfach da, es gab für ihn keine Ausflüchte in die Welt des
›Schwierigen‹ und Lebensabgewandten. Diese von mir als
störend empfundene mangelnde Erdverbundenheit meines
Körpers äußerte sich in einer übertriebenen Schamhaftigkeit.
Ich vermied nicht nur jede körperliche Berührung, ich ver-
mied sogar die Wörter, die sich auf den Körper und auf seine
Schamhaftigkeit bezogen.«

Nach Alfred Adler müssen wir in erster Linie auf die Charakterentwicklung achten, wenn wir das Pubertäts- und Lebensschicksal eines Menschen begreifen wollen. Der Charakter ist nicht angeboren, sondern gewissermaßen ›anerzogen‹; er bildet sich in
der Auseinandersetzung des Kindes mit seiner frühen Umwelt,
ist Produkt einer schöpferischen Verwertung der Eindrücke und
Gegebenheiten, die das Kind in seiner Umgebung und Erfahrung vorfindet.
Die Hauptachse des Seelenlebens ist das Gemeinschaftsgefühl
oder die soziale Verbundenheit. Sie stellt sich allemal ein, wenn
die Eltern ihrer Erziehungsaufgabe gewachsen sind und in ihrem
eigenen Leben ›Sozialinteresse‹ verwirklichen. Wo aber die Bindung an die Mitmenschen sich verringert, entstehen Hemmungen und Ängste, repräsentiert in Charakterzügen ängstlicher
und aggressiver Art. Das Aufnehmen sozialer und sexueller Beziehungen erscheint dann als schwer oder unmöglich.
Ein Beispiel hierfür kann etwa das Tanzen sein. Die Tanzstunde
wird für den gehemmten Jugendlichen nicht zur Gefühlsberei-
cherung, sondern zum unentrinnbaren Fiasko. Hier wiederum
eine Aussage von Fritz Zorn (l. c., S. 67):
»Ein Prüfstein für diese Entwicklung war der Tanzkurs. Wie
jedermann bekannt war, hatten viele Jungen eine Tanzkurs-
freundin. Offenbar war der Tanzkurs der Ort, an dem es
Freundinnen gab. Solange ich noch nicht im Tanzkurs war,
hatte ich eine bequeme Erklärung für mich: ich war eben noch
gar nie am Ort gewesen, an dem es Freundinnen gab; ich war
vollkommen unschuldig an der Sache, ich hatte bloß noch
keine Gelegenheit dazu gehabt. Aber ewig sollte auch dieses
latente Vergnügen nicht für mich dauern, denn schließlich
kam auch ich in den Tanzkurs. Dort stellte ich bald fest, daß es
Jungen gab, die mit Mädchen etwas anzufangen wußten, und
daß ich mit ihnen gar nichts anfangen konnte und immer nur
gehemmt und verlegen auf meinem Stühlchen saß.«

Noch schwieriger wird es beim Flirten und beim Umwerben des anderen Geschlechtes. Viele Jugenddramen knüpfen an der gescheiterten Beziehungsaufnahme in der Liebe an, indes das Gelingen einer frühen Partnerschaft sehr viele Konfliktstoffe eliminiert oder bagatellisiert.

Am gefährdetsten sind die jungen Menschen, an denen wir das Überwiegen von Charaktereigenschaften wie Faulheit, Ehrgeiz, Eitelkeit, Neid, Geiz, Haß, Eifersucht, Trauer, Schüchternheit, Pessimismus, Distanziertheit, Negativismus und Verzweiflung beobachten. Sie halten sich noch einigermaßen aufrecht, solange sie — durch die äußeren Umstände begünstigt — Erfolge haben. Kommt es aber zu einigen Mißerfolgen, so nimmt die Entmutigung überhand und die ohnehin nur schwachen Brücken zur Mitmenschlichkeit werden weiter abgebrochen. Die charakterlichen Anomalien leiten die neurotischen Fehlentwicklungen ein. Hinter jeder Neurose im Jugendalter stehen Charakterdeformationen, die von der Umwelt wenig beachtet und daher auch nicht im guten Sinne beeinflußt werden.

Geisteswissenschaftliche Psychologie

Während die Tiefenpsychologie die familiären, die sexuellen und charakterlichen Konflikte des Jugendlichen besonders beachtet, hat sich die geisteswissenschaftliche Psychologie vor allem mit dem Hineinwachsen des jungen Menschen in die Gesellschaft und in die Kultur befaßt. Der klassische Text dieser Forschungsrichtung ist immer noch das Buch von Eduard Spranger »*Psychologie des Jugendalters*« (1924). Es ist mit ungewöhnlichem Feinsinn geschrieben und stellt eine herausragende Leistung der Kunst *und* der Wissenschaft dar.

Die geisteswissenschaftliche Psychologie, deren Ursprünge bei Wilhelm Dilthey liegen, sieht das zentrale Phänomen des Jugendalters im *Selbständigwerden* des jungen Menschen und in seinem *Hineinwachsen in die Gesellschaft* bzw. in die Sphären des ›objektiven Geistes‹. Die Fehlschläge der Entwicklung zeigen sich nicht nur in Sexual- und Charakterstörungen, sondern auch in einer deutlich verminderten Assimilation des gesellschaftlichen und kulturellen Lebens, an welchem der Mensch erst zum ›Personsein‹ heranwachsen kann. Die große Bedeutung der Pubertät als einer ›zweiten Kindheit‹ oder gar einer ›zweiten

Geburt‹ liegt darin, daß sie — durch Triebverstärkung und emotionale Erschütterung — auf die Begegnung mit ›Mutter Kultur‹ und ›Vater Zeitgeist‹ vorbereiten soll. ›Persönlichkeit‹ entsteht nur dann in überzeugendem Ausmaße, wenn die leiblichen Eltern durch das ›Kulturmedium‹ ersetzt werden und wenn das Menschenkind zum Kulturträger geworden ist.

Spranger teilt die Kultur in sechs Wertbereiche oder Sinngebilde des objektiven Geistes ein. Diese sind Wirtschaft, Gesellschaft (das Soziale), Sitte und Moral, Kunst, Wissenschaft, Religion und Philosophie (Weltanschauung). Dem entspricht die Ausprägung von sechs Menschentypen, die sich jeweils einen dieser Bereiche zum Lebensinhalt wählen; ›idealtypisch‹ kann man demnach vom ökonomischen, politischen, sozialen, ästhetischen, wissenschaftlichen und religiösen Menschen sprechen. Aber diese Idealtypen sind Konstruktionen; im wirklichen Leben findet man Charaktere, die sich mehrere dieser Kulturfelder als Lebensinhalt wählen.

Jedenfalls sind sechs ›Wertsphären‹ gegeben, die den Inhalt des kulturellen und geistigen Lebens ausmachen. Sie erheben sich vor dem Jugendlichen im Entwicklungsalter als Aufgaben und Anforderungen, die er in irgendeiner Weise bewältigen soll. Natürlich beschreibt Spranger mit diesem Konzept das spezielle Problem der ›Kulturpubertät‹, wie es bei jungen Menschen aus dem Bürgertum und den ›gehobenen Schichten‹ zum Tragen kommt; die proletarische und die Bauernjugend hat andere Gesetzmäßigkeiten. Heute aber zeigt sich eine gewisse Nivellierung in dieser Hinsicht. Das Proletariat ist kleinbürgerlich geworden, und ein Teil des Bürgertums ist ›proletarisiert‹. Die Unterschiede, die um die Jahrhundertwende noch gewichtig waren, wurden eingeebnet.

Wie kommt der Jugendliche in Gesellschaft und Kultur ›hinein‹? Durch Lernprozesse aller Art, die mit seinem Selbstwerden und seiner Selbstverwirklichung zusammenhängen. Das Fundament hierzu sind aber ›Werterfahrungen‹, die im ›Erlebnis‹ wurzeln. Hier einige Hinweise auf Sprangers Gedankengänge:

a. Das wirtschaftliche Problem stellt sich dem Jugendlichen als Berufsfrage, d. h. als Aufgabe der Berufswahl. Hierauf wird er durch die Schule im wesentlichen vorbereitet. Aber auch schon die häusliche Erziehung spielt eine bedeutende Rolle. Man denke an die Vorbildhaftigkeit von Vater und Mutter; vor allem der erstere ist Repräsentant der gesellschaftlichen Leistungsanforderungen, die er dem Kinde ›vorbildlich‹ nahebringen muß. Die Leistungsgesinnung ist unentbehrlich für eine gesunde Einstellung zum Berufsleben. Sie wird heute zu wenig gefördert. Ein Teil der Jugendlichen meint, das Leistungsethos ablehnen zu dürfen, weil im Kapitalismus gewisse Exzesse der ›Arbeitsamkeit‹ stattfinden.

Das Berufsethos ist immer auch partiell Lebensethos. Je entschiedener sich ein Mensch für seinen Beruf einsetzt, um so eher kann er sein Dasein mit Gehalt erfüllen. Die Arbeit ist eine der großen Glücksquellen der menschlichen Existenz. In ihr bekennt man sich zur allmenschlichen Solidarität, indem man einen Beitrag zur allgemeinen Wohlfahrt leistet.

b. Politik befaßt sich — vom Wortsinn her — mit den Angelegenheiten der ›polis‹, der Stadt, in der man lebt. Hinzu kommen die Formen des nationalen und internationalen Zusammenlebens: Heute hat das Politische stets auch eine menschheitliche Dimension. Der Jugendliche ist oft für diese Zusammenhänge interessierbar, hat aber selten die Geduld und die geistige Kraft, sich ›objektiv‹ einen Standpunkt zu erarbeiten. Viele junge Menschen werden von politischen Fanatismen und Einseitigkeiten angezogen. Auch der unreflektierte ›Aktionismus‹ gewinnt leicht seine Anhänger. Man geht davon aus, daß man mit dem Erwerb des Stimmrechtes (derzeit mit 18 Jahren!) auch schon politische Mündigkeit miterlangt. Dabei wird die Verantwortung des politischen Handelns und Entscheidens vom Pubertierenden oft zu oberflächlich gesehen. Allerdings haben die ›Väter‹ in der jüngsten Vergangenheit (Faschismus, Bolschewismus usw.) auch nicht gerade besonders viel politische Vernunft an den Tag gelegt. Daher denken viele Jugendliche, daß sie die Geschicke der Gesellschaft sehr wohl in die Hand nehmen können: Es werde dabei auch nicht mehr Stumpfsinn herauskommen als etwa im Zeitraum von 1914 bis 1945.

Das Hineinwachsen in die Politik ist aber ein gewaltiger Bildungsprozeß, der Schulung und ernsthaftes Engagement voraussetzt. Bei den Völkern der Antike wurden erst die Dreißigjährigen als ›mündig‹ erklärt (im alten Rom), und die Geschicke des Gemeinwesens lagen in der Befugnis der Alten (Senat), die mitunter sogar im Greisenalter standen. Das schuf die Gefahr des Konservatismus, der Erstarrung; aber das heutige Revoluzzertum ist ebenfalls nicht überzeugend und imponiert vor allem durch Entartungserscheinungen.

188

c. Wissenschaft, Religion und Philosophie sind für junge Menschen Quellen der Inspiration und des Enthusiasmus, wenn sie zur Kultur hin erzogen wurden. Leider scheint sich die heutige Jugend weniger für Wissenschafts- und Weltanschauungsfragen zu begeistern als etwa noch die Jugend von 1900 bis 1930. Es hat offenbar ein kultureller ›Ausverkauf‹ stattgefunden, der die geistige Substanz des Jugendalters empfindlich betroffen hat. Pubertierende von heute enthusiasmieren sich weniger für Philosophen, Schriftsteller und Wissenschaftler, desto mehr aber für ›wilde Musik‹, Massenidole und Scheingrößen der Scheinkultur.

Es ist fast ein Zeichen für die echte Persönlichkeitsentwicklung, daß junge Menschen noch Lust und Liebe zum Diskutieren haben, sich über Weltanschauungsfragen den Kopf zerbrechen und auf ihre Art zu ›philosophieren‹ versuchen. Da kündigt sich die Geistwerdung der Person an, eine Ausformung der kulturellen Persönlichkeit.

d. Auch die Kunst hat einen eminenten Bildungswert. Gut sozialisierte Jugendliche sind meistens empfänglich für künstlerische Daseinswerte. Sie suchen in der schönen Literatur Formen der Daseinsbewältigung, inspirieren sich an Malerei und bildenden Künsten. Nach der Auffassung der Psychoanalyse sind es sublimierte Sexualtriebe, die in der Kunst ihr Betätigungsfeld haben. Wie immer man zu dieser (gewagten) Theorie stehen mag: Kunstinteresse ist ein Zeichen dafür, daß der Eros des jungen Menschen nicht nur in handfester Sexualität zum Vorschein kommt, sondern auch verfeinerten Lebensausdruck finden kann. Spranger sieht im Eros einen der entscheidenden Motoren der Selbstwerdung des Jugendlichen.

e. Religion und Ethik sind weitere Gebiete, in denen das Assimilieren von Kultur und Lebenswerten sich ereignet. Man tut gut daran, die Jugendlichen behutsam auf die Problemlagen in diesen Sphären vorzubereiten und sie von jedem Fanatismus oder Dogmatismus fernzuhalten. Wichtig ist, daß dem jungen Menschen die Möglichkeit geboten wird, sich einen eigenen Standpunkt zu erarbeiten. Man informiere ihn über alles und jedes, was diesbezüglich gedacht und diskutiert worden ist, und erlaube ihm, gemäß seiner Denkfähigkeit selbst zu urteilen und zu forschen. Aus den geistigen Bedrängnissen dieser frühen Wahrheitssuche entsteht die wertvolle Persönlichkeit.

Spranger beschreibt in seinem Buch den Normalfall der Pubertätsentwicklung, vielleicht liefert er sogar ein ›normatives Gemälde‹, sozusagen ›wie es sein sollte‹. Der normale junge Mensch in seinem Sinne würde in der Familie ein intaktes Milieu vorfinden, an welchem er den Mut zum Wachsen und Werden erwirbt. Damit ausgestattet, bewältigt er die Anforderungen der Schule, interessiert sich für Menschen und Lernstoff, schließt Freundschaften mit Gleichgeschlechtlichen und nähert sich in der Pubertät auch dem anderen Geschlecht an. Für längere Zeit begnügt er sich mit seelischer Liebe zu einem andersgeschlechtlichen Du, bis er in der Lage ist, durch Dauerverbindung auch die Voraussetzung für eine sexuelle Partnerschaft zu schaffen. Dies erfolgt aber günstigenfalls im Einklang mit der Assimilation von Kulturwerten, durch Eingliederung in die Kultur. Dazu gehört nicht nur der befriedigende Beruf, sondern eben auch Kunstinteresse, eigenes Nachdenken, eigene Gesellschaftsbildung, eigener Standort im Religiösen und Neigung zu Wissenschaft und Philosophie. Wer so auf das Leben vorbereitet wurde, kann sich in die kulturelle Tradition einschalten; aus dem Kulturempfänger wird — je nach Kräften und Fähigkeiten — ein Kulturschöpfer oder Kulturträger.

Die Neurose ist eine Blockade im familiären Bereich, die notwendigerweise partiell oder total das Hineinwachsen in den Kulturbereich hemmt oder verunmöglicht. Gewiß sind auch Kulturrepräsentanten oft Neurotiker. Dennoch gilt die Definition: Neurose ist ein unterbrochenes, verkümmertes Bildungsgeschehen, das sich in allen Schichten der Persönlichkeit deletär auswirkt. Dieser Gesichtspunkt muß bei den seelischen Erkrankungen der Pubertät beachtet werden.

Psychogene Erkrankungen des Jugendalters

Alle Pubertätsneurosen erscheinen im Lichte unserer obigen Ausführungen als die Unfähigkeit des Jugendlichen, in die sozial-kulturelle Welt hineinzuwachsen und eine tragende Beziehung zu einem andersgeschlechtlichen Du aufzunehmen und zu gestalten. Es kommt zu einer ›Werdenshemmung‹ (v. Gebsattel), zu einem Stillstand der Entwicklung oder gar zu einer Regression auf bereits überwundene Formen des Lebens und Erlebens. Die Angst und die Beziehungsstörung spielen hierbei eine entscheidende Rolle. Beide Faktoren blockieren den Aufbau der

Persönlichkeit; sie halten das Ich im Bereich von Infantilismen fest, wobei die verschiedenartigsten Symptome als Ausdruck des Rückzugs und als Sicherung des prekären Selbstwertgefühls ausgebildet werden. Der junge Mensch, der nicht den Mut zur Selbstverwirklichung hat, wählt in seiner ›eigensinnigen Verzweiflung‹ die Krankheitsrolle, durch die er eine Abart von Zuwendung und Aufmerksamkeit erlangt. Er wird zum Problem für seine Umwelt, da er nicht mit- und vorangeht; irgendwo in seinem Innern ›genießt‹ er dieses ›Nein zur Mitmenschlichkeit und Kultur‹, das er als Kraft auslegt, indes es jedoch fast ausschließlich aus der Schwäche stammt.

Welche Neurose im jeweiligen Einzelfall in Erscheinung tritt, hängt von den Zufälligkeiten des Milieus (Familienneurose!) und des Schicksals ab. Wahrscheinlich besteht auch ein (kleiner) Freiraum der Gestaltung: Ein Abglanz von ›Schöpfertum‹ liegt auch in der neurotischen Symptomatik, die ein bedrängtes Individuum entfaltet anstelle von Fähigkeiten und Interessen, die für die Kultur nützlich sein können.

Wir geben in der Folge einen knappen Überblick über die hauptsächlichen psychogenen Störungen, die im Jugendalter vorkommen.

a. Wir wissen heute, daß die Onanie eine normale Abreaktion der sexuellen Bedürftigkeit ist, wenn andere Formen der Befriedigung nicht gegeben sind. Der Jugendliche wird fast immer masturbieren, da er die Gelegenheit zum Sexualverkehr nicht hat. Auch schon im Kindesalter gibt es onanistische Handlungen: Sie sind kein Grund zur Aufregung der Eltern, wiewohl überprüft werden muß, warum und wie oft das Kind onaniert. Man muß der Tatsache ins Auge sehen, daß die Reizempfänglichkeit der Sexualorgane eigentlich schon beim Säugling beginnt, so daß Selbststimulierung bei allen möglichen Anlässen zustande kommen kann.

Problematisch wird die Sache erst, wenn wir die sogenannte *Zwangsonanie* beobachten können. Hier nimmt die Selbstbefriedigung einen relativ großen Raum ein. Das Kind oder der Jugendliche onaniert mehrmals am Tage. Fast immer ist die abnorme Zuwendung zum eigenen Körper und seinen Lustquellen ein Symptom dafür, daß die Betätigung in der Umwelt und die Kontaktaufnahme zu den Mitmenschen irgendwie geschädigt sind. Übertriebenes Onanieren zeugt von Mutlosigkeit, Egozentrismus oder Autismus. Natürlich kann derlei nicht durch

Gebote und Verbote behoben werden. Auch die Drohung der ›Sündhaftigkeit‹ und der ›Körperschädigung‹ verstärkt eher die autoerotischen Tendenzen. Wer helfen will, muß in seiner Verstehensarbeit den Weg vom Symptom zur gesamtpersönlichen Störung zurücklegen. Angst, Hemmung, Freudlosigkeit usw. liegen dem zwanghaften Masturbationsgeschehen zugrunde. Von Unsittlichkeit kann keine Rede sein, wohl aber von ›Unglück‹.

b. Die *Verwahrlosung* stellt ein wichtiges Erziehungsproblem dar. Darunter fallen etwa Erscheinungen wie Weglaufen von zu Hause, Eigentumsdelikte, Lügen, Hochstapelei, aggressive und sexuelle Verwahrlosungstendenzen. August Aichhorn hat in seinem klassischen Werk *»Verwahrloste Jugend«* (1925) einen ersten Vorstoß in die psychoanalytische Verwahrlosungstheorie unternommen; der Schweizer Hans Zulliger folgte ihm mit anschaulichen Beschreibungen aus dem Leben schwieriger Pubertierender, die aktiv gegen die Gesellschaft rebellieren, weil ihre Sozialisation mißlungen ist.

Verwahrloste Jugendliche stammen oft aus ›unvollständigen Familien‹ oder aus ›broken homes‹, d. h. aus Familien, wo die Eltern im Streit leben oder auf Scheidung hin tendieren. Nicht selten sind auch soziale Benachteiligungen der Hintergrund des asozialen Benehmens. In anderen Fällen wieder zeigt sich ein Gemisch aus Verwöhnung und Lieblosigkeit, welches dem Heranwachsenden falsche Maßstäbe für das Leben mitgibt. Der vergrößerte Lebensspielraum der Pubertät wird dann dazu benützt, aus der Familie auszubrechen oder gegen sie zu revoltieren. Meistens werden auch Gleichgesinnte gesucht, die sich zur gemeinsamen Verwahrlosung zusammentun. Auch Bandenbildung gehört in diesen Bereich.

Die Verwahrlosung wird gespeist von jener Grundintention, die Alfred Adler den ›männlichen Protest‹ genannt hat. Der asoziale Mensch lebt nach dem Imperativ: »Ich will ein ganzer Mann sein!« Das gilt sowohl für Angehörige des männlichen als auch des weiblichen Geschlechtes. Man nimmt den Kampf gegen die Umgebung auf, indem man deren Wertmaßstäbe mißachtet und den ›Weg nach unten‹ antritt. In der Optik des Verwahrlosten jedoch wird dies in einen ›Weg nach oben‹ umgedeutet.

Das Weglaufen sieht wie eine ›Flucht in die Freiheit‹ aus; es erweist sich aber bald als ein Gefangensein in Unfreiheiten, die schlimmer sind als die häusliche Misere. Lügen, Stehlen und

Hochstapeln sollen die drückenden Minderwertigkeitsgefühle zum Schweigen bringen, indem man sich schlau und listig über die anderen erhebt, stets unter Ausnützung von deren Ahnungslosigkeit. Der Asoziale hält sich für klug und mutig; er ist aber in Wirklichkeit feige und bestenfalls ›schlau‹; er verstrickt sich meistens bald in das Netz seiner Ausweglosigkeiten, wodurch er tiefer in die Verwahrlosung hineingetrieben wird.

Sexuelle Frühreife und Schwererziehbarkeit sind in der Regel Teil eines allgemeinen Verwahrlosungsphänomens. Man muß hier allerdings in der Beurteilung vorsichtig sein. Im Zuge der Gesamtakzeleration des jugendlichen Reifens sind heute Knaben und Mädchen früher sexuell ›funktionstauglich‹. Auch haben sich die Moralkodices sehr gewandelt. Daher kommt es zu Sexualkontakten in einem Alter, in welchem unsere Großeltern und Eltern noch ziemlich ›ahnungslos‹ waren. Panische Reaktionen auf sexuelle Beziehungen im Jugendalter sind unzweckmäßig. Es ist stets zu überprüfen, welchen Charakter diese frühzeitige Sexualität hat; eventuell ist sie bereits mit echtem Eros verbunden, weshalb das Einschreiten des Erziehers genau überlegt sein soll.

Beunruhigender sind frühe Promiskuität und sogar Prostitution. Letztere hat oft mit Drogenabusus zu tun: Das Geld muß ›angeschafft‹ werden, damit die Drogen bezahlt werden können. Zu den Motiven der Frühsexualität gehören die Suche nach emotionaler Wärme, das Erwachseneinwollen und eben der ›Protest‹ gegen Eltern, Sitte und Moral, den man mitunter mit der Selbstzerstörung bezahlt.

c. Über die *Homosexualität* wird jetzt sehr viel diskutiert, wobei die Homosexuellen für sich beanspruchen, eine ›naturwüchsige‹ Sexualvarietät darzustellen, die nicht mit dem ›Neurosenverdikt‹ belegt werden dürfe. Die tiefenpsychologische Auffassung geht aber doch dahin, in der homosexuellen Partnerwahl das Ergebnis von Sozialisationsschäden zu sehen. Fast regelmäßig ist die Vorgeschichte von Homosexuellen eine ›Neurosenbiographie‹. Beim männlichen Invertierten fehlt oft die Möglichkeit der Identifizierung mit einer (positiven) Vaterfigur; andererseits wird das Leben des Heranwachsenden bestimmt durch eine verwöhnende und dominierende Mutter, die eine fundamentale *Angst vor dem Weiblichen an sich* konstelliert. Im späteren Leben weicht der Homosexuelle engeren Bindungen an die Frau aus; als Alibi hierfür ›arrangiert‹ er einige enttäuschende Erfahrungen mit Frauen, die er grundlos verallgemeinert. Der Rückzug vor dem weiblichen Geschlecht wird durch die Zuwendung zum Manne abgesichert. In der Eroberung eines Mannes sieht man dann eine Bestätigung der eigenen Männlichkeit: Bei der Frau hingegen rührt sich der Kastrationskomplex, so daß uralte patriarchalische Vorurteile dazu dienen müssen, das Bild der Frau zu entstellen. Ein gewisser Narzißmus wird dadurch befriedigt, daß man ›anders als die anderen ist‹. Kleine anatomische Abweichungen und irgendwelche Zufälligkeiten der Sexual- und Persönlichkeitsentwicklung werden so interpretiert, als ob der Homosexuelle eine spezielle ›Ausgeburt der Natur‹ sei. Immer sind auch weitere neurotische Symptome beim Invertierten zu finden, die er weniger beachtet als sein Homosexuellsein. Beglückende homosexuelle Beziehungen sind wohl eher in das Gebiet der Fabel zu verweisen; am häufigsten sind sadomasochistische Abhängigkeiten, in denen der eine den männlichen Part, der andere den weiblichen Part ›spielt‹. Da manche Homosexuelle mit einer starken Mutteridentifikation aufgewachsen sind, suchen sie einen gleichgeschlechtlichen Partner, den sie bemuttern können: Für solche Intentionen kommt dem erwachsenen Homosexuellen der ›Jüngling‹ entgegen, der als Liebesobjekt in diesen Kreisen bevorzugt scheint.

Die Gefahr der homosexuellen Verführung ist naheliegend. Auch hier soll nichts dramatisiert werden, wenn ein derartiger Fall vorkommt. Homosexuelle Erfahrung eines Heranwachsenden heißt noch nicht, daß nun schicksalhaft Homosexualität entstehen muß. Gibt es doch im Knabenalter mitunter auch mutuelle Onanie und schwärmerische Freundschaft, die einen Anflug von ›Homosexualität‹ besitzt.

Die Entscheidung gegen die Heterosexualität stammt nicht aus der Verführung, sondern aus Prägungen, die viel früher anzusetzen sind. Welche Faktoren hierbei ins Gewicht fallen, kann man gut an Homosexuellen-Biographien studieren. Als Beispiel für viele sei der biographische Roman von Hubert Fichte »*Versuch über die Pubertät*« (1976) erwähnt. Auch Tennessee Williams in seinen *»Memoiren«* (1979) erzählt freimütig — und nicht ohne die eitle Selbstbespiegelung, die bei dieser Literatur regelmäßig auffällt — seinen Werdegang als Homosexueller. Weiteres findet man bei André Gide in seinen Bekenntnisschriften. Überall aber zeigt sich die Tragik einer Entwicklungsneurose, deren familiäre Quellen nicht zu übersehen sind. Man wird nicht als Homosexueller geboren, aber man wird unter Umständen dazu erzogen.

d. Der *Drogenabusus* ist eine Form der Verwahrlosung, die gegenwärtig alle Erwachsenen beschäftigt, die mit der Kinder- und Jugenderziehung befaßt sind. Die Welle des Drogenkonsums hat die westliche Welt in den letzten zwanzig Jahren mit überraschender Geschwindigkeit und Wucht überschwemmt. Das Alter der ›Konsumenten‹ ist inzwischen immer tiefer abgerutscht. Die Vorreiter waren die Studenten und Lehrlinge; heute sind es bereits die Schüler, bis hin zu den unteren Klassen der Oberschule. Auch die ›Härte der Drogen‹ hat spürbar zugenommen. Anfänglich sprach man nur von Haschisch und Marihuana; heute sind Heroin, LSD und viele Aufputschmittel in der Diskussion. Die Zahl der jugendlichen Drogentoten ist pro Jahr beachtlich. Viele aber benützen die Droge als einen ›langsamen Selbstmord‹.

Das Geheimnis der Drogenabhängigkeit ist nicht so dunkel, wie es zunächst scheint. Wir haben es hier mit ›gesellschaftlichen Aussteigern‹ zu tun, die Schule, Beruf, Liebe und sozial-kulturelles Engagement vermeiden wollen, weil sie hierzu nicht genug vorbereitet sind. Wiederum kommt es zur ›Lebenslüge‹, die wir weiter oben schon charakterisiert haben. Der hilflose junge Mensch sucht Gleichgesinnte, die mit ihm die Werte der Erwachsenenwelt herabsetzen und die Drogenwelt als eine Welt des Abenteuers, der geheimnisvollen Erfahrung und Bewußtseinserweiterung, des Nicht-Spießerhaften usw. zu sehen versuchen. Die Jagd nach der Droge gibt dem inhaltsarmen Leben einige Konturen. Fast immer kommt es zum Absinken in die Prostitution, da das Suchtmittel teuer ist und in immer größer werdenden Dosen nötig wird. Das Ende ist totale Gleichgültigkeit und Hoffnungslosigkeit. Die Therapie von Drogensüchtigen hat bis jetzt nur wenig Erfolg.

e. Eigentliche *Jugendkriminalität* reicht vom Stehlen bis zu Gewaltakten, letztere im Mord und Totschlag kulminierend. Man geht nicht fehl, wenn man in allen diesen Fällen auf mehr oder minder katastrophales Milieu zurückschließt, wenngleich die soziale und erzieherische Mangelhaftigkeit nicht immer deutlich zutage liegt. Auch in scheinbar ›wohlgeordneten Familien‹ kann eine ›Dschungelatmosphäre‹ herrschen, in welcher die Idee der ›Mitmenschlichkeit‹ nicht erlernt wird. Wo das Elternhaus nur zur halben Verwahrlosung führt, helfen spätere Bekanntschaften und schlechte Vorbilder nach: Mitunter findet der Jugendliche in einer Bande Unterschlupf, wo ihm ein bewunderter Bandenführer die Verantwortung für sein Tun und Lassen abnimmt. Missetaten werden leichter und unbedenklicher begangen, wenn man sich in einer ›Gruppe‹ befindet, wo einer den anderen zu seiner Untat stimuliert und wo die aggressive Gruppenatmosphäre die Stimme des persönlichen Gewissens zum Schweigen bringt.

Gewaltverbrechen sind selten als solche geplant, sondern entstehen oft in der Situation der Panik, wenn man beim Unrechttun befürchtet, ertappt zu werden und das Fehlverhalten eingestehen zu müssen. So ermordeten kürzlich einige Jugendliche in Süddeutschland ein Mädchen, an dem sie sich sexuell vergangen hatten. Das Mädchen war mit ihnen beim ›Bummeln‹ gewesen. Sie zwangen sie zum sexuellen Verkehr, wurden aber erschreckt durch ihr Sich-Wehren und ihre Schreie, die sie durch Messerstiche beendeten. Ein Rädelsführer veranlaßte seine Mitläufer, ebenfalls zuzustechen, bis das Mädchen den Stichen erlag.

Wenn irgendwo, ist bei jungen Kriminellen im Strafvollzug stets auch psychotherapeutische Behandlung nötig, damit nicht aus dem jugendlichen ein erwachsener Straftäter wird.

f. Alle Neurosen des Erwachsenenalters sind bereits in der Pubertät anzutreffen, also *Angstneurosen* (Phobien), *Zwangsneurosen, Depressionen, Hysterien* und *Schizophrenien.* Wir folgen der tiefenpsychologischen Auffassung, wenn wir die Schizophrenie nicht radikal vom neurotischen Formenkreis absondern, sondern ihre Dynamismen in Parallele setzen zur Neurose, wenngleich die Wahnerkrankung gewiß schwerwiegender und auch therapeutisch mühsamer zu beeinflussen ist.

Angsterkrankungen in der Pubertät zeigen sich bei jenen Jugendlichen, die aus einem Elternhaus stammen, auf welches das Etikett ›Familie als Sanatorium‹ zu passen scheint. Aber auch lieblos und hart erzogene Menschenkinder neigen zu Ängsten, da sie die Welt als ›Feindesland‹ erlebt haben und ständig in einer Stimmung des Selbstschutzes und der Selbstbewahrung existieren. Nur die Verstärkung der Beziehungsfähigkeit und des Sozialinteresses kann die Lebensangst vermindern.

Zwangskrankheiten kommen vor bei jungen Menschen, die in einem emotional sterilen Milieu aufwuchsen, wo Verhaltensvorschriften überwucherten, Moral und Religion alles überschatteten und jegliche Spontaneität mißbilligt wurde. Das Zwanghafte ist die Kehrseite einer ›Furcht vor der Freiheit‹, die immer auch Furcht vor Gefühl und Hingabe bedeutet.

196

Auch Depressionen entstehen nicht ›aus dem Nichts‹. Meistens hat der Heranwachsende depressive Vorbilder; oder er lernt, durch Traurigkeit zusätzliche Zuwendung zu bekommen, zumindest Entlastungen von Pflichten und Aufgaben. So wächst er in eine Angst vor dem Selbstsein hinein, in eine Mutlosigkeit, die sich als Trauer manifestiert. Auf Hysterie und Schizophrenie wird an anderer Stelle eingegangen.

g. Der *Jugendselbstmord* muß zumindest erwähnt werden. Bekanntlich zeigen die Statistiken, daß es im Jugendalter relativ viele Selbstmordversuche gibt, die aber — glücklicherweise — weniger oft zum Tode führen als bei späteren Versuchen. Wahrscheinlich sind viele solche Suizidanwandlungen ›demonstrativ‹ gemeint und enthalten eine Botschaft an die Umwelt, die zu einer vermehrten Zuwendung gedrängt werden soll. Auch hat der Jugendliche weniger Wissen um ›Tötungsmittel‹, resp. es stehen ihm nicht so viele Möglichkeiten offen wie etwa dem Erwachsenen.

Suizidalität ist immer Ausdruck einer tiefen Lebenskrise. Es ist der ›Ausbruch aus einer Sackgasse‹, gewissermaßen der Versuch einer Problemlösung durch Selbstvernichtung. Die psychoanalytische Theorie vermutet, daß in jeder Selbsttötung mehr oder minder unbewußt eine andere Person mit gemeint ist: Nicht selten sind es die Eltern oder ein Elternteil. In seinem Haß gegen die Erzieher und die Umwelt kann der Jugendliche so weit gehen, sich zu töten, um Beziehungspersonen zu ›bestrafen‹. Unglück in der Schule, im Beruf und in der Liebe sind Auslöser dieser Katastrophenreaktion, deren Ausweglosigkeit vom Betroffenen immer phantastisch überschätzt wird. Ein Gespräch kann den Suizidalen sehr oft aus seiner Katastrophenstimmung herausreißen und ihm neuen Mut zum Leben vermitteln.

h. Ein schier unendlich großes Kapitel zum Thema ›Jugendneurosen‹ sind die *psychosomatischen Erkrankungen des Jugendalters*. Auch hier kommt fast alles vor, was wir in der Psychosomatik der Erwachsenen kennen. Einige wenige Krankheiten sind allerdings dem vorgerückten Alter vorbehalten; aber die Dynamik der Krankheitsentstehung ist überall dieselbe.

Das psychosomatische Leiden ist nach unserer heutigen Auffassung Symptom einer Existenzkrise, wobei es von der Vorgeschichte des betroffenen Individuums und von der Art seiner Problemlage abhängt, ob sich die Krise in psychischen oder psychosomatischen Störungen äußert.

Wichtig sind im Jugendalter z. B. Schlafstörungen, Eßstörungen (Appetitlosigkeit, Erbrechen, Magersucht), Fettsucht, Gastritis und Geschwürsleiden (Ulcus ventriculi et duodeni), Obstipation, Colitis, Asthma bronchiale, Hautaffektionen, Kopfschmerzen, Erröten, Erblassen, Ohnmachten, nervöse Herzleiden u. a. m. Das Spektrum psychosomatischer Leiden im Jugendalter ist sehr weitreichend. Viele dieser Krankheiten werden immer noch nur medikamentös behandelt, indes die Psychotherapie für sie die ›Methode der Wahl‹ darstellt.

Es gibt viele Theorien der Psychosomatik, die an dieser Stelle nicht abgehandelt werden können. Andeutungsweise seien aber einige Grundrichtungen des psychosomatischen Denkens erwähnt. Die Psychoanalyse erklärt, daß die psychosomatische Erkrankung mit innerseelischen Konflikten zu tun hat, die sich als ›Ausdrucksorgan‹ jene Körpersphäre wählen, die für ›Symbolisierung‹ gut geeignet ist. So haben etwa Krankheiten des Verdauungstraktes mit Problemen der Abhängigkeit und Autonomie einen Zusammenhang, der sich schon aus der Situation des Kleinkindes ergibt, für welches die Ernährung mit Liebeszuwendung verbunden ist.

Die Individualpsychologie spricht vom Organdialekt und von der Organsprache und will damit sagen, daß das Körperleiden wie eine Sprache als soziale Mitteilung verstanden werden muß. Vor allem ängstlich-aggressive Gemütsregungen betreffen schwache Organstellen (Orte des geringsten Widerstandes), die durch das aufgestachelte Geltungsstreben in Mitleidenschaft gezogen werden. Heilung der psychosomatischen Krankheit erfolgt wie bei der Neurose durch Festigung des Sozialinteresses, durch bessere Einordnung ins Gemeinschaftsleben (und Charakterveränderung).

Die Daseinsanalyse behauptet, daß der Leib des Menschen von denselben Grundintentionen durchflossen ist wie ›Seele‹ und ›Geist‹, welche ja nur dem Namen nach unterschieden werden können; real ist das Existieren als Ganzes, welches ein ›weltweit ausgespanntes Vernehmen- und In-Sorge-und-Obhut-nehmen-Können des Daseins für Welt und Mitmenschen‹ bedeutet. Jene existentiellen Themen, die der Mensch auf Grund seiner Vorgeschichte — bis zur frühen Kindheit hin — nicht zu ›leben‹ vermag (zum Austrag bringen, sich in ihnen verwirklichen), kann er nur noch ›leiben‹, d. h. mit Körpersymptomen assimilieren und gestalten. In diesem Sinne deuten etwa Kopfschmerzen auf un-

terbliebene Denkleistungen hin; Verstopfung ist Ausdruck eines
allgemeinen Verschlossenseins und der Hingabestörung; Eß-
sucht ist Aneignungswille ohne Wertbewußtsein, so daß Nahrung für alle möglichen Expansionsleistungen einstehen muß;
die Selbstverdauung des Magengeschwürskranken ist ein Zeichen dafür, daß er dauernd Macht, Geltung und Liebe ›sich ein-
verleiben‹ will, wodurch der Magen zur Säureabsonderung stimuliert wird; der nervöse Herzkranke schließlich unterläßt Akte
der Gefühlszuwendung und lebt vorwiegend in Kampfstim-
mung, so daß das malträtierte Herz (und Gemüt) nur noch im
psychosomatischen Symptom ›auf seine Rechnung kommt‹.
Viele Deutungen dieser Art sind bei psychosomatischen Erkrankungen möglich und hilfreich. Es ist erstaunlich, wie dankbar die
Patienten solche Aufklärungen hinnehmen, die ihnen gewissermaßen ein Licht über die Genese ihres Symptoms aufgehen lassen. Das verstandene Symptom ist einer Beeinflussung durch
Haltungs- und Gewohnheitsänderung zugänglich. Medikamente chronifizieren lediglich das Leiden, da sie kaum je die eigentliche ›Ursache‹ angreifen.
Nur eine Wandlung und Entwicklung der Persönlichkeit des
Kranken entzieht seiner oft sehr schwerwiegenden Symptomatik den Boden. Ausweitung des Bewußtseins und Anwachsen
von Selbsterkenntnis und Menschenkenntnis stärken das Ich,
dessen Funktionstauglichkeit das ›Sprechen durch Symptome‹
unnötig macht.
Es wäre viel damit gewonnen, wenn die Ärzte etwas mehr von
der Tiefenpsychologie verstehen würden, da ihnen dann der
Sinn der Krankheit zugänglicher wäre. Sie könnten auch die Heilung durch das Wort in Angriff nehmen, denn verstehendes Miteinandersprechen hilft mehr als viele Medikamente. Die Medizin
hat noch eine große Zukunft vor sich, wenn sie eine ›psychologische Heilkunde‹ wird und wenn es die Ärzte nicht verschmähen,
in ihre Pharmakopoe auch das heilende Wort und die heilsame
Begegnung mit dem Kranken aufzunehmen.

Soziologica

Den bedrängten Eltern und Erziehern will es scheinen, daß ihre
Sorgen mit ›schwierigen Jugendlichen‹ einen Einzelfall darstellen, wobei man die Ursachen des Übels entweder in den Fehlern

des jungen Menschen oder im eigenen pädagogischen Versagen sucht. Aber die Komplikationen mit der Jugend sind keine Privatangelegenheit; auch sind sie niemals bloß ›von heute‹. Der Konflikt der Generationen zieht sich durch die ganze Menschheitsgeschichte hindurch. Fast immer und überall gab es Auseinandersetzungen zwischen den ›Alten‹ und den ›Jungen‹, und nur selten sind die Epochen und Völkergruppen, in denen die verschiedenen Lebensalter mehr oder minder harmonisch zusammen lebten.

Diese Tatsache hat die Aufmerksamkeit der Soziologen und Kulturhistoriker auf sich gezogen, die mit dem Begriff der ›Generation‹ seit Auguste Comte einige Gesetze der Geschichte und des geschichtlichen Fortschritts zu formulieren versuchten. Comte und seine Schüler sprachen davon, daß ca. alle dreißig Jahre eine neue Generation sich gruppiert, die dazu berufen ist, ihre Vorgängerin abzulösen. Die letztere ist Bewahrerin des Traditionellen, indes die erstere Neuerungen einzuführen hat. Schon daraus ergeben sich Gegensätze, die zu schmerzlichen Kampfsituationen führen können. Die Alten unterdrücken die Jungen, und die Jungen revoltieren gegen ihre Unterdrücker. So leben jeweils in einer Gesellschaft zwei Volksgruppen nebeneinander, von denen die jüngere gewissermaßen die ›Totengräberin‹ der älteren zu sein scheint.

G.-R. Ritter zitiert in seinem Buch »*Jugend und Eros*« (1960, S. 314) zwei Stoßseufzer von Vertretern der ›alten Generation‹ mit einem eindrücklichen Kommentar:

»›Ich habe keine Hoffnung mehr für die Zukunft unseres Volkes, wenn sie von der leichtfertigen Jugend von heute abhängig sein sollte. Denn diese Jugend ist ohne Zweifel unerträglich rücksichtslos und altklug.‹

›Die Jugend liebt heuzutage den Luxus. Sie hat schlechte Manieren, verachtet die Autorität, hat keinen Respekt vor älteren Leuten und plaudert, wo sie arbeiten sollte. Die Jungen stehen nicht mehr auf, wenn Ältere das Zimmer betreten. Sie widersprechen ihren Eltern, schwätzen in der Gesellschaft, verschlingen bei Tisch die Speisen, legen die Beine übereinander und tyrannisieren ihre Eltern.‹ —

Genauso ist die ›Jugend von heute‹, wird die ältere Generation dazu sagen. Die erste Äußerung stammt aber von Hesiod aus der Zeit um 700 v. Chr. und die zweite von Sokrates, der im Jahre 399 v. Chr. starb.«

Aber nicht nur die ›Alten‹ haben zu klagen. Seit der Jahrhundertwende wird noch viel mehr auf die Leiden der Jugend geachtet, die von Dichtern und Wissenschaftlern ins allgemeine Bewußtsein gehoben wurden. Wir leben in einer Epoche der ›Abwertung des Alters‹ und der ›Aufwertung der Jugend‹. Darum neigt man dazu, die Jugendnöte — mit Recht — sehr zu betonen, aber man hält nicht immer das richtige Maß ein in der Apologie des Jugendalters.

Die Jugend von heute braucht wohl Entlastung von autoritärem Druck, aber sie benötigt auch gewisse Ordnungen und Gesinnungen, an denen sie im Heranreifen einen Halt findet. In allen uns bekannten Gesellschaften wird das Wissen und Können der älteren Generation sorgfältig und behutsam auf die jüngere Generation übertragen. Schon die Naturvölker haben spezifische ›Einweihungsriten‹, in denen die jungen Adepten Prüfungen der Mannbarkeit zu bestehen haben. Man unterwirft sie bestimmten Härten und Haltungstests, und erst nach erfolgreichem Bestehen dieser ›rites de passage‹ wird der Jüngling in die Gemeinschaft der Männer aufgenommen. Die derzeitige (westliche) Gesellschaft macht es eventuell den Jugendlichen zu einfach, sich als Erwachsene zu fühlen. Das Resultat ist nicht ein Plus an innerer Freiheit und Produktivität, sondern ein Verlorenheitsgefühl und — stellenweise — sogar ein ›gelebter Nihilismus‹. Krieg und Faschismus (und Bolschewismus) haben an der Substanz der älteren Generation entschieden gezehrt; sie konnte der Jugend nicht viel bieten, weil sie selbst orientierungslos war. Daher kam es z. B. in den USA zur ›lost generation‹ und in der Bundesrepublik zur ›skeptischen Generation‹, die H. Schelsky 1957 in seinem so betitelten Werk beschrieb.

Das große Problem der zukünftigen Jugend-Psychohygiene und Jugendpolitik wird darin bestehen, die Reste des alten Autoritarismus — der immer noch sehr lebenskräftig ist — zu liquidieren, zugleich aber auch die Jugend in Aufgaben und Ordnungen einzubinden, an denen sie zum Kulturträgertum heranwachsen kann. Sowohl die vorwiegend materielle Lebensorientierung im Kapitalismus als auch die verstaubt-leblose Ideologie des Bolschewismus hat bei der Jugend nur noch wenig Kredit und kann sie nicht für sozial-kulturelles Engagement erwärmen. Solange im Gesellschaftsleben als Ganzem keine überzeugenden und humanen Werte als maßgeblich erkannt und befolgt werden, sehen die jungen Menschen nicht ein, wofür sie sich anstrengen und einsetzen sollen. Man erinnere sich nur daran, wieviel jugendliche Begeisterung und Opferbereitschaft eine so primitive Ideologie wie der Faschismus entfesseln konnte, weil er geschickt an den Gemeinsinn der Jugend zu appellieren wußte. Davon sollte die Demokratie lernen. Sie läßt das riesenhafte Kapital der Jugendkräfte brachliegen und hat dann ihren Kummer mit jugendlicher Auflehnung und Destruktion, die aus Ziel- und Hoffnungslosigkeit erwachsen. Es ist eine verzweifelte Jugend, die im ›Aussteigertum‹ ihr Heil sucht und sich der ›Kulturarbeit‹ weitgehend entzieht.

Aber das ›Aussteigen‹ ist keine Lösung. Die junge Generation muß anknüpfen an den Leistungen, Fehlern und Einsichten ihrer Vorgängerin, wenn sie nicht dieselben Irrtümer und Sinnwidrigkeiten begehen soll. Im *Akt der Versöhnung* sollen und müssen aber die ›Alten‹ vermutlich den ersten Schritt tun; von ihnen ist etwas mehr Vernunft und Weitblick zu erwarten als von den Jungen, die nicht nur an den gesellschaftlichen und kulturellen Disparatheiten, sondern auch an ihren privaten Entwicklungsbeschwerden bis an die Grenze ihrer Belastbarkeit zu tragen haben. Freud sprach — in *»Das Unbehagen in der Kultur«* (1931) — von ›Kollektivneurosen‹, die ganze Völker und die gesamte Menschheit betreffen können. Gewiß erschien ihm die zeitgenössische Welt als eine ›hochneurotische‹, und auch das Diktum der ›Schizophrenie‹ hätte er auf sie angewandt. Da nun die Kultur in ihrer jetzigen Form zutiefst deformiert und desorientiert ist, kann man von der Jugend keineswegs erwarten, daß sie psychisch stabil und vernünftig ist. Ihre chaotische Mentalität spiegelt lediglich das Chaos unserer gesellschaftlich-kulturellen Einrichtungen und Lebensformen wider. Jede Kultur kann von ihrer Jugend nur ernten, was sie in deren Kindheit und Heranwachsen gesät hat.

Daher wäre es sinnvoll, niemanden anzuklagen und bei niemandem ›die Schuld‹ zu suchen. Man leiste an dem Ort, an dem man steht, jene Kulturarbeit, die man als greif- und machbar empfindet. Der Jugend biete man die Hand zur Mitarbeit am Aufbau einer gerechten und friedlichen Menschenwelt. Es wird genug Jugendliche geben, die sich einer solchen Zielsetzung nicht verweigern werden.

Partnerschaftsneurosen

Wenn man sich fragt, warum die Menschen Partnerschaften in Liebe und Ehe eingehen, dann wird man ohne allzuviel Spekulation sagen dürfen, daß sie darin ›glücklich‹ werden wollen. Dieses Ziel wird aber offenbar nur recht selten erreicht. Ein Hinweis darauf ergibt sich aus der Zahl der Ehescheidungen, die alarmierend ist; nach allgemeinen Schätzungen wird jede vierte oder fünfte Ehe — im kapitalistischen Westen wie im kommunistischen Osten — geschieden. Dabei ist nicht anzunehmen, daß jene Partnerschaften, die eine Trennung vermeiden, generell als ›gut‹ bezeichnet werden können. Oft ist es so, daß nicht Liebe, Zuneigung und gemeinsames Glück die beiden Partner noch aneinander binden, sondern ganz andere Faktoren, wie z. B. materielle Abhängigkeit; Kinder, zu deren Erziehung *in der Ehe* man sich verpflichtet fühlt; religiöser Fatalismus (Hinnahme des ›gottgegebenen‹ Unglücks); Masochismus respektive Ohnmachtsgefühl gegenüber dem Leben; Angst, Resignation und Bequemlichkeit.

In Freuds Zeiten studierte man lediglich die Neurosen der Individuen, deren Leistungsausfälle und Lebensunfähigkeit als Kriterium für die ›psychische Krankheit‹ gewertet wurden. Seither haben wir gelernt, daß auch Partnerschaften und ganze Familien unter den Begriff des ›Neurotizismus‹ fallen können. Es ist sogar geradezu die Regel, daß nicht ›ein Mensch allein‹ neurotisch wird; wenn die Störung an ihm ausbricht, gibt es immer ein ›zwischenmenschliches Umfeld‹, das daran mitbeteiligt ist und als der eigentliche Krankheitsträger genannt werden muß.

Diese Optik hat zur Ausbildung der sogenannten Paar- und Familientherapie geführt, über die weiter unten noch einiges gesagt werden soll. Jedenfalls hat sich der Standpunkt durchgesetzt, daß es falsch ist, eine Persönlichkeit als isolierte und fensterlose Monade im Sinne von Leibniz zu betrachten; was und wie ein Mensch ist, erfährt man am besten aus seinen sozialen Beziehungen, und mit diesen steht er derart in ›Wechselwirkung‹, daß seine Nöte und Eigenschaften großenteils die Beschaffenheit seiner zwischenmenschlichen Welt spiegeln.

Bevor wir die Partnerschaftsneurosen studieren, müssen wir die Frage aufwerfen, was Mann und Frau in einer Zweierbeziehung wünschen oder suchen. Wir beschränken uns auf die ›psychologischen Wünschbarkeiten‹, ohne zu vergessen, daß auch andere Motive im Spiele sein können.

1. *Sexuelle Befriedigung:* Man geht eine Partnerschaft als Mann oder Frau ein, um zu einer stabilisierten Möglichkeit der Sexualbefriedigung zu gelangen. Junge Leute halten dies eventuell sogar für den maßgeblichsten Teil einer Zweierbeziehung. Bei etwas mehr Überblick im Leben weiß man jedoch, daß die Sexualität ein starkes Band zwischen zwei Menschen sein kann, aber kaum ausreicht, um eine Beziehungskontinuität zu stiften.

2. *Das Verlangen nach Zärtlichkeit und Liebe:* Dieses Bedürfnis scheint noch intensiver zu sein als das sexuelle. Die Auffassung der orthodoxen Psychoanalyse, daß Zärtlichkeit und Liebe nur ›Ableger‹ des Sexualtriebes seien, hat der wissenschaftlichen Kritik nicht standgehalten. Zärtlichkeitsregungen erwachen individualgeschichtlich früher im Menschen als sexuelle Triebwünsche. Es ist im hohen Grade wahrscheinlich, daß ihnen eine gewisse Autonomie als ›Antriebsfaktor‹ zukommt und daß der Raum, den sie im Seelenleben einnehmen, umfänglicher ist als derjenige des Sexualtriebes. Das Zärtlichkeits- und Gefühlsschicksal eines Menschen beeinflußt das Sexualverhalten stärker, als dies umgekehrt der Fall ist; mit anderen Worten: Man hat genau die Sexualität, die zur entwickelten oder unentwickelten ›Liebesfähigkeit‹ paßt.

3. *Das Gespräch:* Nietzsche war der Meinung, daß eine Liebe oder Ehe entweder ein ›langdauerndes Gespräch‹ oder gar nichts sei. Erst im Miteinandersprechenkönnen wird eine Partnerschaft gegründet und aufgebaut. Versiegt das Gespräch in einer Intimbeziehung von Mann und Frau, dann können auch die anderen Beziehungselemente kaum entfaltet werden. Im übrigen nennt man ganz richtig die Sexualität ›ein Gespräch mit anderen Ausdrucksmitteln‹; funktioniert der sexuelle Dialog nicht, dann wird die Kommunikation mit Worten ebenfalls reduziert oder gestört sein (und umgekehrt).

4. *Wechselseitige Anerkennung, Freundschaft und Aufhebung der Einsamkeit:* Die ›dialogische Philosophie‹ (Martin Buber, Lud-

wig Binswanger in seiner »*Daseinsanalytik*«, aber auch schon Hegel in seiner »*Phänomenologie des Geistes*« aus dem Jahr 1807) behauptet, daß die menschliche Person nur dann existieren kann, wenn sie von einem Du oder Wir anerkannt wird (›Das Sein des Selbstbewußtseins liegt in der Anerkennung durch ein anderes Selbstbewußtsein‹). Das Ich ist nur wirklich in dem Maße, wie es ein menschliches Gegenüber hat, welches es versteht und von welchem es verstanden wird. Dies scheint auch der Sinn jeglicher ›Freundschaft‹ zu sein: Gute Partnerschaften haben Ähnlichkeit mit Freundschaftsverhältnissen, wobei noch die sexuelle Intimität dazukommt. Seelische und körperliche Nähe eines Du hebt die Einsamkeit auf, die zu den schlimmsten Frustrationen des Menschendaseins gehört. Seelisch vereinsamte Menschen, die niemand anerkennt, wahrhaft ›anredet‹ und begreift, können bei entsprechender Disposition von Wahngedanken und Halluzinationen befallen werden, die ihnen den fehlenden Dialog und die Du-Wirklichkeit ersetzen müssen.

5. *Gemeinsame Entwicklung und Teilhabe an der Welt:* Erfahrungsgemäß können zwei Menschen in Abkapselung gegen die sie umgebende Welt kaum je eine gute Partnerschaft strukturieren. Sie benötigen immer das belebende Moment einer Auseinandersetzung mit der sozialen Umgebung und der Kultur. Nur so kommt bei ihnen Persönlichkeitsentwicklung zustande. Je geöffneter eine Zweierbeziehung hinsichtlich der Teilnahme an kulturellen, sozialen, ökonomischen, geistigen, politischen und menschlichen Bestrebungen ist, um so eher kann sie gedeihen. Wo diese Interessenbereiche ausgeklammert sind, macht sich stets Langeweile breit. Da die beiden Individuen stagnieren, bleibt auch die Partnerschaft steril und unlebendig. Die gemeinsame ›Öffnung zur Welt‹ erschließt der Zweierbeziehung viele Möglichkeiten des Werdens und Sich-Entwickelns, die auf die beiden Beteiligten zurückwirken.

Alle genannten Faktoren einer ›gesunden Partnerschaft‹ (wobei unsere Aufzählung kaum vollständig ist) gehören zusammen innerhalb eines strukturellen Gebildes, d. h. einer lebendigen Ganzheit. Wenn sich innerhalb einer Struktur ein einzelnes ›Element‹ verändert, so verändern sich die übrigen Elemente und das Ganze mit: Alles ist von allem abhängig. Angewendet auf die obigen fünf Punkte bedeutet dies, daß Sexualität, Zärtlichkeit und Liebe, Dialog, wechselseitige Anerkennung und Freundschaft und gemeinsame Entwicklung in Teilhabe an der Welt in einer Partnerschaft innerlich zusammengehören. Erkrankt eine Zweierbeziehung in *einem* dieser Bereiche, dann sind alle anderen Sphären mittangiert; das ganze ›Beziehungsmuster‹ wird sich ›umstrukturieren‹.

Die neurotische Partnerwahl

Normalität oder Pathologie der Partnerschaft fängt naturgemäß schon in der Wahl des Partners an. Jedenfalls hört man oft bei Ehescheidungen, daß der Mann oder die Frau sich selbst beschuldigt, nicht richtig gewählt zu haben. Daraus werden viele Kalamitäten in Liebe und Ehe abgeleitet.

Die Gründe, die die Menschen dazu veranlassen, den einen oder anderen Partner — inmitten von tausend möglichen Kandidaten — zu wählen, sind offenbar tief in der Persönlichkeit des Wählenden verankert. Hier herrscht meistens eine Irrationalität vor, in die man schwerlich mit den Hilfsmitteln der Wissenschaft ganz hineinleuchten kann. Die Attraktion der Individuen aufeinander hat viel mit dem persönlichen, aber auch mit dem modisch bedingten ›Schönheitsideal‹ zu tun; sodann aber fallen auch charakterliche und andere Beschaffenheiten des ›Wählers‹ und des ›Gewählten‹ ins Gewicht.

Goethe spricht in seinem gleichnamigen Roman von ›Wahlverwandtschaften‹: Es gäbe, wie zwischen chemischen Elementen, Gesetze der körperlich-seelischen Verwandtschaft zwischen Menschen, so daß mächtige Anziehungskräfte unter ihnen wirken, die sich auch über Ehe und gesetzliche Bindung hinwegsetzen. In Goethes Roman sind zwar Eduard und Charlotte seit langem verheiratet; wie aber der Hauptmann und Ottilie in ihr Haus kommen, ordnen sich die Verhältnisse durch diese geheimnisvolle ›Wahlverwandtschaft‹ um, so daß schließlich Eduard und Ottilie, der Hauptmann und Charlotte in Liebe zueinander verfallen, was eine Reihe von Katastrophen nach sich zieht.

Wissenschaftlich faßbarere Hypothesen wurden in der Neuzeit u. a. formuliert durch Fritz Künkel, dessen charakterologische Bücher in den zwanziger und dreißiger Jahren viel gelesen wurden. Künkel unterschied die vier Charaktertypen des Cäsars, des Stars, des Heimchens und des Tölpels: Der Cäsar will immer herrschen, der Star immer brillieren, das Heimchen will Ruhe und Sicherheit, der Tölpel verschanzt sich in sich selbst und bietet der Welt eine stumpfe Außenseite dar, damit man ihn durch keine Anforderungen belästigt.

Nach Künkel wählt der Cäsar zum Partner gerne ein Heimchen, um zu Hause die absolute Diktatur und Vorherrschaft genießen zu können. Zwei Cäsaren in einer Partnerschaft bringen nichts Gutes; der Kampf um die Macht endet oft im Scheitern der Partnerschaft. Der Star wählt auch gerne ein Heimchen, dem er seine vorgebliche Größe dauernd vorspielen kann, was das Heimchen mit bewundernd weitaufgerissenen Augen als gutes Publikum zu applaudieren pflegt. Auch mögen zwei Heimchen miteinander eine hübsche Beziehung aufbauen, wo quasi ›Sanatoriumsstimmung‹ herrscht; jeder schützt jeden gegen die böse Außenwelt, die man sich möglichst weit vom Leibe hält. Eine Partnerschaft zwischen zwei Tölpeln ist selten; der Tölpel liebt seine Bequemlichkeit über alles und meidet daher gerne die Anforderungen der Liebe, die er als belastend ansieht. Er folgt dem Motto: Meine Ruhe will ich haben! — und wer kann das schon, wenn ein anderer dauernd um ihn ist!

Aber auch mit Künkels Lehre sind nicht alle Probleme der Partnerwahl gelöst. Bekannt ist etwa die Tatsache, daß z. B. die Tochter eines Trinkers in ihrer Kindheit sehr unter der Trunksucht ihres Vaters leidet, der die materielle und psychische Basis der Familie zerstört. Herangewachsen unter diesen kummervollen Bedingungen wählt sie einen Partner, der ›zufälligerweise‹ auch ein Trinker ist; sie bemüht sich, ihn von seinem Laster zu befreien. Dies gelingt ihr nicht; die Ehe wird nach Jahren geschieden. Sie heiratet wieder, merkwürdigerweise noch einen Trinker. Auch dies führt zur Katastrophe, die man hätte voraussehen können. Aber warum sieht die Frau dies nicht voraus? Warum bleibt sie trunksüchtigen Männern verhaftet, die als Partner ungeeignet sind?

Ähnliche pathologische Wahlhandlungen gibt es noch in vielen anderen Bereichen. Auch hier wieder spielt *das Unbewußte* den Menschen einen Streich; wir wählen offenbar nach dem Modell unserer Vater- und Mutterbeziehung, jedenfalls der Neurotiker tut dies im erheblichen Maße. Aber auch der sogenannte ›Normale‹ klebt an der Schablone seiner Elternerfahrung, wenn er liebend einen Partner sucht und sich für ihn entscheidet.

Hier gibt es noch viele Rätsel zu lösen. In einer englischen Zeitung erschien einmal eine Karikatur, die in kühl-englischer Weise diese Problematik thematisiert. Am Rande des Dschungels sitzt

eine Jagdgesellschaft — Männer und Frauen — beim Karten-
spiel, indes ein Gorilla offenbar eine der Frauen dieser Gemeinschaft auf dem Rücken davonträgt. Die Kartenspieler lassen sich
davon nicht irritieren; nur sagt eine der Frauen bissig vor sich
hin: ›Ich möchte nur wissen, was der an *ihr gerade* findet!‹

Wenn man tiefer darüber nachdenkt, wer wen in der Partnerschaft wählt, entdeckt man unbewußte Motivationen, die bis tief
in die ›Kellergewölbe‹ der Persönlichkeit hinabreichen; unser
Charakter enthüllt sich kaum irgendwo so deutlich wie in unserer Partnerwahl.

Der Psychologe muß vorsichtig sein, wenn ihm unzufriedene
Partner sagen, sie hätten eben ›den Falschen‹ gewählt, und dies
sei der wahre Grund ihrer Partnerschaftsübel. Meistens ist die
Wahl nicht so verkehrt, wie die Streithähne einer Liebe oder Ehe
meinen; es haben sich nur Komplikationen ergeben, aus denen
die Beteiligten keinen Ausweg wissen. Interessant ist jedenfalls
das Phänomen der ›multiplen Scheidung‹: Ein Partner glaubt
etwa, die falsche Beziehungsperson gewählt zu haben; er wendet
sich jemand anderem zu, der zunächst als ›der Richtige‹ erscheint, nach einiger Zeit jedoch ebenfalls ›unrichtig‹ ist usw. Bis
schließlich der Betreffende einzusehen lernt, daß der Fehler auch
an ihm liegen kann, da es den ›idealen Partner‹ auf Erden nicht
gibt.

Motivationen der Macht in der Liebe

Mancherlei Unerklärliches in der Partnerwahl und in den darauffolgenden Komplikationen der Partnerschaft wird durchschau-
bar, wenn man sich — im Anschluß an die Lehren von Alfred Adler — daran erinnert, daß das *Machtmotiv* im Menschenleben eine
oft verhängnisvolle und meistens auch neurotogene Rolle spielt.
Je unsicherer ein Mensch ist, um so eher wird er nach Geltung,
Überlegenheit und Sicherheit um jeden Preis streben. Das ist die
kompensatorische Reaktion auf die Daseinsangst, die in all jenen
gesteigert zu finden ist, deren sozialer Verbundenheitsgrad irgendwie im Verlaufe ihrer Entwicklung gehemmt wurde.

Dies macht etwa begreiflich, daß z. B. gebildete Menschen einen
auffallend ungebildeten Partner wählen, dem sie eindeutig überlegen sind. Oder jemand wählt ›tief unter seinem Stand‹, was in
seltenen Fällen durch den ›inneren Wert‹ des Gewählten zu

rechtfertigen ist; öfter aber ist es eine *Herablassungswahl*, die das eigene Prestige in Liebe oder Ehe sichern soll. In diesen Rahmen fallen auch die bereits erwähnten Heiraten oder Liebschaften mit einem Trinker (oder einer Trinkerin), die Bindung an einen Verwahrlosten oder Kriminellen, wobei der oder die Verkommene ›durch die Liebe gerettet‹ werden soll. In der Regel scheitern diese Rettungsversuche, da auch der sozial Unangepaßte ein empfindlicher ›Machtpolitiker‹ ist und sich in die Unterlegenheitsrolle nicht finden kann. Er (oder sie) rebelliert durch Rückfälle in seine Anpassungsstörung, wobei er verbal ausreichend beteuert, daß er den ›guten Willen‹ zur Änderung habe: Aber das Fleisch sei schwach, wenn auch der Geist willig sei.

Wenn junge Männer ältere Frauen (die ihre Mutter sein könnten) oder junge Frauen alte Männer (die ihr Vater oder ihr Großvater sein könnten) wählen, dann ist ebenfalls das Sicherheitsbedürfnis am Werk, da die Meinung nicht fernliegt, daß der ›bejahrte Liebespartner‹ sich erheblich bemühen muß, um den jüngeren Lebensgefährten nicht zu verlieren. Ein weiteres Motiv für diese Art von Wahl kann ein kindliches Geborgenheitsanliegen sein. Eine Angleichung an einen ungefähr gleichaltrigen Partner erfordert einen größeren Einsatz als die Analogie zum Eltern-Kind-Verhältnis, das gar nicht so selten in Partnerschaften gesucht und gefunden wird.

Sofern ein körperlich behinderter Partner gewählt wird, mögen Sympathie für dessen Wesensart, ehrliches Mitgefühl und doch auch wieder das Machtmotiv des Ängstlichen zu erwägen sein. Letzteres führt mitunter zu ganz erstaunlichen ›Wahlhandlungen‹. Es kommt immer wieder vor, daß inhaftierte Verbrecher, darunter auch mehrfache Mörder, aus dem Gefängnis heraus nach Ehepartnerinnen suchen; bekanntlich sind sie hierbei keineswegs erfolglos, im Gegenteil, Dutzende oder Hunderte Frauen halten solche Männer für begehrenswert und bieten ihnen Liebe und Ehe an. Diese Dynamik beherrscht nicht nur banale Masochistinnen ; man trifft sie auch auf den ›höchsten Höhen der Kultur‹. So wählte van Gogh eine Prostituierte als Lebens- und Liebespartnerin, und so mancher distinguierte Kulturmensch folgte seinem Beispiel.

Die Wahl eines auffallend unterlegenen Gegenübers in Liebe und Ehe wird selten zu einer so ruhig-harmonischen Konstellation führen, wie dies im Falle von Goethe und Christiane Vulpius der

Fall war: Aber auch diese Beziehung brachte ihre Schwierigkeiten mit sich, die mutmaßlich den frühen Tod des Sohnes August (der ein Trinker wurde) und der Mutter Christiane verschuldeten.

Die psychologische Beobachtung lehrt, daß kein Mensch auf die Dauer eine Unterlegenheitsposition ertragen kann, ohne offen oder geheim nach einem Herrschaftsstatus zu streben. Dies führt in allen ›sadomasochistisch‹ strukturierten Partnerschaften zu einem endlosen Kleinkrieg, bei dem ›Schläge unter die Gürtellinie‹ ebenso erlaubt sind wie seelisch-geistige Attacken, die mit einer Erfindungskraft sondergleichen nach den verletzlichsten Stellen im Seelenhaushalt des Partners zielen.

Der Laie in psychologischen Belangen spricht bei solchen Tragödien von ›unverdientem Unglück‹ des einen oder anderen Beziehungspartners, aber es ist fraglich, ob da nicht auch ›geheime Absicht‹ stipuliert werden muß. Der Mensch hat zwar keine biologischen Instinkte mehr, aber in seiner Lebensführung walten unbewußte Kräfte und Mächte, die in ihrer Art wissen, was sie wollen und bezwecken. Auch der Sadomasochismus in Liebe und Ehe, so trostlos seine Verstrickungen sein mögen, wird irgendwie von den beiden Beteiligten ›gebraucht‹, ›benötigt‹ und daher akzeptiert. Das ›Wozu‹ des selbsteingebrockten Elends wird uns bei genauerer Durchleuchtung der psychischen Verlaufsgesetze von Partnerschaften transparent werden.

Summe oder Produkt der Individualneurosen?

Wenn man Freuds Äußerungen Glauben schenken will, ist jeder Kulturmensch in einem gewissen Grade ›neurotisch‹. Dies äußert sich in Störungen der Arbeits- und Liebesfähigkeit, in sexuellen Gehemmtheiten und allgemeinen oder speziellen Beeinträchtigungen der ›Selbstverwirklichung‹. Ebenfalls gehören zu diesem generellen ›Neurotizismus‹ Charakteranomalien, von denen kein Mensch frei ist. Als solche Charakterdeformationen kann man etwa hervorstechende Charakterzüge wie Ehrgeiz, Eitelkeit, Neid, Geiz, Eifersucht, Haß, Wut und Zorn, Trauer, Anfälligkeit für Launen und Verstimmungen, Angst, Schüchternheit, Überempfindlichkeit, Aggression usw. bezeichnen. Es ist selbstverständlich, daß diese Wesenseigenschaften die soziale Einfügung und die kulturelle Beitragsleistung des betreffenden

Individuums stören. Sie werden auch in Partnerschaften unange-
nehm auffallen und die Harmonie der beiden Beteiligten vermindern.

Nun kann man Neurosen kaum ›quantifizieren‹, aber es ist eine
berechtigte Redensart unter Psychiatern und Psychotherapeuten, daß sie von leichten, schweren und schwersten psychogenen
Irritationen oder Erkrankungen sprechen. Wenn sich zwei Menschen zu einem Paar zusammenfinden, ist es wahrscheinlich, daß
Normalität und Neurose bei ihnen verschieden verteilt sind.
Läuft das Beziehungsgeschehen unter günstigen Bedingungen
ab, dann ist es möglich, daß die seelische Gesundheit der Partner
mit der Zeit zunimmt: Sie ›heilen‹ einander durch Liebe, Verstehen und Kooperation.

Aber auch weniger glückliche Verläufe sind uns wohlbekannt.
Mitunter stimulieren die neurotischen Deformationen auf beiden Seiten einander; es entsteht eine *Neurose zu zweit,* die mehr
ist als die Summe der individuellen Neurosen: Manchmal gewinnt man regelrecht den Eindruck, daß die Neurosen einander
multiplizieren oder gar potenzieren. Partner A und Partner B
werden durch die Partnerschaft seelisch kranker, als sie zuvor
waren. Aus der Zweierneurose kann mit der Zeit eine ›folie à
deux‹ werden, eine ›Verrücktheit zu zweit‹. Wer ›entartete Liebesbeziehungen‹ aus der Nähe beobachten konnte oder selbst
erleben mußte, wird zugeben, daß die Diagnose einer ›gemeinsamen Psychose‹ für viele Ehen oder Liebschaften eine bestimmte Berechtigung besitzt.

Was radikalisiert die psychische Pathologie der einzelnen Partner
in den Partnerschaften? Es sieht so aus, als ob beide Beteiligte
sporadisch oder gar kontinuierlich von ihrem ›Unbewußten‹
überflutet würden: Jedenfalls reagieren sie in den Krisensituationen der Beziehung affektgeladen, irrational und ängstlich-ag-
gressiv. Freud wurde schon sehr früh auf diese mögliche Komplikation der Zweierbeziehung aufmerksam. Noch vor der Jahrhundertwende schrieb er in einem Brief an seinen Freund Wilhelm Fliess in Berlin, seiner Ansicht nach bestehe jede Partnerschaft in Liebe und Ehe aus nicht weniger als *vier Personen:* Bewußtsein 1, Bewußtsein 2, Unbewußtes 1 und Unbewußtes 2.
Sobald die beiden letztgenannten Akteure zu agieren beginnen,
wird die Sache sehr schwierig für die Betroffenen; es meldet sich
sozusagen ihre ganze *emotionale Vorgeschichte* zum Wort, und
diese kann äußerst deletär sein.

Neurosen oder Psychosen brechen dann aus, wenn das entsprechend disponierte Individuum in eine Situation hineingerät, die es mit seinem üblichen psychischen Instrumentarium nicht bewältigen kann. Vor allem *Versuchungs- und Versagungssituationen* wirken neurotogen: Dies hat Schultz-Hencke in seiner Neurosenlehre deutlich herausgearbeitet. Nun ist eine schlechte Liebe oder Ehe geradezu eine Häufung von Versuchungen und Versagungen; Frustrationen aller Art werden von beiden Seiten gegeneinander inszeniert und arrangiert, bis die unter der Asche der Normalität schwelenden Gluten des Neurotizismus zum lodernden Feuer der ›Partnerschaftsneurose‹ entfacht sind.

Vor allem anfällig für ein derartiges ›Gefühlschaos zu zweit‹ sind Menschen, die in einer unglückseligen Kindheit über ihrem kümmerlichen ›Realleben‹ ein aufgeblähtes ›Phantasieleben‹ errichtet haben. Solche Charaktere stehen nur mit einem Bein in der Wirklichkeit; viel lieber bewegen sie sich im luftigen Raum ihrer phantastischen Wunscherfüllungen, in denen sie alles haben, alles können und immer recht behalten. Hat einer der beiden Partner oder haben beide sich an die *süße Droge Phantasie* gewöhnt, dann werden ›Zumutungen der Realität‹ ängstlich und aggressiv abgewehrt. Der Liebespartner aber ist eine Realität, die ständig in der Beziehung da ist und einem nolens volens ›an den Leib‹ rückt. Er wird daher zur Zielscheibe aller Abwehrmechanismen, zum Opfer der wildesten Projektionen und Wahnvorstellungen. Er ist die Gefahr par excellence, die das Kartenhaus der narzißtischen Gewöhnungen und Wunschgedanken zum Einsturz bringen kann. Daher die Angst vor ihm, die sich als Wut, Zorn, Haß, Eifersucht usw. zu maskieren pflegt.

Symptomatologie neurotischer Partnerschaften

Wenn eine Partnerschaft zu entgleisen beginnt, so stellen sich nach und nach Disharmonien ein, die aus der Zweisamkeit einen unerbittlichen Kampf der beiden Beteiligten um Rechthaberei, Prestige und ähnliches werden lassen. Diese Momente beherrschen dann das Bild von Liebe und Ehe und verdrängen fast alle Regungen der Zärtlichkeit, der Solidarität und der wechselseitigen Förderung. Aus Zuneigung kann Gleichgültigkeit und zuletzt sogar Haß werden.

Hätte man eine gute Liebesbeziehung in Form von einer Pantomime darzustellen, so müßte man die beiden Partner weitgehend in Bewegungen zeigen, die aufeinander zustreben. Der Begriff ›Zuneigung‹ erinnert daran, daß man sich jenem zuneigt oder zuwendet, den man mag. Das kann Kontakt der Leiber oder der Seelen oder beides bedeuten. Liebe äußert sich nicht nur im Anfassen, im Küssen, im Umarmen usw., sondern auch in der freundlichen Anrede, im fürsorglichen Aufeinander-gerichtet-Sein, in einem kontinuierlichen Wohlwollen, das vom Ich zum Du hinüberströmt. Versagt die Liebesfähigkeit der Liebenden angesichts von inneren oder äußeren Problemen, dann wird dieser Strom der Aufmerksamkeit und Fürsorglichkeit unterbrochen; anstelle von Wärme tritt Kälte, anstelle von Interesse eine Art von Negation, anstelle von Gefühl und Vernunft meistens Affekt und destruktive Leidenschaft.

a. Das zeigt sich u. a. an *sexuellen Problemen,* die sich deutlicher ins Blickfeld schieben. Es ist schwer zu sagen, ob die sexuelle Disharmonie der Grund für das gestörte Zusammenleben überhaupt ist oder ob die Partnerschaftsproblematik im allgemeinen sich in der unbefriedigenden Sexualität lediglich ›verdichtet‹. Beide Hypothesen haben etwas für sich. Tatsächlich sind viele Männer und Frauen infolge der traditionellen Erziehung und Sexualpädagogik nicht in der Lage, den Sexualakt in angemessener Weise zu vollziehen: *Frigidität* und *Impotenz* sind sehr häufige Leiden, die aus einem Übermaß von Angst, Scham und Hemmung entspringen. Dazu kommen auch noch sexuelle Perversionen, die weiter verbreitet sind, als man gemeinhin anzunehmen pflegt. Der sexualgehemmte Mensch ist nicht in der Lage, sich im Liebesakt hinzugeben, Genuß zu spenden oder zu empfangen. Daraus kann viel psychische Not und gegenseitige Ablehnung entstehen. Ist doch eine gelingende Sexualität ein starkes, positives Band zwischen den beiden Partnern, das auch in Krisenzeiten der Beziehung einen Rest von guten Gefühlen aufrechtzuerhalten vermag und so manche Antagonismen überbrückt.

b. Eine Partnerschaft besteht nicht nur aus großen und zarten Gefühlen, sondern auch aus einer ganz schlichten, alltäglichen *Kooperation,* durch die eine Zweierbeziehung ihren Bestand sichert. Man wird immer finden, daß sich die Lockerung der Gefühlsbindungen in einer Verminderung des Zusammenwirkens anzeigt: Die beiden Beteiligten denken nur noch wenig an das Wir, das sie zusammen bilden; jeder ist hauptsächlich auf sich selbst konzentriert und entdeckt überall Argumente, um seinen Beitrag zu reduzieren. Es bricht der ›Egoismus zu zweit‹ aus, der eine typische Krankheitsform der Partnerschaft ist.

c. Die Sprache ist ein Hilfsmittel der Verständigung zwischen den Menschen: Sie ermöglicht es, zueinander zu kommen, einander zu verstehen und damit auch zu fördern. Dieses kostbare Instrument findet in unglücklichen Zweierbeziehungen aber eine ganz andere Verwendung. Man spricht nicht mehr, um sich verständlich zu machen und Gegensätze durch Kompromisse einzuebnen. Im Gegenteil: Die Sprache verwandelt sich in eine Waffe, mit der man mindestens so gut verletzen, weh tun und eventuell sogar töten kann wie mit einem Revolver oder mit einem Dolch. Die Dialoge verfeindeter Partner sind Zweikämpfe mit der unerbittlichen Absicht, *recht zu haben* und *recht zu behalten.* Der Standpunkt des Du wird nicht wahrgenommen: Es geht nur noch darum, die eigene Meinung zu verteidigen und gegen Einwände abzuschirmen. Es ist, wie wenn zwei Menschen sich unterhalten wollten, die beide füreinander ›fremdsprachig‹ sind: Ohne geeigneten Dolmetscher besteht keine Aussicht dafür, daß sie zu einer Übereinstimmung oder doch wechselseitigen Tolerierung gelangen können.

d. Bei all den genannten Prozessen verändert sich nach und nach das Bild, das sich die beiden Beteiligten von ihrem Gegenüber machen. Es entstehen zwei *Feindbilder,* die die früheren Gefühle der Achtung, der Wertschätzung und der Bewunderung fast vollständig unterdrücken. Nun entbrennt so etwas wie ein *Kampf ums Überleben,* denn der ›Feind im Haus‹ macht einem das Leben eng und überall bedrohlich. Wie immer, wo Angst und Aggressionen entfesselt werden, überläßt man sich wüsten Projektionen, die keiner Vernunftkontrolle unterliegen. Man mutet dem Partner alle Schlechtigkeit zu, die in den eigenen Befürchtungen aufsteigt: Und dies verschlechtert tatsächlich seine Intentionen in der Ich-Du-Beziehung.

e. Nun kommen *Charakterzüge* drastisch zum Vorschein, die sich in den guten Zeiten der Partnerschaft nur unmerklich bekundet haben. Jeder Mensch hat für Krisensituationen des Lebens ein Repertoire von härteren, unnachgiebigeren und ›asozialeren‹ Reaktionsmustern in sich, die er hervorholt, wenn ihm die Hoffnung auf ein gedeihliches und entwicklungsbegünstigendes Zusammenwirken mit einem Du verlorengeht. Die Selbstbehauptung und Selbstdurchsetzung des Ich auf Kosten des anderen sind das Wesenselement solcher Eigenschaften, die natürlich nicht plötzlich aus dem Nichts entspringen, sondern eine Akzentuierung oder Radikalisierung der von Kindheit an bestehenden Charakterstruktur ausmachen. Manche Partner wundern sich darüber, wie sehr und wie grundlegend sich ihr Du verändert hat; aber meistens ist diese Veränderung abhängig von eigenen (unguten) Wandlungen, die sich infolge ihrer Unbewußtheit der Selbsterkenntnis entziehen.

Das Beziehungsgeschehen wird undurchschaubar für die beiden Beteiligten, die den Kreislauf ihrer Aktionen und Interaktionen nicht in ein Verstehensmodell einordnen können. Hierfür ein Beispiel für vielerlei Komplikationen, das Paul Watzlawick in dem Buch »*Menschliche Kommunikation*« (zus. m. Beavin und Jackson 1969) bringt: Frau X ist unglücklich über ihre Partnerschaft, in der sie viel nörgelt und ihr Mann sich in sich selbst zurückzieht. *Sie* deutet dies so, daß sie nörgeln muß, weil er sich immer zurückzieht; *er* interpretiert dieselbe Misere jedoch so, daß er sich immer zurückziehen muß, weil sie stets nörgelt! Es ist kaum zu entwirren, wo die ›Schuldfrage‹ zu lokalisieren ist.

Die entfesselte Partnerschaftspathologie

Zur Darstellung äußerst zugespitzter Partnerschaftskonflikte kann man ›Typologien‹ benützen, welche die möglichen Konfliktkonstellationen auf einige wenige Grundtypen reduzieren. Ein beachtlicher Versuch in dieser Hinsicht liegt vor in Jürg Willis Buch »*Die Zweierbeziehung*« (1975), welches sich auf die These eines gemeinsamen Unbewußten der beiden Partner stützt und unter dem Begriff der ›Kollusion‹ (Mitspielen) das beiderseitige Beteiligtsein an allen Partnerschaftskalamitäten in Rechnung stellt. Willi greift auf die psychoanalytischen Neurosen- und Charakterdefinitionen zurück, so daß er als Hauptthemen der Partnerschaftspathologie narzißtische, orale, anal-sadistische und hysterische Kollusionsmuster aufdecken kann. Diese führen u. a. zu Ausartungen der Beziehung unter den Leitmotiven: ›Liebe als Einssein‹, ›Liebe als Einander-Umsorgen‹, ›Liebe als Einander-ganz-Gehören‹ und ›Liebe als männliche Bestätigung‹. Beide Partner bringen aus ihrer Kindheit schiefe (und zwar identische) Ansprüche an ihr Gegenüber mit, die sich zunächst zu ergänzen scheinen, aber auf die Dauer zum Sprengstoff werden können, der den Ehefrieden zerrüttet. Mitunter dienen dann die psychosomatischen oder neurotischen Symptome des einen Partners, seltener beider Partner, als Kitt der prekären Liebe oder Ehe, da damit ein Puffer gewonnen wird, der die heftigen Auseinandersetzungen mildert und beschwichtigt. Willi plädiert für Einsicht in diese Kollusionsmuster, wodurch ihnen ihre Starre und Einseitigkeit genommen werden kann.

Wir haben nicht die Absicht, auf den Spuren von Willis Beschreibungen einherzugehen, die nachzulesen wir allerdings gerne empfehlen möchten. Auch die Typologie der Ehenotstände, die schon Künkel in den dreißiger Jahren anhand seiner Charaktertypen versucht hat, ist für uns nicht die gewinnbringendste Methode in diesem Bereich. Man verwischt hierbei allzusehr die Individualität jeder Ehe; auch schafft man Rubriken, in die laienhafte Leser allzuleicht ihre eigenen Eheschwierigkeiten einordnen, wobei dem Partner mühelos der schwarze oder doch der schwärzere Peter zugeschoben wird. Der Lerneffekt bei solchen Schematisierungen ist unseres Erachtens gering; es ist sogar ein Pseudo-Lernen, wenn man dazu angeleitet wird, ein trockenes Schema auf individuelle Lebensgestaltungen anzuwenden.

Die große Dichtung der Weltliteratur ist hierin eindrücklicher als die Texte der psychologischen Wissenschaft. Bedeutende Romanschriftsteller und Dramatiker haben Entstehung und Zerfall von Partnerschaften so geschildert, daß die Einmaligkeit der jeweiligen Zweierbeziehung wirklich transparent wird; auch ›sieht‹ man günstigenfalls die beiden Charaktere in ihrer Wechselwirkung, wobei die Beziehung zu Welt und Schicksal nicht vernachlässigt wird. Als solche ›Lehrbücher‹ zur Partnerschaftspathologie möchten wir u. a. Shakespeares »*Othello*«, Tolstois »*Die Kreutzersonate*«, Ibsens »*Nora oder ein Puppenheim*«, Hesses »*Roßhalde*«, Albees »*Wer hat Angst vor Virginia Woolf?*« und Ingmar Bergmans Film »*Szenen einer Ehe*« nennen. Diese kleine Auswahl von literarischen Kunstwerken enthält ›mehr Tiefenpsychologie‹ als eine ganze Bibliothek von Fachbüchern.

Wir können aber in unserem Zusammenhang nicht Literaturpsychologie treiben und müssen es daher mit der Erwähnung der genannten Romane oder Dramen bewenden lassen. Für uns mag es zweckmäßig sein, aus der psychotherapeutischen Erfahrung heraus einige Themen und Motive der Partnerschaftspathologie herauszugreifen. Wir deuten hierbei die innere Dynamik an, die bei derartigen Verstrickungen zu finden ist.

1. Nach altertümlicher Auffassung ist die *Sexualität* hauptsächlich dazu da, die Fortpflanzung zu ermöglichen. Die neuere Psychologie und Anthropologie machen uns aber mit dem Gedanken vertraut, daß das sexuelle Bedürfnis in erster Linie eines der intensivsten ›Gemeinschaftserlebnisse‹ zustande bringt, nämlich eine Verschmelzung der Seelen *und* Leiber im gemeinsamen Orgasmus. Wo Partnerschaften erkranken, gelingt diese ›fundamentale Einigung‹ der beiden Menschen nicht oder nicht mehr; sie mühen sich aneinander ab, aber statt Nähe kommt nur Distanz und Frustration zustande. Daraus wird verständlich, daß die Sexualität nach und nach einen anderen Funktionssinn erhält. Sie wird in den Dienst der Selbstbestätigung und Machtausübung gestellt. Solche Sinngebung erahnen wir psychologisch etwa bei Impotenz und Frigidität, wo das sexuelle Nichtkönnen in einem (unbewußten) seelischen Nichtwollen verankert sein kann. Der Kampf im Liebesakt ist nur eine andere Variante der tausendfältigen verbalen und emotionalen Kämpfe, die zwischen den beiden Beteiligten ausgefochten werden oder doch in der Tiefe ihres Seelenlebens rumoren. Es wäre viel damit gewonnen, wenn das sexuelle Versagen allgemein eine derartige Interpretation fände.

Auch der ›Seitensprung‹ und der ›Prostituiertenbesuch‹ fallen unter die Kategorie ›Sexualität als Prestigepolitik‹, wobei man sich selbst als Eroberer und Don Juan aufwertet und den betrogenen Partner entsprechend abwertet. Ein ›Verhältnis neben der Ehe‹, in manchen Kreisen geradezu als Statussymbol eines erfolgreichen Mannes betrachtet, gehört ebenfalls in die ›Pathologie des Selbstwertstrebens‹, die das Sexuelle — welches Hingabe bedeutet — umfinalisiert in Richtung auf Eitelkeit und Selbstbeweihräucherung.

2. In vielen Partnerschaften macht sich *Eifersucht* breit, die vielfach als ›Beweis von äußerster Liebe‹ mißverstanden wird. Wir sprechen hier nicht von ›berechtigter Eifersucht‹, die dann entsteht, wenn sich der Partner einem anderen Menschen liebend zuwendet und uns vernachlässigt. Solcherlei Verhalten wird natürlicherweise im benachteiligten Liebenden Gefühle des Schmerzes, der Trauer und der Angst vor dem Liebesverlust erwecken. Pathologische Eifersucht ist erst dann gegeben, wenn die Furcht vor Liebesentzug zu permanent mißtrauischem, aggressivem, dominierendem, zänkischem und haßerfülltem Verhalten Anlaß gibt. Es scheint in diesen Fällen nicht mehr um die

Liebe des Du zu gehen; vielmehr kämpft der Eifersüchtige darum, daß sein wirklicher oder vermeintlicher Rivale die Zuneigung des Partners *nicht bekommen soll.* Auch hier wieder erkennen wir die aufsteigende Linie zur Machtausübung unter Verletzung der Gebote von Liebe, Achtung und Freizügigkeit. Man muß jedoch sehr vorsichtig sein und dem manifest Eifersüchtigen nie allein die Schuld an der Partnerschaftszerrüttung zuweisen; oft liegt dem Ausbruch der Eifersucht bei dem einen Partner ein untergründiges Begünstigen dieser *emotionalen Fieberkrankheit* durch den anderen Partner zugrunde. Hier ist das Willische Kollusionskonzept durchaus am Platze: Wenn sich in der Zweierbeziehung der eine Teil manifest krank benimmt, dann kann es durchaus sein, daß der andere Teil in seinem verborgenen Kranksein den mindestens so schweren Fall darstellt wie jener, der sich schier ›verrückt‹ gebärdet.

3. Ein anderes Partnerschaftsunglück ist das *gemeinsame Streiten,* das mit Recht den Namen *Streitsucht* führt. Man muß sich wundern, daß manche Paare jahrzehntelang über dieselben Punkte streiten und hiermit nicht aufhören können, d. h. keine Lösung für ihre permanenten Probleme finden. Das sieht wie ›Unvernunft‹ bei sonst recht ›vernünftigen Menschen‹ aus. Aber bei genauerem Zusehen entdeckt man doch wiederum einen tieferen Sinn im Unsinn (des Streitens). Die Sprache mit ihrer psychologischen Weisheit hat nicht umsonst das Wort ›Sucht‹ mit dem ›Streiten‹ verbunden. Offenbar kann man nicht nur bezüglich von Alkohol, Drogen, Medikamenten, Erfolgen usw. süchtig werden, sondern auch in bezug auf Streiten, Hadern und Schimpfen. Des Rätsels Lösung liegt wiederum in der furchtbaren Anziehungskraft, die das Macht- und Geltungsmotiv auf kranke Seelen ausübt. Geht es doch beim Streiten ums Rechthaben, um den Beweis, daß der eine klüger, rechtschaffener, vornehmer, sozialer, liebevoller usw. als der andere ist. Die Erniedrigung des anderen soll die eigene Erhöhung einleiten und besiegeln. Streitende Paare, die über Jahrzehnte hinweg an solchen Kampfritualen festhalten, bringen das Zauberkunststück zuwege, daß *beide* andauernd in ihren ›Duellen‹ siegen, aber jeder *auf eine andere Weise.* So mag es für den ›Herausforderer‹ schon ein Sieg sein, daß der andere auf sein wohlberechnetes Stichwort einschnappt und dabei in Angst, Wut oder Verzweiflung gerät. Selbst die schlußendliche Niederlage des einen kann in einen Triumph umformuliert werden. Nehmen wir etwa den Fall, daß

bei gewissen Streitigkeiten der Mann grob und ausfällig wird und hierbei seine Frau zum Schweigen bringt. Ihre darauffolgenden *Tränen* jedoch können ihm — wenn er nicht ganz hartherzig ist — ohne Worte seine Dickfelligkeit und Grobheit drastisch dokumentieren, so daß er in irgendeiner Weise einlenkt und zur ›Wiedergutmachung‹ gezwungen werden kann. In vielen Partnerschaften ist der unterirdische Krieg fast ebenso erfinderisch in Waffen und Kampfhandlungen wie bei verfeindeten Nationen.

4. Hinter Sexualmißbrauch, Eifersucht und ›Herumstreiten um des Kaisers Bart‹ stecken die Charakterzüge des *Ehrgeizes* und der *Eitelkeit,* mit denen ein ruhiges Zusammenleben zweier Menschen bei einer gewissen Massivität dieser Untugenden kaum möglich ist. Künkel hat diese beiden Wesenseigenschaften (die er zu Ausprägungen der ›Ichhaftigkeit‹ zählt) vornehmlich dem ›Cäsar‹ und dem ›Star‹ zugeschrieben; er war aber auch scharfsinnig genug, im Verhalten des ›Heimchens‹ und des ›Tölpels‹ als Grundmotiv eine ehrgeizig-eitle Lebenseinstellung zu erkennen. Das offene oder versteckte ›Hervorragenwollen über den anderen‹ erzeugt tausendfältige Antagonismen, die den Alltag in Liebe und Ehe ausmachen. So blamiert man den Partner in Gesellschaft oder im trauten Zuzweitsein, man ›mischt‹ in das Zusammenleben kleine Taktlosigkeiten und Verletzungen, scheinbare Vergeßlichkeiten, in denen geheime Absicht liegen kann. Viel reden und schweigen, übertriebene Sparsamkeit und unbesonnenes Geldausgeben, Koketterie und anderes Auffallenwollen, Putz- und Arbeitswut u. a. m. können im Dienste des Auszeichnungsverlangens stehen, welches die Partnerschaft dazu mißbraucht, die eigene Ruhmsucht zu bestärken. Sogar politische und religiöse Überzeugungen werden notfalls herangeholt, um dem Partner seine Naivität oder Dummheit in der Politik, seinen borniertem Obskurantismus, seine Glaubenslosigkeit oder seine Frömmigkeit ›vorzuwerfen‹. Wie zwei kleine Kinder, die um Bevorzugung von seiten der Eltern rivalisieren, kämpfen die beiden Liebenden um den Vorrang im Wissen, Können, Glauben, Unglauben, Revoluzzertum oder Konservatismus. ›Der Zweck heiligt die Mittel‹: Wenn Machtpolitik einreißt, kann buchstäblich *alles* dazu verwendet werden, um die eigene Scheingröße und den Scheinrang zu unterstreichen, wenn nur dabei irgendein schiefes Licht auf den danebenstehenden Partner fällt. Die Prestigeeinstellung in der Partnerschaft zerrüttet die Beziehung.

5. Wer im grimmigen Kampf um die Überlegenheit in der Zweierbeziehung den kürzeren zu ziehen meint, kann — bei geeigneter Disposition durch seine frühen Kindheitserlebnisse — sogar zur eigentlichen *Neurose* oder zur *psychosomatischen Erkrankung* greifen, um sich so unbewußt aufzuwerten und die eigene Position zu verstärken. So hat jede neurotische Störung innerhalb einer Partnerschaft *auch* einen ›Stellenwert‹ in dieser Zweierbeziehung: Man könnte regelrecht die Frage aufwerfen, *gegen wen* der Patient oder die Patientin ihre seelische Erkrankung entwickelt hat. Natürlich spielt hierbei auch innere und äußere Existenznot eine unübersehbare Rolle: Man erfindet neurotische oder psychosomatische Krankheiten nicht ›aus dem heiteren Himmel‹, und sie sind keine Kalamitäten, die als ›subjektfremd‹ zu betrachten sind. Das Subjekt schafft sich unter Umständen seine Neurose oder seine leib-seelische Irritation, da es derlei *benötigt*, um seinen sozialen Spielraum zu erweitern und seine Selbsteinschätzung zu konsolidieren. Man überprüfe nur die Wirkung, die ein solches Leiden auf den beteiligten oder betroffenen Partner ausübt: Und man wird sehen, daß irgendein ›Krankheitsgewinn‹ im Kranksein drinsteckt, der die Symptomatik zu einem ›kostbaren Besitz‹ macht, welcher nicht ohne weiteres bei psychotherapeutischer Intervention preisgegeben wird.

6. Die Familientherapie hat eine Reihe von *Familienneurosen* beschrieben, bei denen nicht nur ein Familienmitglied an einer Neurose erkrankt, sondern die Familie als Ganzes neurotisch oder psychotisch wird und eine Irritation ausbrütet, an welcher alle Familienangehörigen teilhaben — mit unterschiedlicher ›Manifestation‹ der Symptome. Die Einigung auf eine ›gemeinsame Neurose‹ kann die brüchige Familie zusammenhalten; wo Liebe und gemeinsame Entwicklung aller Beteiligten als ›Bindungsfaktor‹ nicht hinreichen, wird die Familienneurose zum gemeinsamen Gesprächsstoff, zum Lebensinhalt, zur ›Weltanschauung‹ und zur Mauer, die gegen die ›böse Welt‹ abgrenzt. Horst-Eberhard Richter (*»Patient Familie«* 1970) hat im Anschluß an amerikanische Autoren die Typologie neurotischer Familien bearbeitet; er nennt u. a. die ›Familie als Sanatorium‹ (Ursprungsstätte von Angstneurosen und psychosomatischen Krankheiten), die ›Familie als Festung‹ (Ursprungsstätte von Zwangsneurosen und Paranoia) und die ›Familie als Schaubühne‹ (Ursprungsstätte und Heimat von Hysterie). Für andere

Charakteranomalien und Neurosen kann man ohne weiteres zusätzliche Familienpathologien konstruieren; so etwa die ›Familie als Dschungel‹ (Verwahrlosung, Kriminalität), die ›Familie als Kasernenhof‹ (Autoritarismus, Masochismus, Sklaverei), die ›Familie als Gerichtshof‹ (Schuldzuweisung, Moralismus in allen Spielarten). Seit wir in das emotionale Gewebe der Partnerschaften hineinzuleuchten verstehen, begreifen wir auch die Neurosen der Individuen viel besser, da Individual- und Familienneurose einander bedingen wie die zwei Seiten einer Münze.

Die seelischen Konflikte und Verklammerungen in Partnerschaften sind leidvoll genug, und sie betreffen einen Lebensbereich, in dem das Verlangen nach Glück und Lebensgenuß in besonderer Weise akzentuiert ist. Der Psychologe und Psychotherapeut, der um das Massenelend in den Zweierbeziehungen weiß, kann es nur bedauern, daß man die heranwachsende Jugend zu wenig auf die ›Krisenanfälligkeit‹ jeglicher Partnerschaft aufmerksam macht und daß heute noch ›Eheschulen‹ fehlen, in welchen die ›Kunst des Zusammenlebens‹ gelehrt und gelernt werden kann. Die Schulbildung der Zukunft wird als ein Hauptfach die *Vorbereitung auf die Zweierbeziehung* umfassen, wenn in ihr echte Menschenbildung ernst genommen werden soll.

Partnerschaftstherapie

In der Psychotherapie von Partnerschaften muß man einige Gesichtspunkte beachten, die in der Individualtherapie nicht per se enthalten sind. Eine Zweierbeziehung zu behandeln und zu klären ist qualitativ eine andere Aufgabe als die Klärung der Probleme zweier Individuen, die zwar ein Paar bilden, aber einzeln und unabhängig voneinander Therapie machen.

Es ist sehr schwierig für den Psychotherapeuten, anläßlich von Partnerschaftsbehandlungen ein annähernd objektives Bild davon zu gewinnen, was sich wirklich zwischen den beiden Partnern abspielt. Mitunter kommt nur ein Partner in die Therapie, so daß man auf eine einseitige Information angewiesen ist. Aber auch wenn beide Beteiligten kommen, erfahren wir immer nur, was jeder von ihnen ›erlebt‹ und ›zu sehen glaubt‹. Erfahrungen sind stets sehr subjektiv. Man erinnere sich an die bekannte ›Psychologie der Zeugenaussage‹. Ein Unfall findet statt: Setzen wir den Fall, daß zwölf Menschen ihn gesehen haben. Alle zwölf

Zeugen schildern, gemäß ihrer Persönlichkeitsstruktur und Wahrnehmungs-Eigenart, einen ›ganz anderen Unfall‹. Hierbei sind sie emotional nicht besonders beteiligt. Wieviel größere Fehlerquellen kommen in die Beurteilung hinein, wenn man — wie dies in der Partnerschaft exquisit der Fall ist — gefühlsmäßig sehr engagiert ist und ein gewaltiges Interesse daran hat, nicht als der ›Schuldige‹ dazustehen, sondern beim Therapeuten Schutz, Hilfe und Unterstützung gegen den ›bösen Ehepartner‹ zu bekommen!

Einige Faustregeln haben sich in der Partnerschaftstherapie als sehr nützlich erwiesen. Dazu gehören u. a. folgende Behandlungsmaximen:

1. Sofern Schwierigkeiten in einer Zweierbeziehung auftreten, haben beide Beteiligte ihren Anteil daran — nie einer allein. Es ist sogar von Vorteil anzunehmen, daß auf jeden Partner ca. *50 Prozent* der Komplikationen entfallen — dies mag in der Praxis nicht immer genau zutreffen, wirkt aber doch als Stütze für die Neutralität des Beraters, der allzu leicht von einem der beiden Kontrahenten ins Schlepptau genommen wird, so daß er eventuell ›subjektiv‹ Partei ergreift und Öl aufs Feuer gießt, anstatt die Flammen zu löschen.

2. Alle Schwierigkeiten einer Partnerschaft müssen sehr sorgfältig auf ihre *aktuelle Notlage* hin untersucht werden. Die Menschen leiden nicht unter eingebildeten Problemen (wiewohl dies auch eine Rolle spielt); viele ihrer Probleme sind ganz real und stammen aus der Gegenwart, nicht aus der vielbemühten Kindheit, in welcher die Psychoanalyse die Ursprungsstätte der Charakterformungen, der Komplexe und der Verhaltensabwegigkeiten sieht. Mitunter ist die aktuelle Beratung viel hilfreicher als eine tiefschürfende Analyse, die die Kindheitspathologie ›ausgräbt‹.

3. Sofern die Gegenwartslage das Verhalten der beiden Beteiligten nicht erklärt, fügt man die *Vergangenheitsanalyse* hinzu. Dann erst hat es Sinn, bis in die Kindheit der beiden Partner zurückzugehen, um zu erkennen, welche kindlichen Prägungen, welche ›Wiederholungszwänge‹ aus den Kinderjahren ihre Reaktionen determinieren. Denn das Kind ist der ›Vater des Mannes‹ und die ›Mutter der Frau‹.

4. Schon Hegel hat die treffende Feststellung formuliert, daß jede Individualität ist, ›was sie in ihrer Welt ist‹. Dies bedeutet, daß der Mensch nicht im leeren Raume steht: Er ist *auch* die Summe seiner Weltbeziehungen. Daher muß man bei der Situa-

tionsklärung von Partnerschaften die ›Welt‹ der beiden Partner mit untersuchen: Oft stammen die Störungen der Zweierbeziehung aus dem Berufsmilieu, aus dem Einfluß von Eltern und Schwiegereltern, aus religiösen, politischen und ökonomischen Hintergründen, aus den Freundschaften und Bekanntschaften des Paares usw.

5. Jede Partnerschaft ist ein *historisches Gebilde* und hat ihren Anfang in der Zeit, ihren ›Werdensverlauf‹ und ihre Schicksale. Man kann sie daher auch als ›Produkt ihrer Geschichte‹ auffassen, ähnlich wie man den Status eines Volkes als ›Geschichtsergebnis‹ deuten muß. Daher ist es für das Verstehen von Partnerschaftskomplikationen unabdingbar, die Arbeit eines ›Historikers‹ zu leisten, d. h. herauszuarbeiten, auf welche Weise die beiden Beteiligten sich kennenlernten, wie ihre Liebe begann und sich entwickelte, von welchem Zeitpunkt an die Schwierigkeiten hochkamen und wie ihnen ›begegnet‹ wurde. Jede Zweierbeziehung hat eine mehr oder minder dramatische Geschichte, mit Treuebündnissen und Treuebrüchen, mit Mißverständnissen und daraus folgenden Verhärtungen oder Aggressionen, mit eingestandenen und uneingestandenen ›Seitensprüngen‹ u. a. m. Wichtiger als die Geschichte der äußeren Ereignisse ist die Geschichte des Gefühlslebens in der Partnerschaft: Diese ist natürlich viel schwerer zu ermitteln als faktische Vorkommnisse, die man örtlich und zeitlich lokalisieren kann.

Die Psychoanalyse lehrt uns, daß die Angelpunkte der Therapie die Phänomene des Widerstandes, der Übertragung und der Gegenübertragung sind. Diese Theorie ist in ihrer orthodox-psychoanalytischen Fassung umstritten; es kann aber kein Zweifel sein, daß Freud mit diesen Begriffen irgend etwas anvisiert hat, das sich tatsächlich im Therapiegeschehen ereignet.

In der Therapie der Zweierbeziehung stellt man spezielle Varianten von Widerstand, Übertragung und Gegenübertragung fest, wie dies z. B. Jürg Willi in seinem Buch *»Therapie der Zweierbeziehung«* (1978) sehr eindrücklich beschreibt. So gibt es etwa den Widerstand des ›nichtbehandlungswilligen Partners‹, der sich selbst von allen Problemen freispricht und bestenfalls seinem Gegenüber empfiehlt, sich behandeln zu lassen. Oft geht es hierbei um die Erhaltung einer wirklichen oder vermeintlichen Überlegenheitsposition; es kann auch die Angst vor Abhängigkeit und Sich-führen-Lassen sein, die in Männern unserer Kultur besonders ausgeprägt ist. Aber auch der behandlungswillige

Partner hat seine Widerstände: Er sucht vielleicht die Rolle des Kindes, das bei einem allmächtigen Elternersatz (dem Therapeuten) seine Geschwister (d. h. den Ehepartner) anklagen darf; oder er sucht eine gütige ›Therapiemutter‹ (die auch ein Mann sein kann), bei der man immer Schutz und Zuflucht findet, ohne sich ändern zu müssen.

Auch haben die Paare einen ›gemeinsamen Widerstand‹, da ihre Beziehung — trotz Leid und Kummer — ein stabilisiertes System darstellt, an das sie sich gewöhnt haben und aus welchem sie Befriedigungen *irgendwelcher Art* ziehen.

Mit den obigen Thesen ist auch bereits das Problem der ›Übertragung‹ angetönt worden; man überträgt auf den Therapeuten kindliche Verhaltens- und Einstellungsmuster, so daß dieser annähernd wie eine wichtige Beziehungsperson aus der Kindheit im Seelenleben des Analysanden aufgefaßt wird. Kommen beide Beteiligten in die Therapie, dann können vielerlei Komplikationen dadurch entstehen, daß etwa die Frau im Therapeuten einen ›gütigen Mann‹ als Kontrastfigur zu ihrem ›bösen Mann‹ stilisiert. Der Mann hingegen kann den Psychologen als ›Rivalen‹ empfinden, der ihm seine Frau ausspannen will oder doch ihn vor der Frau demütigt und kleinmacht. Auch andere Varianten sind möglich. So kann der Mann im Seelenarzt einen Bundesgenossen im Kampf gegen seine Frau erhoffen, da ihn eventuell der Vater gegen Schwestern oder gegen die Mutter in Schutz zu nehmen pflegte.

Auch der Therapeut ist an solchen pathologischen Konstellationen mitbeteiligt. Auch er bringt alle seine Gefühle und Motivationen in die Behandlung mit. Unter Umständen gefällt ihm die Frau, so daß er wuchtig für sie und gegen den Mann Partei ergreift. Oder er hat selbst ähnliche Ehe- oder Liebesprobleme wie der betroffene Mann und agiert nun mit entsprechender Leidenschaft zugunsten dieses letzteren, mit dem er sich ›überidentifiziert‹. Auch kommt es auf das ›Frauenbild‹ des Psychotherapeuten an, wenn er in Partnerschaftsfragen Stellung beziehen soll. Wie oft haben auch Therapeuten von Kindheit an mit Frauen niederdrückende Erfahrungen gemacht, die sie in ihrer Charakter- und Lehranalyse nur zum Teil aufarbeiten konnten. Dies wird ihr Unparteiisch- oder Allparteilichsein (H. Stierlin) schwer beeinträchtigen.

Die Tatsache, daß ein Psychotherapeut in Zusammenarbeit mit *einem* Liebes- oder Ehepaar in unübersichtliche Affekt- und Gefühlsverstrickungen hineingerät, hat dazu beigetragen, daß allenorts die Therapie in *Ehepaargruppen* Aufschwung erhielt. Hierbei werden einige Paare vereinigt und durch gruppentherapeutische Techniken behandelt. Das hat viele Vorzüge gegenüber der Therapiesituation zu dritt, die so leicht zu einer Konstellation ›zwei gegen eins‹ entartet: Einer der beiden Partner gewinnt den Therapeuten zum Bundesgenossen, und dann bekämpft man gemeinsam den ›bösen Dritten‹.

Noch vorteilhafter erscheint uns die Einordnung des Paares in *größere Therapiegruppen,* die nicht auf Ehepaar-Therapie spezialisiert sind. In solchen großen Gruppen (in denen die Anzahl der Patienten nicht limitiert ist) soll jeder Partner für sich seine Selbstklärung vollziehen und seine Selbstverwirklichung fördern. Die Komplikationen in Liebe und Ehe bilden nicht das Hauptthema einer derartigen psychologischen Behandlung. Sie können wohl dann und wann angesprochen werden, aber die beiden Kontrahenten werden allgemein darauf hingewiesen, daß das Geheimnis der Verbesserung ihrer Zweierbeziehung in der Entwicklung und Entfaltung der beiden Persönlichkeiten liegt.

Mit einem solchen Therapie-Arrangement, in welchem neben dem ›analytischen Teil‹ auch erhebliche ›Bildungsarbeit‹ geleistet wird, haben wir in unserer ›Berliner Großgruppentherapie‹ auch bei Paar-Therapien gute Resultate erzielt. Wir gehen dabei von der Auffassung aus, daß Stagnationen der persönlichen Entwicklung die Hauptquelle der Partnerschaftskonflikte sind, da Menschen mit ›Werdenshemmungen‹ am ehesten dazu neigen, ihre gestaute Lebensenergie am Partner abzureagieren.

Altersneurosen

Eine der wichtigsten sozialen Tatsachen unserer Zeit besteht darin, daß die Menschen von heute älter werden als ihre Vorfahren. Die mittlere Lebensdauer hat sich im Laufe der Jahrhunderte eindrücklich verändert. Bis um 1700 betrug die Lebenserwartung eines Menschen nur ca. 30 Jahre; daran änderte sich auch im 18. und 19. Jahrhundert wenig. Erst die Erfolge der modernen Medizin und Hygiene ließen die durchschnittliche Lebenserwartung emporschnellen. Entscheidend war hierbei vor allem die Bekämpfung der Säuglings- und Kindersterblichkeit, daneben aber auch die Pflege und Vorsorge für das Alter. So kam es dazu, daß die Statistik von 1880 an eine merkliche Verlängerung der Lebensdauer anzuzeigen begann. Hierzu einige Zahlen:
1880: 35—38 Jahre; 1890: 40—44 Jahre; 1920: 56—59 Jahre; 1930: 59—63 Jahre; heute: 70—75 Jahre.
Die hochentwickelte medizinische Versorgung in den Industriestaaten vermehrte die Bevölkerungsgruppe der ›Über-60jährigen‹ in vorher nie gekanntem Maße. Schon 1950 kamen auf 1000 Einwohner in der BRD 94 Menschen mit über 65 Jahren; 1970 waren es bereits 128, und um 1980 lag die Zahl dieser ›Alten‹ etwa bei 140. Jeder siebente Bundesbürger ist demnach über 65 Jahre alt. Naturgemäß wirft dies neuartige ökonomische, soziale, psychologische und kulturelle Probleme auf, denen zu begegnen nicht leicht sein wird.
Das Wort von der ›Überalterung der Industrienationen‹ ist vielleicht zu dramatisierend, aber es betont immerhin den Ernst der Lage. Die Soziologie hat sich dieses Themas eifrig angenommen; auch die Medizin sah sich genötigt, spezielle Disziplinen bezüglich des alternden Menschen auszubilden, so u. a. die *Gerontologie* (Wissenschaft vom Alter) und die *Geriatrie* (Altersheilkunde, Altersmedizin). An die genannten Wissenschaften schließt sich zwanglos die *Alterspsychologie* an, die in den letzten fünfzig Jahren einen großen Aufschwung nahm.

Eine Pionierarbeit auf diesem Gebiet leistete Charlotte Bühler mit ihrem Buch *»Der menschliche Lebenslauf als psychologisches Problem«* (1933). Sie untersuchte an zahlreichen Lebensläufen die von ihr herausgehobenen Phasen des Aufstiegs, des Höhepunkts und des Abstiegs, wodurch sie in origineller Weise die Altersproblematik in den Griff bekam. An den Biographien von schöpferischen Persönlichkeiten konnte sie die positiven Aspekte des Alterns aufzeigen, was mit der geläufigen Tradition brach, die im Altwerden fast ausschließlich Phänomene der Inhibition und Involution (Hemmung und Rückbildung) sah.

Die derzeitige Gerontologie beschäftigt sich nach Hans Thomae (*»Altern — Probleme und Tatsachen«* 1968) mit den folgenden vier Themenkreisen:

1. Das Alter als Lebensphase;
2. Das Problem von Altersveränderungen der Leistung;
3. Das Problem des Einsetzens des Alterns;
4. Die thematische Analyse des Alterns.

Es ist hier nicht der Ort, im Detail auf alle diese Motive der gerontologischen Forschung einzugehen. So wird etwa die Frage diskutiert, was den ›Anstoß zum Altern‹ ergibt: Handelt es sich hier um eine Eigengesetzlichkeit des Organismus, der sich im Lebensprozeß gemäß inhärenter Bedingungen ›verbraucht‹, oder ist es ein Insgesamt von ökonomischen, beruflichen, soziologischen und psychologischen Faktoren, die zum Altwerden Anlaß geben? Diese Frage kann vermutlich nicht eindeutig beantwortet werden. Zum eventuell biologisch programmierten Verschleiß der Lebensenergie kommen immer lebensgeschichtliche Umstände hinzu, die erfahrungsgemäß das Altern einleiten und beschleunigen können. Gibt es doch unzweifelhaft immer wieder Fälle, wo einschneidende Erlebnisse und Erfahrungen ein Individuum sozusagen ›über Nacht‹ altern lassen. Aber das Biographische ist nie allein wirksam; es überlagert den ›normalen Altersvorgang‹, den es verlangsamen oder beschleunigen kann.

Nicht immer bedeutet das Altern ›Leistungsabfall‹: Sehr viele alternde Menschen ersetzen die vitale Kraft durch Geschicklichkeit und Routine, durch Erfahrung und erworbenes Wissen. Dies kommt besonders in den ›geistigen Berufen‹ zum Tragen, ist aber auch anderswo feststellbar. Jedenfalls ist man nicht dazu berechtigt, die alten Berufsarbeiter von vornherein der verminderten Leistungsfähigkeit zu verdächtigen. Der Mensch bleibt plastisch bis in ein hohes Alter, und oft überschneiden sich die Kurven des biologischen Alterns und der geistigen Reifung: Erstere fällt, und letztere steigt an.

In der ›thematischen Analyse des Alterns‹ sieht Thomae einige Grundsituationen, vor die sich der alternde Mensch notwendigerweise gestellt fühlt und auf die er eine sinnvolle Antwort finden muß. Diese ›challenges‹, zu denen ›responses‹ gesucht werden müssen, sind:

1. Situation der beruflichen und wirtschaftlichen Konkurrenz, Notwendigkeit der Durchsetzung;
2. Situation der Familie;
3. Innewerden der Unvollkommenheit des Daseins;
4. Reibung an der Monotonie des eigenen Daseins;
5. Innewerden der Endgültigkeit des eigenen Geschicks;
6. Konfrontation mit der Endlichkeit des Daseins.

Das Lernpensum des altwerdenden Menschen ist in der Tat nicht gering. Es erinnert in manchen Punkten an ›philosophische‹ Aufgabenstellungen, denn die Auseinandersetzung mit dem Tode, der menschlichen Endlichkeit und der Endgültigkeit von Entscheidungen und Entwicklungen war von altersher die bevorzugte Thematik der Philosophie beziehungsweise der Ethik und philosophischen Menschenkunde. Auch die Tiefenpsychologie wurde durch das Studium seelisch kranker Menschen und deren biographischer Fehlentwicklungen auf diesen Themenbereich hingelenkt. So ist sie vielleicht als ›psychotherapeutische Theorie‹ besonders geeignet, dem alternden Menschen in seinen Nöten und Bedrängnissen Beistand zu leisten. Die Psychologie des Alters gehört zumindest teilweise in die *Neurosenlehre,* und hierin ist der Tiefenpsychologe kompetenter als seine Fachgenossen aus den übrigen spezialwissenschaftlichen Sphären.

Biologie des Alters

Das Altern ist ein biologischer und psychischer Prozeß, an dem Leib und Seele von Fall zu Fall unterschiedlichen Anteil haben. Die Anatomen behaupten, daß der menschliche Organismus schon im Mutterleib zu altern beginnt; manche Organe oder Organsysteme weisen bald ›Abnützungserscheinungen‹ auf, die sich im Laufe des Lebens vermehren. Sehr deutlich ist dies an den Blutgefäßen festzustellen, die verkalken und unelastisch werden;

um 1900 erklärte der Franzose Cazalis in einer vielbeachteten Formulierung: »Der Mensch ist so alt wie seine Arterien.«
Aber auch die anderen Organe verändern sich und vermindern ihre Funktionstüchtigkeit. Das Auge akkommodiert schlechter schon im Jugendalter; später kann sich die Linse fast gar nicht mehr der Distanz des gesehenen Objekts anpassen, was zur Altersweitsichtigkeit führt. Die Abnahme der Hörschärfe betrifft erst das vorgerückte Alter und gibt Anlaß zur Altersschwerhörigkeit, die die Beziehung zur Umwelt empfindlich belastet.

In allen Bereichen des Körpers verändern sich die Gewebe im Laufe der Altersvorgänge. Überall lagert sich Bindegewebe ein, welches andere Zellen ersetzt. Schon das Erscheinungsbild des alternden Menschen verwandelt sich merklich. Die Haare werden zuerst grau und dann weiß oder fallen ganz aus. Man verliert seine Zähne, was die untere Gesichtshälfte verkürzt. Da die Wirbelsäule Wasser abgibt und die Zwischenwirbelscheiben zusammengedrückt werden, wird der alternde Mensch kleiner; bei höherem Alter kann es sich um zehn bis fünfzehn Zentimeter handeln. Nicht selten wird die Haltung auch gebückter, weil die Muskulatur atrophiert und einen Teil ihrer Tragfähigkeit einbüßt.

Wichtiger jedoch sind die inneren Veränderungen des Organismus. Im Blut reduziert sich der Hämoglobingehalt. Da die Rippenknorpel verknöchern, wird der Brustkorb unbeweglicher und erschwert die Atmung. Die Verminderung des luftaustauschenden Gewebes der Lunge (Emphysem) ergibt Kurzatmigkeit; physische Anstrengungen werden im Alter schlechter ertragen.

Magen, Darm, Leber und Niere arbeiten oft schwerfälliger in den späteren Lebensabschnitten. Um z. B. die Körperschlacken auszuscheiden, muß mehr Wasser aufgenommen werden, da der Urin weniger konzentriert wird.

Das Knochensystem verliert an Kalk und wird spröder und brüchiger. Gefürchtet sind bei alten Menschen Knochenbrüche, speziell der Oberschenkel- oder Schenkelhalsbruch. Da die motorische Geschicklichkeit abnimmt, sind Unfälle im Alter häufig und heilen natürlich auch weniger gut ab.

Herzleiden entstehen aus sehr verschiedenen Gründen. Relevant ist u. a. die Verkalkung der Herzkranzgefäße, die die Ernährung des Herzmuskels beeinträchtigt. Verschließt sich ein Gefäß, so kommt es zum Herzinfarkt mit partiellem Absterben des Muskelgewebes. Aber auch ohne dieses dramatische Ereignis wird die Herzleistung herabgesetzt, je höher das Alter wird.

Natürlich betrifft der Altersprozeß auch die Sexualität, wo wiederum biologische und psychische Faktoren ineinanderwirken. Bei der Frau hört zwischen 40 und 50 Jahren die Monatsblutung auf; es werden keine Eier mehr produziert, und auch der ganze hormonelle Monatszyklus fällt aus. Früher meinte man, daß damit die Sexualität zum Erliegen komme. Dies ist keineswegs der Fall, es sei denn, daß die Suggestion dieses immer noch kursierenden Vorurteils ihre Wirksamkeit entfaltet. Normalerweise ist die Frau — wie der Mann — bis in hohes und höchstes Alter sexuell ansprechbar.

Beim Mann vermehren sich im Hoden die Bindegewebszellen, und seine Hormonproduktion wird abgeschwächt. Das sexuelle Bedürfnis wird in der Regel verringert. Mitunter kommt es zu Erektionsschwierigkeiten oder Ejakulationskomplikationen; das Orgasmuserlebnis ändert sich. Kinsey berichtet allerdings von Fällen, wo Greise und Greisinnen noch ein sehr befriedigendes Liebesleben praktizierten und auch die Häufigkeit des Beischlafs mitunter frappiert.

Im Zusammenhang mit dem Sexualsystem steht die Prostata des Mannes, die im Alter fast immer vergrößert wird und auch Wucherungen aufweist. Die Prostatahypertrophie mit daraus folgenden Beschwerden bei der Urinentleerung ist ›die Krankheit des alten Mannes‹.

Manche Autoren stellen fest, daß das Altern regelmäßig mit Krankheit verbunden oder gar identisch ist. Jedenfalls ist es der Weg des Organismus zum Tode hin, und die Erkrankung zeigt gelegentlich, wie nahe man dem ›Zielpunkt‹ gekommen ist.

Alte Menschen sind zwei- oder dreimal häufiger krank als junge, und in den meisten Krankenhäusern sind oft ein Viertel oder ein Fünftel der zur Verfügung stehenden Betten durch alte Patienten belegt. Zu den speziellen Alterskrankheiten gehören u. a.: Herzkrankheiten, Arthritis, Rheumatismus, Nierenentzündungen, hoher Blutdruck, Arteriosklerose, Erkrankungen der Atemwege (Bronchitiden, Pneumonien usw.), Erkrankungen des Verdauungsapparates (Diabetes usw.), Störungen des Bewegungssystems, Anämie und bösartige Tumoren. Auch Neurosen und Psychosen nehmen im Alter zu.

Krankheiten des Alters neigen zur Chronifizierung und zu einem schleichenden, progressiven Verlauf. Die Krankheitssymptome sind weniger ausgeprägt als in jüngeren Jahren, so daß sie nicht immer schnell genug wahrgenommen werden. Mitunter überlagern sich auch mehrere Krankheiten, so daß die Beseitigung der auffälligen Symptomatik noch nicht die völlige Heilung bedeutet. Man muß beim alten Menschen stets den Gesamtorganismus überwachen, wenn man auch vorzüglich die akute Erkrankung im Auge behält.

Herzleiden stehen unter den Todesursachen an erster Stelle. Allgemeiner biologischer Kräfteverfall ist zwar auch ein ubiquitäres Symptom, führt aber selten zum Tode: Der Tod aus Altersschwäche allein ist eine Rarität oder kommt gar nicht vor. Der geschwächte Organismus wird irgendwie krank und ist nicht mehr in der Lage, sich zu wehren: Dies ist sozusagen die ›geläufige Art des Sterbens‹. Aber nicht immer kann die ›Todesursache‹ deutlich ermittelt werden.

Psychologie des Alters

Die Psychologie des alten Menschen befaßt sich u. a. mit der Frage, wann und bei welcher Gelegenheit er sich erstmals und in entscheidender Weise als ›alt‹ empfindet. Umfragen zu diesem Thema haben ergeben, daß physische und psychische Funktionsausfälle oder Reaktionen der Umgebung dem Betroffenen sein Alter in Erinnerung rufen. Hierbei spielen etwa folgende Faktoren eine Rolle:

Muskel- oder Rückenschmerzen; Zahnausfall; Knochenschmerzen; wachsende Nervosität; Verminderung der Sinnesfunktionen; Weißwerden der Haare und Haarausfall; Hautfalten; Ermüdungserscheinungen; sexuelle Funktionsstörungen; Kreislaufbeschwerden; Gedächtnisschwund; Schlaflosigkeit usw.

Läßt einen der eigene Körper in Ruhe und funktioniert die Psyche annähernd gut, dann sorgt die Umwelt dafür, daß man das Altgewordensein nicht vergißt. Männer und Frauen verspüren z. B., daß ihre erotische Attraktivität abnimmt. Die heranwachsenden Kinder zeigen den Eltern, wie die Jahre vergehen und daß der biologische Aufstieg der einen mit dem Abstieg der anderen verbunden ist. Gesicht und Körper verändern ihr Aussehen: Man wird meistens nicht schöner, wenn man älter wird. Die Leistungsfähigkeit in vielen Bereichen läßt nach, wodurch auch die Selbstachtung erschüttert wird. Die biopsychische Basis der Persönlichkeit gerät ins Wanken, und man erholt sich nicht leicht davon.

C. G. Jung verlegte die ›Lebensmitte‹ in den Zeitraum von 36 bis 45 Jahren: Hier komme es zur ›Lebenswende‹, in der einschneidend die Sinnlosigkeit eines bloß extravertierten Lebens erfahren und die Notwendigkeit des ›Weges nach innen‹ (Introversion) begriffen werden soll. Andere Autoren (Fritz Giese, Erich Stern) fixieren das eigentliche Erlebnis des Altwerdens um das fünfzigste Lebensjahr; dies entspricht auch ungefähr der Goetheschen Auffassung, und nicht umsonst hat Goethe in »*Wilhelm Meisters Wanderjahre*« die herrliche Erzählung ›*Der Mann von fünfzig Jahren*‹ eingefügt, die wahrscheinlich auch eigene Erfahrungen des Autors widerspiegelt. Bei den Frauen wurde in früheren Jahrhunderten der ›Alterspunkt‹ auf ein viel niedriegeres Datum verlegt; es ist anzunehmen, daß die Zeitgenossen von Balzac nicht wenig darüber schockiert waren, daß der Dichter in »*Die Frau von dreißig Jahren*« das hitzige Liebesleben einer Frau schilderte, die nach den damaligen Überzeugungen sich bereits dem Matronenalter zu nähern begann.

Vertritt das Individuum die beliebte These, man sei nur so alt, wie man sich fühlt, dann hilft die Umwelt nach, um das Altwerden oder Altgewordensein zu suggerieren. Einer Dame sagt etwa ihr Friseur, daß sie ›noch so schönes Haar besitze‹ ; als Höflichkeit noch üblich war, wurde Männern und Frauen in der Tramway oder im Autobus ein Platz von Jugendlichen angeboten, was manche als ›Altersdiagnose‹ werteten. Vor allem aber im Beruf, wo der Mensch als nutzbringendes Werkzeug angesehen wird, erfährt man unerbittlich, ob man als alt oder jung eingeschätzt wird.

Die seelischen Kräfte und Fähigkeiten geraten — zumindest teilweise — auf die absteigende Bahn. Irgend jemand hat die Sentenz geprägt, daß der unentbehrliche Begleiter der Altersbrille das ›Notizbuch‹ sei: Denn der alte Mensch vergißt mehr als früher. Sein Langzeitgedächtnis bleibt oft gut erhalten, aber frische Eindrücke haften weniger und müssen schriftlich festgehalten werden, wenn sie nicht untergehen sollen. Man hat richtig beobachtet, daß es zu einer Selektion des Gedächtnismaterials kommt; nur was interessiert, hat Chancen, im Gedächtnis zu verbleiben, indes andere Fakten unerbittlich ausgemerzt werden. Neuerwerb von Erfahrungen ist im Alter bei den meisten Menschen mühevoll; sie leben vom geistigen Besitz, der aus ihrer Kindheit und Jugend stammt. Daher auch der Konservatismus der alten Leute, der einer Phobie vor dem Neuen entspringt. Frühere Zeiten werden verklärt und idealisiert, indes die Zukunft in einem eher düsteren Licht erscheint.

Nicht unbedingt vermindert sich die Intelligenz im Alter. Bei geistig arbeitenden Menschen kommt es oft genug vor, daß sie erst in ihrer Altersphase auf die Höhe ihres Berufes gelangen. In vielen Künsten und Wissenschaften ist eine Altersproduktivität bekannt, die in keiner Weise hinter den Jugendschöpfungen der kreativen Charaktere zurücktreten muß. Man denke etwa an die Altersleistungen von Kant, Bergson, Bach, Verdi, Tolstoi, Hobbes, Freud, Jung, Michelangelo, Goethe, Rembrandt, Darwin, Galilei, Mill usw. Der ›Stil‹ genialer Menschen wird vom Alter modifiziert, aber ihre Schaffenskraft wird davon nicht ungünstig beeinflußt. Geistige Weiterentwicklung bis zum letzten Atemzug ist sehr wohl möglich und kein Einzelfall.

Bei guten Entwicklungsverläufen ist das Ziel des Altersprozesses nicht Senilität, sondern Weisheit, Reife und Vernunft. Aber auch die erstere tritt ungemein häufig ein, wenn es dem Individuum an überlegener Einstellung und Haltung dem Leben gegenüber fehlt, so daß die reduzierten biologischen Kräfte durch nichts ausgeglichen werden können.

Aus der biologischen und sozialen Schwächeposition des alternden Menschen resultiert oft ein gedrücktes Lebensgefühl, vermehrte Daseinsangst, Lebensunlust und wachsendes Minderwertigkeitsgefühl. Diese Faktoren erschweren die soziale Einfügung und bekräftigen die dispositionell vorhandene Ichhaftigkeit. Die meisten Alten werden ›schwierig‹, da sie das Gefühl ihrer Bedeutungslosigkeit in unangenehme oder unkooperative Charaktereigenschaften umsetzen. Sie fühlen sich in ihre Umgebung nicht mehr eingebettet und haben Grund genug, die Welt als ›feindselig‹ zu empfinden. Dies treibt ihre eigene Aggression hervor, die sich offen oder geheim manifestieren kann.

Seit jeher hat man an alten Menschen die Charakterzüge des Geizes, der Herrschsucht, der Habsucht, der kleinlichen Gesinnung und Nörgelei und des Egozentrismus beobachtet. Mißtrauen und Angst verstärken einander wechselseitig. Dominieren diese beiden Charaktereigenschaften, dann kann es zur Ausbildung paranoischer Wesenszüge kommen, die das Zusammenleben mit Greisen zur Qual machen. Das Alter verschlechtert den

Charakter mehr, als es ihn bessert, weil es den Menschen frustriert und hilflos macht.

Von daher sind psychopathologische Entwicklungen nicht weiter überraschend. Psychische Gesundheit ist offenbar daran gebunden, daß das Individuum ›handlungsfähig‹ bleibt, sich innerlich und äußerlich weiterentwickelt und seine Bindung an die Mitwelt nicht lockert oder gar aufgibt. In diesen Feststellungen bekundet sich nun gerade der ›wunde Punkt‹ bei vielen Alten und Altwerdenden. Da sie aus dem Beruf ausscheiden, entbehren sie der Aufgaben, die sie seelisch aufrechterhielten. Wenn familiäre Beziehungen in die Brüche gehen oder ein Ehepartner stirbt, tritt Vereinsamung ein, die zu den größten Frustrationsfaktoren zählt. Man verliert Sinngehalte des Daseins, was sich als lähmend auswirkt. Beginnt man sich dann zu fragen, wozu man eigentlich existiert, so gähnt einen unter Umständen nur Leere und Langeweile an. Man spricht hier etwa von einem ›existentiellen Vakuum‹, in dem man ebensowenig atmen kann wie in Räumen ohne Luft und Sauerstoff.

Nihilistische Grundstimmungen breiten sich aus, wenn Lebenswerte zerfallen, die wesentlich zur Selbstverwirklichungssphäre der Person gehörten. Hat jemand z. B. seine Selbstachtung großenteils durch Beruf, Besitz und Erwerb bezogen, dann können Pensionierung oder materielle Verluste Untergangsgefühle erzeugen. Für den Don-Juan- oder Casanova-Typ beginnt die Tragödie des Alterns, wenn er beim anderen Geschlecht nicht mehr ankommt. Machtmenschen verzweifeln, wenn sie nicht mehr Macht ausüben können usw. Das Verzichtleistenkönnen ist ein zentrales Ingrediens der Altersweisheit.

Weisheit ist für das Alter wünschbar, aber meistens schwierig zu erreichen. Sie besteht offenbar in einem bewußten Abstandnehmen vom Leben mit allen seinen Bedrängnissen und einer meditativen Verarbeitung vielfacher Lebenserfahrungen, in denen man ›dem Leben nichts schuldig geblieben ist‹. Daraus erwächst echte Reife, die mit Lebenskenntnis und Selbsterkenntnis wesensverwandt ist. Das meint wohl schon Schopenhauer, wenn er sagt, daß der Mensch

> »in der ersten Lebenshälfte nur die Vorderseite des gestickten Stoffes [vom Lebensteppich] zu sehen bekommt, in der zweiten aber die Kehrseite, die zwar weniger schön, aber um so lehrreicher ist, weil sie den Zusammenhang der Fäden erkennen läßt«. (»*Parerga und Paralipomena*«, 1851)

Welche Einstellung günstigenfalls hierbei zum Dasein gewonnen werden kann, zeigt eine Äußerung des Oberrichters von Ontario, Sir William Mulock (1844—1944), der seinen Gratulanten zu seinem 86. Geburtstag gesagt haben soll:

»Ich bin immer noch an der Arbeit hinter dem Pfluge her, und mein Blick ist in die Zukunft gerichtet. Die Schatten des Abends werden um mich länger, aber in meinem Herzen ist Morgen. Ich arbeite auf den verschiedensten Arbeitsstätten in engem Kontakt mit Menschen und Dingen, ich wärme mir beide Hände am Feuer des Lebens. Freudig bekenne ich: Das Märchenschloß ist noch nicht hinter mir, es schwebt immer noch vor mir in den Wolken, und täglich entdecke ich an ihm neue Überraschungen. Das Beste des Lebens ist immer vor uns. Das eigentliche Geheimnis ist irgendwo vor unseren Augen verborgen, jenseits der Berge der Zeit.« (Zit. nach A. L. Vischer 1961)

Diese Haltung des ungebrochenen Mutes und der Lebenszugewandtheit ist die beste Antwort auf die Wechselfälle des Lebens, die Schicksalshaftigkeit des Alterns und die Minderung der Energie.

Man ist oder bleibt jung, solange man noch eine Zukunft vor sich hat, und zwar in dem Sinne, daß man noch hoffen, planen und sich engagieren kann. Viele alte Menschen verlieren die Zukunftsdimension aus den Augen und beschränken sich auf einen sterilen Vergangenheitskult, innerhalb dessen auch ihre Gegenwart verarmt und entleert wird. Das Zukünftige erscheint ihnen nur noch unter dem Aspekt der Bedrohung und der Dekadenz, worauf sie mit Angst reagieren. In diesem Sich-Ängstigen liegt oft auch die Todesangst; wer nichts mehr aus seinem Leben macht, starrt meistens gebannt auf den Tod, der ihm aus dem Zukunftsraum entgegenzukommen scheint. Eine spezielle Form von ›Todesdenken‹ schlägt sich in der Hypochondrie nieder, respektive in allerlei Krankheitsphänomenen, in denen die ›Möglichkeit des Sterbens‹ aufscheint. Ein Großteil der Alterskrankheiten ist psychisch bedingt oder mitbedingt und erwächst hauptsächlich aus der Lebens- und Liebesunfähigkeit der Patienten, die im Alter in die Krankheit regredieren, weil ihnen der Mut zum Aktivsein fehlt.

Die *Psychopathologie des Alters* zeigt uns Menschen, denen das Leben irgendwie mißlang — sie ernten im Altersprozeß, was sie in ihrem Lebenslauf vorbereitet und disponiert haben. Aber das Altwerden muß nicht zur Resignation und Verbitterung führen. Das Studium der Altersneurosen kann zu Einsichten führen, wie ein Gelingen des Lebens möglich gemacht werden muß und soll. Dies gibt der Theorie der Altersneurosen ein erhebliches psychohygienisches Gewicht: denn in der Krankheitslehre ist in nuce eine Anweisung zur Prophylaxe enthalten.

Beeinträchtigungen und Belastungen

Nach Alfred Adler sind dem Menschen im Leben stets drei grundlegende Lebensaufgaben vorgegeben, die er in produktiver Weise lösen muß, wenn er seine Selbstachtung und seine seelische Gesundheit bewahren will. Dies sind:
1. Arbeit oder nützliche Beschäftigung;
2. Liebe, Sexualität;
3. Gemeinschaft überhaupt, Sozialinteresse.
Jedes Scheitern in einer dieser Sphären verringert das Selbstwertgefühl und damit auch die psychische und physische Widerstandsfähigkeit des Betroffenen. Was wir wert sind, erfahren wir hauptsächlich aus unseren mitmenschlichen und sozialen Bezügen; wertvoll sein heißt weitgehend: Wert für andere haben, für sie wichtig und irgendwie förderlich sein. Geht der Beruf altershalber für einen Menschen verloren, dann büßt er eine zentrale Quelle für seine positive Selbsteinschätzung ein. Auch strukturiert das berufliche Leben den Tagesablauf; wer nicht mehr arbeitet, fühlt sich plötzlich ›im Leeren‹ und weiß nicht mehr so recht, wozu er eigentlich noch vorhanden ist. Darüber gibt es viele Äußerungen von Menschen, die mit 60 oder 65 Jahren aus dem Beruf ausschieden; hier ein Beispiel für viele ähnliche:
»›Ich freute mich seinerzeit außerordentlich auf meine Pensionierung‹, sagt ein Beamter, den A. L. Vischer in seinen feinsinnigen Untersuchungen über ›Seelische Wandlungen im alternden Menschen‹ zitiert. ›Als aber mein letzter Arbeitstag Wirklichkeit wurde und ich von meinen Arbeitskollegen Abschied nahm, fühlte ich in mir und um mich eine unbekannte Leere. Die Frage ‚Was nun?' fing plötzlich in mir zu nagen an. Ich erinnere mich nur zu gut, wie ich mit gemischten Gefühlen das Verwaltungsgebäude verließ und mich auf den Heimweg begab. Alles schien mir anders, alles schien mir fremd.‹«

Auf die Problematik des Rückzugs von Liebe und Sexualität haben wir bereits weiter oben andeutungsweise hingewiesen. In diesem Zusammenhang muß das ›Klimakterium‹ erwähnt werden: Es betrifft die Frauen, aber die Literatur behauptet immer wieder, daß es auch ein ›männliches Klimakterium‹ gebe. Für die Frau jedenfalls bringt die sogenannte Menopause (Zeitraum nach der letzten Monatsblutung) oft physische und psychische Belastungen mit sich. Es kommt zu erheblichen Schwankungen des Wohlbefindens, Hitze und Kältegefühlen, nervöser Labilität u. a. m.

Die Sexualität muß davon nicht tangiert werden, aber wenn der Altersprozeß mit Beimengungen von Verunsicherung und Selbstverachtung einhergeht, so wirkt sich dies unweigerlich auf die sexuelle Ansprechbarkeit aus. Frauen werden frigid, und Männer werden impotent, wenn sie sich nicht in die Gegebenheiten des Altwerdens schicken und sich mit Kraft- und Prestigeverlusten nicht abfinden können.

Der Weg zur Gemeinschaft bleibt dem alten Menschen offen, wenn er gelernt hat, sich mit anderen zu identifizieren und an ihrem Leben Anteil zu nehmen. Wer den ›Dienst an der Menschheit‹ zu seiner primären Lebensaufgabe gemacht hat, muß im Alter nicht unbedingt zurücktreten, sondern kann aktiv und tätig bleiben. Einschränkungen werden dann unter Umständen nicht als ›persönliche Kränkung‹ empfunden. Man akzeptiert den Lauf der Dinge und fühlt sich so im Kosmos und in der Menschenwelt geborgen. Dies scheint Albert Schweitzer gelungen zu sein, da er mit 56 Jahren als Arzt in Lambarene schrieb (zit. nach Ch. Bühler, a. a. O.):

> »Wieviel werde ich von der Arbeit, die ich mir vorgenommen habe, noch fertigbringen? Mein Haar beginnt zu ergrauen. Mein Körper fängt an, die Strapazen, die ich ihm zumutete, und die Jahre zu spüren. Dankbar blicke ich auf die Zeit zurück, in der ich, ohne mit meinen Kräften haushalten zu brauchen, rastlos körperliche und geistige Arbeit leisten durfte. Gefaßt und demütig schaue ich auf die aus, die kommt, damit mich Verzichten, wenn es mir beschieden sein sollte, nicht unvorbereitet treffe.«

Nicht alle blicken so weise auf Welt und Leben, daß sie das herannahende Alter ruhig und gefaßt zu empfangen vermögen. Weniger philosophische Köpfe laufen sogar Gefahr, im Bereich beruflicher und erotischer Einschränkungen den *Pensionierungs-bankrott* (J. H. Schultz) zu erleiden. Das oft sehnlichst erwartete Pensionistendasein bringt kein Glück mit sich, sondern erwachende Sinnlosigkeitsgefühle, die eventuell Körper und Seele total korrumpieren. Arthur Jores in Hamburg hat zahlreiche Pensionisten sorgfältig psychologisch und ärztlich untersucht und dabei gefunden, daß erstaunlich viele bald nach ihrer Pensionierung krank werden und sterben; gegenteilige Befunde gab es nur bei jenen, die sich ausreichende und anspruchsvolle Beschäftigungen zu verschaffen wußten, an denen ihre Selbstachtung eine kräftige Stütze fand.

Die dem Leben abgewendeten Alten klagen viel über Ermüdung und Erschöpfbarkeit, über seelischen und körperlichen ›Appetitmangel‹, über Verlust ihrer Wendigkeit und ihres Tätigkeitsbedürfnisses. Mit der wachsenden Enghorizontigkeit geht meistens eine vergrößerte Engherzigkeit Hand in Hand. Das gesellschaftliche Beiseitegestelltwerden fügt ein Weiteres hinzu, um den alten Menschen in seine Isolierung hineinzutreiben. Die pathologische Situation des Alterns spiegelt sich in der Psychopathologie des alten Menschen wider.

Spezifische Altersneurosen

Das ›Gesetz des Lebens‹ heißt Wandlung und Verwandlung, und fast alle Neurosen alternder Menschen entstehen daraus, daß sich das betreffende Individuum auf irgendeiner Entwicklungsstufe festklammert und gewisse Leistungen des Werdens und Sich-Entwickelns nicht vollbringen kann. Oft trägt die Außenwelt viel zu dieser inneren und äußeren Stagnation bei, indem sie die Menschen überbürdet und ihnen Unmögliches zumutet; noch öfter aber hat der einzelne nicht ausreichend gelernt, ein Mitspieler im Spiel des Lebens zu bleiben, selbst wenn er gelegentlich auf die Verliererseite gerät. Die Neurose bricht allemal dann aus, wenn ›Versagungen‹ und Frustrationen nicht hingenommen werden, weil sie unseren Stolz, unsere Anspruchshaltung und Eitelkeit bedrohen; man kämpft gegen das Schicksal und die Mitwelt, indem man neurotisch wird, aber dies verschlimmert die Ausgangslage, da man falsche Mittel zur Erreichung lebenswidriger Ziele anwendet.

Die ersten Anzeichen neurotischer Fehlentwicklungen äußern

sich im Hervortreten von Charakteranomalien. Natürlich hat der alte Mensch noch denselben Charakter, den er immer schon hatte: Aber gewisse Wesenszüge treten schärfer in Erscheinung. Simone de Beauvoir (*»Das Alter«*, 1972) spricht in diesem Zusammenhang von Mangel an Neugier und Gleichgültigkeit, die zur Stumpfheit führen können. Wo das Interesse am Leben erlahmt, »richtet sich der Tod in den Dingen und in uns ein«.

Wenn das Altern überhaupt eine ›neurotisierende Situation‹ bedeutet, dann müssen wir in ihm die ganze Vielfalt neurotischer Charakterzüge antreffen, die Alfred Adler in seinem Hauptwerk *»Über den nervösen Charakter«* (1912) sorgfältig beschrieben hat. Zu diesen Charaktereigenschaften zählt er unter anderem: Geiz, Mißtrauen, Neid, herabsetzende Kritik, Ehrgeiz, Eitelkeit, Eifersucht, Trauer, Angst, Wut und Zorn, Haß, Narzißmus, sadistische und masochistische Züge, Überempfindlichkeit, Herrschsucht usw. Wir geben hier eine Passage aus dem genannten Text wieder, die Adlers Gesichtspunkt mit besonderer Deutlichkeit klarmacht (l. c., S. 120):

> »Nach unseren Voraussetzungen ergibt sich folgerichtig, daß die Zeit des Alterns wie eine dauernde Herabsetzung ein starkes Minderwertigkeitsgefühl auslöst. Insbesondere werden alle darunter leiden, bei denen neurotische Disposition vorliegt. Zuweilen bringt das Alter erst, das Klimakterium bei Frauen, Gefühle der Insuffizienz geistiger oder psychischer Art, Anzeichen von Impotenz, Auflösung der Familie, Verheiratung eines Sohnes oder einer Tochter, auch Geldverluste oder Enthebungen von Ämtern und Würden den Zusammenbruch. Meist finden sich in der Vorgeschichte schon Spuren oder Ausbrüche neurotischer Erscheinungen. Das Alter mit seinen Einbußen wirkt wie andere Herabsetzungen des Persönlichkeitsgefühls.«

Da nach Adlers Voraussetzungen jedermann im Seelenleben das Ich- oder Selbstwertgefühl aufrechterhalten will, müssen in einer realen oder imaginären Bedrohungssituation stets auch Abwehrreaktionen entstehen, in denen das Individuum sich entweder zum Kampf stellt oder seine Bindung an die Realität aufgibt. Bei mutlosen Charakteren ist die letztgenannte Lösung die wahrscheinlichere: Prestige und Wertschätzung werden im ›Willen zum Schein‹ (Nietzsche) gesucht, was aber kaum irgendein reales Lebensproblem löst.

Man erkennt aus diesen Beschreibungen, wie sehr die existentielle Situation des alten Menschen die Entwicklung von Neurosen begünstigt. Einige bevorzugte Formen des neurotischen Reagierens können hier andeutungsweise hervorgehoben werden.

a. Viele alte Menschen neigen zur *Hypochondrie*. Sie spüren die Schwäche ihres Körpers und lauschen gleichsam ständig in diesen hinein, um ihn zu überwachen und zu schützen. Die Kehrseite der hypochondrischen Interessiertheit für die Körperfunktionen ist die Abschwächung des Interesses für die Mitmenschen und die Welt; die Körpersymptomatik bläht sich auf, weil eine Abwendung vom Handeln und In-die-Zukunft-Schreiten erfolgt ist. Auch ist das Angstgefühl beim Hypochonder nicht zu verkennen. Er genießt die soziale Aufwertung, die er als permanenter Patient von seiten seiner Umgebung empfängt: Man muß die Kranken mit Glacéhandschuhen anfassen, und sie haben Anrecht auf Vergünstigungen aller Art. So ist in der Hypochondrie viel Egozentrismus investiert. Wer keine anderen Möglichkeiten sieht, holt sich das Gefühl der persönlichen Bedeutung durch das Kränkeln, welches er wie ein Zepter über seine Umwelt schwingt. Molière hat diesen Typ in *»Der eingebildete Kranke«* vortrefflich porträtiert.

b. *Depressionen* sind im Alter häufig. Der depressive Mensch verschließt sich vor seinen eigenen Möglichkeiten und verrammelt sich damit alle Weiterentwicklungen. Die Mutlosigkeit steht im Vordergrund dieses Zustandsbildes; auch der Kontaktmangel ist aber nicht zu übersehen. Genauere Analyse zeigt des weiteren, daß der Depressionspatient fast immer Affekte des Zorns und der Wut gegen irgendwelche Beziehungspersonen in seinem Innern kultiviert. Seine Trauer oder Melancholie stellt eine Art von ›Bestrafung‹ anderer dar. Er hadert mit der Mitwelt und versagt ihr die Gefühle der Freude und Heiterkeit: Dies schlägt auf ihn selbst zurück und stellt eben seine Depression dar. Nietzsche sagte mit Recht: »In jeder Klage steckt eine Anklage!« Die Racheintention ist dem Depressiven unbewußt, muß aber als eines der Hauptmotive für sein Leiden angesehen werden. Mitunter kann der Rachewunsch sogar Suizidabsichten hervortreiben. Das Individuum tötet sich selbst, um anderen damit eins auszuwischen, d. h., sie zu bestrafen. Dies ist eine wunderliche Logik, aber es ist die ›Logik der Neurose‹. Der Selbstmord im Alter ist nur teilweise eine Folge von Resignation und

Vereinsamung; er ist auch Ausdruck von Verbitterung und Groll, Kampfhandlung gegen das Leben an sich und gegen Personen, denen man Vernachlässigung und Kränkung nachträgt.

c. Die *Zwanghaftigkeit* nimmt bei alten Menschen zu und kann zu eigentlichen *Zwangsneurosen* führen. An beiden Zustandsbildern fällt die Hypertrophie des Sicherheitsbedürfnisses auf, die emotionale Kargheit, die Beschäftigung mit Belanglosigkeiten, das Interesse für das Leblose oder gar Zerfallende, der Kampf gegen Automatismen des Denkens und Handelns. Es ist einfühlbar, daß das Altern solche pathologische Wesenszüge hervorbringt, sofern diese durch frühere Entwicklungen schon angebahnt wurden. Die von Pierre Janet beobachtete ›Psychasthenie‹ (Seelenschwäche) gehört zum Lebensgefühl alt werdender Menschen. Wenn sie reaktiv darauf mit der Ausbildung von Zwanghaftigkeiten antworten, dann schützen sie sich vor dem Einbruch des Unerwarteten und Neuen, wovor sie sich ängstigen. Eigenschaften wie Pedanterie, Reinlichkeitsfimmel, Geiz und Sparwut fügen sich diesen Haltungen sinngemäß ein. Oft sammelt der alte Mensch wertlose Dinge, die ihm aber ein Gefühl der Souveränität und des Besitzes geben. Oder aber es stirbt ein sich selbst und seiner Familie fast alles versagender ›Armer‹, in dessen Sparstrumpf ein Vermögen entdeckt wird. Man hat in der Zwangsneurose vor allem eine ›Hingabeangst‹ (H. Schultz-Hencke) entdeckt; alte Menschen fürchten Hingabe und Hergabe, weil sie die verkürzte Lebendigkeit in sich verspüren und im Sich-Bewahren den Tod glauben ausklammern zu können.

d. Die *Paranoia* hat einiges von diesen Tendenzen, fügt aber auch das Gefühl des Verfolgtseins hinzu, das sich mit eigenen Verfolgungstendenzen nicht selten vermischt. Die Tiefenpsychologie sieht im paranoischen Wahn eine Radikalisierung der Mißtrauenshaltung, der inneren Abkapselung und des ›aggressiven Weltbildes‹. Paranoiker sind oft in Familien aufgewachsen, die sich wie ›Festungen‹ gegen ihre Umwelt abgrenzten. Das erotische Element ist unterentwickelt in ihnen; daher neigen sie zur pathologischen Eifersucht gegen das eigene Geschlecht, was von manchen Psychoanalytikern als ›unbewußte Homosexualität‹ gedeutet wird. Diese Hypothese ist umstritten; mehr Anklang findet die Lehre, daß die Entfremdung von den Mitmenschen bei aktiven, aggressiven Charakteren den Verfolgungswahn begünstigt, da die Daseinsangst und universelle Ungeborgenheit irgendwie beantwortet werden müssen. Im Alter mögen

Frustrationen und Versagungen das Bedrohtheitsgefühl so steigern, daß eine paranoische Situation entsteht.

e. Viele *psychosomatische Leiden* sind im Alter an der Tagesordnung. Sie bringen zum Ausdruck, daß der alternde Mensch sein Leben nicht produktiv und kommunikativ austragen kann; die verhinderte Lebensfunktion desorganisiert das Leibgeschehen und erzeugt gewissermaßen die Symptome. In diesen sind Affekte der Angst, der Wut, des Mißtrauens, der Verzweiflung und der Hoffnungslosigkeit investiert. Daher können die psychosomatischen Krankheiten durch Medikamente allein kaum wesentlich beeinflußt werden. Sie sind existentielle Reaktionen, was u. a. bedeutet, daß sie nur durch Wandlungen der Existenz selbst oder durch fundamentale Einstellungsveränderungen korrigiert werden können. Die Psychotherapie ist hier als Behandlungsmethode unentbehrlich.

Die Lehrbücher der Psychosomatik verzeichnen unter anderem ein Anwachsen der Verdauungsbeschwerden im Alter, was psychologisch gedeutet werden kann als eine Erschwerung des Aufnehmens, Verarbeitens und Assimilierens nicht nur im körperlichen, sondern auch im seelischen Bereich. Vor allem die so häufigen chronischen Obstipationen (Verstopfungen) des alten Menschen haben ›psychogene‹ Bedeutung. Das Ausstoßen der Exkremente wird von den Psychoanalytikern als ein Akt der ›Hingabe‹ interpretiert, der schon beim Kleinkind nur dann funktionsgerecht erfolgt, wenn dessen emotionale Beziehung zur Umwelt intakt ist. Verschließt sich ein Mensch gefühlsmäßig vor seiner Umgebung, dann reagiert merkwürdigerweise auch der Enddarm mit Funktionsausfall: Verstopfung kann der ›symbolische Ausdruck‹ von *Geiz* und *Gefühlskargheit* sein. Da nun beide Eigenschaften im Alter gehäuft auftreten, finden sie meistens auch ein somatisches Analogon: Nicht nur Geld und Gefühle, sondern auch der Kot wird ›gehortet‹. Übrigens nimmt die Beschäftigung mit Verdauungsfunktionen im Alter einen erheblichen Raum ein; die Patienten regredieren, psychoanalytisch gesprochen, auf die oral-anale Stufe ihrer Libidoentwicklung, da ihre Erotik allgemein verkümmert.

Über Herz-, Kreislauf-, Knochen-, Gelenks- und Atmungsirritationen können wir an dieser Stelle keine ausführliche Darstellung geben. Auch die Hautkrankheiten des Alters müssen übergangen werden. Erwähnt sei lediglich die Tatsache, daß Schizophrenie, manisch-depressives Irresein und Suizidalität im Alter stärker hervortreten können. Die genauere Untersuchung kann meistens die seelische Überbürdung ans Licht heben, die — neben anderen Ursachen — hauptsächlich namhaft gemacht werden muß. Auch die Dementia senilis oder der Altersschwachsinn ist nicht nur biologisch, sondern oft auch psychisch mitbedingt.

Prophylaxe und Psychotherapie

Fast alle Autoren auf dem Felde der Alterspsychologie heben hervor, daß die Vorbereitung auf das Altwerden bereits sehr früh im Leben beginnen sollte. Vielleicht müßte man schon in den Schulen die Thematik des Alterns erörtern; auch an den Hochschulen und in den Betrieben wäre es sinnvoll, die Menschen dazu anzuleiten, sich Jahre und Jahrzehnte im voraus mit Alterspsychologie zu befassen. Eigentliche ›Altersschulen‹ hätten gewiß Aussicht auf bedeutenden Publikumserfolg; in ihnen könnte ein Team von Psychologen, Ärzten, Soziologen und sogar Philosophen seine Wirksamkeit entfalten und das Verständnis für ›die Alten‹ fördern.

Das Problembewußtsein ist immer die erste Voraussetzung dafür, daß die Menschen sich einer veränderten Situation oder Sachlage anpassen können. Wie sehr dies noch für das Altern fehlt, monierte C. G. Jung in seinem Aufsatz »*Die Lebenswende*« (1950) mit folgenden Worten:

> »Aufs tiefste unvorbereitet treten wir in den Lebensnachmittag, schlimmer noch, wir tun es unter der falschen Voraussetzung unserer bisherigen Wahrheiten und Ideale. Wir können den Nachmittag des Lebens nicht nach demselben Programm leben wie den Morgen. Der alternde Mensch sollte wissen, daß sein Leben nicht ansteigt und sich erweitert, sondern daß ein unerbittlicher Prozeß die Verengung des Lebens erzwingt.«

Diese ›Verengung der Lebensführung‹ ist nicht unbedingt ein Abstieg: sie kann auch ein Aufstieg sein. Letzterer ist aber oft nicht in den Begriffen der Ichexpansion nach außen zu beschreiben; eher geht es um den ›Weg nach innen‹, um die Selbsterkenntnis und die geistige Selbstverwirklichung.

Es ist schwer, sinnvoll zu altern, wenn man sich nicht im Laufe des Lebens einen geistig-kulturellen Standort erarbeiten konnte, von dem aus man den Verfall der physischen Kräfte und die Reduktion des äußerlichen Lebensradius irgendwie einzuordnen vermag. Man muß denken und nachdenken gelernt haben, um sich mit Beeinträchtigungen und Belastungen abfinden zu können und aus Frustrationen aller Art ›das Beste zu machen‹. So kann der Altersprozeß in überlegener Sicht geradezu zum Höhepunkt der Existenz werden. Dies ist jedenfalls die Meinung von Hermann Hesse, der sich fast hymnisch *»Über das Alter«* äußert:

> »Das Greisenalter ist eine Stufe unseres Lebens und hat wie alle anderen Lebensstufen sein eigenes Gesicht, eine eigene Atmosphäre und Temperatur, eigene Freuden und Nöte. Wir Alten mit den weißen Haaren haben gleich allen unseren jüngeren Menschenbrüdern unsere Aufgabe, die unserem Dasein Sinn gibt. Kurz gesagt: um als Alter seinen Sinn zu erfüllen, muß man mit dem Alter und allem, was es mit sich bringt, einverstanden sein. Man muß ja dazu sagen. Ohne dieses Ja, diese Hingabe an das, was die Natur von uns fordert, geht uns der Wert und der Sinn unserer Tage verloren, und wir betrügen das Leben. Von Wünschen, Träumen, Begierden und Leidenschaften gejagt, sind wir durch die Jahre und Jahrzehnte unseres Lebens gestürmt, ungeduldig, gespannt, erwartungsfroh, von Erfüllungen oder Enttäuschungen heftig erregt. Heute im großen Bilderbuch unseres Lebens blätternd, wundern wir uns darüber, wie schön und gut es sein kann, jener Hast und Hetze entronnen und in die vita contemplativa gelangt zu sein.«

Die Psychotherapie alter Menschen muß darauf achten, daß diese sich mit dem notwendigen Gang der Dinge aussöhnen und nicht in unfruchtbarer Weise dagegen rebellieren. Man muß es hinnehmen, daß das Gedächtnis nachläßt, daß die Sinneswahrnehmungen vermindert werden, daß das Gefühlsleben nicht mehr die Aufwühlbarkeit der Jugend besitzt und daß die Freuden der Sexualität für das Alter schwerer zu erreichen oder zu genießen sind. Von entscheidender Tragweite bleibt, ob man sich die intellektuelle Ansprechbarkeit zu erhalten weiß und ob man auch in den vorgerückten Jahren in vielfältige soziale Beziehungen eingebunden ist. Auch hier erntet jeder, was er in seiner Jugend und in den Stadien der Reife gesät hat. Wer ein befriedigendes Familienleben führte, hat Aussicht darauf, von Kindern und Enkelkindern emotionale Wärme in seinen späten Tagen zu bekommen, wenngleich auch viele Fälle bekannt sind, wo Eltern und Kinder sich entfremden und die alternden Menschen allein gelassen werden. Daher ist es zu empfehlen, daß man sich nicht im Familienleben einkapselt, sondern gesellschaftliches und kulturelles Engagement entwickelt, welches zur Anteilnahme an politischen, sozialen und geistigen Bestrebungen führt, für die man im Alter so richtig Zeit bekommt. Die Altersphase ist jene Epoche des Lebens, wo man Zeit hat und damit auch frei sein kann. Glücklich jene, die die Entlastung von Lebensbedrängnissen zum ›permanenten Lernen‹ benützen: Man bleibt jung, wenn man sich im Alter als ›Lebensschüler‹ empfindet. Ein Grieche der Antike schrieb im hohen Alter: »Lernend ohn' Unterlaß / schreit' ich voran!« (Solon)

Künstler und Wissenschaftler können uns in diesem grenzenlosen Lern- und Vervollkommnungswillen Vorbilder und Lehrmeister sein. Wie oft fügten sie ihrem produktiven Leben noch einen Gipfel an Produktivität bei, welcher zeigt, daß man bis zum letzten Atemzug wachsen und sich weiterentwickeln kann. Als ein Beispiel für viele zitieren wir die Äußerung des berühmten japanischen Malers Hokusai, die Erich Fromm in *»Psychoanalyse und Ethik«* (1954, S. 178) wiedergibt:

»Als Fünfjähriger hatte ich bereits eine leidenschaftliche Neigung, die Dinge in ihrer Gestalt zu zeichnen. Mit fünfzig Jahren hatte ich unzählige Bilder veröffentlicht, aber nichts von allem, was ich vor meinem siebzigsten Jahr leistete, war der Rede wert. Im Alter von dreiundsiebzig Jahren habe ich das wirkliche Wesen der Natur, der Tiere, Pflanzen, Vögel, Fische und Insekten ein wenig besser erfassen gelernt. Daher werde ich, wenn ich achtzig bin, weitere Fortschritte gemacht haben; mit neunzig werde ich in das Geheimnis der Dinge eindringen; mit hundert werde ich sicherlich eine wunderbare Stufe erreichen; und wenn ich hundertzehn Jahre alt bin, wird alles, was ich tue, auch nur ein Punkt oder ein Strich, lebendig sein.

Geschrieben im Alter von fünfundsiebzig Jahren von mir, einstmals Hokusai, heute Gwakio Rojin, dem alten Mann, der aufs Zeichnen versessen ist.«

Aber Psychohygiene und Psychotherapie haben mit ›Durchschnittsmenschen‹ zu tun, was unter anderem bedeutet, daß man die Forderung nach Altersweisheit und Produktivität nicht überspitzen darf: Es ist nicht jedermanns Sache, mehrheitlich als ›individuelle Ganzheit‹ auf das Leben zu reagieren und die Vielfalt der Lebensabschnitte durch einen hohen Grad von Weltoffenheit und entschlossener Gestaltungskraft zur Synthese zu bringen. Auch bescheidenere Lebensformen haben ihre Daseinsberechtigung.

Für viele Alte ist es schon erquickend und mitunter auch lebensverlängernd, wenn sie über ihren Beruf hinaus ›Hobbys‹ pflegen und in ihrem Interesse an der Mitwelt nicht zurückgehen. Zur Daseinsfreude gehört notwendigerweise der soziale Kontakt, die Stimmung des zwischenmenschlichen Verbundenseins und die Hoffnung auf irgendeine positive Zukunft: Heiterkeit und Glück sind Geschenke an jene, die dem Leben — auch im Alter — nichts schuldig bleiben, d. h. mannigfaltige Hingabe leisten, wo immer diese nützlich und sinnvoll ist. Wer nur für sich selbst lebt, versteinert früher oder später, da man in der Selbstsucht keine Impulse zum Leben und Weiterleben empfängt.

Sehr günstig für alte Menschen sind Gruppenaktivitäten, unter anderem in der Form der Gruppenpsychotherapie. Diese kann in eigentlichen ›Altersgruppen‹ geführt werden, wo ältere Menschen zusammenkommen und sich über die Erfahrungen und Probleme des Altwerdens austauschen. Die staatlichen Institutionen haben überall auch schon ›Altenclubs‹ geschaffen, wo gesellige Zusammenkünfte, Ausflüge und Pflege kultureller Interessen möglich sind. Damit soll der Vereinsamung vorgebeugt werden, die die schlimmste Gefahr des Alters darstellt.

Nach unserer Erfahrung haben sich besonders gemischtaltrige Gruppen bewährt, wo alternde Menschen mit Patienten aus allen Altersgruppen die ›Themen des Lebens‹ besprechen. Damit wird die ›Inzucht der Alten‹ vermieden. Die Jugend lernt vom Alter, und die Alten lernen von den Jungen. So bleibt der ›Kreislauf des Lebens‹ erhalten.

Sexualneurosen

Sexualwissenschaft, Psychoanalyse und Sexualanthropologie. –
Eine eigentliche Wissenschaft vom gesunden und kranken
Sexualleben gibt es erst seit dem 19. Jahrhundert. Schon davor
haben sich die Menschen über die Abarten und Eigentümlichkeiten der Sexualität ihre Gedanken gemacht. Sie standen
aber so sehr im Banne abergläubischer Vorstellungen, daß sie
von objektiver Erkenntnishaltung weit entfernt waren. Was
nicht der gesellschaftlich anerkannten Norm des Liebeslebens
entsprach, wurde als »Sünde« und oft auch als »todeswürdiges
Verbrechen« betrachtet.
Maßgeblich für diese Sicht waren unter anderem die christlichen Moralbegriffe, die sich direkt von der Bibel herleiteten.
Schon im Alten Testament werden sexuelle Anomalien meistens von der Gottheit selbst mit dem Todesurteil belegt. Man
erinnere sich nur an Onan, der sich den Zorn Gottes zuzog,
weil er seinen Samen anstatt in den Schoß eines Weibes auf die
Erde entleerte. Diese Art von »Schwangerschaftsverhütung«
wurde geahndet, indem ein Blitzstrahl dem Leben des
Missetäters ein Ende setzte. Auch die Bewohner Sodoms und
Gomorrhas frönten »widernatürlichen« Neigungen, was be-
kanntlich zum Untergang der lasterhaften Städte Anlaß gab.
Bis in die Neuzeit hinein wurde z.B. Homosexualität (auch
»Sodomie« genannt) mit dem Tod bestraft. Offenbar wollte
man mit drakonischen Maßnahmen jede Art von »Widernatur«
aus der Welt schaffen.
Als nun die Forschung daran ging, Licht auf die Fragen der
Sexualität zu werfen, lag auch den Wissenschaftlern der alte
Schreck vor dem Sexus im Gemüt. Daher erwehrten sie sich
ihrer Erfahrungen, indem sie alle Abweichungen von der
Normvorstellung mit dem Stigma der »Dekadenz und
Degeneration« belegten. Liest man heute die Texte bis zum
Jahre 1900, dann kann man nur den Kopf schütteln, wie sehr

sich auch die Wissenschaft mit den Moralbegriffen der Gesellschaft identifizierte. Auch die verdienten Arbeiten von H. Kaan (*Was ist Psychopathia sexualis?*, 1844), P. Moreau (*Abweichungen des Geschlechtssinnes*, 1883), B. Tarnowsky (*Perversität des Geschlechtssinnes*, 1886), V. Magnan (*Zwangsvorstellungen in bezug auf den Geschlechtssinn*, 1892) und A. Moll (*Untersuchungen über die Libido sexualis*, 1898) fallen unter dieses Verdikt.

Selbst der kühne Richard von Krafft-Ebing wagte es nicht im Jahre 1886, seine berühmte *Psychopathia sexualis* in deutscher Sprache erscheinen zu lassen. Er wählte das Latein, was angeblich die Folge hatte, daß die Nachfrage nach lateinischen Wörterbüchern sprunghaft anstieg. Aber auch er sah in allen Sexualanomalien die Konsequenz einer konstitutionellen und ererbten Entartung.

Eine erste ernstzunehmende Theorie des menschlichen Liebeslebens in allen seinen Erscheinungsweisen bot die Psychoanalyse. Der Fortschritt, der durch Freuds *Drei Abhandlungen zur Sexualtheorie* (1905) vollzogen wurde, war ganz beträchtlich. Nach Freud hat der Sexualtrieb beim Menschen eine komplizierte Entwicklung. Er setzt sich aus mehreren Partialtrieben zusammen, die letztlich unter dem Primat des Genitalen vereinigt werden müssen. Freud insistierte darauf, daß auch die Perversionen einen »infantilen« Ursprung haben müssen. So gelangte er zur These, daß Perversität entsteht, wenn bestimmte Partialtriebe persistieren, wenn durch allfällige Triebschicksale Fixierungen und Regressionen zustande kommen, wodurch der spätere Erwachsene eine Sexualbefriedigung festhält, die nur dem Kinde gemäß sei.

Das war eine scharfsinnige Theorie, die hauptsächlich durch Beobachtungen an neurotischen Patienten fundiert wurde. In Freuds Sicht erschien dann die Neurose als ein »Negativ der Perversion«, die Perversion jedoch als eine nichtgeglückte Verdrängung und Sublimierung. Die Psychoanalyse vermied moralische Verurteilungen und sah im sexualkranken Menschen ein Gegenstück zum Neurotiker, dem man Psychotherapie zuteil werden lassen sollte.

Auf dem Boden der Psychoanalyse wurden alle Anomalien der Sexualität gründlich erforscht. Es meldeten sich aber bald Stimmen zum Wort, die der analytischen Theorie Enge und Einseitigkeit vorwarfen. Vor allem wurde das Konzept attackiert, daß die Perversität in erster Linie ein »Triebschicksal« sei. Schon Alfred Adler faßte die perverse Persönlichkeit als »Einheit und Ganzheit« ins Auge, wobei er darauf abhob, daß nur ein »gesamtmenschliches Scheitern« zur abartigen Sexualbefriedigung dränge.

Auch Phänomenologen, Daseinsanalytiker und anthropologisch ausgerichtete Forscher gingen auf diesem Wege weiter. Sie fragten nach den zentralen Mangelhaftigkeiten im perversen Seelenaufbau. In diesem Zusammenhang untersuchten sie die »Welt der Perversion«, das Selbstverhältnis des Sexualkranken, seine Formen der Mitmenschlichkeit und sein Wertempfinden. Es ist keine Frage, daß dadurch eine großartige Vertiefung der Perversionserkenntnis geleistet wurde. Wir werden in der Folge einzelne Sexualanomalien beschreiben und in der Regel dabei den Weg von der Psychoanalyse zur Sexualanthropologie zu beschreiten haben.

Die Onanie. – Die sexuelle Selbstbefriedigung gehört sowohl in der Bereich der Normalität als auch der Pathologie des Liebeslebens. In vergangenen Zeiten rechnete man sie durchaus zu den menschlichen Abwegigkeiten und Perversionen. Der Begriff selbst bezieht sich auf den bereits erwähnten Onan der Bibel, der aber eigentlich nicht onanierte, sondern einen Coitus interruptus seu Ejaculatio extravaginalis (man sieht, auch wir haben unseren Krafft-Ebing gelesen) durchgeführt hat.

Ein anderer Begriff für dasselbe Geschehen ist »Masturbation«. Die Philologen leiten das ab aus dem Lateinischen: »Sich mit der Hand verunreinigen«. Bis in die Neuzeit hinein galt derlei als ein übles Vergehen und als Quelle schwerer Krankheiten. Der famose Dr. Tissot schrieb 1760 ein Buch *Der Onanismus*, wonach das masturbatorische Laster folgende Krankheiten auslösen kann: Änderung der Hautfarbe, Austrocknung, Abmagerung, Hysterie, Schwindel, Gelbsucht, Erschöpfung, Schmerzen, Tod, Geisteskrankheiten und Epilepsie.

Man begreift, daß die Kindererziehung eines ihrer Hauptziele darin sah, die Heranwachsenden vor diesem Unglück zu bewahren. Dabei lenkte man die Aufmerksamkeit der Kinder so sehr auf den Sexus, daß die gewünschte Enthaltsamkeit noch viel schwieriger wurde. Bis in unser Jahrhundert hinein gab es Aufklärungsschriften, die die Jugend ermahnten, sich ja von aller »Selbstbefleckung« fernzuhalten.

Sexualwissenschaft und Psychoanalyse brachten dann die entlastende Botschaft, daß alle Menschen in ihrer Reifungszeit und auch später im Leben onanieren. Schädliche Folgen seien ins Reich der Fabel zu verweisen. Bei der Masturbation handele es sich um eine Abreaktion, die dann notwendig sei, wenn der Trieb keine anderen Befriedigungsmöglichkeiten finde. Ein nicht unbedeutender Punkt aller Sexualaufklärung wird seither darin gesehen, die jungen Menschen von jeder Onanieangst zu befreien. Kein Zweifel, daß das eine notwendige und nützliche Tendenz ist.

Als normale Masturbation bezeichnet man die Onanie im Jugendalter und die Gelegenheitsonanie, die dann stattfindet, wenn ein Geschlechtspartner schwer oder gar nicht zu erreichen ist. Aber ist jegliches Onanieren »in Ordnung«? Die Tiefenpsychologie hat hier einige Bedenken anzubringen. So sind zahlreiche Fälle bekannt, wo Menschen in einer Partnerschaft leben und gleichwohl neben dem üblichen Liebesleben mehr oder minder exzessiv onanieren. Gibt es also auch eine »neurotische Selbstbefriedigung«? Diese Frage muß abseits von jedem Sexualmystizismus ernsthaft diskutiert werden.

Patienten in der Psychotherapie gestehen dieses »heimliche Laster« neben ihrer Partnerschaftssexualität meistens erst nach einer etablierten Beziehung zu ihrem Therapeuten ein. Dieser wird zu klären versuchen, welcher *Sinn* diesem Sexualsymptom zukommt. Die Betroffenen erklären mitunter, daß sie vor allem nach Situationen von Streß und Entmutigung zu dieser »Entspannung« gedrängt werden. Das ist einfühlbar; dazu kommt, daß der Sexualakt mit einem Partner erhebliche Beziehungs- und Anpassungsanforderungen stellt. Wer vor solchen Schwierigkeiten leicht zurückweicht, kann der Anziehungskraft der Onanie erliegen.

Dahinter steckt also ein Kontakt- und Beziehungsproblem. Man könnte auch von einem charakterlichen Defizit sprechen. Daher muß man vom Symptom absehen und den Blick auf die Gesamtpersönlichkeit richten.

An sich könnte man die Meinung vertreten, daß Sexualität eine »Privatsache« sei. Wen geht es schon etwas an, wenn Herr X oder Frau Y dann und wann oder auch häufig onanieren? Nach der Meinung Alfred Adlers jedoch gibt es kaum »rein private Sphären des Lebens«. Überall sind wir auf gemeinschaftliche Aufgaben ausgerichtet, und auch das Sexuelle ist »etwas Soziales« im expliziten Sinne des Wortes. Wenn es uns nicht gelingt, in diesem Bereich eine möglichst umfassende soziale Lebensform zu finden, dann wird es auch anderswo mit unserem Lebensgefühl und unserer Selbstwerteinschätzung hapern.

Die nicht durch Not und »fehlende Gelegenheit« begründete Onanie ist also eine Form von Autismus und Autoerotismus, und als solche kann sie vielleicht als *Urmodell aller sexuellen Abwegigkeiten* angesprochen werden. Denn in jeder Perversion wird das Partnerschaftliche an der Sexualität reduziert oder ausgeklammert. Fragt man den zwanghaften oder habituellen Onanisten nach den begleitenden Phantasien bei seinem »heimlichen Laster«, dann erfährt man mitunter, daß es sich meistens um kompensatorische Macht- und Größenwünsche handelt. Es steht im Belieben des Masturbierenden, sich alle Frauen der Welt in der Imagination herbeizuholen und sie zu »sexuellen Dienstleistungen« zu nötigen, die ihn als Pascha bestätigen. Aber die Befriedigungsmöglichkeiten dieser Abreaktion sind eher gering. Oft stellt sich hernach ein Unbehagen ein, das eine Wiederholung des Aktes fordert. Daher das bereits erwähnte *Suchtelement* beim Onanieren.

Durch die Pädagogik wurden den Menschen Schuldgefühle anerzogen, die zum Onanieren meistens auch den »moralischen Katzenjammer« hinzufügten. Dieser als emotionales Tief war wiederum eine Minderwertigkeitssituation, die begreiflicherweise aufs neue zu einer künstlichen Sexualeuphorie stimulierte.

Aber auch wer vorurteilsfrei denkt, wird nach dem Onanieren von einem gewissen Unbehagen nicht frei sein. Darin meldet sich eben das Gemeinschaftsgefühl im Adlerschen Sinne; der Mensch ist sozialer und moralischer, als er meint; und wenn er Sexuelles »nur für sich« verwendet, dann reagiert auch sein aufgeklärtestes Gewissen unzufrieden.

V.E.v.Gebsattel (*Süchtiges Verhalten im Gebiet sexueller Verirrungen*, in: *Prolegomena einer medizinischen Anthropologie*, Berlin 1932) hat auch noch auf einen anderen Gesichtspunkt aufmerksam gemacht. Er unterscheidet zwischen einem Ichpol und einem Leibpol im Menschen. Der erstere kann im Kopfe lokalisiert werden; er steuert das willkürliche Verhalten, die Ichseite der Persönlichkeit. Der letztere zeigt einen durchaus »pathischen« Aspekt und ist in der Leibmitte und in den Sexualorganen zentriert. Seine Reaktionen unterstehen nicht der Willkür des Menschen.

Wenn wir von Liebe und Sexus wahrhaft ergriffen werden, dann übernimmt der Leibpol gewissermaßen die Führung. Er verwandelt den rational und willentlich gesteuerten Körper in einen »Liebesleib«, der pathisch die Vereinigung mit einem gleichgestimmten Du sucht. Dieses Ein- und Untertauchen im Leibe wird vom Menschen als beglückend und verjüngend empfunden. Daher erzeugt das In-Funktion-Treten des Liebesleibs Gefühle der Wonne, die man sonst im Menschenleben kaum findet.

Wird nun onaniert, dann kann man kaum von einem Liebesleib sprechen. Der Sexus wird so willkürlich behandelt wie alle gewollten und geplanten Bewegungen. Die sexuelle Spannung ist hernach zwar behoben, aber die tiefere Selbstempfindung fühlt sich um ein Glück betrogen. Darum ist eigentlich der alte lateinische Ausspruch, daß jedes Lebewesen »nach dem Koitus traurig sei«, irrig; eher schon müßte es heißen, daß man nach der Onanie trist sei.

So kehrt die moderne Forschung zumindest teilweise zu den altertümlichen Vorstellungen zurück, daß die Onanie eben doch etwas Abnormes sein kann. Nur ist nun die Sache selbst von Übertreibungen und Mystik gereinigt. Aber man wird doch daran erinnert, daß der große Humorist J. N. Nestroy nicht unrecht hatte, als er sagte: »Jeder Fortschritt ist nur halb so groß, wie er zunächst aussieht!«

In der Psychotherapie muß das Onanieproblem in allen Fällen mitthematisiert werden. Gebote und Verbote wird man nie aussprechen, aber man wird den Patienten darüber aufklären, daß ein »kurzer Spannungsbogen« (Fritz Künkel) im Sexuellen meistens mit nervöser Ungeduld und Schwäche im Sozialen verbündet ist. Die Heilung des Onanismus erfordert eine Umerziehung auf breiter Front, eine Veränderung im Wertempfinden und in der kulturellen Ausrichtung der Persönlichkeit. Sportliche und andere Sexualablenkung, auf die früher der »gesunde Menschenverstand« schwor, helfen wenig.

Impotenz und Frigidität. – Impotenz des Mannes und Frigidität der Frau sind sehr verbreitete Sexualneurosen. Man schätzt, daß möglicherweise ein Drittel der Bevölkerung daran leidet. Beide Schwierigkeiten sind analog gebaut, haben aber ihre geschlechtsspezifische Ausprägung.

Es gibt verschiedene Arten der Impotenz. So unterscheiden die Fachleute z. B. eine *Unfähigkeit des Begehrenkönnens*; hier sitzt der Block schon vor dem Eingehen einer sexuellen Situation. Sodann gibt es eine *Unfähigkeit der Erektion*; das Glied des Mannes versteift sich nicht, wodurch die Immissio in die Vagina verunmöglicht wird. Bei der *Unfähigkeit der Ejakulation* kommt es zum vorzeitigen Samenerguß. In manchen Fällen besteht eine *Unfähigkeit des Genusses*, wobei der Samenerguß von keinen Lustgefühlen begleitet ist.

Nur in den allerseltensten Fällen liegen biologisch begründete Untauglichkeiten vor. Weder Konstitution noch Hormonmangel sind zentrale Befunde. Viel eher liegen lebensgeschichtliche und charakterliche Konditionierungen vor. Die Biographie des impotenten Mannes ermöglicht fast immer ein Verstehen seiner funktionellen Komplikationen.

Wir sind wiederum darauf verwiesen, an die Struktur des sexuellen Einigungserlebnisses zu denken. Hier soll eine zärtliche und gesamtleibliche Kommunikation vollzogen werden. Diese Aufgabe ist für den Kulturmenschen offenbar keine Kleinigkeit. Erzogen zur Scham, Ängstlichkeit und Unsicherheit in sexualibus, stellt das Einswerden mit einer Partnerin für viele Männer ein gewaltiges Problem dar. Sie sind oft dabei von unbewußten Ängsten und Abwehrgefühlen determiniert, wobei sich die innere Distanz zur Partnerin in ein Versagen des Sexualorgans umsetzt.

Freud sprach in diesem Zusammenhang von Kastrationsangst und ödipaler Fixierung solcher Charaktere. Wer permanent fürchtet, durch die Partnerin negativ beurteilt oder irgendwie »verkürzt« zu werden, kann sich im Akt ebensowenig hingeben wie jener, der noch an die Dreieckssituation (Eltern und Kind) seiner Kindheit fixiert ist.

Adler jedoch nannte das Scheitern des männlichen Kopulationsversuches einen *Organdialekt*. Mit dieser Wortprägung aus dem Jahre 1908 wurde der Begründer der Individualpsychologie zum Vorläufer und Pionier der Psychosomatik. Er vertrat die These, daß viele Organstörungen sozusagen in einer Symbolsprache ein psychisches Anliegen zum Ausdruck bringen. Wer also vor der Frau im ganzen zurückweicht, muß sich nicht wundern, daß sein Penis dieses Zurückweichen auch mit ungewollter Drastik ebenfalls dokumentiert. Man findet bei halb oder ganz impotenten Männern nicht selten Überschätzung und Entwertung der Frau, die in der Regel auf das Muttererlebnis zurückgeht. Wem eine solche Angst und Abwehr im Gemüt sitzt, dem kann man nicht zumuten, daß er »störungsfrei« sich hingeben kann.

Oft muß in der Psychotherapie sorgfältig ermittelt werden, was es an trennenden Momenten zwischen den beiden Partnern anläßlich einer Sexualmisere gibt. Mitunter konstellieren sich im Laufe einer längeren Beziehung eine ganze Reihe von Erlebnissen und Erfahrungen mit dem Du, die zu Ressentiment und innerem Abstand Anlaß geben. Daraus kann nach und nach innerhalb einer ansonsten gutgehenden Beziehung ein Einbruch in die Impotenz stattfinden. Nur durch Ausräumen solcher Distanzfaktoren ist wiederum eine freie und gelöste Hingabe realisierbar.

Gelegentlich liegt in der Impotenz auch eine »Weisheit des Körpers« (Cannon). Eine solche Erfahrung mußte der Patient Goethe machen. In seinem Gedicht *Das Tagebuch* (etwa aus seinem 60.Lebensjahr) erzählt er, daß er auf der Heimreise zu seiner geliebten Gattin gezwungen war, in einem Gasthof zu übernachten, weil eine Wagenachse gebrochen war. Eine schöne Kellnerin bediente ihn; der Geheimrat flirtete mit ihr und erlangte die Zusage, daß sie ihn nachts besuchen werde. Als sie dann um Mitternacht kam, eröffnete sie ihm, daß sie noch Jungfrau sei. Sie hätte sich immer gegen die Männer gewehrt, aber als sie ihn gesehen habe, sei dieser Widerstand dahingeschmolzen.

Goethe war schon innerlich bereit zum Abenteuer, aber sein Organ versagte ihm den Dienst. Es heißt im Gedicht: »Denn der so hitzig sonst den Meister spielt, weicht schülerhaft zurück und abgekühlt.«

Der Dichter fluchte auf sein Schicksal, war aber genötigt, sich mit Umarmungen zu begnügen. Das Mädchen verließ sein Bett im selben Zustand, wie es gekommen war.

Das kann man als eine unbewußte Sabotage des Organs deuten, das eventuell klüger war als sein Meister. Denn Goethe war verantwortungsbewußt, und es paßte schlecht zu seiner Humanität, nebenbei wieder eine »Gretchentragödie« zu inszenieren. Wenn die arme Kellnerin schwanger geworden wäre? Das war damals eine fast absolute Tragik. So eilte der Dichter zu seiner angetrauten Gattin, die ihn schon vor Jahrzehnten von jeglichen Impotenzsorgen befreit hatte.

Die Frigidität oder Geschlechtskälte der Frau hat – wie bereits erwähnt – einen ähnlichen psychologischen Hintergrund wie die Impotenz des Mannes. Auch hier gibt es einige Stufen der »Anorgasmie«. Manche dieser Frauen lehnen den Sexualverkehr ganz ab, da sie sich davor ekeln oder andere Unlustgefühle haben. Andere empfinden eine schwache Lust beim Koitus, können aber keinen Höhepunkt der Gefühle erreichen. So bleiben sie unbefriedigt und können sich erst durch Masturbation Entspannung verschaffen. Es gibt unzählige Varianten der frigiden Komplikation, so daß man in jedem Falle eine individuelle Untersuchung und Herleitung ins Auge fassen muß.

Wiederum liegt der Schwerpunkt der Ätiologie in der Erziehung und in der »inneren und äußeren Lebensgeschichte«. Bei der Frau kommt neben der allgemeinen Unbeholfenheit der Sexualpädagogik noch hinzu, daß sie im Patriarchat aufwächst, wo sie nach uralter Gepflogenheit zum »anderen Geschlecht« (Simone de Beauvoir) gehört. Die Geringschätzung der Frau in Familie und Gesellschaft hat tiefgreifende Wirkungen im Aufbau der weiblichen Persönlichkeit. Alfred Adler pflegte zu sagen, daß die Frauen nicht nur an den üblichen Minderwertigkeitsgefühlen des Kulturmenschen leiden, sondern auch einen spezifischen *weiblichen Minderwertigkeitskomplex* haben. Etwas Ähnliches visierte Freud an, als er als korrumpierenden Einfluß des Frauenlebens den *Kastrationskomplex* und den *Penisneid* hervorhob. Alle Frauen in der patriarchalischen Kultur hätten einen untergründigen Neid gegen die Männer, fühlten sich benachteiligt und betrogen und leiteten daraus die Begründung für kämpferische Haltungen gegenüber dem Mann ab.

Diese Kampfgesinnung kann z.B. zum *männlichen Protest* (A. Adler) führen. Die Frau will unbewußt ein Mann sein. Das kann sie dazu verlocken, durch Koketterie, Launenhaftigkeit, neurotische und psychosomatische Symptome, Aggression und eben auch Frigidität den Mann zu bekämpfen. Indem sie ihm die partielle oder totale Hingabe verweigert, entzieht sie ihm eine wichtige Bestätigung seines Selbstwertgefühls. So ist also auch die Anorgasmie ein Charakter- und Persönlichkeitsproblem, das man nicht als eine isolierte und isolierbare sexuelle Anomalie behandeln kann.

Auch hier wieder spielt die Angst vor dem Du und vor dem anderen Geschlecht eine gewaltige Rolle. Angst und das Gefühl der eigenen Wertlosigkeit verhindern die Hingabe mit einer schwer zu erschütternden Präzision. Sofern eine Frau durch individuelle und kollektive Prägung von Unsicherheitsgefühlen imprägniert ist, wird sie schon vor dem Akt und während des Aktes unkonzentriert und mehr oder minder »anwesend-abwesend« sein. Manche Frauen erzählen, daß sie mitten im Koitus von störenden Gedanken befallen werden, etwa in der Art: Ich bin häßlich; ich bin keine gute Hausfrau; ob er mich wohl wirklich liebt; andere Frauen gefallen ihm sicher besser als ich; ich bin schon wieder zu dick; letzthin hat er sich nach einer anderen umgesehen usw.

Solche inneren Abwehrtendenzen lähmen die Spontaneität und verwandeln den Liebesakt in eine mühselige Angelegenheit, die von freier Hingabe weit entfernt ist. Auch Ehrgeiz und Eitelkeit gibt es im Charakterbild frigider Frauen sehr häufig. Wo immer sich Rivalität und Selbstbezogenheit in das Liebes-geschehen einmischt, wird die Aufgabe des gemeinsamen Genusses und der wechselseitigen Beglückung aus den Augen verloren. Der Liebesakt gelingt am ehesten, wenn beide Beteiligten sich selbst vergessen und ganz an das gemeinsame Eintauchen in die Leiblichkeit und an das Zusammenwirken der beiden »Liebesleiber« (v.Gebsattel) hingegeben sind. Das ist dort unmöglich, wo Menschen durch Scham, Schuldgefühle, Ängste und Unsicherheiten voneinander getrennt sind.

Sowohl bei der Impotenz des Mannes als auch bei der Frigidität der Frau sind rein technische Sexualhinweise selten hifreich. Das eigentliche Problem liegt in einer Gefühlserziehung und Gefühlswandlung. Man könnte auch davon sprechen, daß bis in die Weltanschauung des Sexualpatienten hinein Korrekturen stattfinden müssen. Wer etwa im Banne eines puritanischen oder asketischen Weltbildes lebt, wird selten sich zu einer ech-ten Sexualbejahung aufschwingen können. Auch weltfremde Frömmigkeit und Ausrichtung auf ein himmlisches Jenseits blockieren mit Sicherheit die sehr diesseitsorientierten sexuel-len Empfindungen. Man darf und muß schon zum »Hedo-nisten« werden, wenn man im sexuellen Glück heimisch wer-den will.

Fetischismus. – Das Wort Fetisch stammt aus dem Portugiesi-schen und bedeutet »Zauber«. Man meint damit einen natürli-chen oder künstlich hergestellten Gegenstand, der von Naturvölkern verehrt wird. In der Sexualwissenschaft spricht man vom Fetischismus, wenn Menschen (in der Regel Männer) als Sexualobjekt einen Gegenstand wählen, der an die Frau oder an die weibliche Intimität erinnert, z.B. einen Schuh, ein intimes Wäschestück, Pelze usw. Der Fetischist ist so auf seinen »Götzen« fixiert, daß er gewöhnlich nur dann sexuell potent ist, wenn er seinen Trieb am Fetisch abreagieren kann oder wenn die Partnerin letzteren trägt.

Eine frühe Theorie des Fetischismus (A. Binet: *Du fétichisme dans l'amour*, 1887) ging von der Theorie der »assoziativen Prägung« aus. Zum Fetischisten sei disponiert, wer in der frühen Kindheit eine sexuelle Situation intensiv erlebt habe, wo der Fetisch anstelle des weiblichen Geschlechtes trat oder an ihm bedeutsam erfahren wurde. Auch Freud noch wandelt teilweise auf diesen Spuren. Er blickt aber bereits wesentlich tiefer, da er die starke Kastrationsangst der Fetischisten hervorhebt. Diese fürchten sich davor, im direkten Umgang mit der Frau »kastriert« zu werden. Auch seien sie in der Phase der frühen Sexualforschung verängstigt und blockiert worden, so daß sie noch der infantilen Sexualtheorie hörig bleiben, wonach die Frau »auch einen Penis habe«. Der Fetisch sei eine Art Männlichkeitssymbol für die im Ganzen abschreckende Frau.

In späteren Auffassungen betont Freud das Element der »Partialisierung des Sexualobjekts« beim Fetischismus. Der Normalmensch liebt den ganzen weiblichen Partner, indes der Fetischist nur ein weibliches Symbol verehrt, das allerdings oft an die entkleidete Frau erinnert. Sofern Stiefel, Pelze und ähnliche Utensilien gewählt werden, haben wir eine Huldigung an die »vermännlichte« Frau vor uns. Manche Fetischisten schaffen sich einen »Harem« an, nämlich eine Sammlung von Sexualutensilien, die sie zu liebkosen pflegen.

Auch das Geruchsorgan spielt bei dieser Perversion eine Rolle. Nach Freud entstand die »Urverdrängung«, als der Mensch der Frühzeit sich aufrichtete und die Gerüche des Bodens nur noch wenig beachtete. Der Fetischist jedoch regrediere ins Archaische, indem Gerüche und Tastempfindungen für ihn mehr bedeuten als Gefühlsbeziehung und Kommunikation. Seine Form von Liebe wirke daher primitiv und kulturfremd.

Nun heben die meisten Autoren hervor, daß auch das gesunde Liebesleben Spuren von Fetischismus aufweise. Nicht selten zitiert man jene Stelle aus Goethes *Faust*, wo der verliebte Magier an Mephisto die Forderung stellt: »Schaff mir ein Halsband von ihrer Brust, ein Strumpfband meiner Liebeslust!« Es ist allerdings fraglich, ob man diese Manifestation des Verliebtseins mit dem Fetischismus in Zusammenhang bringen darf. Nach Max Scheler pflegt man in der Liebe durch den geliebten Menschen hindurch das Liebesgefühl auf die gesamte Wirklichkeit auszudehnen; ganz besonders natürlich auf Objekte, die direkt und deutlich an das geliebte Wesen erinnern. So gesehen ist Fausts Bedürfnis nach einem Liebespfand von Gretchen in seinem »Aktsinn« total verschieden von der Begeisterung des Fetischisten für seine klägliche Wäschesammlung usw.

Alfred Adler war der Ansicht, daß der Hauptbefund beim Fetischisten die phantastisch aufgebauschte, aber lebensgeschichtlich begreifliche *Furcht vor der Frau* ist. Bei seinen »Gegenständen« fühlt sich der ängstliche Fetischist sicherer als bei einem realen Gegenüber, das nicht nur Objekt, sondern Subjekt wie er selbst ist. Was bei solchen Sexualkranken fehlt, ist die tragende Mitmenschlichkeit und die festgefügte Einordnung in Kultur und Gesellschaft. Wer das Liebesleben so verzerrt wie der Fetischist, verengt die Möglichkeiten der Partnerschaft und befindet sich darum meistens in der unbewußt gewählten Einsamkeit. Hat er einen Partner, so entwertet er diesen durch die sonderbaren *Liebesbedingungen*, angesichts derer die Frau zur Akteurin in einer seltsamen Theatralik gemacht wird. Viele Frauen werden bei solchen Abwegigkeiten rebellieren; andere wieder fügen sich der Eigentümlichkeit des Geschmacks, sind aber normalerweise davon peinlich berührt.

Die anthropologische Richtung in der Psychotherapie (H. Kunz, V.E. von Gebsattel) verweist auf das aggressive Element im Fetischismus. Das hat allerdings schon Adler mit der bereits erwähnten Entwertungshaltung anvisiert. Die »Anthropologen« betonen auch den Faktor der »Wendung gegen die Norm«, die in allen Perversionen als Lustauslöser in Betracht kommt. Es zeige sich da ein gewisser Nihilismus, ein Wille zur Formauflösung und zur Zerstörung der »Liebeswirklichkeit«.

Dem widerspricht Medard Boss in seinem Buch *Sinn und Gehalt der sexuellen Perversionen* (1946). Als Phänomenologe und Existentialist geht er davon aus, daß auch in der merkwürdigsten Form des Liebeslebens die Realität des Eros enthalten sein müsse. Auch im Fetischismus werde die »Daseinseinigung und Daseinsmehrung« gesucht, die der wahre Inhalt der Erotik sei. Tatsächlich schwärmen Fetischisten von ihren wunderlichen »Abenteuern« mit einem Lyrismus, der eines besseren würdig wäre. Es scheint uns aber übertrieben, diese neurotischen Manöver in die Rubrik »Eros« einzuordnen, da hierbei die Liebe allzusehr von Furcht und Sicherungstendenzen überlagert wird.

Adlerianisch ist die Frage nach dem »Wozu?« der neurotischen oder perversen Symptomatik. Das läßt sich beantworten, wenn man untersucht, was aus dem Symptom an sozialer Konsequenz folgt. Wie bereits erwähnt, wird durch die Fixierung auf den Fetisch ein »erotischer Rückzug« eingeleitet. Auch wird der Partner Ritualen unterworfen, die ihn entwürdigen und »relativieren«. Da nun die Persönlichkeit Einheit und Ganzheit ist, ist nicht anzunehmen, daß eine solche Haltung in den übrigen Bereichen der Lebensgestaltung fehlen wird. Der Fetischist ist nicht nur im Sexuellen »eigenartig«; auch in den anderen Feldern der sozialen Wechselwirkung erweist er sich als ängstlich, unbeholfen und querstehend.

Damit sind auch die Grundzüge einer möglichen Psychotherapie angegeben. Es hat keinen Sinn, sich auf die Beseitigung des Symptoms zu konzentrieren, wie es allenfalls die Verhaltenstherapie anstrebt. Die Symptomatik ist eingebettet in den Gesamtaufbau der Persönlichkeit. Dieser mangelt es an Lebensmut und Mitmenschlichkeit, und das ist die eigentliche Quelle der pervertierten Sexualität. Therapien in solchen Fällen sind schwer, aber nicht aussichtslos. Prognostisch wichtig ist die Frage nach dem intellektuellen Niveau des Betroffenen und nach der Intaktheit der übrigen Sphären der gesellschaftlichen Interaktion. Man findet unter den Fetischisten tüchtige und hochgebildete Menschen, aber auch Verwahrloste und Herabgekommene, bei denen sich der große Aufwand einer analytischen Psychotherapie nicht lohnt.

Besonders schwer zu bekämpfen ist die tiefgreifende Entmutigung und Beziehungsarmut des Fetischismuspatienten. Diese wirkt auch in die Therapie hinein, wo ja emotionale Beziehung aufgenommen werden muß, wenn fundamentale Persönlichkeitsänderungen zustande kommen sollen.

Exhibitionismus und Voyeurismus. – Der erste Begriff stammt aus dem Lateinischen und bedeutet: »Zur-Schau-stellen«. Bei dieser sexuellen Anomalie ist dominant das Bedürfnis, die

Genitalregion zu zeigen. Der Exhibitionist beschränkt sein Sexualinteresse darauf, sein Organ und seine Nacktheit darzubieten. Opfer sind ahnungslose Frauen und Mädchen, die hierbei natürlich ein Schreckerlebnis haben.

Erstmals wurde diese Perversion durch den französischen Arzt Ch. Lasègue beschrieben, der 1877 in einer klassischen Abhandlung die Symptomatik darstellte und zu ergründen versuchte. Er konnte aber noch nicht tief in das Wesen dieser Verstrickung eindringen.

Die Psychoanalyse führt den Exhibitionismus auf eine frühe Phase der Libido-Entwicklung zurück; der entsprechend pervertierte Mensch soll angeblich auf diese Phase fixiert oder regrediert sein. Gemeint ist der phallische Abschnitt der Libido-Organisation, in der das Sehen der Geschlechtsorgane (Voyeurismus) und ihr Herzeigen für das Kind ein zentrales Motiv bedeutet. In dieser Zeit werden die anatomischen Geschlechtsunterschiede entdeckt, und dieses Faktum hat weitreichende Bedeutung für die Gestaltung des Sexualcharakters und der Gesamtpersönlichkeit. Beim Knaben entwickelt sich nach Freud der Penisstolz, und beim Mädchen fast analog der Penisneid.

Die Kinder zeigen ein natürliches Bedürfnis nach Nacktheit und widersetzen sich zunächst der üblichen Schamerziehung. Für das Kind bedeutet Nacktsein eine gewisse Freiheit von Einschränkungen, also Ungebundenheit, Freude und Spielverhalten. In manchen psychoanalytischen Texten sieht es so aus, als ob das Verhalten des Exhibitionisten gewissermaßen eine Fortsetzung dieses kindlichen Verhaltensmodells sei. Aber das ist vermutlich eine falsche Analogie. Das in fröhlicher Nacktheit herumtobende Kind hat etwas ganz anderes im Sinn als der Exhibitionist, der mit seiner sexuellen Abwegigkeit eine Attacke gegen das weibliche Geschlecht intendiert. Im Gemüt dieses Sexualkranken flottiert die Angst vor der Frau, weshalb das sexuelle Verlangen nur in der verschämten und aggressiven Weise der Körperentblößung geäußert werden kann. Die ängstliche Überschätzung der Weiblichkeit geht bei solchen Menschen so weit, daß sie auf eine Haltung des Entgegenkommens von seiten der attackierten Frauen in der Regel mit Flucht reagieren.

Oft stammen Exhibitionisten aus einem Milieu mit intensiver Schamerziehung und Sexualverdrängung, so daß ihnen unbewußt ihre Nacktheitsgeste wie eine Heldentat vorkommt. Auf-schlußreich ist auch die räumliche Distanz, die der Exhibitio-nist zwischen sich und seinem Sexualobjekt einlegt. Er vermei-det durchaus Nähe und Intimität; seine Kontaktfähigkeit reicht gerade noch hin, um das Gegenüber einzuschüchtern und dabei die phantasiemäßige Bedingung für die eigene Onanie oder Ejakulation zu schaffen.

Wie es im Inneren des Exhibitionisten aussieht, wird besonders klar deutlich in einer Patientenäußerung, die Medard Boss in *Sinn und Gehalt der sexuellen Perversionen* (Bern 1947, S. 70) mitteilt. Sein Patient sagt:

Ganz in der Nähe sind mir die Frauen nie geheuer. Ich schä-me mich einfach furchtbar vor ihnen... Man weiß nie, woran man mit den Frauen ist, sie sind mir einfach wie verboten aus der Nähe. Ich glaube, ich würde vor Scham sterben, wenn ich nackt ganz nahe vor einer Frau stehen würde und sie mich sogar berühren könnte. Wenn die Frauen aber weiter weg sind, wenn sie mich nicht direkt berühren und fassen können, wenn sie mich nur anschauen... Ja, so ist es, ich wage mich sogar in größter sexueller Spannung nicht dicht an eine Frau heran. Nur das verrückte Schämen überwinde ich dann und wage mich wenigstens den Blicken der Frauen auszuset-zen. Das ist dann sehr schön und nicht gefährlich. Wenn ich mein Glied den Frauen zeige, denke ich, ihre Blicke spielen mit ihm, streicheln es. Dann ist es himmlisch. Die Frauen sind dann wie Engel. Alles ist wunderbar schön. Oft muß ich dann an meine erste Kommunion denken, da mir auch war, als würde mich die Jungfrau Maria anblicken und mich mit himmlischer Süße erfüllen... Ja, so ist es, meine Geschlechts-verbindung geht nur durch die Augen. Die Blickberührung ist so zart und himmlisch, die direkte körperliche Berührung dagegen ist plump und tierisch, wie eine Sünde. Irgendwie kommt mir der eigentliche Geschlechtsverkehr immer so vor, als wäre er die größte Schande für die Menschen.

Die zum Exhibitionismus parallel liegende Perversion ist der Voyeurismus. Die Psychoanalyse spricht in diesem Zusammen-hang von einem »Triebpaar«; der Exhibitionist ist passiv, indes der Voyeur aktiv zu sein scheint. Ersterer bietet sich als Objekt dar; der andere jedoch ist Subjekt, das sehen will, ohne gesehen zu werden.

Auch hier wieder muß an der psychoanalytischen Trieblehre eine Korrektur angebracht werden. Diese führt nämlich den Voyeurismus auf die kindliche Sexualneugier zurück; der erwachsene Voyeur ist gleichsam noch ein Kind geblieben und stillt in späten Jahren seinen unbefriedigt gebliebenen Hunger nach Sexualkenntnis.

Demgegenüber muß jedoch betont werden, daß die Kinder, die ihr »Doktorspiel« betreiben oder gelegentlich einen Blick auf nackte Erwachsene erhaschen, legitime und unschuldige Information suchen. Der Voyeur jedoch hat ganz andere Ambitionen. Sein Verhalten ist eine Art »Sexualdiebstahl«. Ähnlich wie sein exhibitionistischer Zwillingsbruder meidet er die Nähe zum Geschlechtspartner, den er aus neurotischen Gründen fürchtet und überschätzt. Seine Schaulust, die von der Psychoanalyse als eigenständiger Partialtrieb mißverstanden wird, ist eine egozentrische und asoziale Charakterhaltung.

Man muß sich daran erinnern, daß »Sehen ohne Gesehen-zu-werden« ein Machtverhältnis konstituiert. Was wir im Gesichtsfeld haben, ist gleichsam unserer Inangriffnahme ausgesetzt. Wir können darüber (beinahe) verfügen. Bestimmt ist das ein wichtiges Ingrediens des voyeuristischen Lustgefühls. Es ist aber auch ein »verschämtes Verlangen«, das sich darin dokumentiert. Es sind ja immer auch klägliche Existenzen, die die Rolle des »peeping Toms« (wie man in England sagt) übernehmen. Sehr prägnant hat Edrita Fried die Charakterposition solcher Patienten in *Das Ich in Liebe und Sexualität* (New York 1960, S. 174) beschrieben:

> Visueller Kontakt, irgendwie der Phantasie ähnlich, ist ein Zwitter, bezeugt aus Realität und Isolierung. Visueller Kontakt besteht nicht ganz aus Rückzug, aber er festigt auch nicht ein Leben mit der Realität, wie es erforderlich ist bei echter Gemeinschaftsbildung mit anderen Menschen, die wir anhören müssen, lernen zu berühren, zu liebkosen, zu befriedigen und zu erfreuen. Die »Liebesobjekte«, mit denen man lediglich durch »Schauen« verbunden ist, fügen sich automatisch und mühelos den autonomen, ichhaften und selbstherrlichen Ansprüchen des »Betrachters«. Aber die Abkehr von der Lebenswirklichkeit ist nicht so vollständig wie bei der Phantasie allein. Bilder und Auszüge aus dem realen Leben werden vermischt mit Wunschträumen, in denen immerhin mehr Illusion als Realität vorherrscht.

Wir bemerken nur nebenbei, daß seit einiger Zeit der Voyeurismus in der Bevölkerung einen gewaltigen Auftrieb genommen hat. Schuld daran ist die Regenbogenpresse, die seit Jahrzehnten das Publikum andauernd mit Nuditäten berieselt. Des weiteren hat auch das Fernsehen eine unselige Wirkung entfaltet. Hier wird konstant an der Grenze der Obszönität operiert, wobei diese Begrenzung lüstern überschritten wird. Auch Pornofilme sind zum Massenabsatz und Massenvergnügen geworden.

Das Wesen des Obszönen besteht darin, daß vor allem der weibliche Körper als Ware und Träger von Geschlechtsmerkmalen anvisiert wird. Es ist ein trauriges Zeichen für unsere patriarchalische und puritanische Geistesverwirrung, daß solche Entwürdigungen der Frau, des Sexus und der Liebe vom kapitalistischen Gewinnstreben zur Verrohung und Verdummung des Volkes eingesetzt werden können. Kein Zweifel, daß das früh einsetzende Training im Voyeurismus die Liebesfähigkeit unzähliger Menschen schon an der Wurzel vergiftet.

Der Sadomasochismus. – Der Sadismus als sexuelle und moralische Perversion wurde benannt nach dem französischen Marquis de Sade (1740-1814), der selbst ein bekannter und berüchtigter Sadist war und viele Jahre seines Lebens deswegen im Gefängnis verbrachte. Dort schrieb er schwülstige Romane, in denen er das Laster verherrlichte. R. von Krafft-Ebing hat in seinem Standardwerk *Psychopathia sexualis* erstmals das Wort im heutigen Sinne gebraucht. Von da ist es in die Fachsprache hineingeraten.

Der sexuelle Sadismus besteht darin, daß man einen Partner quält, entwürdigt und mißhandelt, wobei dieses Vorgehen sexuell stimuliert und mitunter sogar die eigentliche Sexualität ersetzt. Das Opfer des Sadisten ist – sofern Freiwilligkeit besteht – der Masochist. Nach tiefenpsychologischer Erkenntnis haben beide Perversionen viele Gemeinsamkeiten; wo die eine ist, fehlt die andere in der Regel auch nicht; man spricht daher von der Einheit des Sadomasochismus.

Der Sadismus ist ein grausiges Kapitel der Sexualpathologie. Da sind Menschen, die mit den Utensilien aus der mittelalterlichen Folterkammer ausgerüstet sind und damit ihr »Liebesleben« bestreiten. Was ist der Sinn dieses kruden Verhaltens? Offenbar ist der Sadist einer, der sich als »wilder Mann« gebärden will. Meistens ist das die Überkompensation einer femininen und selbstunsicheren Wesensart. Sadisten haben im Laufe ihres Werdeganges gelernt, daß sie durch Wutanfälle und Gewaltdemonstration Angst einflößen können. Wo sie im Du Angst verspüren, überwältigt sie der Machtrausch, der für sie gemeinhin der »sexuelle Auslöser« ist.

J.-P. Sartre hat mit Recht betont (*Das Sein und das Nichts*), daß den Sadisten die »Subjekthaftigkeit« des anderen stört. Er kennt keine »dialogische Beziehung«; er will allein Subjekt sein. Zu diesem Zweck muß der andere zum »absoluten Objekt« herabgewürdigt werden. Dazu also die Fesseln, die Peitsche, die verbale Attacke, die Auslöschung der Fremdpersönlichkeit. Ist dieses Ziel erreicht, dann kann sich der klägliche Sadist als »gottähnlich« fühlen; und in diesem Augenblick gibt es auch bei ihm eine »reduzierte Hingabe«.

Neben dem sexuellen Sadismus gibt es auch einen charakterlichen und moralischen. Hier ist der »Autoritarismus« im Spiel, die seelische Überwältigung und Kleinmacherei. Dieser Sadismus hat oft einen institutionellen Rahmen oder Aspekt. Der herrschsüchtige, gefühlsarme und gewaltorientierte Mensch schaltet sich wenn möglich in Herrschaftsorganisationen ein, wo er andere unterjochen und kujonieren kann, ohne weiter aufzufallen. Militär, Staat, Kirche und ähnliche Machtstrukturen bieten solchen Charakteren Amt und Würde. Sie nützen das aus, um sich über ihre Mitmenschen zu stellen und sich an deren Hilflosigkeit aufzugeilen.

Freud sah im Sadismus fast einen Naturtrieb, was seinem eher pessimistischen Menschenbild entspricht. Er sprach von einem »originären Bemächtigungstrieb« oder einem »Aggressions und Todestrieb« im Menschen, der als Gewaltmotiv nach außen abgelenkt wird. Nach A. Adler jedoch ist in jedem Sadismus die schlecht verhüllte und überkompensierte Lebensangst mit den Händen zu greifen. Nur bei stark verunglückter Seelenentwicklung kommen der sexuelle, charakterliche und moralische Sadismus zustande. Der Normalmensch ist eher kooperativ und »human«, und man muß ihn schon sehr drillen, dressieren und total verängstigen, bis er zu einem sadismusähnlichen Verhalten bereit ist.

Der Begriff »Masochismus« wurde ebenfalls durch Krafft-Ebing eingeführt. Er prägte diesen Ausdruck in Anlehnung an den Schriftsteller Leopold von Sacher-Masoch, der im 19. Jahrhundert »masochistische Romane« schrieb, in welchen herrische und gewalttätige Frauen willige Männer unterdrückten und versklavten.

Die Tiefenpsychologie unterscheidet wiederum drei Arten von Masochismus: 1. der erogene Masochismus; 2. der feminine Masochismus; 3. der moralische Masochismus.

Es wird die These vertreten, daß Sadismus und Masochismus nahezu immer ein »Junktim« eingehen. Jeder Masochist ist irgendwo auch Sadist; jeder Sadist hat auch masochistische Persönlichkeitskomponenten. Daher spricht man vom Sadomasochismus als einer einheitlichen Lebenseinstellung.

Rätselhaft genug ist die Tatsache, daß masochistische Menschen z.B. sexuell nur dann (oder am stärksten) genußfähig sind, wenn man sie demütigt, schlägt und fesselt. Innerhalb der Prostitution gibt es einen blühenden Geschäftszweig, wo Folter und ähnliche Herabwürdigungen als »Lustquelle« angeboten werden. Eine »Domina« zeigt dabei zahlungskräftigen Männern, »was Sache ist«.

Frauen werden innerhalb des Patriarchats sehr zum Masochismus hingedrängt. Das liegt schon in der traditionellen Frauenrolle. Meistens wird dieser kulturell und erzieherisch produzierte Masochismus als »echte Weiblichkeit« verklärt. Sogar Goethe sagt in seiner *Iphigenie*: »Dienen lerne das Weib, denn durch Dienen gelangt sie zur Herrschaft.«

Rousseau in seinen *Bekenntnissen* (um 1780) hat freimütig eingestanden, daß er als Kind die Prügel, die er von seiner Erzieherin bekam, als sexuell überaus lustvoll empfand. Er suchte daher alle möglichen Anlässe, um von ihr geschlagen zu werden; aber die Frau spürte die Absicht und ließ den kleinen Masochisten in Ruhe. Er hat dann im späteren Leben die sadomasochistische Komponente weiterhin praktiziert, verbunden mit anderen sexuellen Anomalien (Exhibitionismus).

Eine charakterologische Erklärung des Masochismus bietet A. Adler in *Über den nervösen Charakter* (1912). Für Adler ist das nicht primär ein Triebphänomen, sondern ein Kunstprodukt einer fehlgeschlagenen Erziehung. Der Masochist hat sein sadistisches Kindheitsmilieu verinnerlicht; er zeigt in seinem Leben, daß er »Sünden- und Schuldbewußtsein« hat, aber auch abgehärtet ist, um allerlei Qualen »heroisch« durchstehen zu können.

Was in der sadomasochistischen Charakterentartung fehlt, ist die menschliche Solidarität bzw. das Gemeinschaftsgefühl. Der hartgesottene Masochist kennt nur die Kategorien des Herrschens und Dienens, und oft benützt er (siehe Goethes Zitat) das Dienen, um auf Umwegen zu regieren. So kommandiert ja auch der sexuelle Masochist, »wie er es haben will«. Im übrigen mobilisiert er in seinem Sexualverhalten die Angst, die im Seelenleben pathologischer Menschen leicht als Sexualauslöser dient.

Es sind also hintergründige Motivationen, die einen Menschen veranlassen, »Lust durch Leiden« zu suchen. Mitunter besteht eine Identifikation mit Helden des christlichen Glaubens, bis zum Heiland hin. Wenn eine ganze Kultur einen »Gott am Kreuz« verehrt, dann muß man sich nicht wundern, daß schwache Einzelne sich das Ideal des Duldens und des Leidenkönnens erwählen. Goethe allerdings war das »Marterholz« (das Kreuz) sehr zuwider; seine Lebensfreude revoltierte gegen die düsteren Darstellungen, an denen sich die fromme abendländische Menschheit 2000 Jahre lang berauschte.

Man kann den Masochismus (genau wie den Sadismus) eine »Erkrankung der Phantasie« nennen. Durch das Phantasieren gelingt dem Menschen jede »Umwertung aller Werte«. So kann Darbietung von Schwäche und Unterwürfigkeit als absoluter Heroismus erscheinen. Deformation des Liebesaktes in ein Gewaltszenario gilt als Abenteuer und Exquisitheit. Aber Mitmenschen im Adlerschen Sinne des Wortes sind weder die Sadisten noch die Masochisten; sie sind sexual- und charakterkrank.

So muß man etwa das Buch von Sina-Aline Geißler *Lust an der Unterwerfung* (Rastatt 1990) kommentieren; die Autorin ist eine »bekennende Masochistin« und hat damit in der Regenbogenpresse einige Berühmtheit erlangt. Frau Geißler will uns weismachen, daß für viele Menschen der Masochismus eine originäre und normale Lebenshaltung sei. Das ist psychologisch abwegig und kann durch wissenschaftliche Befunde nicht gestützt werden.

Homosexualität. – Sofern die Homosexualität männliche Wesen betrifft, spricht man von Päderastie oder Homoerotik; bei den Frauen heißt diese Sexualdeviation »lesbische Liebe« oder »Sapphismus«. Die sexuelle Liebe zum gleichen Geschlecht fällt auch unter den Begriff der »Inversion«.

Nach den Untersuchungen von Kinsey in den USA hatten rund 40% der amerikanischen Männer mindestens einmal in ihrem Leben homosexuelle Kontakte; ausschließlich homosexuell seien ca. 2% der Männer und der Frauen. Also ist es eine verbreitete sexuelle Variante, was sich heute auch darin zeigt, daß Homosexuelle beiderlei Geschlechts sich in Vereinigungen zusammenschließen und gegen jegliche Diskriminierung ankämpfen.

Das ist insofern notwendig, weil die Homosexualität – abgesehen von der griechischen Kultur der Antike – in unserem Kulturraum lange Zeit als schlimme Sünde und schwerstes Verbrechen galt. In der Bibel wird sie als eines der Laster schlechthin gekennzeichnet. Bis in die Neuzeit hinein war sie mit bürgerlicher Entehrung und mit Gefängnis bedroht. Im Mittelalter gab es für sie sogar die Todesstrafe.

In der Gegenwart wird leidenschaftlich darüber diskutiert, ob die Homosexualität eine Art Perversion oder ganz einfach ein »drittes Geschlecht« sei. Für die Homosexuellen selbst ist die letztere Auffassung die wünschbare; wer anders denkt, wird von ihnen als vorurteilsbehaftet und diskriminierend abgelehnt.

Die Väter der Tiefenpsychologie nahmen nicht eindeutig zu diesem Thema Stellung. Freud glaubte, daß es sowohl eine konstitutionelle als auch eine erworbene (neurotische) Homosexualität gebe. Sofern Neurose dem invertierten Sexualverhalten zugrunde liege, sei ein Versuch von Psychotherapie möglich, aber meistens nicht allzu aussichtsreich. Immerhin könne man oft bei solchen »Patienten« lebensgeschichtliche Zusammenhänge aufdecken, die die gleichgeschlechtliche Liebeswahl einfühlbar und begreiflich machen.

Auch Alfred Adler und Wilhelm Stekel äußerten ähnliche Ansichten. Adler vermutete, daß spätere Homosexuelle oft über längere Phasen der Kindheit hinweg in einer gewissen Unsicherheit über ihre spätere Geschlechtsidentität aufwachsen. So war es z.B. früher nicht selten üblich, daß Knaben in Mädchenkleidern heranwuchsen. So konnte die Phantasie in ein »falsches Training« ausweichen. Begünstigend war dann noch eventuell, daß Knabe oder Mädchen vom andersgeschlechtlichen Elternteil ein abschreckendes Bild bekamen. Wer etwa als Kind Mann oder Frau »dämonisiert«, wird sich wohl hüten, im späteren Leben sexuelle Beziehungen mit dem entsprechenden Geschlecht aufzunehmen. So rubrizierte Adler die Homosexualität wie auch die anderen ungewöhnlichen Formen des Liebeslebens als eine Art von »erotischem Training und dazu passenden Rückzug«. Kein Mensch will im Bereich der Liebe Katastrophen und Niederlagen einstecken. Der Homosexuelle fürchtet das andere Geschlecht, maskiert aber diese Angst durch *Abneigung und Gleichgültigkeit*.

Die Problemlage in dieser Sphäre ist also sehr komplex. Bekannt ist auch die »Gelegenheitshomosexualität«, wenn Männer oder Frauen ohne das andere Geschlecht leben müssen (z.B. früher bei der Seefahrt, oder in Gefängnissen, beim Militär, in Klöstern und Internaten). Da tritt der gleichgeschlechtliche Partner als Ersatz für den andersgeschlechtlichen ein. Kommt es wieder zu normalen Lebensbedingungen, dann kehrt man zur Norm zurück.

Der tiefenpsychologische Ansatz fragt nach Konstellationen in der Kindheit, die die normale Sexualentwicklung behindern können. Vermutlich führen viele Wege zu einer nicht intakten Geschlechtsidentität. Da sich die entsprechenden Prozesse oft schon in sehr frühen Lebensphasen abspielen, können sie später nicht leicht eruiert werden. Man ist auf Vermutungen und Hypothesen angewiesen, die durch kritische Argumente angreifbar bleiben.

Aber die Wichtigkeit des »ödipalen Dreiecks«, das immer auch bei der Neurosenentstehung berücksichtigt werden muß, ist kaum zu übersehen. Wenn der Heranwachsende seelisch und sexuell annähernd im Gleichgewicht bleiben soll, dann muß er über die Klippen des »Familienkernkomplexes« (B. Malinowski) hinwegkommen, d.h. er (sie) muß die Rivalität und den Antagonismus zum gleichgeschlechtlichen Elternteil überwinden und mit dem andersgeschlechtlichen Elternteil relativ angstfrei kooperieren lernen. Typische Fälle von Inversion zeigen etwa Kindheitskonstellationen, wo beim Knaben der Vater, beim Mädchen die Mutter fehlt, oder doch emotional so unzugänglich ist, daß eine Identifikation mit dem eigenen Geschlecht nicht zustandekommt. Oft bindet auch der eine Elternteil das Kind im Sinne eines »Ersatzgatten« so sehr an sich, daß der andere Elternteil draußen bleibt. Wer einige Jahre im Kindesalter eine falsche Geschlechtsrolle (wenn auch nur phantasiemäßig) eingeübt hat, kommt später von ihr unter Umständen nicht los.

Fast noch wichtiger als die Frage nach der »Konstitution« oder »Neurose« ist die phänomenologische Beschreibung homosexueller Menschen. Diese erleichtert uns das Verstehen ihres »In-der-Welt-Seins«, ihrer Befindlichkeit und der daraus erwachsenden Lebensprobleme.

Viele Beobachter heben hervor, daß Homosexuelle sehr oft stark narzißtisch anmuten. Das will nicht bedeuten, daß sie in sich selbst verliebt seien. Eher schon wird darin transparent, daß sie in eigentümlicher Weise in sich selbst verfangen sind. Das kann die Wirkung der gesellschaftlichen Diskriminierung sein, kann aber auch schon von vornherein ein Wesenselement der gleichgeschlechtlichen Ausrichtung beinhalten. Der Narzißt sucht in der Liebe nicht »das Andere«, sondern sein eigenes Ebenbild. So verliebt sich der homosexuelle Mann in den Jüngling, der ihn an eine Phase seines eigenen Wachsens und Werdens erinnert. Ähnliche Gesichtspunkte gelten auch für die lesbische Liebe.

Wer die Mann-Frau-Beziehung aus seinem Leben ausklammert, erspart sich viele gesellschaftliche Anforderungen und Belastungen. In diesem Sinne gibt es bei der Homosexualität unzweifelhaft etwas Analoges zum »sekundären Krankheitsgewinn« in der Neurose. Darum haben manche Tiefenpsychologen vermutet, daß die gleichgeschlechtliche Liebe eine »Ausweichs- und Entlastungsfunktion« besitzt. Sie ist verlockend für infantile und juvenile Charaktere, die auch sonst sich dem »Erwachsenwerden« entgegenstemmen.

Es soll aber nicht übersehen werden, daß eine erkleckliche Zahl von Homosexuellen als Kulturschöpfer imponieren. Gerade ihre sexuelle Unangepaßtheit an die soziale Norm stimuliert ihre geistige und kulturelle Produktivität. Zu den berühmten homoerotischen Kulturträgern gehören unter anderem: Plato, Shakespeare, Leonardo da Vinci, Winckelmann, Tschaikowsky, Walt Whitman, Oscar Wilde, André Gide, Thomas Mann und sehr viele andere.

Das ist Homoerotik auf den Höhen der Kultur. Es gibt aber auch – wie bei der Heterosexualität – einen ganz anderen Aspekt, wenn man zu den Normal- und Tiefenschichten der Gesellschaft herabsteigt. Da hat man auch mit verwilderten und verwahrlosten Formen des Sexuallebens zu tun, wo Prostitution und häufig wechselnde Geschlechtspartnerschaft die Regel ist. Die Ausbreitung der Aids-Epidemie ist in diesen Randzonen der Homosexualität zu lokalisieren.

Es kommt aber auch zu homosexuellen Paarbildungen, die durchaus den heterosexuellen Ehen ähneln. Daher fordern die gleichgeschlechtlichen Verbände, daß solche Partnerschaften legalisiert werden und in ihrem Status dieselbe Anerkennung wie die Ehe finden sollen. Es ist zu vermuten, daß diese Entwicklung nicht aufgehalten werden kann und soll.

Die Prostitution. – Prostitution ist (vorübergehender) Verkauf des eigenen Leibes als Sexualobjekt an einen anderen, der durch Geld oder andere Entschädigung das Recht zur Sexualbefriedigung am »Objekt« erhält. Frauen *und* Männer verkaufen sich in dieser Art; aber die weibliche Prostitution spielt im Patriarchat eine viel größere Rolle als die männliche.

Man spricht vom »ältesten Gewerbe der Welt«, aber diese Sprechweise ist bereits diskriminierend. Kein Zweifel, daß die patriarchalischen Verhältnisse die Frau in diese Sexualknechtschaft hineingezwungen haben. Man denke etwa an die Tempel-Prostitution alter Kulturen, wo jede Frau verpflichtet war, als Dirne zu fungieren, um den Tempelschatz zu mehren. Es entspricht offenbar der Vorherrschaft des Mannes, in der Frau ein bloßes Hilfsmittel der Triebbefriedigung zu sehen, ein Opfer und Objekt, das wie ein sexueller Gebrauchsgegenstand anmutet.

Dieselbe Gesellschaft, die die »anständigen Frauen« vor unkontrollierter sexueller Hingabe bewahrt, hat das Dirnentum geschaffen; nach Thomas von Aquino braucht man Kloaken, um die Häuser und Paläste reinlich zu halten.

In der Neuzeit wurde – vor allem durch die *soziale Bewegung* – die Prostitution auf ökonomische und klassenmäßige Ursachen zurückgeführt. Die Töchter der Armen und Entrechteten müssen sich prostituieren, sofern sie verführt und im Stich gelassen oder durch die Dienstleistungsberufe in die Nähe der Prostitution gebracht werden. Diese These ist gewiß nicht unrichtig; man erlebt auch jetzt in den wirtschaftlich zusammengebrochenen Oststaaten, daß viele Frauen und ihre Familien nur überleben können, wenn die ersteren das letzte verkaufen, was sie haben: den eigenen Leib. Auch im fernen Osten führt drückende Armut dazu, daß die Kinderprostitution und andere erschreckend sittenwidrige Formen des Sexuallebens seit langem im Boom stehen. Männer aus den Wohlstandsländern lassen sich zum Sextourismus in diese

Entwicklungsländer transportieren, um dort »sinnenfrohe Tage« zu genießen.

Wie sieht es im Gemüt der sich prostituierenden Frau und ihren Kunden aus? Freud sprach bei Gelegenheit davon, daß es bei vielen Menschen infolge unguter Sexualerziehung und verwahrloster Pädagogik überhaupt zu einer *allgemeinen Erniedrigung des Liebeslebens* komme. Menschen dieser Art brauchen eine Entwertung des Sexus, um in ihm ihre Befriedigung zu finden.

Alfred Adler hob hervor, daß Prostituierte einen »männlichen Prostest« aufweisen. Die Frau im Patriarchat fühle sich ohnehin grundsätzlich minderwertig; viele Fakten und menschliche Beziehungen lehren sie das. Bei entsprechenden Schicksalen und geeigneter Sozialisation können daraus unsoziale Überkompensationen erwachsen. Viele Frauen in der Männerwelt wollen bewußt oder unbewußt *ein Mann sein.* Auf tiefen Stufen der Kultur ist dann »Männlichkeit« definiert durch Ausschaltung sittlicher Normen, durch Gebrauch von Suchtmitteln, durch aktives Anlocken oder Anwerben des Mannes, durch Frigidität und Gleichgültigkeit in allen Gefühlsfragen.

Auch Masochismus und Hilflosigkeit scheinen im Prostitutionsberuf relevant zu sein. Viele Frauen ergreifen in der Position der »Aussichtslosigkeit« das Dirnenleben, aber zur ökonomischen und menschlichen Tragik kommt meistens auch soziale Unbeholfenheit hinzu, die darauf tendiert, das Erwerbsleben »grandios« zu vereinfachen. So steigt die Prostituierte »nach unten«, aber sie träumt davon, hierdurch »nach oben« zu kommen. Viele Dirnen ersehnen sich eine hellere Zukunft, die sie aber mit ihrer Lebensform nur selten erreichen können. Sie begeben sich in den *Dschungel der Gesellschaft*, dessen Gesetze noch viel schlimmer sind als der bürgerliche Alltag, den die Prostituierte verlassen will oder muß.

Es bedarf einer besonderen Selbstentfremdung, um den eigenen Leib als Kaufobjekt anbieten zu können. Die physische Integrität und die Scham muß meistens schon vorher angeschlagen sein; im »Beruf« wird sie noch weiterhin zertrümmert. Eine nicht geringe Zahl von Prostituierten erzählt, daß sie schon in der Kindheit und Jugend von nächsten Angehörigen sexuell mißbraucht wurden. Ihr späteres Leben ist dann die aktive Abreaktion eines passiv erduldeten früheren Traumas.

271

Nun ist die Dirne diejenige, die den »Kunden« anlockt, mit gespielter Lust übertölpelt und seine Kasse leert. Fast alle Prostitutierten verachten die Männer, die ihre Dienstleistungen konsumieren. Schon Emile Zola, der in *Nana* einen hervorragenden Prostitutierten-Roman geschrieben hat, verwies darauf, daß die Dirne Lust nur bei ihrem Freund oder Zuhälter oder in lesbischen Beziehungen findet.

Wir behandeln das Thema »Prostitution« im Rahmen der *Sexualneurosen*, weil wir der Meinung sind, daß sowohl die Dirne als auch ihre »Kunden« keine normale Sexualität praktizieren. Das gilt selbst für alle Fälle, wo die Vereinigung von Penis und Vagina stattfindet; natürlich noch viel mehr dort, wo der »Kunde« abartige Sexualpraktiken fordert und erhält.

Es hat also weitreichende Folgen, wenn das Sexuelle auf dem Wege der Käuflichkeit »genossen« wird. In *Das psychoanalytische Volksbuch* (herausgegeben von Paul Federn und Heinrich Meng, Bern o.J.) lesen wir:

> Der Mann, der die Prostitution benützt, gewöhnt sich dort, das sexuell Begehrte menschlich zu verabscheuen. Diese Einstellung wird er später schwer los und verletzt auch das nichtkäufliche, geliebte Weib, sei es ohne oder mit Ehe, dadurch, daß er sie nach dem Verkehr lieblos, oft mit verletzender Fremdheit, Kälte und Härte behandelt. Andere Männer gewöhnen sich dagegen so sehr an die Verknüpfung von Sexualverkehr mit Unerlaubtheit, daß ihnen in der Ehe der Sexualverkehr, weil gestattet, nicht möglich oder wenigstens nicht lustvoll genug ist. Sie müssen alle Achtung vor dem sexuellen Partner ausschalten, um potent zu sein. Durch die Prostitution gewöhnen sie sich auch an den häufigen Wechsel und an die seelenlose Beziehung, so daß ihnen Treue und innige Verbindung unmöglich werden (S. 178).

Es ist ein bedrückender Gedanke, daß unzählige Frauen auch in den Kulturländern in Bordellen und »Clubs« regelrecht in einer *Sexualsklaverei* gehalten werden, mit Billigung der Justiz und Polizei beziehungsweise einer Nichtbeachtung, die der Tolerierung gleichkommt. Ein hoher Prozentsatz der Zeitgenossen konsumiert Prostitutierten-Sex und hält diese Institution am Leben. Die Ausbreitung von Geschlechtskrankheiten wird dadurch zu einem schier unlösbaren Problem. Nachdem man Tripper und Syphilis einigermaßen eindämmen konnte, hat nun das Schreckgespenst von AIDS sein Haupt erhoben. Wieviele Millionen Menschen von dieser Krankheit bereits angesteckt sind, läßt sich schwer schätzen; die offiziellen Zahlen der Gesundheitsbehörden sind vermutlich nicht exakt und müssen mit einem »Faktor X« multipliziert werden.

Philosophie des Eros und des Sexus. – Es ist nicht gerade ein beglückendes Unterfangen, die Sexualneurosen des Kulturmenschen abzuhandeln. Wer aber Erkenntnis will, muß auch schmerzliche Einsichten assimilieren. Im menschlichen Bereich wird Erkenntnisgewinn sehr häufig durch unlustvolle Überlegungen erkauft.

Das scheint auch Freud so empfunden zu haben. In *Die Traumdeutung* (5. Auflage, Wien 1919, S. 319) lesen wir:

> Es war ein heißer Nachmittag im Sommer gewesen, ich hatte in den Abendstunden meine Vorlesung über den Zusammenhang der Hysterie mit den Perversionen gehalten, und alles, was ich zu sagen wußte, mißfiel mir so gründlich, kam mir jedes Wertes entkleidet vor. Ich war müde, ohne Spur von Vergnügen an meiner schweren Arbeit, sehnte mich weg von diesem Wühlen im menschlichen Schmutze, nach meinen Kindern und dann nach den Schönheiten Italiens.

Wenn es schon Freud viele Überwindungen gekostet hatte, die Perversionen zu erforschen, dann kann derlei auch uns sauer werden. Aber wir mußten diesen Weg beschreiten, um in der Folge grundlegende Gedanken über das Verhältnis von Eros und Sexus formulieren zu können. Damit betreten wir das Gebiet der Sexualanthropologie und der philosophischen Anthropologie überhaupt.

Eine tiefere Deutung der Sexualneurosen wird nur möglich durch ein Verständnis der menschlichen Natur. Begeht man hier im Ansatz einen Fehler, dann verbaut man sich in Theorie und Praxis weitgehend den sachgemäßen Umgang mit den erörterten Fragen.

Die Psychoanalyse hat von vornherein mit der Hypothek einer materialistischen und biologistischen Doktrin den Einstieg in die Thematik etwas schief angelegt. Für Freud ist der Eros nur Ableger und Derivat des Sexus. Gefühle sind nur »zielgehemmte Libido«, das Ich ist ein Anhängsel des Es, alle Seelenschicksale gründen in Triebschicksalen, und Liebe und Zärtlichkeit kommen nur zustande durch Sublimierung der Triebhaftigkeit.

Es ist hier nicht der Ort, die Enge und Einseitigkeit dieser Sicht zu erklären. Die Forschung seit Freud ist darin übereingekommen, in diesen »Lehrsätzen« eine zeitbedingte Dogmatisierung von Freuds genialen Beobachtungen zu sehen, die die epochale Bedeutung seiner Funde nicht mindern kann. Aber die Psychoanalyse muß durch ein fortschrittlicheres Menschenbild ergänzt und überhöht werden.

Letzteres geht davon aus, daß der Mensch nicht nur »leibliche Existenz« ist, sondern eine Synthese von Leib, Seele und Geist darstellt. Der Bios ist hierbei gewiß die tragende Schicht, aber es besteht eine relative Autonomie von Psyche und Personalität, die zwar im Triebhaften fundiert sind, aber ihrerseits mächtig auf es zurückwirken. Jeder Naturalismus will uns weismachen, daß alles Seelische und Geistige total von der Vitalschicht im Menschen determiniert ist. Aber das ist nur ein Mythos, und wenn die Materialisten gegen alle Mythen skeptisch sind, dann sollen sie auch ihre eigenen nicht übersehen.

Ohne das im Detail hier begründen zu können, postulieren wir, daß der Mensch eine personale Existenzform besitzt. Er ist Person, Ich oder Selbst; diese zentrale Instanz seines Seins bildet sich in früher Kindheit in der Interaktion zwischen Mutter und Kind und übernimmt die Führung des leibhaften, seelischen und geistigen Lebens. Ist einmal Personalität etabliert, dann gibt es keine biologischen und psychischen Vollzüge, in denen nicht auch eine »geistige Stellungnahme« mitenthalten ist. Alles, was der Mensch tut, empfindet, denkt oder fühlt, wird zum Spiegelbild und zur Manifestationsform seiner geistigen Existenz.

Was ist nun aber die Person oder der Geist im Menschen? Jedenfalls ist es ein Fakultativum und nicht ein Faktum; der Mensch kann auch ohne das existieren bzw. vegetieren. Bei ungünstiger Sozialisation und drückenden Lebensverhältnissen gelangt das Personale nur in einer Defektform ins Dasein.

Sofern es aber lebendig ist, bedeutet es vielerlei. Wir geben hier eine knappe Aufzählung der Aspekte von Personsein:

1. Person ist du-sagendes-Ich. Nur in der Kommunikation kommt Personalität zum Tragen. Das ist schon in der Mutter-Kind-Beziehung so; später wird das nur ausgestaltet. Verliert

die Person wichtige Kommunikationspartner, dann greift das ihre innere Stabilität an.

2. Person hat immer auch Beziehung zu sich selbst. Das ist ein Anthropinon eigener Art; Tiere kennen derlei nicht. Der Aufbau eines Selbstbildnisses und der Umgang mit ihm ist ein wichtiger Teil des Lebens der Person. Man kann es auch so sagen: Die Person bedarf der Selbstachtung, um existieren zu können.

3. Diese Selbstachtung wird auch erworben durch die Anerkennung seitens wichtiger Beziehungspersonen. Schon Hegel sagte: »Das Sein des Selbstbewußtseins liegt in der Anerkennung durch ein anderes Selbstbewußtsein.« Daher streben die Menschen sehr danach, einen oder mehrere Menschen so für sich zu gewinnen, daß von ihnen permanente Bejahung auf sie zukommt: Das nennt man dann *Liebe*. Folglich ist das wahre Lebenselement der Person das Lieben und Geliebtwerden. Fällt sie aus dieser Sphäre hinaus oder kann sie diese nicht strukturieren, dann greift das an ihren Lebensnerv.

4. Im innersten Kern der Person finden wir daher die *Gefühle*, ohne die Personalität ein Schatten oder Schemen ist. Daher muß jegliche Erziehung zum Personsein hauptsächlich Gefühlserziehung sein. Mißlingt diese, dann hilft auch keine Dressur, Ermahnung, Bedrohung und Disziplinierung. Die alte Pädagogik hat das meistens übersehen; die Resultate waren verheerend.

5. Person lebt nicht nur in der Beziehung zur »realen Welt«, sondern auch in Beziehung zum »Reich der Werte«. Das ist eigentlich schon weiter oben ausgedrückt. Nach Max Scheler sind die Gefühle des Menschen »Organe des Werterkennens«. Nur der fühlende Mensch weiß, daß es hohe und höchste Werte gibt, und daß er darauf sein Leben ausrichten muß. Gefühlsarme Charaktere sind wertblind, und auch diese Blindheit verwandelt die Existenz in ein Torkeln und Taumeln in der Dunkelheit.

6. Die Person ist »inkarniert« in ihren Leib. Das bedeutet, daß jeder seelisch-geistige Vollzug immer auch eine biologische Parallele aufweist. Andererseits kann der Mensch – im Unterschied zum Tier – nie nur »rein biologisch« reagieren. Immer verschränken sich alle Zonen und Schichten seines Daseins.

7. Die Person kennt ein inneres Wachstum zeit ihres Lebens. Daran kann auch sehr oft der physische Verfall eines Menschen nichts ändern. Von der Geburt bis zum Tode untersteht das Personale dem Gesetz des Werdens und der Vermehrung der inneren Seinsfülle. Nur dann hat der Mensch der Möglichkeit des Geistes in ihm den wahren Tribut entrichtet, wenn er dauernd bestrebt ist, Realwelt und Wertwelt immer inniger und intensiver zu umfassen. Scheler spricht in diesem Zusammenhang vom »Sich-Hinauflieben« der Person. Selbstvervollkommnung und Wertsteigerung ist ihre eigentliche Lebensmodalität.

8. Darin liegt aber auch, daß der innerste Kern der Person sittlich-moralisch ist. Personalität ist von ihrem Wesen her stets »ethisch orientiert«. Wo der Mensch Person ist, kann er immer nur das Gute wollen. Wer aber »böse« ist, kann seine asozialen Verhaltensweisen nur aufgrund eines Personmangels vollziehen. Ist das Personsein defekt, dann fehlt dem Menschen das innere Führungsorgan. Er handelt gemäß inneren und äußeren Determinanten, die seine Freiheit gewaltig einschränken.

Wir wenden nun das oben Gesagte auf die Sexualneurosen an. Unsere These ist: Alle Defektformen des Liebeslebens entspringen einer fehlenden oder unzulänglich strukturierten Personalität im Menschen. Ist letztere lädiert und verkümmert, dann muß der Mensch einen Sexualmodus wählen, der die personale Beziehung der Seelen und der Leiber reduziert oder auslöscht.

Kommt es zur *sexuellen Begegnung* zweier Menschen in echter Liebe und Partnerschaft, dann ist diese eine Art Fortsetzung des Dialogs und des In-Beziehung-Stehens mit leiblichen Mitteln. Die Daseinsanalyse von Boss spricht davon, daß der Sinn des Sexus die *Daseinseinigung und Daseinsmehrung* sei. Das ist aber nur der Fall, wenn das Personale dabei mächtig zum Tragen kommt. Unpersönliche Sexualität einigt die Beteiligten nicht und trägt auch nichts zu ihrer größeren Lebensfülle bei.

Man lasse nur die geschilderten Spielformen der Onanie, der Impotenz, der Frigidität, des Fetischismus, des Exhibitionismus, des Voyeurismus, des Sado-Masochismus, der Prostitution usw. Revue passieren. Überall wird das Dialogische, das Kommunikative und das Kooperative der Sexualität entstellt und »deformiert«. Darum muß man alle genannten

Kümmerformen des Liebeslebens unter die *Sexualneurosen* rubrizieren.

Was spielt sich nun eigentlich im Inneren des sexualneurotischen Menschen ab? Wir können das aufgrund unserer bisherigen Überlegungen einigermaßen rekonstruieren. Setzen wir den Fall, daß ein Mensch seine Personalität nur kümmerlich entwickeln und entfalten konnte. Und nicht nur das; er hat auch lebensgeschichtlich eine gewisse Angst, Scheu und Unbeholfenheit in bezug auf große Nähe zum Mitmenschen bzw. zum anderen Geschlecht erworben. Nun wird er durch das Vorhandensein der Sexualität in eine prekäre Lage gebracht. Dieser vitale Impuls fordert imperativ Eins- und Einigwerden mit einem Liebespartner, ein »Verschmelzungserlebnis«.

Gerade das kann aber der Sexualneurotiker nicht oder nur sehr unvollkommen leisten. Er gerät in eine Minderwertigkeitsposition, in ein Nicht-Können, das ihm schmerzlich seine Grenzen fühlbar macht. Nun ist nach Adler – der hierin auf Nietzsche aufbaut – jeder Mensch darum bemüht, sein Selbstwertgefühl hochzuhalten. Gelingt ihm dies nicht realiter, dann nimmt er meistens eine neurotische Lebenslüge zu Hilfe. Er deutet und dichtet seine Erfahrungen so lange um, bis auch aus der kläglichsten Lage oder Bewußtseinsmodalität ein Größengefühl deduzierbar ist.

Das erklärt möglicherweise die Gefühle, das Verhalten und die Optik des Sexualneurotikers. Er verzweifelt an der Möglichkeit des Einigungserlebnisses und muß daher trennende und distanzierende Sexualität aufbauen. Eine Rechtfertigung dafür läßt sich immer an den Haaren herbeiziehen.

Hier kann der oben bereits erwähnte Streit zwischen den Daseinsanalytikern und den »Anthropologen« geschlichtet werden. Letztere führen die Perversion auf eine Revolte gegen die Norm, eine Zerstückelung des erotischen Erlebnisgehaltes, eine Aggression im Sexus und eine allgemeine »nihilistische Haltung« zurück. Dagegen opponierten L. Binswanger und M. Boss, die die These vertraten, daß auch beim perversen Liebesleben der urtümliche Drang nach erotischer Selbstverwirklichung das Primäre sei. Boss vor allem belegte in seinen Falldarstellungen, daß seine Patienten auch mit ihrer krudesten Sexualität nach Liebe strebten.

Wir sind der Meinung, daß am Anfang der Sexualneurose ein wirkliches *Nicht-Können* steht, das sekundär in ein *Nicht-*

Wollen umgepolt wird. Dabei springt für die angeschlagene Selbstachtung einiges heraus; das Eingeständnis einer tiefen Lücke im Personaufbau ist so schmerzlich, daß man lieber auf die »Wendung gegen die Norm« ausweicht und sich dabei immer noch als »Subjekt« geriert.

Sobald der sexualneurotische Patient einsieht, daß sein angebliches Verschmähen der Norm aus einer echten Unfähigkeit und Erlebnislücke erwächst, kann ihm psychotherapeutisch geholfen werden. Beharrt er aber auf der Lebens- und Sexuallüge, dann wird er seinen Therapeuten entwerten und sabotieren.

Die Heilung einer Sexualneurose bedarf demnach immer auch (wie bei der Neurose überhaupt) einer Metanoia, d.h. einer tiefgreifenden Wandlung der Persönlichkeit. Gefühle, Wertmaßstäbe, Gesinnungen und sogar die Weltanschauung müssen in Frage gestellt und abgeändert werden. Dabei hat die Psychotherapie keinen leichten Stand, denn der Zeitgeist selbst wirkt einer Normalisierung der individuellen Sexualität stark entgegen. Wir leben in einer Epoche der sexuellen Verwilderung und Verwahrlosung, wo scheinbar »alles als normal gelten soll«.

Diese Aufweichung des Normbegriffes muß jede humanistische Psychoanalyse in die Schranken weisen. Das ist auch deshalb wichtig, weil mißverstandene psychoanalytische Theorien mitschuldig sind am sexuellen Chaos unserer Zeit. Von Freud ging die Botschaft aus, man müsse die sexuellen Tabus lockern und sie an die natürlichen Bedürfnisse des Menschen anpassen. Unsere Konsumentengesellschaft leitete daraus ab, daß »Sex« ebenso ein Konsumgut sei wie Suchtmittel jeglicher Art. Man meinte, die Moral über Bord werfen zu können und so mit der Psychoanalyse up-to-date zu sein.

Was eigentlich notgetan hätte, war nicht allein die sexuelle Liberalisierung, sondern auch die Personalisierung der Menschen. Nur durch Persönlichkeitsbildung lernt der Mensch mit dem Trieb kultiviert und sozial umzugehen. Diese »zweite sexuelle Aufklärungsphase« ist ein Desiderat der kommenden Jahrzehnte. In diesen wird man mit Freud lernen, »daß die Allgewalt der Liebe sich vielleicht nirgends stärker als auch in ihren Verirrungen zeige«. Befreiung des Sexus ohne Stärkung des Eros ist widersinnig.

Drogenabhängigkeit

Im »*Wörterbuch der Psychologie*« (10. Aufl. 1968) von Wilhelm Hehlmann finden wir unter dem Stichwort ›Sucht‹ folgende Erläuterungen:

> »*Sucht*, allgemein: ein zwanghafter Drang nach Lustgewinn, gegebenenfalls unter Zurückdrängung anderer Ziele; im engeren Sinn: das krankhafte Dauerbedürfnis nach Anregungs-, Genuß-, Rausch-, Schlaf-, Betäubungsmitteln, oft mit fortschreitender Schädigung der Gesundheit und allmählichem Abbau der moralischen Person.« (l. c., S. 561)

Der Autor hebt des weiteren hervor, daß die Sucht meistens langsam aus dem normalen oder gelegentlichen Gebrauch des Suchtmittels entsteht. Labile oder willensschwache Menschen greifen dann in Zeiten der Krise oder der Ratlosigkeit stärker zur Droge, so daß Gewöhnung und Abhängigkeit zustande kommt. Entziehungsversuche seien fast immer schwierig, da der Entzug schwere körperliche und seelische Störungen mit sich bringe. Sucht endet nicht selten in einem gewollten oder ungewollten Suizid.

Diese Fakten waren der Medizin und Psychiatrie seit langem bekannt, aber in den älteren psychiatrischen Lehrbüchern wird man meistens nur sehr kleine Kapitel über das Thema ›Drogensucht‹ finden. Dies ist darauf zurückzuführen, daß eine eigentliche ›Drogenwelle‹ erst seit ca. zwanzig Jahren über die westliche Zivilisation hereinbrach. Heute genießt diese Thematik eine gewaltige Publizität, aus der man erkennt, wie hilflos man den damit verbundenen Problemen gegenübersteht.

Niemand kann mit der gewünschten Vollständigkeit erklären, woher diese Tragödie auf uns zukam. Vielfach wird darauf hingewiesen, daß in den Elendsquartieren der Städte der Gebrauch von Betäubungsmitteln eine uralte Tradition besitzt: Massenelend, Alkoholismus und Drogenabusus haben sicher einen inneren Zusammenhang. Aber das ist nur ein Teilaspekt dieser Frage. Narkotika sind nicht nur bei den armen Volksschichten beliebt; gerade der Alkohol zum Beispiel ist von altersher auch eine ›Wohlstandsdroge‹, und Schlafmittel sowie euphorisierende Medikamente werden auf allen Stufen der Gesellschaftspyramide in großen Mengen konsumiert. Wir stehen vor der Tatsache, daß sehr viele Menschen die Realität einfach nicht ertragen können; sie bedürfen irgendeiner Form der Bewußtseinsausschaltung, um Ängste zu vermindern und sich als größer, stärker, bedeutungsvoller usw. zu empfinden, als sie in Wirklichkeit sind.

Richtig ist allerdings, daß soziale und kulturelle Wandlungen der letzten Jahrzehnte den Drogenkonsum erheblich vermehrt haben. In der Zeit nach dem Zweiten Weltkrieg erfolgte ein spürbarer Abbau der Autoritätsgeltung in der gesamten westlichen Welt. Viele Normen und Werte, die früher kaum je hinterfragt wurden, verloren ihren Nimbus und ihre Gültigkeit. Die Erziehung, die früher autoritär und gewaltsam gewesen war, schwenkte — auch unter dem Einfluß einer halbverstandenen Psychoanalyse — zur grenzen- und kritiklosen ›Permissivität‹ hinüber. Es wuchs eine ›skeptische Generation‹ (H. Schelsky) heran, die keine äußere Führung hatte und zur Selbstlenkung keine günstigen Voraussetzungen besaß. Da jeder Krieg den normativen Überbau der Gesellschaft zerrüttet, wuchs die Nachkriegsgeneration in ein ›Wertvakuum‹ hinein, das sich in einem ›gelebten Nihilismus‹ zu äußern begann. Die Jugend der fünfziger und sechziger Jahre erregte bereits das Kopfschütteln und die Entrüstung der älteren Generation, die kaum mehr begriff, was diese Jugendlichen mit ihren langen Haaren, ihrer wilden Musik und ihren diffusen Auflehnungstendenzen wollten. Das seit den Anfängen der Menschheitsgeschichte bestehende ›Generationsproblem‹ erschien in unserer Epoche in reichlich zugespitzter Form.

Die Jugend um 1960 begann an allen Ecken und Enden der Welt zu revoltieren. Der Vietnamkrieg goß Öl in das Feuer dieser Revolte, und die Studentenunruhen in vielen Ländern bezeugten, daß die ›Welt der Väter‹ überall fragwürdig geworden war. Ein Teil der jungen Menschen griff zur Gewalt, um seinen Protest zu dokumentieren; andere aber ›stiegen aus‹, indem sie sich den Hippies oder religiösen Sekten anschlossen, die plötzlich wie Pilze aus dem Boden schossen. Eine spezielle Form des Aussteigertums war der Drogenkonsum. Dieser war zunächst in Studentenkreisen heimisch, wo man bei Haschisch und Marihuana das Gefühl kultivierte, daß man sein ›Bewußtsein erweitere‹ und damit über die abgelehnte bürgerliche Kultur hinauswachse. Darüber mochte man den Kopf schütteln und von ›kindischer Manier‹ reden. Als aber die Drogenwelle auf dem Campus der Universitäten nicht haltmachte, sondern auch auf die Schulen übergriff, wurde die Sache wesentlich ernster. Im Laufe der letzten zwanzig Jahre ist das durchschnittliche Alter der Drogenabhängigen auf ein immer tieferes Niveau gesunken. In den Schulklassen der Zehn-, Elf- und Zwölfjährigen werden ›weiche Drogen‹ gehandelt und als selbstverständliche Genußmittel verwendet; auf denselben Altersstufen sind aber auch schon ›harte Drogen‹ (Heroin, LSD usw.) im Schwange, nicht zu reden von den oberen Klassen der Hauptschulen und Gymnasien, wo es fast als blamabel erscheint, wenn man keine Erfahrungen mit ›Trips‹ besitzt.

Das ist die Situation, von der zahllose Eltern und die Institutionen weltweit überrascht und überrollt wurden. Was hier mit kargen Worten ausgesprochen wird, ist faktisch eine Summe von unzähligen kleinen und großen Dramen, in denen das maßvolle ›Glück‹ Hunderttausender Familien zerbrach. Mit der anwachsenden Drogensucht ging nicht nur das menschliche und berufliche Scheitern von Millionen junger Menschen einher; eine Nebenfolge der Suchtausbreitung war das Anwachsen der Jugendlichenprostitution bis in die Kreise der Minderjährigen, die sich verkaufen müssen, um zur ›täglichen Droge‹ zu gelangen. Der Handel mit diesen Euphorie und Vergessen spendenden Stoffen hat riesige Ausmaße erreicht. Die berufsmäßigen Dealer schmuggeln Drogen in die Schulen ein; zuerst erhalten die Kinder das Gift gratis, aber wenn sie sich daran gewöhnen, müssen sie dafür zahlen. Man produziert Süchtige durch eine ›Werbung‹, die an die schlimmsten Auswüchse des Kapitalismus erinnert.

Wie soll man diese epidemische Ausbreitung der Sucht verstehen, um deren Bekämpfung sich Psychologen, Psychotherapeuten, Sozialarbeiter, Erzieher und Eltern meistens vergeblich bemühen? Was treibt alte und junge Menschen in dieses Verhängnis? Ist es ein pervertiertes Verlangen nach Glück? Wenn ja, dann muß man tatsächlich von ›Perversion‹ sprechen, denn alle Experten stimmen darin überein, daß es den ›glücklichen Drogenabhängigen‹ nicht gibt. Wenn auch die frühen Stadien der Sucht

Euphorie und (illusionäres) Machtgefühl bringen, ändert sich dies bald in Richtung auf Apathie, Verzweiflung und körperliches wie auch seelisches Kranksein. Der Drogenmißbrauch ist irgendwie ein ›langsamer Selbstmord‹.

Und der Weg zur Sucht ist nicht leicht. Abschreckende Hürden sind zu überwinden, zum Beispiel das Erbrechen und die Unannehmlichkeit bei der ersten Gewöhnung, der Einstich von Nadeln in die Blutgefäße, die Schwierigkeit der Drogenbeschaffung auf dem ›kriminellen Markt‹ usw. Dennoch drängen sich ganze Scharen von Heranwachsenden auf diese ›Fläche des Abstiegs‹ zu, die zuerst durch ihre sanfte Neigung einlullt, bis der Adept auf die Rutschbahn gerät, die ihn unaufhaltsam in die Tiefe trägt.

Da das Phänomen so ubiquitär ist, kann es mit den Hilfsmitteln einer ›Individual‹-Psychologie allein nicht erklärt werden. Es hat kollektivpsychologische Dimensionen, soziologische und weltanschauliche Hintergründe. Manche Autoren sprechen sogar von einer ›Drogenreligion‹, die die Jugend der westlichen Welt ergriffen hat.

Sofern der Drogenkonsum wirklich letzten Endes in die Rubrik der ›religiösen Phänomene‹ eingeordnet werden kann, würde dies seine Gleichzeitigkeit mit der Attraktivität der vielen Pseudoreligionen indischer und anderer Herkunft erklären, die ebenfalls ungemein auffällig ist. Die jungen Menschen pilgerten nach Poona, schlossen sich der Moon- oder einer anderen Sekte an, betrieben ›transzendentale Meditation‹ und ähnliches. Sie vergöttern merkwürdige Heilige, deren ›Göttlichkeit‹ bei genauerem Zusehen sehr fadenscheinig anmutet.

Zum Verständnis solcher ›Gegenwartsreligionen‹ ist es sehr nützlich, an jene Sätze zu erinnern, mit denen Karl Marx in »*Zur Kritik der Hegelschen Rechtsphilosophie*« das Wesen der Religion interpretiert. Er sagt u. a.:

»Das religiöse Elend ist in einem der Ausdruck des wirklichen Elendes und in einem die Protestation gegen das wirkliche Elend. Die Religion ist der Seufzer der bedrängten Kreatur, das Gemüt einer herzlosen Welt, wie sie der Geist geistloser Zustände ist. Sie ist das Opium des Volks.

Die Aufhebung der Religion als des illusorischen Glücks des Volkes ist die Forderung seines wirklichen Glücks. Die Forderung, die Illusionen über seinen Zustand aufzugeben, ist die Forderung, einen Zustand aufzugeben, der der Illusion bedarf.«

Sind die Drogensüchtigen Glück- und Sinnsucher in einer glück- und sinnlosen Welt? Protestieren sie mit den Mittel der Selbstzerstörung gegen die Herzlosigkeit unserer sozialen und seelischen Zustände? Verzweifeln sie an den Möglichkeiten der ›Orientierung und Hingabe‹ in der ›Überflußgesellschaft‹?

Panorama der Drogen

Die gebräuchlichsten Drogen, die in der ›Szene‹ gehandelt und konsumiert werden, sind schnell aufgezählt. Wir geben in der Folge einen Überblick über diese ›Stoffe‹, die derzeit einen unverdienten Ruhm genießen:

1. *Marihuana und Haschisch:* Beide Drogen werden aus der indischen Hanfpflanze gewonnen. Das Haschisch ist das Harz der weiblichen Cannabis sativa, indes das Marihuana aus den zermahlenen Blättern und Blüten der Pflanze besteht. Letzteres ist heuähnlich, sofern es zerkleinert wird; das erstere kommt als braunes Pulver in Platten- oder in Krümelform in den Handel. Meistens wird der ›Stoff‹ in den Zigarettentabak gemischt oder in der Pfeife geraucht. Die Droge wirkt euphorisierend und verändert das Zeit-, Raum- und Farberlebnis. In der Regel werden Haschisch und Marihuana in Ad-hoc-Gemeinschaften oder festen Gruppen ›genommen‹. Man redet von der Harmlosigkeit dieser Drogen, aber bei häufigem Konsum gibt es doch wesentliche psychische Ausfallerscheinungen. Es kommt zu Konzentrationsmangel, Gedächtnisausfall und Realitätsverlust. Das Interesse an der Wirklichkeit vermindert sich zusehends, wobei an dessen Stelle die Bindung an das Suchtmittel tritt. Sowohl Haschisch als auch Marihuana sind an sich schon gefährlich, obwohl ihre Hauptgefahr darin liegt, daß sie Übergangsdrogen zu ›härteren Stoffen‹ sind. Aus dem Haschischkonsumenten entwickelt sich sehr oft ein Heroinsüchtiger.

2. *LSD (Lysergsäurediäthylamid):* Diese Droge kommt in der Natur in Gestalt einer pilzartigen Erkrankung des Korns vor; sie ist aber chemisch synthetisiert worden und wird im Labor hergestellt. Es handelt sich um eine farb-, geruch- und geschmacklose Flüssigkeit. Schon kleinste Mengen dieses Stoffes (ein Zehntausendstel Gramm) können einen ›Trip‹ bewirken. Dieser umfaßt wiederum Gefühle der Euphorie, aber auch Halluzinationen, Depersonalisationserfahrungen und raumzeitliche Veränderun-

gen, die sehr erschreckend auf den Konsumenten einwirken. Man spricht daher auch von ›Horrortrips‹, in deren Gefolge unter Umständen Suizidversuche vorkommen. Bei LSD kann es zu Angstzuständen und Depressionen kommen; mitunter wird sogar eine latente Schizophrenie manifest. Die Einnahme dieser Droge erzeugt gewissermaßen eine ›künstliche Schizophrenie‹. Auch hier ergibt sich Süchtigkeit, da das Drogenerlebnis als ein ›Flash‹ gilt, als ein Eindruck von umwerfender Gewalt.

3. *Kokain:* Das Kokain ist ein Extrakt aus den Blättern der Kokapflanze. Im Handel erscheint es als ein weißes, kristallines Pulver, dessen chemische Hauptbestandteile Alkaloide sind. Diese sind geruchlos. Das schneeflockenähnliche Pulver wird geschnupft oder in verdünnter Lösung injiziert. Dabei wird die Stimmung angehoben, der Rededrang und der Sozialkontakt sind häufig intensiviert. Um diese Steigerung des Lebensgefühls beizubehalten, müssen die Dosen schnell vergrößert werden; in Spätstadien der Sucht sind psychotische Folgeerscheinungen möglich; auch die Leber leidet am ›Schnee‹.

4. *Heroin:* Das Heroin ist ein Opiumderivat und wird aus dem Schlafmohn gewonnen. Chemisch gehört es zu den sogenannten ›Morphinen‹ oder Morphinbasen. Je nach seinem Reinheitsgrad ist das Pulver weiß oder gefärbt. Es ist geruchlos. Meistens wird es mit anderen Stoffen vermischt gehandelt, damit der Gewinn für den Händler größer ist. Als Zusatz- und Streckmittel kommen unter anderem Traubenzucker und Milchpulver in Frage.

Der Gebrauch des Heroins bringt ein umständliches Ritual mit sich. Das Pulver muß in Wasser aufgelöst werden. Man erhitzt es über einer Kerzenflamme mit einem Löffel, fügt etwas Zitronensaft bei und injiziert die Lösung in eine Vene, meistens in der Armbeuge. Aber auch ›Schnupfen‹ der Droge ist üblich, vor allem bei Anfängern.

Als Folge der Injektion lockert sich der Vitalkontakt mit der Umgebung. Damit entschwinden die Probleme und Sorgen des Süchtigen — er fühlt sich ›high‹. Sobald aber die Wirkung nachläßt, treten beim Heroinkonsumenten Entzugserscheinungen (›Turkey‹ oder ›Truthahn‹) auf, so daß die Abhängigkeit von sich steigernden Injektionen die Regel ist.

Dies führt nicht nur zum psychischen Verfall, sondern auch zu Infektionen durch unsaubere Spritzen: Gelbsucht ist unter den Süchtigen eine fast zwangsläufige Konsequenz ihrer hygienischen Unachtsamkeit, die nach und nach überhandnimmt. Bei großen Dosen (›goldener Schuß‹) entsteht Tod durch Herzstillstand — Heroin ist eine der gefährlichsten Drogen.

5. *Weckamine und Stimulantien:* Diese Stoffe bestehen aus sogenannten ›Amphetaminen‹ und kommen im Handel unter den Namen Dexedrin, Pervitin, Biphetamin, Ritalin usw. vor. Man kann sie als Appetitzügler verwenden, aber auch als Antreiber zur Leistungssteigerung, zur Bekämpfung von Müdigkeit und Unlustgefühlen.

Diese Drogen sind in Tablettenform erhältlich oder können intravenös gespritzt werden. In der Drogenszene werden sie als ›Ausweichdrogen‹ mitbenützt, erzeugen aber nicht die Pseudo-Glücksgefühle, die die ›härteren Stoffe‹ hervorrufen. Eher liegt in ihrer Wirkung eine Aktivitätssteigerung, was aber beim eigentlichen Drogenpatienten kaum noch zum Tragen kommt. Psychische Komplikationen dieser Suchtform können Verfolgungsängste sein und Kreislaufbeschwerden.

6. *Barbiturate:* Barbiturate werden synthetisiert aus Harnstoff und Malonsäure und bilden die Grundlage vieler Schlafmittel (Evipan, Luminal, Phanodorm usw.). Die Patienten gewöhnen sich an diese Schlaf- und Beruhigungstabletten, wobei immer größere Mengen konsumiert werden. Manche Süchtige nehmen pro Tag ca. dreißig bis achtzig Tabletten ein, wobei sie in einen ›Barbituratrausch‹ gelangen. Spätfolge dieser Sucht ist nicht nur der psychische Abbau, sondern auch Nierenschädigung mit vielen Folgeerscheinungen. Die Zahl der Barbituratsüchtigen ist sehr groß. Valium, Librium und andere Psychopharmaka, die einer anderen chemischen Gruppe angehören, wetteifern derzeit mit den Barbituraten in der Gunst der Suchtpatienten.

Der Lebensstil des Drogenabhängigen

Der Tiefenpsychologe befaßt sich vorrangig mit der Charakterstruktur des Rauschgiftpatienten, d. h. mit seiner Persönlichkeit oder mit seinem ›Lebensstil‹ (A. Adler). Man möchte hierbei ermitteln, unter welchen *inneren* Voraussetzungen ein Mensch zur Droge greift; das bedeutet in keiner Weise, daß man die äußeren Bedingungen (Verführung, Fehlschläge im Beruf, Krankheit, soziale Vereinsamung usw.) geringschätzt.

Alfred Adler veröffentlichte im Jahre 1932 eine Abhandlung über das Thema »*Rauschgift*«, worin er sagt:

»Was ist das eigentlich für ein Typus von Menschen, die immer die Neigung haben, sich Fragen, denen jeder gegenübersteht, die jedem zur Lösung aufgegeben sind, zu erleichtern, irgendeinen Umweg zu finden, um auszuweichen? Es ist wahr, daß es unter den Morphinisten und Alkoholikern Menschen gibt, die vor einer Schwierigkeit sich berauschen und dann doch irgendwie diese Frage lösen. Das ist ein Typus, der nicht so selten vorkommt, und insbesondere von den Morphinisten habe ich den Eindruck, daß sich unter ihnen häufig hochstehende, erfolgreiche Menschen befinden, die den Durchschnitt sicherlich überragen, aber sie erreichen den Erfolg bedingungsweise, mit dem Gift im Leibe. Wenn wir ganz unvoreingenommen, ohne Formel, ohne Herumraten, erfassen wollen, was mit ihnen vorgeht, so müssen wir sagen, sie glauben, oder handeln, als ob sie glaubten, daß erst die Kraft, die sie mitbringen, plus dem Rausch ihnen eine erfolgreiche Lösung verspricht.«

Es sind demnach Menschen mit mangelhaftem Selbstvertrauen (Mut), die angesichts der für sie als schwierig erscheinenden ›Lebensaufgaben‹ mit Hilfe der Droge Erleichterung suchen. Das ist an sich nichts allzu Verblüffendes. Adlers ›Individualpsychologie‹ erklärt, daß wir dauernd im Leben ›getestet‹ werden, indem wir vor Anforderungen gestellt sind, die soziale Geschicklichkeit, Interesse für die anderen und Selbständigkeit erfordern. Wer in der Kindheit durch Verwöhnung, Härte und Strenge oder Lieblosigkeit ein starkes Manko an Kooperationsfähigkeit erwarb, wird in die Rolle des ›Ausweichers‹ hineingeraten, der sich um seine Aufgaben herumzudrücken sucht. Tatsächlich kommt die Drogenverlockung besonders zum Tragen, wenn das betreffende Individuum etwa in die Krise des Jugendalters hineingerät (Pubertät, die sexuelle Frage, Erotik überhaupt, Schule und Berufsvorbereitung), wenn sich berufliche Fehlschläge einstellen oder wenn Partnerschaften zerbrechen, die einen gewissen Halt gaben. Auch Krankheit, Tod von Angehörigen, das Herannahen des Alters usw. sind ›Auslöser‹ der Süchtigkeit. Zum Verständnis einer Drogenkarriere ist es immer wichtig, die Situation herauszuarbeiten, in der der Drogenpatient die Hoffnung auf eine ›normale Lösung‹ seiner Schwierigkeiten aufgab und zum Suchtmittel griff. Man muß ihm auch begreiflich machen, warum er die Droge nahm, wobei seine subjektive Selbsteinschätzung immer wichtiger ist als die objektive Belastung durch seine Situation. Wer nicht daran glaubt, eine Notlage bewältigen zu können, versagt in ihr, auch wenn seine Kräfte zureichen würden: Der Minderwertigkeitskomplex lähmt die vorhandenen Energien und Fähigkeiten, da man ohne Hoffnung nicht handeln kann.

Zu den hervorstechenden Charakterzügen der Suchtkranken zählt Adler die Überempfindlichkeit, die Ungeduld, die Affektbereitschaft, den gesteigerten Ehrgeiz, das Mißtrauen, die Verheimlichung und die Genäschigkeit. Alle diese Eigenschaften haben im Rahmen menschlicher Beziehung nicht gerade eine positive Wertschätzung; sie erschweren offensichtlich den Umgang mit ihren Trägern, wenn sie ihn nicht gar unmöglich machen. Man kann diese Befunde zusammenfassen durch die Feststellung, daß der süchtige Mensch nur in geringem Maße sein ›Gemeinschaftsgefühl‹ oder ›Sozialinteresse‹ entwickeln konnte. Daher ist er auf der Erde und bei den Mitmenschen nicht heimisch geworden; er lebt gewissermaßen im ›Feindesland‹ und zieht sich in den Schlupfwinkel des Drogenkonsums zurück, um sich die Gemeinschaftswelt vom Leibe halten zu können.

Der ungeschulte Blick wird allerdings nicht ohne weiteres die obengenannten Wesenszüge am Drogenpatienten feststellen können. Und doch liegen diese Eigenschaften offen zutage, wenn man den Süchtigen auch nur *kleinen Belastungsproben* unterwirft. Er reagiert gereizt auf alles, was nicht in sein Konzept paßt; geduldige Arbeit an sich selbst und an den Umweltkonstellationen ist ihm fremd, denn er will seine Triumphe oder Erfolge jählings kassieren (was ihm dann durch die Droge vorgegaukelt wird); die Dysphorie und die Stimmungsschwankungen sind schon vor dem ›Konsum‹ vorhanden und werden durch ihn akzentuiert; auch Ehrgeiz, Eitelkeit und Lüge gehören zum Drogensyndrom wie das Festhalten am ›Lustprinzip‹. Ein Großteil der Drogenkonsumenten stammt aus der *Welt des verwöhnten Kindes,* was die anderen Erziehungshaltungen der Lieblosigkeit und Gleichgültigkeit nicht ausschließen muß. Entscheidend ist, ob das Kind mit irgendeiner ›Sonderstellung‹ heranwächst und sich frühe Überlegenheitsgefühle über die Erwachsenen und andere Kinder holen kann. Dadurch entsteht eine primäre Anspruchshaltung, die fast immer durch Schule und Umwelt frustriert wird. Da oft neben dem starken Geltungsbedürfnis schwere Expansionshemmungen bestehen, kann man sich mit normalen Mitteln die Position nicht erobern, die man haben möchte. Die Resignation hinsichtlich der Normalität treibt dann das abweichende Verhalten kompensatorisch hervor. Tatsächlich genießen Kinder und Jugendliche, die den Unterricht sabotieren, keine Aufgaben machen, herumstreunen und später dann Drogen nehmen, bei ihren Altersgenossen eine ›traurige Berühmtheit‹. Sie kommen zur Geltung, aber auf der ›Unnützlichkeitsseite des Lebens‹.

Der verwöhnte und eitle Mensch fühlt sich gekränkt darüber, daß er — wie alle anderen — sich durch Leistung und Mitmenschlichkeit bewähren soll. Sein Aufbruch in die Verwahrlosung geschieht unter dem Zeichen des Protestes. Damit hat er eine ›Lösung‹ für seine drückende Minderwertigkeitssituation gefunden. Er ist nicht mehr schwächer, untüchtiger und hilfloser als die anderen, sondern ›anders als sie‹, nämlich *elitär*. Eine ›Umwertung der Werte‹ erleichtert den Übergang in die asoziale Welt, wo man oft genug Gefährten findet, die ebenfalls den billigen Triumph der ›Unbürgerlichkeit‹ auskosten. Die ›Subkultur der Drogen‹ behauptet dann, daß die bürgerliche Welt spießig sei, indes der Drogenkonsum den Hauch des Abenteuerlichen, der ›Bewußtseinserweiterung‹ und des ›Revoltierenden‹ besitzt. Hier ist die ›Lebenslüge‹, die wir bei allen neurotischen Lebenseinstellungen kennen, sozusagen mit den Händen zu greifen.

Der Drogenpatient wertet sich selbst willkürlich auf, indem er seinen Abstieg — zumindest anfänglich — als Aufstieg empfindet. Erst später sucht ihn das Elend der Süchtigkeit heim, aber selbst dann hindern Trotz und Eigensinn den Patienten, Hilfe anzunehmen und seinen Fehlschlag zuzugeben. Viele Anläufe zum Abgewöhnen werden gemacht, sind aber in der Regel erfolglos. Dies hat seinen Grund in der oft großen Wucht der Entzugserscheinungen, die den ohnehin kümmerlichen Willen des Süchtigen zusammenbrechen lassen. Sodann fehlt aber auch dem Suchtpatienten das Konzept eines Lebens ohne Drogen, weshalb er beim Entzug einer inneren Leere und Langeweile anheimfällt. Der Kampf um das tägliche Suchtmittel gibt dem Leben immerhin eine gewisse Struktur und Ordnung (trotz aller Unordnung und allem Chaos); wo das wegfällt, tut sich ein existentielles Vakuum auf.

Drogenpatienten wollen lieber träumen, als in der Realität leben. Sie entwickeln sich aus mehr oder minder *gehemmten Menschen,* die in ihrer Selbstbehauptung und ihrem Selbstwertstreben ge-

schädigt sind. Damit ist eines der Kernprobleme des Drogenabhängigen gekennzeichnet: Zur ›Veranschaulichung‹ lassen wir
die Biographie einer ›Fixerin‹ folgen.

Wir Kinder vom Bahnhof Zoo

Die beiden Reporter Kai Hermann und Horst Rieck inter-
viewten zwei Monate lang das drogensüchtige Mädchen Christiane, deren Lebenslauf und Drogenkarriere sie im Buch »Wir
Kinder vom Bahnhof Zoo« minuziös aufzeichneten. Es entstand
ein ziemlich exaktes Bild einer ›Fixerbiographie‹, die in ihrer Art
typisch sein mag.
Das Mädchen Christiane stammte aus einer chaotisch-verwahr-
losten Ehe. Der Vater war ein Phantast, der keiner geregelten
Arbeit nachging; er heckte mehrfach Projekte aus, die sich als
nicht machbar erwiesen. Die Mutter unterwarf sich masochistisch dem Vater, der dem Alkohol zusprach und im Rausch
seine beiden Töchter oft grundlos verprügelte — wenn sich die
Mutter einmischte, bekam sie selbst auch Prügel. Die Familie
lebte in der Betonwüste der Gropiusstadt in Berlin.
Welche Szenen sich in der ›Erziehung‹ dieses Kindes abgespielt
haben, kann man ermessen, wenn man Christiane selbst sprechen läßt. Das Mädchen hat eine Maus aus ihrem Mausekäfig
verloren, als sie den Käfig draußen auf dem Rasen öffnete. Obwohl der Vater die Mäuse nicht mochte, schlug er zu ›wie ein Ir-
rer‹ (S. 35):

»Aber mein Vater packte mich und warf mich auf das Bett zurück. Meine Mutter stand wohl wieder weinend in der Tür,
aber ich sah sie gar nicht. Ich sah sie erst, als sie sich zwischen
meinen Vater und mich warf. Sie schlug mit Fäusten auf meinen Vater ein.
Er war völlig von Sinnen. Er prügelte meine Mutter auf den
Flur. Ich hatte plötzlich mehr Angst um meine Mutter als um
mich. Ich ging hinterher. Meine Mutter versuchte ins Bade-
zimmer zu fliehen und die Tür vor ihm zuzumachen. Aber
mein Vater hielt sie an den Haaren fest. In der Badewanne war
wie an jedem Abend Wäsche eingeweicht. Denn zu einer
Waschmaschine hatte es bisher bei uns nicht gereicht. Mein
Vater stieß den Kopf meiner Mutter in die volle Badewanne.
Irgendwie kam sie wieder frei.«

Eine schier unbegrenzte Zahl solcher häuslicher Szenen zertrümmerte die Selbstachtung Christianes, die trotz ihrer Intelligenz das Interesse am Lernen in der Schule verlor, weil die Geborgenheit im Elternhaus fehlte. Als sich die Mutter später von ihrem Ehemann trennte, kam ein neuer Liebespartner an dessen Stelle, zu dem das Mädchen ebenfalls keinen Kontakt fand. Die Dreizehnjährige begab sich auf die Suche nach einer ›Clique‹, die für sie eine ›emotionale Heimat‹ bedeuten konnte.

Sie fand sie in einem Freizeitheim der evangelischen Kirche, wo gewohnheitsmäßig Haschisch geraucht wurde. Es waren großenteils ›coole Typen‹, d. h. junge Leute, die in irgendeiner Form den bürgerlichen Lebensstil ablehnten und in ›Gegenkultur‹ machten. Das beschränkte sich allerdings auf Haschischkonsum, Alkohol, bestimmte Kleidung und Musik. Gelegentlich wurde auch LSD genommen.

Da die Mutter durch eine ›permissive Erziehung‹ die Strenge des Vaters ausgleichen wollte, gab sie Christiane einen großen Freiheitsspielraum, den die Dreizehnjährige für ihre ›Abenteuer‹ ausnützte. Vorwürfe kamen bei ihr nicht mehr an (S. 54):

> »Meine Mutter war natürlich noch wach. Es gab das übliche Gelabere. Wo ich gewesen sei. Das gehe nicht so weiter. Und überhaupt. Meine Mutter kam mir unheimlich lächerlich vor. Dick und fett in ihrem weißen Nachthemd, das Gesicht ganz verzerrt vor Wut. Wie die Spießer in der U-Bahn.
> Ich sagte kein Wort. Ich redete sowieso nicht mehr mit ihr.«

Da die Eltern ihr nichts bedeuten, ›wählt‹ sie sich ihre Vorbilder im Kreise der Jugendlichen, die mehr oder minder ›ausgestiegen‹ sind. In der Discothek ›Sound‹ waren solche Aussteiger bei ›geiler Musik‹ in rauher Menge zu finden. An die Zukunft dachte sie kaum mehr: Sie wollte im Augenblick leben. Bald hatte sie einen Freund, der sie in eine Clique einführte, wo auch Heroin ›gedrückt‹ wurde. Für jene Jugendlichen, die schon abhängig oder süchtig waren, kam die Absolvierung einer Lehre kaum mehr in Frage: Sie mußten sich prostituieren, um rasch viel Geld zu verdienen, das dann sofort in ›Stoff‹ umgesetzt wurde. So ging meistens die Sucht mit dem ›Anschaffen‹ Hand in Hand: Fast jeder Heroinkonsument landete früher oder später auf dem Strich, und einer der Hauptumschlagplätze der homo- und heterosexuellen Prostitution war der ›Bahnhof Zoo‹.

Noch zögerte Christiane vor dem Einstieg ins Heroin. Aber als

›Hascher‹ kam man sich in der Gesellschaft der H-Typen irgendwie minderwertig vor. Wer ›aufsteigen‹ wollte, mußte gewissermaßen ›absteigen‹ — das war das Gesetz der Szene (S. 76):

> »Ich hatte einen urigen Horror vor H. Wenn es um H ging, wurde mir plötzlich wieder bewußt, daß ich erst dreizehn war. Andererseits hatte ich wieder diese Hochachtung vor den Gruppen, in denen gedrückt wurde. Das war wieder die nächst höhere Clique für mich. Die Fixer sahen auf uns Hascher und Pillenschlucker mit einer ungeheuren Verachtung herab. Haschisch hieß bei ihnen die Babydroge. Irgendwo deprimierte es mich, daß ich dachte, in die Fixerclique, auf die echte Scene, käme ich nie. Daß es also keinen Aufstieg für mich mehr gab. Denn ich hatte eben einen Horror vor dieser Droge, von der ich wußte, daß sie wirklich das Ende war.«

Nach einem vielfältigen Durchprobieren von Aufputschmitteln kam es dann doch zum ersten ›Schuß‹, der nur ein Probeschuß sein sollte. Es stellte sich hernach ein Gefühl von Gleichgültigkeit und Euphorie ein, was das Mädchen als ›unheimlich geil‹ empfand. Wichtig war für sie, daß ›die ganze Scheiße weg war‹. Die Realität entschwand aus den Augen, mit allen ihren Anforderungen. Dafür tauchte ein Gruppengefühl bezüglich der anderen Fixer auf — man gehörte zusammen. Christiane bildete sich ein, glücklich zu sein.

Das weitere war gewissermaßen ›Gewohnheitsbildung‹. Der ›Schuß am Wochenende‹ wurde zum Ritual. Ein Herzensfreund, der bereits von Haschisch auf Heroin umgestiegen war, erleichterte den Übergang in diese Form der Szene, da man Beziehungen haben muß, um den ›Stoff‹ zu besorgen. Auch fehlte es nicht an Freundinnen, die ebenfalls den Weg der Verwahrlosung beschritten. Aber wovon sollten die hohen Kosten der Fixerkarriere bestritten werden? Zunächst bettelte Christiane ihre ›Ration‹ zusammen. Mit dem Taschengeld von zu Hause kam sie sowieso nirgendwohin. Als das Betteln nicht ausreichte, fing der ›Babystrich‹ an. Freier gab es für die Dreizehn- und Vierzehnjährigen am Bahnhof Zoo und in der Potsdamer Straße in Hülle und Fülle. Da das Verhältnis mit dem Freund Detlef auch sexuell intim wurde, blieb das ›Anschaffen‹ der beiden nicht von Eifersucht frei: aber die Notwendigkeit des Erwerbs wischte alle Bedenken hinweg.

Durch verunreinigte Spritzen kam es zur Gelbsucht und zu einem Spitalaufenthalt. Polizeistreifen ertappten Christiane und ihren Freund, aber das machte nur vorübergehenden Eindruck. Merkwürdig ist, wie lange das Mädchen ihr Absinken in die Drogenszene und dann auch in die Prostitution ihrer Mutter verheimlichen konnte. Als diese die Gefahr merkte, war es bereits viel zu spät. Christiane verlegte sich aufs Lügen und Leugnen, und die berufstätige Mutter hatte gar nicht die Gelegenheit, alle Ausgänge ihrer Tochter zu überwachen: Der Weg zum Bahnhof Zoo, zur Hasenheide und zur Potsdamer Straße blieb immer offen. Wenn die Mutter Vorwürfe machte, wurde sie von Christiane angeschrien; die Überheblichkeit und hochgradige Irritierbarkeit der Süchtigen erlaubte weder Kritik noch Vorhaltungen.

Die überforderte Mutter suchte bei den Ämtern und Drogenberatungsstellen Hilfe, aber die routinierte Fixerin ließ sich weder behandeln noch einschränken. Ein Versuch mit der Narkonon-Sekte schlug auch fehl. Die Repräsentanten dieser angeblichen Therapie kassierten im voraus eine erhebliche Summe, aber was sie die Behandlung nannten, war eigentlich nur ›Dressur‹ ohne tiefergehende Wirkung. Christiane lief davon und nahm ihren gewohnten Lebenslauf wieder auf.

Todesfälle von Fixerkollegen, die an einer Überdosis starben, beeindruckten die Clique um Christiane wenig. Man vergaß schnell in der ›Szene‹. Der Wechsel vom High-Sein zum ›Turkey‹ (Entzugserscheinungen) beanspruchte alles Denken und Fühlen.

In ihrer Ausweglosigkeit übergab die Mutter die immer noch minderjährige Christiane dem Vater, der besser auf sie aufpassen sollte. Aber auch dieser war nicht geeignet, seine Tochter zu überwachen oder gar moralisch zu beeinflussen. Mit ungewöhnlicher Schlauheit und Raffinesse entrann das Mädchen ihren ›Gefängnissen‹, eilte auf den ›Strich‹, wo sie mit aller Schnelligkeit hundert und mehr Mark verdiente, die sie in ›Stoff‹ umsetzte. Anläufe zur Entwöhnung, die meistens schwelgerisch mit dem Freunde Detlef ausgemalt wurden, brachen stets am Zwang des Drogenbedürfnisses zusammen; der freigelassene Fixer kommt wohl kaum je von seinem Suchtmittel los.

Nun schickte die Mutter Christiane aufs Land zu Verwandten, um den Kreislauf der Süchtigkeit zu durchbrechen. Hier kam es tatsächlich zu einer Entwöhnung. Ein neuer Anfang in der

Schule wurde gemacht, wobei die Leistungen ganz gut waren. Leider begleitete eine ziemlich dicke Polizeiakte den Weg des Mädchens. Dies führte bei manchen Schuldirektoren zu Panikreaktionen, weshalb Christiane die eine oder andere Schule verlassen mußte. Dann kam das Interesse der beiden Reporter an ihr: vielleicht hat die Arbeit am Buch *»Wir Kinder vom Bahnhof Zoo«* wesentlich dazu beigetragen, daß das Mädchen wieder Selbstachtung erwarb und aus der Szene ausstieg. Sie soll heute ›trocken‹ sein und eine Buchhändlerlehre absolvieren. Sie hat Freunde gewonnen, die weder haschen noch fixen. Sie ist eine der wenigen, die aus dem Inferno der Drogensucht glimpflich davonkamen.

Therapie und Prophylaxe

Johannes Cremerius in seinem schmalen Büchlein *»Was ist Süchtigkeit?«* (1965) hat die treffende Formel geprägt, daß jede Sucht der Sehnsucht entspringt. Die Drogenpatienten sehnen sich nach Liebe und Verstandenwerden, aber sie machen es jenen, die sie lieben und verstehen wollen, außerordentlich schwer. Wer sie dem Bann ihrer Droge entreißen will, muß sich auf Betrug, Feindseligkeit und Herabsetzung gefaßt machen. Einige Eltern haben den jahrelangen und zermürbenden Kampf mit ihren drogenabhängigen Kindern aufgenommen und sind dabei erfolgreich gewesen (z. B. J. Guillon, *»Mein Sohn ist süchtig«*, 1979; M. Leroyer, *»Ich bin die Mutter eines Fixers«*, 1980); doch solche Erfolgsberichte sind nicht häufig, und oft genug stehen Eltern und Ärzte dem Suchtverlauf recht hilflos gegenüber.

Dem oft grenzenlosen Liebesverlangen des Patienten widerspricht gemeinhin seine ›Angst vor der Liebe‹, seine Kontakt- und Berührungsscheu, die emotionale Nähe für ihn zur ›Bedrohungssituation‹ werden läßt. Die Süchtigen sind sehr unbeholfene Liebende, selbst wenn sich Pärchen zum gemeinsamen Drogenkonsum zusammenfinden. Gion Condrau schreibt in seinem Aufsatz *»Information über Drogen«* (in: *»Aufbruch in die Freiheit«*, 1977):

> »Der Süchtige hat seine Existenz auf bestimmte Weltbezüge eingeengt. Durch all diese Erinnerungen entbirgt sich die massive Anhäufung existentieller Schuld, indem sich der Süchtige den Austrag aller anderen, die Existenz mitausmachenden Be-

zugsmöglichkeiten zum Leben vorenthält. Vor allem beinhaltet diese süchtige Einengung den Verzicht auf den Austrag mitmenschlichen Daseins. Der süchtige Mensch ist nicht liebesfähig.« (l. c., S. 201)

Kluges »*Etymologisches Wörterbuch*« (20. Aufl. 1967) behauptet, daß das Wort ›Sucht‹ aus demselben Wortstamm wie ›siech‹ kommt und daher so etwas wie ›Krankheit‹ bedeutet. Im neuhochdeutschen Sprachgefühl schwinge auch die Bedeutung von ›suchen nach etwas‹ mit. Die Suchtpatienten suchen Liebe, Lebensinhalt, Sprengung der Ichgrenzen (das ›Dionysische‹ im Sinne Nietzsches) und Selbststeigerung; aber wie die meisten psychisch Kranken suchen sie am falschen Ort und mit falschen Methoden, so daß sie kaum fündig werden können. Die Therapie soll ihnen dazu verhelfen, ihr Leben — das sie der Droge und ihrer Macht ausgeliefert haben — wieder in die Hand zu bekommen.

Selten gelingt die nur ambulante Behandlung des Drogensüchtigen. Er muß in einer speziell dazu eingerichteten Klinik behandelt werden, wo er unter ständiger Kontrolle lebt und wo man sein physisches und sein psychisches Elend mehr oder minder dauernd günstig beeinflussen kann. Ein Nachteil solcher Kliniken ist allerdings, daß in ihnen eine Gemeinschaft von Drogenpatienten vereinigt ist; fast immer entsteht Komplizenschaft gegen die Therapie, mit Einschmuggeln der Droge, Überlistung des Pflegepersonals, Undiszipliniertheiten aller Art. Wenn die Therapeuten nicht schlauer sind als ihre Patienten, werden sie skrupellos ›ausgetrickst‹. Viele Therapieinstitutionen können nur ein therapeutisches Klima aufrechterhalten, wenn sie Behandlungssabotage mit Ausweisung aus der Klinik beantworten.

Die strikte Disziplin ist aber nur ein Aspekt der Drogentherapie. In viele Institutionen werden nur Patienten aufgenommen, die entschieden den Wunsch äußern, daß sie von ihrem Suchtmittel loskommen wollen; wer durch fremde Suggestion den Weg zur Behandlung findet, wird so lange abgewiesen, bis er in freier Entscheidung ins Therapiegeschehen einsteigt.

Von großem Nutzen ist es, wenn es gelingt, psychotherapeutische Gruppen zu konstellieren, wo die Drogensüchtigen ihre Erfahrungen und Erlebnisse austauschen können und einander in der Entwöhnung ermutigen und stützen. Bei den *Anonymen Alkoholikern* hat die Gemeinschaft der Suchtpatienten bereits beachtliche Erfolge erzielt. Das Sich-spiegeln-Können in Leidensgefährten entlastet den Drogenpatienten und bekräftigt ihn in der Überzeugung, immer noch ›zur Menschheit zu gehören‹. Auch haben die Patienten selbst füreinander mitunter mehr Verständnis, als der Arzt für sie aufbringen kann; wer selbst keine Suchterfahrung hat, muß viel Intuition besitzen, um sich in die Problemlage solcher Krankheitsfälle zu versetzen.

Neben der somatischen Therapie ist die Psychotherapie die Methode der Wahl. Sie kann aber nicht im Sinne der klassischen Psychoanalyse durchgeführt werden, sondern muß Elemente der erzieherischen Einwirkung und der sittlich-moralischen Führung enthalten. Die Vorbildhaftigkeit der Therapeutenpersönlichkeit fällt hierbei sehr ins Gewicht.

Condrau sagt in seinem bereits erwähnten Aufsatz (S. 203 f.):

»Das Wesen dieser Therapie besteht darin, den Menschen zu befähigen, vermehrt Einsicht in seine Motivationen zu erhalten. Es geht in der Psychotherapie um eine aktive Lebensgestaltung, um die Selbstfindung und Selbstwerdung. Nach dem Sinn des Lebens wird dann nicht im Rausch, sondern in der Reflexion, im mitmenschlichen Gespräch gesucht. Der Mensch lernt Versagungen zu ertragen und Rückschläge in Kauf zu nehmen. Die mitmenschliche Beziehungsfähigkeit, Angst- und Schuldprobleme werden zur Sprache gebracht.

Eine geglückte psychotherapeutische Behandlung führt zu einer Umstimmung, wie sie von einer Droge niemals bewirkt werden kann. Der so geheilte Mensch benötigt kein Rauschmittel mehr.«

Man kann auch beifügen: Der geheilte Patient sucht seine Räusche in der Arbeit, in der Liebe, in der Sexualität, in den Künsten und Wissenschaften und in seiner ›Selbstverwirklichung‹. Ihn dazu anzuleiten, ist fast immer eine schwere und langwierige Arbeit. Unserer Erfahrung nach hilft es viel, wenn die Therapie auch Bildungs- und Weiterbildungsmöglichkeiten anbieten kann, die die innere Leere des Drogenpatienten ausfüllen. Neurosentherapie ist stets auch ›Heilung durch den Geist‹. Man kann die Neurose (und auch die Sucht) als ein Verfehlen der ›Geistwerdung‹ definieren, d. h. das Ausbleiben einer Standortgewinnung und Stellungnahme zum Leben, die dessen Schwierigkeiten und Aufgaben als sinnvoll akzeptieren. Ohne Geist kein inneres Wachstum: daher der Infantilismus aller Abhängigen.

Als Prophylaxe und Prävention können wir nur die Verbesserung der Erziehung im Elternhaus, die psychologische Schulung und Ausbildung der Lehrer und die Aufklärung der Öffentlichkeit empfehlen. Es fehlt uns an Elternschulen, in denen die Eltern lernen können, wie man Kinder erzieht und wie man sich selbst erziehen kann. Solche Institutionen müßten aber auch Partnerschaftsschulen sein, denn die Ehe der Eltern ist einer der größten Erziehungsfaktoren, die wir kennen. So viele Drogensüchtige stammen aus ›broken homes‹, aus kaputten Ehen, die ihnen kein Heimatgefühl bieten konnten.

Auch die psychologische Unwissenheit der Lehrer ist beängstigend. Sie lernen an den Pädagogischen Hochschulen eine blutleere Psychologie, mit der sie wohl Lektionen gestalten, aber nicht Menschen verstehen können. Da das Instrument des Verstehens der ›Verstehende selbst‹ ist, ist die Forderung nach einer Charakteranalyse der Lehrer nicht abzuweisen. Seelisch gesündere Lehrer werden Schüler, die erfolglos sind, stützen und fördern können, was insofern wichtig ist, weil viele Drogenkarrieren beim schulischen Scheitern einsetzen.

Die Öffentlichkeit muß mehr Verständnis für Drogenpatienten bekommen. Man dämonisiert das Problem in der Presse, ohne es transparent zu machen. Da Trinken, Rauchen und Vielessen zu den ›Süchten von jedermann‹ gehören, sollte es möglich sein, die Solidarität und das Mitgefühl für die Suchtpatienten zu steigern. Dies wird u. U. auch ermöglichen, sehr unkonventionelle Maßnahmen ins Auge zu fassen, wie sie etwa Thomas Szasz vorschlägt.

Freigabe der Drogen?

Der New Yorker Psychiater Thomas S. Szasz gilt als einer der schärfsten Psychiatriekritiker der Gegenwart; hat er doch mit großer Eloquenz die These vertreten, daß Geisteskrankheit ein ›Mythos‹ sei und daß wir allzuleicht geneigt sind, Menschen mit abweichenden Gedanken und Verhaltensweisen als ›geisteskrank‹ abzuwerten. Aber derartige Menschen sind nicht eigentlich ›krank‹ im medizinischen Sinne; nach Szasz haben sie einfach andere Lebensgewohnheiten erworben und spielen andere ›Spiele‹, als wir sie nach unseren üblichen Spielregeln gewohnt sind. Wenn das wahr ist, dann müßte man die meisten ›Gemütskranken‹ in Ruhe lassen, sofern sie nicht sich selbst und andere manifest gefährden. Einweisung in Anstalten ist für Szasz eine widerrechtliche Freiheitsberaubung, die aus unseren falschen Begriffen über Neurosen und Psychosen folgt. Die moderne Psychiatrie ähnelt nach Szasz der mittelalterlichen Kirche, die Andersdenkende und Andersgläubige als Ketzer stigmatisierte und verfolgte. Die Idee der Toleranz, mit der die Demokratie steht oder fällt, sollte uns jedoch lehren, konzilianter gegen Menschen zu sein, die von unseren Verhaltensnormen abweichen. Es gibt nicht nur ein oder zwei erlaubte ›Lebensstile‹; im Prinzip darf es so viele Lebensformen geben, wie es der Zahl der Menschen auf der Erde entspricht. Es ist barbarisches Mittelalter in unserer fortschrittsstolzen Epoche, wenn wir oft harmlose Außenseiter als ›pathologisch‹ abstempeln und in Anstalten kasernieren.

Diesen Gesichtspunkt, den Szasz zur Entrüstung seiner Berufskollegen schon in »*Geisteskrankheit — Ein moderner Mythos?*« (dt. 1971) überzeugungskräftig zur Anwendung brachte, wendet er in »*Das Ritual der Drogen*« (1978) auch auf die Suchtprobleme an. Seiner Meinung nach sind alle Drogenbekämpfungskampagnen Zeichen eines fürchterlichen Irrtums. Unsere Einstellung zu den Drogen und zum Drogengebrauch ist fundamental falsch. Seit jeher haben die Menschen euphorisierende ›Stoffe‹ zu sich genommen, um die Härten des Daseins zu ertragen und sich in illusionäre Gefühle einzuspinnen. Man denke etwa daran, welche Rolle der Alkohol schon seit Jahrtausenden spielt und welche Bedeutung er heute noch innerhalb unserer Zivilisation hat. Die meisten Völker der Erde entwickelten Verfahren, mittels derer sie zuckerhaltige Säfte durch Hefegärung in Rauschmittel verwandeln konnten. Und nachdem Columbus Amerika entdeckt hatte, nahm die Tabakpflanze von dort her ihren Siegeszug durch die ganze Welt auf; das Rauchen als ›trockene Sucht‹ hat vermutlich die größte Anhängerzahl innerhalb der bestehenden Menschheit.

Nach Szasz ist es völlig unerfindlich, warum einzelne ›Drogen‹ legal bleiben, indes andere mit einem Riesenaufwand an Gesetzen, Institutionen und Geldmitteln bekämpft und verfolgt werden. Jedenfalls ist der Alkohol in seinen Gesamtwirkungen bestimmt viel gefährlicher als das Haschisch und das Heroin, welche seit einigen Jahren die Schlagzeilen der Presse dominieren. Wo liegt da die Logik in dieser fanatischen ›Politik der Drogen‹?

Szasz ist ein Liberaler aus der großen Tradition der angelsächsischen Welt, und die Freiheit des Individuums ist für ihn einer der größten Kulturwerte. In dieser Freiheit muß seiner Meinung nach auch das Recht inbegriffen sein, sich zu berauschen, sich zu narkotisieren und sich ›aufzuputschen‹. Natürlich ist sich Szasz als Psychiater sehr wohl über die verheerenden Folgen des Drogenmißbrauchs im klaren. Gleichwohl hält er dafür, daß der Kampf gegen die Drogen das Problem, das er beseitigen will, ins Gigantische anwachsen läßt. Erst das ›Verbotene‹ erhält den überaus prickelnden Reiz, den es vorher gar nicht hat. Man kann und soll die Leute vor den Folgen des Alkohols, des Tabaks, des Haschischs, des Heroins usw. warnen; aber niemand hat das Recht dazu, ihnen diese Stoffe vorzuenthalten, wenn sie sie gebrauchen wollen. Man erinnere sich an die Folgen der Alkoholprohibition in den USA in den dreißiger Jahren; getrunken wurde mindestens so viel wie vor dem Verbot, nur kam auch verfälschter oder giftiger Alkohol auf den (schwarzen) Markt, und die polizeiliche Verfolgung zog den ganzen Rattenschwanz von Kriminalität und Wucherhandel nach sich. Es ist fast so, wie der Wiener Satiriker Karl Kraus in einem anderen Zusammenhang formulierte: »Der Skandal nahm seinen Anfang, als ihm die Polizei ein Ende setzte!«

Nach Szasz sind Verbote stets zusätzliche Versuchungen, und man tut den Menschen einen schlechten Dienst, wenn man ihnen das, was man selbst für ›Gesundheit‹ hält, gewaltsam aufzwingen will. Zwang erweckt immer Revolten:

»Es bleibt jedoch die Auflehnung als Motiv für den Genuß verbotener Drogen. Wie ich festgestellt habe, erzeugt jedes Verbot aufgrund der regelorientierten Natur des Menschen die Möglichkeit — und damit auch die Versuchung —, die Regel zu brechen und der Autorität zu trotzen, die sie aufstellte, und dadurch den Triumph erfolgreicher Selbstbehauptung zu genießen. Es ist so offenkundig und so allgemein bekannt, daß die meisten Verbote massive Auflehnung hervorrufen — speziell wenn die verbotenen Handlungen vermeintlich nur dem Handelnden selbst schaden und in Wirklichkeit nicht einmal das zutrifft —, daß ich hier nur meine Verwunderung darüber ausdrücken kann, wie die Verantwortlichen vor diesem Mechanismus die Augen verschließen können, wenn sie nach einer Lösung für das ›Drogenproblem‹ suchen.« (Szasz, l. c., 1978, S. 203)

Die Empfehlungen von Szasz sind nun in der Tat atemberaubend. Er deklariert das Recht jedes einzelnen auf individuelle Lebensgestaltung, wozu auch Drogenkonsum gehören kann, wenn der Betreffende dies aus irgendwelchen Gründen für wünschbar oder notwendig hält. Damit soll nicht verkannt werden, daß Drogenabusus ein Fluchtverhalten vor den Aufgaben des Lebens und eine kindliche Auflehnung gegen die ›Welt der Erwachsenen‹ sein kann. Aber Menschen mit ›falschen Lebensstilen‹ sollen aufgeklärt oder belehrt werden, sofern sie Aufklärung und Belehrung wünschen. Mit Verboten und Geboten richtet man bei ängstlichen oder oppositionellen Charaktertypen wenig oder gar nichts aus. Letztere treibt man damit erst recht in die Oppositionshaltung hinein.

Wir malen uns die Konsequenzen des Szaszschen Drogenbuches aus, indem wir die Ausführungen des Autors etwas weiterspinnen. Man nehme an, daß die Regierung eines Landes den Mut besitzt, die sogenannten ›harten Drogen‹ dem Alkohol und dem Tabak gleichzustellen und sie sozusagen im Handel freizugeben. Dies bedeutet, daß die heißbegehrten Drogen in jeder Apotheke — am besten ohne Rezeptzwang — in einer hygienisch einwandfreien Form relativ billig beschafft werden können. Der ganze schwungvolle Geheimhandel mit den Drogen bricht in kurzer Zeit in sich zusammen. Es gibt keine Drogenkriminalität mehr, und Millionen Jugendliche müssen sich nicht mehr prostituieren, um sich ihren ›Schuß‹ zu verschaffen. Da der Staat die Einnahmen bei den Drogen kräftig besteuern kann (wie dies schon bei Alkohol und Tabak geschieht), bekommt er reichliche Geldmittel, die er für Volksaufklärung auf breiter Front einsetzen kann. Man kann auch unzählige Drogenberatungsstellen und Entziehungsheime finanzieren, die natürlich nötig sein werden, da es immer wieder Drogenkonsumenten geben wird, die aus der Droge aussteigen wollen und dies aus eigenen Kräften allein nicht vermögen.

Warum hat bis jetzt kein Staat einen derart kühnen Schritt gewagt? Nach Szasz ist dies die traditionelle *Herrschaftsideologie,* die ein Freigeben des Individuums nicht tolerieren kann. Man schreibt uns vor, wie wir leben, genießen und gesund sein sollen. Der Staat und die Kirche sind daran gewöhnt, uns vorzuschreiben, wie wir existieren, uns verhalten und sterben sollen. Auf eigene Fasson darf niemand selig oder unselig werden. Man verfolgt die Drogensüchtigen, wie die Kirche im Mittelalter reli-

giöse Sekten verfolgte und wie modernere Ideologien andersgläubige oder völkische und rassische Minoritäten ›eliminier-
ten‹. Der Drogenkonsum würde aber uninteressanter, wenn man
keinen ›heiligen Krieg‹ gegen ihn führen würde.

Ideale und Vorbilder anstatt Drogen

Die Freigabe der Drogen wäre möglicherweise eine Waffe gegen
die kriminellen Begleiterscheinungen der Drogenkriminalität;
auch würde dies den Suchtmitteln bei einem Teil der Konsumenten den Nimbus der Abenteuerlichkeit nehmen, welcher gewiß
bei bestimmten Charakteren den Konsumreiz erhöht. Wie aber
kann die Süchtigkeit als kollektivpsychologisches Phänomen an-
gegangen werden?
Die Droge ist sehr oft ein ›Heilmittel‹ gegen die innere Leere und
Langeweile, gegen das existentielle Vakuum, in dem viele Menschen unserer Kultur leben. Man muß sich daher fragen, wodurch dem Leben das Gefühl der Euphorie, des Anreizes und
der inneren Fülle gegeben wird. Selbstverständlich denkt man
hierbei an Arbeit, Liebe, Sexualität und engagierten Lebensein-
satz. Wer schafft und gestaltet, kommuniziert und kooperiert,
sich entwickelt und mit den Widerständen der Welt ringt, wird
aktive Glücksgefühle empfinden und das passive Glück der Dro-
geneinnahme nicht nötig haben oder verabscheuen. Die Frage ist
nur, unter welchen Bedingungen das Leben in der Weise gelingt,
daß *Eskapismus in jeder Form* verschmäht werden kann.
Bei den wahrhaft realitätstüchtigen und realitätsfreudigen Menschen kann man beobachten, daß sie ihre Existenz unter dem
Leitstern von Idealen austragen, welche für sie in den Sturmfahr-
ten ihres Daseins Anker und Kompaß bedeuten. Das Ideal ist
eine mächtige Stütze für die Moralität der Persönlichkeit. Es erwächst aus dem Gefühlsreichtum und wirkt seinerseits auf den
›endothymen Grund‹ (Philipp Lersch) zurück, der durch es kon-
solidiert und erweitert wird. Ideale sind Motoren der positiven
Lebensgestaltung. Sie geben innere Sicherheit angesichts der
Frustrationen und Rückschläge, an denen das Leben keinen
Mangel hat. Unter der Führung überpersönlicher Idealvorstel-
lungen verzagt das Individuum viel seltener, als wenn es nur nach
›Selbsterhaltung‹ strebt. Mit anderen Worten: »Wenn man ein
Wozu des Lebens hat, erträgt man jedes Wie.« (Nietzsche)

Aber viele Ideale haben für den heutigen Menschen ›abgewirtschaftet‹ und sind ihm zutiefst fragwürdig geworden. Ganze Volksschichten und Völker fielen auf den primitiven Plunder der faschistischen Weltanschauung herein, die sie fanatisierte und ihnen ein Pseudoideal einpflanzte, das spätestens nach der Inschuttlegung eines ganzen Kontinents in sich zusammenbrach. Marxismus und Bolschewismus boten Ideale für die Generation von 1880 bis 1920, aber seit den Enthüllungen über die Zustände im ›realen Kommunismus‹ ist auch diese ›Weltanschauung‹ aus ihrer ursprünglichen Frische in Fäulnis übergegangen. Auch die Ideale des Sozialismus, der Demokratie, des Fortschritts und der Wissenschaftsentwicklung scheinen nicht mehr viel ›Gläubige‹ zu finden. Ein ›Ausverkauf der Ideale‹ hat in unserem Jahrhundert stattgehabt. Der Zustand, der daraus resultierte, kann ›Nihilismus‹ genannt werden; nach Nietzsche ist er durch das Fehlen gültiger Werte und Wertorientierungen gekennzeichnet.

Dies ist vermutlich der umfassendste Rahmen für die Suchtanfälligkeit des Menschen der Gegenwart. Man sollte sich Gedanken darüber machen, wie Ideen und Ideale in die Psyche der Massen ›infundiert‹ werden können. Dabei wird es sich nicht unbedingt darum handeln, ein neues Ideal zu schaffen und zu formulieren. Die alten Wertvorstellungen der Humanität, der Arbeit im Dienste der Menschheit, des Fortschritts, der Völkerverständigung und des Weltfriedens sind eigentlich zukunftsträchtig wie eh und je. Man müßte sie nur in faßlicher Form allen Gesellschafts- und Bildungsschichten, allen Berufs- und Altersklassen vermitteln können. Hierzu bedarf es einer Vielzahl von *vorbildlichen Persönlichkeiten,* die diese Art von Lehre nicht nur dozieren, sondern auch repräsentieren. Ideale werden oft genug durch die Liebe zu jenem übernommen, der sie mitteilt und uns nahelegt.

An dieser Stelle könnte man vom ›Verrat der Intellektuellen‹ (J. Benda) sprechen. Aber ›Verrat‹ ist nicht ganz das passende Wort. Die Intellektuellen haben Mühe genug, ihr jeweiliges Fach oder Interessengebiet zu assimilieren; meistens reichen ihre Kräfte nicht hin, um auch dieses Wissen und Können für das ›einfache Volk‹ fruchtbar zu machen. Dies wäre jedoch die Aufgabe der Zukunft. Es müßten immer mehr Wissenschaftler herangebildet werden, die Wissenschaft *und* Humanität in sich verkörpern. Solche Persönlichkeiten wären die geeigneten Vermittler von Idealen, nach denen man das Leben ausrichten kann. Nur der Geist, der sich im Leben verwurzelt, kann wegweisend sein.

Die Intellektualität darf nicht im Elfenbeinturm verbleiben und sich auch nicht in ein insuläres Dasein auf Universitäten und anderswo zurückziehen. Die Kultur muß ins Volk getragen werden. Die Schulen aller Altersstufen haben hier eine vorrangige Aufgabe, die sie bis jetzt nur kümmerlich gelöst haben. Lehrer müßten so ausgebildet und trainiert werden, daß sie den Kindern nicht nur Unterricht, sondern auch menschliche und moralische Führung geben können. Noch auf den Hochschulen wäre dies nötig: Man denke nur an das psychische Massenelend unter den Studenten aller Hochschulgruppen, aus denen sich später die Lehrerschaft und die Intellektuellen vieler Berufsgruppen rekrutieren. Der Akademiker soll immer noch hauptsächlich oder ausschließlich ein ›Wissender in einem Spezialgebiet‹ sein; er sollte aber — in Zukunft — ein ›Könner‹ in vielen Bereichen sein, vor allem aber in der ›Kunst des Lebens‹, die zu lehren stets die Basis aller übrigen Wissens- und Könnensvermittlung sein soll.

Bei dieser Aufgabe kommen der Psychologie und der Philosophie eine weittragende Bedeutung zu. Wir meinen allerdings nicht die blutleere Psychologie der Universitäten, die mit naturwissenschaftlicher Exaktheit existentielle Belanglosigkeiten erforscht. Auch nicht die abstrakte Philosophie, die Begriffe jongliert und sich in skurrile Abstraktionen verrennt. *Tiefenpsychologie als Lebenskenntnis* und *Philosophie als Anleitung zur Weisheit* müssen für die Erziehung des Volkes und seiner intellektuellen ›Führer‹ aktiviert werden. Ein ›Leben ohne Sucht‹ muß ein philosophisches Leben sein. Man muß möglichst viele Menschen zu ›kleinen Philosophen‹ erziehen.

Suizidalität

Das Wort ›Suizid‹ stammt aus dem Lateinischen und bedeutet: Selbsttötung. Analog wird auch der Terminus ›Selbstmord‹ gebraucht; er ist aber weniger zweckmäßig, weil in ihm ein uraltes religiöses Vorurteil mitschwingt, wonach eine derartige Verhaltensweise einem ›Verbrechen‹ gleichkommt. In neuerer Zeit hat sich auch der Ausdruck ›Freitod‹ eingebürgert. Ihm gegenüber muß das Bedenken namhaft gemacht werden, daß ein überwältigender Prozentsatz der Suizidenten wahrscheinlich nicht frei handelt: Man kann zwar von einem ›Entschluß zum Suizid‹ sprechen, aber die genauere Untersuchung ergibt in der Regel, daß der Selbsttöter in einer emotionalen Unfreiheit befangen ist und durch zahlreiche ihm unbewußte Motivationen zu seiner unseligen Tat gedrängt wird. Daher ist das Wort ›Suizid‹ wohl immer noch die treffendste Bezeichnung. Aus Gründen, die wir weiter unten darlegen werden, mag auch der Ausdruck ›Entleibung‹ philosophisch sinnvoll sein; er ist aber im Alltagsleben unvertraut, und vor allem psychologische Laien werden nicht leicht Überlegungen über das Verhältnis von Leib und Seele anstellen können, wodurch begreiflich wird, wie und warum sich die ›Seele‹ ihres ›Leibes‹ entledigen will (ent-leiben!).

Seit jeher galt der Suizid als ein philosophisches und psychologisches Problem. In der Antike priesen einige Philosophenschulen (z. B. die Stoa) den freiwilligen Tod; einige bedeutende Denker entleibten sich, als sie alt oder krank wurden und ihrer Umgebung nicht zur Last fallen wollten. Erst das Christentum errichtete ein Verbot der Selbsttötung; als Gotteskind habe der Mensch nicht das Recht, sich umzubringen, da dies auch gegen das biblische Gebot ›Du sollst nicht töten‹ verstoße. Aufgrund dieser Argumentation wurden Selbstmörder nicht wie andere Leute beerdigt. Der Staat schloß sich dieser Tendenz an, und bis ins späte 18. Jahrhundert galten Selbstmordversuche als delinquente Handlungen. Die Selbstmörderleiche wurde unter dem

Galgen verscharrt und das Vermögen des Suizidenten konfisziert. Noch im Zweiten Weltkrieg sprach ein deutsches Kriegsgericht die These aus: »Im Kriege begangener Selbstmord ist Fahnenflucht.« Es ist für den Staat offenbar unverständlich, daß sich ein Bürger durch eigene Initiative tötet, wenn er im Krieg ›fürs Vaterland‹ sterben soll.

Trotz unzähliger Untersuchungen von Philosophen, Psychologen, Sozialwissenschaftlern und Kulturhistorikern hat das Thema ›Suizid‹ noch manche Dunkelheiten bewahrt. Anscheinend ist der Mensch das einzige Wesen, das sich selbst absichtlich töten kann; suizidähnliche Handlungen bei Tieren (z. B. das Verhungern des Hundes, dessen Herr gestorben ist, weshalb das Tier durch andere angebotene Nahrung nicht zu sich nimmt) haben wohl kaum dieselbe Bedeutung wie der menschliche Suizid. Was ist der Sinn einer solchen Selbstverneinung, die radikal aufs Ganze geht?

Albert Camus eröffnet sein Buch »*Der Mythos von Sisyphos*« mit den sicherlich überspitzt tönenden Sätzen:

»Es gibt nur ein wirklich ernstes philosophisches Problem: den Selbstmord. Die Entscheidung, ob das Leben sich lohne oder nicht, beantwortet die Grundfrage der Philosophie. Alles andere — ob die Welt drei Dimensionen und der Geist neun oder zwölf Kategorien habe — kommt erst später. Das sind Spielereien; zunächst heißt es Antwort geben. Und wenn es wahr ist, daß — nach Nietzsche — ein Philosoph, der ernst genommen werden will, mit gutem Beispiel vorangehen müsse, dann begreift man die Wichtigkeit dieser Antwort, da ihr dann die endgültige Tat folgen muß.«

Wiewohl wir der Auffassung sind, daß es noch sehr viele andere ›ernste philosophische Probleme‹ gibt, müssen wir Camus darin recht geben, daß er die hohe Signifikanz der Suizidfrage für jegliche philosophische Menschenkunde würdigt. Angesichts des Selbstmordes können wir nicht umhin, uns dem Problem des Lebenssinns und Lebensinhaltes zu stellen. Wozu leben wir? Ist das Leben — mit dem Dichter zu reden — nicht ›das höchste Gut‹? Und wenn das zutrifft: Welche Güter sind höher als die Selbsterhaltung und rechtfertigen es unter Umständen, das Leben wegzuwerfen?

Schon an dieser Stelle wird erkennbar, daß die Erörterungen des Suizids eine moralisch-ethische Tragweite besitzen. Sodann haben sie auch eine medizinisch-psychiatrische Dimension: behaupten doch Medizin und Psychiatrie, daß der Mensch irgendwie krank sein muß, wenn er sich selbst tötet. Es gibt aber auch Situationen, wo die Selbsttötung ohne Krankheit erfolgt. Die Aspekte der Suizidalität sind enorm vielfältig.

Statistische Hinweise

Seit Jahrzehnten befaßt sich die Statistik mit den Selbsttötungsphänomenen, aber da in diesem Zusammenhang der Einzelfall ausgeklammert ist, ergeben sich immer nur periphere Befunde. Dennoch können diese nicht übergangen werden, wenn man das Wesen des Suizids begreiflich machen will.

Die durchschnittliche Suizidrate in den industriellen Ländern ist etwa 20 pro Jahr auf hunderttausend Einwohner. Das bedeutet zum Beispiel für die Bundesrepublik, daß sich in ihr jährlich ca. 10 000 Menschen das Leben nehmen. Als Vergleichszahl sei die Zahl der Verkehrstoten angegeben: Es sind dies ca. 18 000 jährlich. — Experten postulieren, daß die *Suizidversuche* mindestens zehnmal häufiger vorkommen als die Suizide; somit muß man mit über 100 000 Suizidhandlungen pro Jahr rechnen. — Berlin ist übrigens die Stadt mit der höchsten Selbstmordziffer: Ca. 40 pro 100 000 Einwohner töten sich selbst in dieser Stadt, die eine relativ überalterte Bevölkerung aufweist.

Männer suizidieren sich öfter als Frauen, aber letztere unternehmen mehr Selbstmordversuche. Bei den Frauen ist der Suizidgipfel im dritten, bei den Männern im vierten Lebensjahrzehnt. Im Alter kommt es zu einem zahlenmäßigen Anstieg der Suizidhandlungen, wobei Ausscheiden aus dem Beruf und Sterben des Partners ins Gewicht fallen mögen. Die Witwen suizidieren sich weniger oft als die Witwer; sie ertragen das Alleinbleiben wohl besser.

In Familien, wo es bereits Selbsttötungen gab, ist die Chance von Suizidhandlungen größer als in Familien ohne Suizide. Dies hat man gelegentlich auf Vererbung von Suizidalität zurückführen wollen. Neuere Untersuchungen haben jedoch gezeigt, daß es eine ›Anlage zum Selbstmord‹ sehr wahrscheinlich nicht gibt. Eher muß an ›Familientradition‹ gedacht werden, indem suizidgefährdete Eltern ihre Kinder gewissermaßen in einer ›Suizidstimmung‹ heranbilden. Kommt es dann zu größeren Lebenskrisen, dann suizidiert sich das betreffende Individuum gemäß dem familiären Vorbild.

Frauen sind suizidanfälliger in den Zeiten der Menstruation und auch im Prämenstrum. Dies überrascht nicht, da die Frau oft beim Herannahen der Monatsblutung in ein biologisch-psychisches Tief hineingerät, wo mitunter auch die psychische Labilität eindrücklich hervortritt. Zusätzliche Belastungen können dann Auslöser zu Suizidhandlungen werden.

Die soziologische Forschung hat seit Emile Durkheim (»*Le suicide*«, 1897) den sozialen Kontext der Suizidalität erfolgreich herausgearbeitet. Durkheim war der Meinung, daß die soziale Einbettung des Individuums seine Selbstmordgefährdung verringere. Auflösung von Gemeinschaften und Anomie (Wertzerfall, Desintegration) steigere die Selbsttötungsrate. Bei den Katholiken glaubte Durkheim eine relevant kleinere Zahl von Selbsttötungshandlungen feststellen zu können. Diese These hat sich aber seither nicht bestätigt. Auch die für das fromme Gemüt einleuchtende Lehre, daß bei den Gottlosen der Selbstmord häufiger im Schwange sei als bei den Gläubigen, ist nicht aufrechtzuerhalten. Die Suizidalität hängt nicht direkt davon ab, ob man an Gott glaubt oder nicht glaubt.

Aber soziale Randgruppen sind gefährdeter als gutintegrierte ›Insider‹. Verfolgte und Flüchtlinge, Kriminelle, Homosexuelle, Umsiedler und Einwanderer usw. sind in Gefahr, sich umzubringen, wobei stets mehrere ›Gründe‹ zusammenwirken, bis eine Suizidhandlung zustande kommt. Alkoholiker und Süchtige, chronisch und unheilbar Kranke, Menschen in Armut und Verelendung, Studenten, Ledige und Geschiedene stellen ein erhebliches Kontingent der ›Selbstmörderarmee‹ dar.

Andere Statistiken befassen sich mit Konflikten in Partnerschaften, emotionaler Vereinsamung und weiteren psychischen Belastungen, die ebenfalls für die Suizidalität bedeutsam sind. Ein Großteil der Suizidenten hat eine psychologisch oder psychiatrisch auffällige Vorgeschichte. Eine Suizidhandlung ist fast immer der ›Abschluß einer krankhaften Entwicklung‹, Schlußpunkt einer neurotischen Lebensgestaltung, deren Anfänge bis in die frühe Kindheit zurückreichen. Das häusliche Milieu, die Ehe und die Charaktere der Eltern, der Erziehungsstil spielen eine gewaltige Rolle hinsichtlich der späteren Selbstmordneigung. Darauf werden wir noch bei der Darlegung der tiefenpsychologischen Gesichtspunkte zurückkommen.

Gründe für den Selbstmord

Eine einfache und einheitliche Erklärung des Suizids führt vermutlich zu nur banalen ›Erkenntnissen‹, die hinter dem Stand der derzeitigen Forschung zurückbleiben. Man muß sich von vornherein auf eine möglichst breitangelegte Interpretationsskala einstellen, die der Komplexität des Phänomens einigermaßen gerecht werden kann.

Jean Baechler in seinem Buch »*Tod durch eigene Hand*« (1981) unterscheidet eine ganze Reihe von »typischen Bedeutungen des Selbstmords«, wobei er für seine Typologie triftige Begründungen anzugeben vermag. Die Basis für seine Überlegungen ist der Gedanke, daß jeder Suizident durch sein Verhalten »die Lösung eines existentiellen Problems in einem Anschlag auf das Leben des Subjekts sucht und findet«. Suizidales Tun ist eine Handlung, und wenn wir handeln, nehmen wir Stellung zum Leben, und sei dies auch im Sinne der Selbstvernichtung.

Eine Katastrophenhandlung erfolgt aber nur dann, wenn der Handelnde keine anderen Möglichkeiten mehr sieht. Echte oder imaginäre Ausweg)losigkeit ist daher eine Grundbedingung der Suizidalität.

So kann der Selbstmord die Bedeutung einer *Flucht* haben. In der faschistischen oder bolschewistischen Diktatur konnten viele Menschen voraussehen, daß sie durch eine gnadenlose Polizei oder Obrigkeit gedemütigt, eingesperrt oder getötet werden konnten. Manche ertrugen diesen Druck nicht oder kamen ihren Verfolgern zuvor, indem sie sich selbst umbrachten. Für Menschen in extremer äußerer und innerer Notlage kann es sogar einen gewissen Trost bedeuten, daß sie sich aller Bedrängnis schließlich durch den Freitod entziehen können. In ihrer Flucht aus der Situation bestätigen sie sich noch einen Rest ihrer Freiheit, die ihnen durch die Macht der Umstände fast gänzlich verlorenging.

Alkoholabusus und Drogenkonsum sind Analoga dieser Form von Suizidalität. Bei ihnen kommt die Flucht durch vorübergehende Auslöschung des Bewußtseins zustande; man kann daher diese Süchte ›tendenzielle Suizide‹ nennen.

In anderen Fällen bedeutet die Selbsttötung so etwas wie *Trauer* und *Strafe*. Der Verlust einer wichtigen Beziehungsperson oder wertvoller Güter kann einen derart starken Trauereffekt mobilisieren, daß das Subjekt einen Anschlag auf sein Leben verübt.

Enttäuschungen im Liebesleben begünstigen Selbstmordverhalten auf dem Wege der *traurigen Verstimmung,* in der die Gedanken oft genug um den ›Unwert des Lebens‹ kreisen. Aber auch berufliche Mißerfolge können melancholische Charakterelemente sehr bekräftigen, so daß tiefe Resignation eintritt, die zum Suizid überleitet.

Der depressive Patient ist auch zur Selbstbestrafung geneigt, wenn er seinen eigenen Wertvorstellungen nicht entspricht und den Tadel seiner Umgebung erwartet. Bei dieser Art von Selbsttötung sollen aber auch andere Menschen getroffen werden, die man anders nicht kränken kann. In der Selbstverneinung kann eine *verkümmerte Revolte* liegen.

Damit ist schon der oft aggressive Grundzug der Suizidalität angedeutet. Selbstmord kann auch *Verbrechen* und *Rache* sein. In so manchen Eifersuchtsdramen tötet der pathologisch Eifersüchtige zunächst seinen Partner und anschließend auch sich selbst. Die seelisch-geistige Verwandtschaft von Mord und Selbstmord ist den Kriminologen schon seit langem aufgefallen. Eine überraschend hohe Zahl von Mördern endet durch Suizid. Der ›Wille zum Töten‹ unterscheidet dann nicht mehr zwischen der eigenen Person und den Mitmenschen. Anders ausgedrückt: Der am Haß erkrankte Mensch will die ganze Welt zertrümmern, darunter auch sein ›Haßobjekt‹ und sich selbst.

Geschieht ein Suizidversuch nach einem Streit oder einem Verlassenwerden, dann kann es sich um einen Racheakt handeln, da der ›Schuldige‹ mit hoher Wahrscheinlichkeit durch diesen Akt Gewissensbissen und Schuldgefühlen überantwortet wird. So mancher Suizident malt sich dieses Schicksal seines Protagonisten oder Antagonisten mit einer gewissen Wollüstigkeit aus, vergißt aber in seiner destruktiven Leidenschaft, daß er sich an der Niedergeschlagenheit seines Opfers nicht wird weiden können. Rein vorstellungsmäßig fühlt sich das Ich oder Selbst ›unsterblich‹: Es reflektiert den Tod als eine Art von Weiterleben, wodurch der Entschluß zur Selbsttötung erleichtert wird.

Baechler spricht auch von *Erpressung* und *Appell* als Suizidalitätshintergrund. Wiederum wird man ohne weiteres an Partnerschaftstragödien denken, wo allfällige Trennungen durch Suizidhandlungen rückgängig gemacht werden sollen. So kann die Selbstmorddrohung zu einer gefürchteten Waffe werden, die den Partner zu allen möglichen Kompromissen und Kapitulationen veranlaßt. Wo die Erpressungsvariante unzweckmäßig ist, wird sie durch den Appell ersetzt, der etwas mildere Mittel zu verwenden pflegt. Aber die Intention ist wohl dieselbe: Der Suizid hat die Bedeutung eines ›Machtmittels‹, das auf die schwachen Stellen des Mit- oder Gegenspielers hinzielt und ihn gefügig machen will.

In Gesellschaftsformen, welche die sozialen Entitäten wertmäßig weit über das Individuum stellen, kommt auch der Selbstmord als *Opfer* vor. Man denke etwa an die japanischen Kamikazeflieger im Zweiten Weltkrieg, die durch ihren ›Opfergang‹ den Sieg Japans über die USA erzwingen wollten. Beispiele ähnlicher Art kann man wohl von vielen kriegführenden Staaten berichten. Edlere Formen dieser Selbstopferungen kamen zum Beispiel in den nationalsozialistischen Konzentrationslagern vor, wo sich manche Häftlinge für andere bei der Vollstreckung von Todesurteilen durch die Lagerleitung meldeten, da sie der Meinung waren, ihr Leben stelle einen geringeren Verlust dar als dasjenige des ›Verschonten‹. Es ist nicht zu leugnen, daß die Aufopferungsfähigkeit des Menschen bis zur Preisgabe der eigenen Existenz gehen kann.

Der Vollständigkeit halber erörtert Baechler auch den Suizid als *Ordal* (Selbstprüfung und Schicksalsprüfung) und als *Spiel* (Herausforderung des Todes): Aber diesen Suizidvarianten kommt eine nur geringe Validität zu.

Der tiefenpsychologische Standpunkt

Die Psychoanalyse befaßte sich seit 1910 mit den *unbewußten Komponenten* der Suizidhandlungen und versuchte, letztere in das Gefüge der Gesamtpersönlichkeit einzuordnen. Wichtig in diesem Zusammenhang sind vor allem folgende Abhandlungen von Freud selbst: »*Zur Einführung des Narzißmus*« (1914); »*Trauer und Melancholie*« (1916); »*Jenseits des Lustprinzips*« (1920).

In »*Trauer und Melancholie*« will Freud vom Normalzustand des Traurigseins nach dem Verlust eines ›geliebten Objekts‹ auf die pathologische Affektlage der Melancholie zurückschließen. Die Melancholie sei

> »seelisch ausgezeichnet durch eine tief schmerzliche Verstimmung, eine Aufhebung des Interesses für die Außenwelt, durch den Verlust der Liebesfähigkeit, durch die Hemmung

jeder Leistung und die Herabsetzung des Selbstgefühls, die sich in Selbstvorwürfen und Selbstbeschimpfung äußert und bis zur wahnhaften Erwartung von Strafe steigert«. (GW, Bd. X, S. 429)

Der traurige Mensch leiste ›Trauerarbeit‹, indem er die verlorene Beziehungsperson gleichsam verinnerlicht, womit er wieder fähig wird, sich erneut mit der Umwelt in Kontakt zu setzen. Beim Melancholiker vermissen wir diese Rückwendung zur Realität. Die Herabsetzung seines Ichgefühls oder seine Ichverarmung bleibt bestehen. Die Patienten ergehen sich in beharrlichen Selbstverkleinerungen, gegen die man mit vernünftigen Argumenten nichts ausrichten kann. Sie wühlen im Selbsthaß, was ihnen offenbar irgendeine Befriedigung geben muß. Meistens sind sie auch sehr unduldsam gegen ihre Mitmenschen; sie haben nicht nur ihre Selbstachtung, sondern auch die Achtung vor den anderen eingebüßt.

Freud analysiert nun in erster Linie die innerseelische Dynamik des melancholischen Prozesses. Das Über-Ich oder das Gewissen des Melancholikers sei gewaltsam und archaisch; dem entspricht auch ein übersteigertes und irreales Ichideal, das nie verwirklicht werden kann und zur dauernden Frustrationsquelle wird. Die triebhaften Quellen der Gewissensbildung liegen in der Aggression und im Narzißmus. Man darf daher bei auto-aggressiven Menschen eine gewisse Eitelkeit und Selbstbezogenheit wie auch eine erhöhte Aggression mutmaßen. Tatsächlich erahnt man in den *Klagen* des Melancholikers verhüllte *Anklagen* gegen die Umgebung, die unter diesen Lamentationen mächtig zu leiden hat.

Die Melancholie ist gewissermaßen eine ›narzißtische Krise‹. Die Selbstliebe und das Selbstwertgefühl sind gestört durch berufliche oder erotische Mißerfolge, respektive durch ein gesamtmenschliches Scheitern. Der Melancholiker regrediert auf ein Frühstadium seiner Entwicklung, was immer mit unbewußten Allmachtswünschen verbunden ist. Man läßt die Welt aus dem Blick entschwinden, um die Omnipotenz des ›gekränkten Ichs‹ aufrechtzuerhalten. Der Eros vermindert sich, und die Aggressivität übernimmt im Seelenleben die Alleinherrschaft.

Daran sind die Gedanken aus *»Jenseits des Lustprinzips«* anzuknüpfen. In dieser Schrift postuliert Freud das Gegeneinanderwirken der beiden Urtriebe des Eros und des Todestriebes, die

die bunte Fülle psychischer Phänomene hervorbringen. Solange Eros und Thanatos miteinander vermischt sind, ist das Funktionieren der Seele gewährleistet. Kommt es aber zu einer ›Triebentmischung‹, dann können die erotischen Kräfte das destruktive Potential nicht mildern oder gar für die Produktivität fruchtbar machen. Der lieblose Mensch ist dazu verurteilt, sich selbst oder andere zu zerstören. Meistens gehen Auto- und Heterodestruktivität Hand in Hand.

Es kann wohl kaum bezweifelt werden, daß Freud mit diesen Ausführungen nebenbei die Psychologie der Suizidalität tiefgreifend erhellt. Andere Psychoanalytiker (K. Abraham, K. Menninger, S. Rado, G. Zilboorg, L. Kubie, E. Stengel u. a.) folgten seinen Spuren und betonten nachdrücklich den aggressiven Aspekt der Selbsttötung. Wegleitend blieb hierbei die Freudsche Formulierung:

»Wir wußten längst, daß kein Neurotiker Selbstmordabsichten verspürt, der solche nicht von einem Mordimpuls gegen andere auf sich zurückwendet«. (GW, Bd. X, S. 438).

Studiert man aber das Innenleben von Selbstmördern genauer, dann erkennt man bald, daß diese Formel trotz ihrer Suggestivität nicht zureicht. Heinz Henseler in seinem Buch *»Narzißtische Krisen — Zur Psychodynamik des Selbstmords«* (1974) erweitert daher diese These, indem er noch andere Motive aus der psychoanalytischen Literatur für die Suizidalität namhaft macht. Er spricht hierbei von:

»Tötung eines internalisierten Objekts; Autoaggression; Sühne, Selbstbestrafung; blinde Abfuhr aggressiver Spannungen; omnipotente Beherrschung der Situation, aktives Zuvorkommen; Rückkehr in die Kindheit; Kontaktsuche in regressiver Art; Wiedervereinigung mit einer toten Beziehungsperson; Resignation, Flucht; Neubeginn, Wiedergeburt, neues Leben.« (l. c., S. 63)

In dieser Motivationsliste, die teilweise an Baechlers Darlegungen erinnert, zeigen sich die Tendenzen der neueren Psychoanalyse, die sich besonders intensiv um die Narzißmusforschung bemüht. Um diese Thematik haben sich u. a. M. Balint, H. Kohut, H. Argelander verdient gemacht. Die modernen Narzißmustheorien sind auch insofern faszinierend, als sie auf einer

Verschmelzung von psychoanalytischen und individualpsychologischen Konzepten zu beruhen scheinen.

Narzißmus heißt eigentlich nicht primäres Verliebtsein in sich selbst; im wesentlichen wird dieser Tatbestand definiert durch den Welt- und Beziehungsmangel des Subjekts, seine Angst und sein Bindungsmanko, was *sekundär* zur Konzentration auf das eigene Ich führt. Nun kennt die kontaktlose Persönlichkeit kaum je Gefühle des Wohlbehagens, der positiven Selbsteinschätzung und der Selbstsicherheit: Sie ist — wie Alfred Adler zu sagen pflegte — ein Opfer von Minderwertigkeitskomplexen und des kompensatorischen Machtstrebens, welche das Gemeinschaftsgefühl oder Sozialinteresse daniederhalten. Der narzißtische Mensch oszilliert zwischen Empfindungen der Ohnmacht und Allmacht; letztere muß er sich auf illusionäre Weise zulegen, indem er die Realität entwertet und ihr den Rücken kehrt.

Nur in der phantasiereichen ›Lebenslüge‹ ist der Mensch omnipotent; daher retirieren Neurotiker aus der Wirklichkeit in die Phantasie, die ihnen zum Quietiv, zum Rauschmittel und zum Refugium wird.

In Adlerscher Sicht ist der Suizid eine Kampfhandlung gegen die Gemeinschaft. Sieht man näher zu, dann entdeckt man in der Vorgeschichte von Suizidenten, daß sie sich durch ihre Mitmenschen oder durch das Leben als Ganzes ›gekränkt‹ fühlen und es irgend jemandem oder dem ›Schicksal‹ heimzahlen wollen. Sie legen sich die Selbstvernichtung als eine Art von Sieg und Triumph zurecht, ohne ausreichend zu verstehen, daß sie dabei die Verlierer sind. Adler beleuchtet diesen Zusammenhang in einem Aufsatz mit dem Titel »*Selbstmord*« (1937, S. 51):

> »Im Falle eines Verlustes zeigten sich solche Personen in ihrer Kindheit als schlechte Verlierer. Direkter Angriff gegen andere zeige sich selten. Immer zeige sich ein Lebensstil, der erraten ließ, wie sie durch gesteigerte Klagen, Trauer und Leiden auf andere einzuwirken trachteten. Ein Hang, bei schwierigen Lebenslagen unter seelischen Schmerzen zusammenzubrechen, fiel öfters auf. Daneben auch ein gesteigerter Ehrgeiz und Eitelkeit und ein Scheinbewußtsein ihres Wertes für andere. Phantasien, in denen sie krank oder gestorben waren, wodurch der Schmerz der anderen die höchsten Grade erreichte, gingen parallel mit dem festen Glauben an ihren hohen Wert für andere, den sie zumeist aus der verwöhnenden Situation ihrer Kindheit erworben hatten. Ganz ähnliche

Dinge fand ich in der Vorgeschichte von Melancholikern, Trinkern und Morphinisten, deren Typus an den der Selbstmörder grenzt. In die einfachste Form gebracht zeigt sich der Lebensstil des potentiellen Selbstmörders, seine in der Kindheit erworbene Konstitution darin, daß er den anderen oder andere dadurch trifft, daß er sich selbst in Schädigungen hineinphantasiert oder sich sie zufügt. Man wird selten fehlgehen im Feststellen, gegen wen der Angriff zielt, wenn man herausfindet, wer dadurch am meisten getroffen ist.«

Die obigen Ausführungen berechtigen uns dazu, die Probleme der Suizidalität auf dem Hintergrund von *fundamentalen Selbstwert- und Beziehungskrisen* zu sehen, die infolge von seelischer Verarmung und Verängstigung mit Aggression beantwortet werden. Das Subjekt ›entleibt sich‹, um sich der gehaßten und gefürchteten Welt entziehen zu können.

Der Adlerianer Erwin Ringel (»*Der Selbstmord*«, 1953) präzisierte die These der Individualpsychologie durch umfangreiche Untersuchungen an Suizidenten, wobei es ihm gelang, das sogenannte ›präsuizidale Syndrom‹ herauszuarbeiten. Diesem kommt naturgemäß eine große praktische Bedeutung zu; ist es doch für die Angehörigen des potentiellen Selbstmörders und den Arzt von entscheidender Tragweite, rechtzeitig die Gefährdung zu erkennen und entsprechende Vorbeugungsmaßnahmen einzuleiten.

Ringel und andere Autoren widerlegen die volkstümliche Meinung, daß derjenige, der vom Suizid spricht, sich nicht umbringt. Achtzig Prozent der Suizidenten haben ihr Vorhaben mehrfach angekündigt und nicht selten sogar zum habituellen Gesprächsgegenstand gemacht. Ein ähnlicher Prozentsatz von Selbstmordkandidaten konsultiert zuvor den Arzt, oft aber mit anderen Symptomen, hinter denen sich die Präsuizidalität sowohl verbirgt als auch manifestiert. Der einfühlsame Beobachter erkennt nach Ringel die präsuizidale Gefahr an folgenden Punkten:

1. Zunehmende Einengung
   a) Situative Einengung
   b) Dynamische Einengung (einseitige Ausrichtung der Apperzeption, der Assoziationen, der Verhaltensmuster, der Affekte und Abwehrmechanismen)
   c) Einengung der zwischenmenschlichen Beziehungen

d) Einengung der Wertwelt
2. Aggressionsstauung und Wendung der Aggression gegen die eigene Person
3. Selbstmordphantasien (anfangs aktiv intendiert, später sich passiv aufdrängend)

Phänomenologische Überlegungen

Die Optik der Tiefenpsychologie ist bewundernswert lebensnahe, aber anspruchsvolle Kritiker bemängeln an ihr, daß sie mit relativ ungeklärten theoretischen Grundbegriffen arbeitet, denen eine Verankerung in einer überzeugungskräftigen philosophischen Anthropologie und Ontologie (Seinslehre) fehlt. Als Remedur werden in der Regel die Erkenntnisse der Phänomenologie und der Existenzphilosophie empfohlen; tatsächlich erscheinen viele tiefenpsychologische Befunde in einem neuen Licht, wenn man sie durch die phänomenologische Kunst des Beschreibens, Zergliederns und Auslegens bereichert und überhöht.

Für den Suizid z. B. fällt in Betracht, daß er auf den ersten Blick hin als Selbsttötung, Selbstvernichtung und Selbstentleibung imponiert. In diesem vordergründigen Phänomen sind viele zunächst unsichtbare Aspekte enthalten, die durch die ›Strenge des Sehens‹ erst transparent gemacht werden müssen.

Der Tod ist — existenzphilosophisch gesprochen — die letzte und äußerste Möglichkeit des Daseins. Das Vorlaufen zu ihm hin (M. Heidegger, »*Sein und Zeit*«, 1927) ist entweder eine heroische Existenzweise oder aber die Verzweiflungstat jener, die sich aller anderen Möglichkeiten beraubt glauben. Leben ist ein Können im Sinne von Selbstverwirklichung durch Handeln und Leiden; wer an seiner Selbstrealisation verzweifelt, überspringt alle daseinsmäßigen Leistungsanforderungen und wirft sich dem Tod in die Arme, weil er nicht leben kann, oder glaubt, nicht leben zu können.

Dies gehört in den Bereich der *Pathologie der Freiheit,* denn Freisein bezeugt sich nicht im jähen Zerstören der eigenen Existenz, sondern in der freiwilligen Übernahme der »Last des Daseins«. Spinoza schon warnt in seiner »*Ethik*« (4. Teil, 67. Lehrsatz) vor der Entartung des Freiheitsgefühls, das sich im Labyrinth der Todesgedanken verrennt, und sagt:

»Der freie Mensch denkt an nichts weniger als an den Tod; und seine Weisheit ist nicht ein Nachsinnen über den Tod, sondern ein Nachsinnen über das Leben. Beweis: Der freie Mensch, d. h. der Mensch, der allein nach der Leitung der Vernunft lebt, wird . . . nicht von der Furcht vor dem Tode geleitet, sondern begehrt . . . unmittelbar das Gute, d. h. . . . er begehrt zu handeln, zu leben und sein Sein zu erhalten auf der Grundlage des Suchens nach dem eigenen Nutzen. Und somit denkt er an nichts weniger als an den Tod, vielmehr ist seine Weisheit ein Nachsinnen über das Leben.«

Beim suizidalen Menschen finden wir alle Strukturen (›Existenziale‹) der menschlichen Existenz, die Heidegger in seiner *»Analytik des Daseins«* so umfassend expliziert hat: Nur müssen wir voraussetzen, daß beim Suizidenten diese Existenzmodalitäten irgendwie ›abgewandelt‹ sind. So dürfen wir etwa ein habituelles ›Verstimmtsein‹ (Befindlichkeit) erwarten, ein Leben in der permanenten Furchtsamkeit, eine verkümmerte Dialogbereitschaft (Rede), wenig oder gar keine Emanzipation aus der uneigentlichen Seinsweise des Man-selbst-Seins mit seinen Gegebenheiten des ›Verfallenseins‹ an jene Bedingungen der Existenz, in die man fast zufällig hineingeraten ist. Wer Selbstmord begeht, gehört zum ›beschädigten Leben‹ (Adorno), das den Schaden selbst ins Endgültige ausweitet.

Sehr viel Licht fällt auf den Sinngehalt der Suizidhandlungen unseres Erachtens durch die Heideggerschen Begriffe der ›Sorge‹ und der ›Transzendenz‹. In seiner ontologischen Betrachtungsweise deklariert Heidegger, daß das Sein ›in und an ihm selbst gelichtet‹ sei; in dieser Lichtung aber wohne der Mensch, dem gleichsam die Aufgabe übergeben sei, als ›Hirt und Wächter des Seins‹ zu fungieren. Sein Wesen sei die Existenz, dem Wortsinn nach verstanden als Ek-sistenz, d. h. als Draußensein bei den Mitmenschen und den Dingen dieser Welt. Bei dieser ekstatischen Seinsverfassung muß der Mensch nicht von einem ›Ichpol‹ aus zur Welt übergehen; er ist schon jeweils mitten in der Welt (In-der-Welt-Sein), und er soll diese Existenzbedingung radikalisieren, indem er alles Seiende ›in seine Obhut nimmt‹.

Heidegger spricht von ›Sorge‹ und ›Fürsorge‹ und meint damit, daß der Mensch ein weltweit ausgespanntes Vernehmenkönnen der Bedeutung alles Seienden sei, zu dem er sich je und je verhält und auch verhalten muß. Fürsorgen heißt nun u. a.: Allem, was ist, die Möglichkeiten der Entfaltung und des Seinkönnens einzuräumen. Darin liegt natürlich auch die Selbstentfaltung, das innere und äußere Werden des Daseins selber. Es gibt keine Selbstverwirklichung ohne Übernahme der Sorge für das übrige Seiende. Die ›Urschuld‹ des Daseins ist das Sich-Verschließen gegen Dinge und Menschen, das Sich-Abkapseln. Man erinnert sich hier — psychologisch gesprochen — an das Mißtrauen, den Negativismus und die ›Abwehrmechanismen‹ des Suizidenten, die den Umgang mit ihm so schwermachen.

Was Ringel ›Einengung‹ nennt, ist genau dieser Rückzug aus der Mitwelt oder die ›Beziehungslosigkeit‹. Dies führt gewissermaßen zur Verdunkelung der Existenz, die ja erst aus der Öffnung zum Sein hin ihr ›Licht‹ empfängt. Man vergesse nicht, daß die Philosophie von altersher die Vernunft ›lumen naturale‹ (das natürliche Licht) nannte; derjenige, dem sich der Weltoffenheitsraum verschließt (durch die Gesamtheit seiner Lebensumstände von Kindheit an und durch die Ausdeutung der Gegebenheiten durch das Subjekt), wird anders denken, fühlen und empfinden als seine Mitmenschen, die immer noch in der Gemeinschaft der Menschen zu leben bestrebt sind.

Zur Verfinsterung der Existenz des Vereinsamten gehört auch die ›Einengung der Wertwelt‹, auf die Ringel hinweist. Dies hat zwei Aspekte: Die Wertwelt wird eingeengt, wenn der ›Weltentwurf‹ eines Menschen sich verschmälert, denn der Kosmos des Seienden ist schon an sich die Stätte der Werte. Der andere Aspekt bezieht sich auf die Zukunft: Werte sind etwas Realisierbares, etwas, was der Mensch schaffen und gestalten kann. *Offenheit des Werthorizontes* und *Schreiten in die Zukunft* sind zueinander korrelativ; nur das werdende und sich entwickelnde Dasein ist empfänglich für den Anblick des Wertreiches, für das Zukünftige und Mögliche. Auch hier läßt sich die philosophische Aussage in die Sprache der Psychologie übersetzen: Was dem Suizidenten fehlt, ist die Hoffnung, der Wille zum Wachsen und Werden, der Mut zum Engagement innerhalb der Wirklichkeit.

Dies ist der tiefere Grund des alles überschattenden Pessimismus, den wir bei suizidalen Menschen finden. Ihre Resignation ist ein Gegenstück zu ihrer Wertblindheit; im Trotz gegen das Leben können und wollen sie nicht sehen, welche Wertfülle in ihm enthalten ist. Darauf mag Goethe angespielt haben, als er dem jungen Schopenhauer, dessen nihilistische Aussprüche ihn wohl verstimmt haben mögen, ins Stammbuch schrieb:

»Willst du dich des Lebens freun,
Mußt der Welt du Wert verleihn.«

Wäre die Welt so wertarm, wie sie der Suizident sieht, dann hätte
ihre Vernichtung (einschließlich der Negation des Subjekts)
ihren guten Sinn. Daraus ist die Aggressionsbereitschaft des suizidalen Menschen abzuleiten. Unwert heißt immer auch: Soll
verneint oder gar vernichtet werden. Das Sich-Einfühlen in die
nihilistische Grundstimmung muß gewissermaßen in destruktiven Handlungen enden. Das Subjekt überläßt sich zuerst spiele-
risch solchen universellen Verneinungstendenzen, die ihm
schließlich über den Kopf wachsen und zuletzt mit suggestiver
Gewalt die Welt- und Selbstvernichtung zu fordern scheinen.
Dabei richtet sich der aggressive Affekt gegen den Leib, was sehr
treffend im Ausdruck ›sich entleiben‹ zur Sprache kommt.
Warum das? Der Leib ist gleichsam die materielle Verankerung
der Existenz in der Welt. In ihm gewinnt das Dasein Dichte und
scheinbare Dinghaftigkeit: Leiblich ist man auch eingefügt in ein
vielfach determiniertes Geschehen, in ›kausale Abläufe‹. Sodann
ist der Leib ein System vielfältiger Abhängigkeiten: Durch Hunger, Sexualbedürfnis und andere Bedürfnisse schränkt er jede illusionäre Freiheit ein, da er an unsere Endlichkeit und Objekt-
haftigkeit erinnert. Nietzsche sagt zwar, daß der »Unterleib den
Menschen daran gemahnt, daß er kein Gott sei«; er hätte eben-
sogut formulieren können, daß der Leib eine ständige Widerle-
gung unserer Allmachtswünsche sei, weil er uns an die Schwer-
kraft, an die Begrenztheit des Wollens und Könnens zu mahnen
pflegt.
Abhängig sind wir aber nicht nur als leibliche Wesen, sondern
auch als Selbstbewußtsein, was der Hegelsche Satz aus der »*Phänomenologie des Geistes*« in die Formel einkleidet: »Das Sein des
Selbstbewußtseins liegt in der Anerkennung durch ein anderes
Selbstbewußtsein.« Der vereinsamte Suizident kann andere
nicht anerkennen (lieben) und wird daher auch von ihnen nicht
anerkannt. Er verspürt das als einen langsamen Zerfall seiner
›ontologischen Sicherheit‹, d. h. als einen wachsenden Mangel an
Geborgenheit in der Welt und einer unkontrollierbaren Ausbreitung seiner Daseinsangst über alle Sphären des Lebens und Erlebens. Dem verkümmerten Selbst, das kompensatorisch in Grö-
ßen- und Allmachtswünschen schwelgt, wird der Leib zur unerträglichen Last. Er wird als ›Mehlsack‹ empfunden, der den Auf-

schwung der Psyche ins Unendliche behindert. Selbsthaß dokumentiert sich immer auch im Haß des eigenen Körpers, wobei die Leibfeindlichkeit (durch Erziehung konstelliert) auch die Ichschwäche und Selbstverneinung begründet.

Das Gegenteil des schwerfälligen, trägen und hassenswerten Leibes ist der ›Liebesleib‹ als sich hingebender in der sexuellen Vereinigung, wobei Seele und Geist sich in ihm ›inkarnieren‹, da sie an der Hingabe an ein Du teilnehmen, respektive diese vorbereiten und ermöglichen, indem die seelisch-geistige Verschmelzung der gelingenden Vereinigung der Leiber vorauszugehen pflegt. Wer die wechselseitige Anerkennung der Selbstbewußtseine im liebenden Miteinandersein und die orgasmische Erfahrung des Liebesleibes kennt, wird schwerlich in jenen Selbsthaß verfallen, in welchem das Selbst seinen Leib vernichten will. H. S. Sullivan war der Meinung, daß eine echte erotische Selbstverwirklichung in Liebesakten gegen die Erkrankung an Schizophrenie immun mache; die beglückende Liebesempfindung sei ein Schutz davor, sich der schizophrenen Weltflucht zu überlassen. Ähnlich können wir annehmen, daß nur jene sich suizidieren können, deren Leib irgendwie unempfänglich für die orgasmischen Gefühle ist. Es fehlt dem Suizidenten die Erfahrung *seelischer* und *leiblicher Intimität,* und auch dies ist ein Element seiner Hoffnungslosigkeit und Verzweiflung.

Im Lichte dieser Erkenntnis kann man den suizidalen Akt als ›symbolischen Hingabeakt‹ deuten, als einen versuchten Durchbruch durch die Existenzeinmauerung, als erzwungene Auflockerung des ›allzufesten Fleisches‹ (Hamlet), das sich nicht in die ›Liebeswirklichkeit‹ auflösen läßt. Auch Frigidität und Impotenz bekunden dem suizidalen Menschen seine fast totale Unfreiheit, seine ›verfehlte Existenz‹, seine Kommunikationsunfähigkeit.

So gesehen ist das Sich-Entleiben unter Umständen ein ›Aufbruch in die Freiheit‹ — zumindest mag der suizidale Mensch so empfinden. Er wirft die Last des Leibes und des Daseins ab, nicht ohne die Hoffnung am Saum seines Bewußtseins, *hernach* neu beginnen zu können. Das ist der Aspekt der Wiedergeburtsphantasien beim Selbstmörder. Er will einen ›neuen Anfang‹ machen, um der lieblosen Existenz eine andere Gestalt zu geben.

Daß sie sich dabei als eine Art von *Helden* fühlen, ist daran erkennbar, daß viele präsuizidale Menschen beklagen, sie hätten noch nicht den *Mut* zu ihrer Tat. Man kann dieser Meinung kaum deutlich genug widersprechen. Suizid ist nie und nimmer eine Handlung des Lebensmutes und der echten Entschlossenheit: Sie ist eine Haltung der Flucht und des Ausweichens. Vielleicht würden viele Suizidenten weniger stark um die Idee der Selbsttötung kreisen, wenn ihnen die Kläglichkeit ihres Fluchtmanövers deutlicher wäre. Der Ausspruch des Dichters (Friedrich Schiller) erläutert diese Spiegelfechterei:

»In die Flucht geschlagen,
glaubt er zu jagen.«

Angst und Eros bedeuten einen fast grundsätzlichen Antagonismus; ein Übermaß von Angst (Verzweiflung) ist — wie Kierkegaard sagte — eine ›Krankheit zum Tode‹. Sie erwächst in der Regel aus einem Gemisch von Feindseligkeits- und Unterwürfigkeitstendenzen, was wir im Begriff des ›Sadomasochismus‹ zusammenfassen. Wahrscheinlich ist es sinnvoll, den Suizid als *sadomasochistischen Akt* zu bezeichnen, der die Konsequenz eines Weltbildes ohne Liebe ist.

Selbstzeugnisse nach Suizidversuchen

Wenn unsere obigen Darlegungen annähernd zutreffen, dann müssen sie ihre Bestätigung finden in Selbstaussagen von Menschen, die nach einem versuchten Selbstmord ihre Lebensgeschichte erzählten. Hans-L. Wedler (»*Gerettet? Begegnungen mit Menschen nach Selbstmordversuchen*«, 1979) hat derartige Berichte gesammelt, so daß wir uns auf seinen Text stützen können. Eine 32jährige Angestellte hat zwei Suizidversuche unternommen, nachdem sie zweimal in Partnerschaften nicht das ersehnte Glück fand. Aber sie träumte weiterhin von einer schönen und unkomplizierten Liebesbeziehung, so daß sie sich sehr eng an ihren dritten Freund anschloß. Als dieser sich aber auch einer anderen Frau zuwandte, gab sie ihm den Abschied, was sie später bereute. Sie hoffte auf seine Wiederkehr, wurde aber darin enttäuscht.
Nun betrank sie sich des öfteren und aß nur noch wenig, so daß sie auch physisch völlig herabkam. Ihr Interesse an der Umwelt verminderte sich merklich. Bei einem Klinikaufenthalt sammelte sie Schlaftabletten in der Absicht, diese für einen Suizid zu verwenden. Das Leben mutete sie als sinnlos an; den Gedanken an

Selbstmord will sie schon von Jugend auf gehabt haben. So plante sie den Ausstieg aus dem Leben, den sie in ihrem *Tagebuch* zu begründen versuchte. Ihre Aufzeichnungen sprechen von wachsender Vereinsamung und Hoffnungslosigkeit.

So heißt es in der Eintragung vom 29. 11. (S. 18):

»Dieses Gefühl der Einsamkeit bringt mich noch um. Niemand, mit dem ich reden kann, niemand, mit dem ich etwas teilen kann. Wenn ich mit jemandem reden will, muß ich zu den Leuten hingehen, wenn ich Gesellschaft will, muß ich zu den Leuten hingehen. Wann hört das endlich auf?«

Die angesparten Schlaftabletten geben ihr ein gewisses Sicherheits- und Machtgefühl: Sie hat ihr Schicksal irgendwie in der Hand. Aber es drückt sie nieder, daß sie ihrer eigenen Meinung nach kein Liebesverhältnis mehr zustande bringen wird. Darüber sagt sie am 3. 12. (S. 19):

»Manchmal glaube ich, daß eine andere Beziehung für mich doch nicht so ausgeschlossen ist. Dann halte ich es wieder für völlig unmöglich, allein deshalb, weil ich in meinem derzeitigen Zustand für einen Mann völlig unattraktiv bin, wenn nicht sogar abstoßend. Ich kann mir auch nicht vorstellen, daß es mit einem anderen Mann noch einmal so schön sein könnte. Alles andere wäre schon ein Kompromiß. Allein das ist ein Grund zum Selbstmord.«

Sie versucht eine Urlaubsreise, fühlt sich aber unter den fremden Menschen sehr einsam. Mit ihrer Mutter streitet sie herum und findet das selbst abscheulich. Aber Groll und Verachtung stecken tief in ihr drin, so daß sie irgendein Opfer für ihre Abwertungstendenzen braucht. Da sie alles um sich herum verneint, kann sie sich auch vor der Selbstverneinung nicht bewahren. Der Gedanke an eine Psychotherapie tritt auf, wird aber zunächst weggeschoben. Über sich selbst schreibt sie am 17. 12. (S. 20):

»Ich bin nichts, war nichts und werde nie etwas sein. Ich habe nichts zu geben und bin deshalb bedeutungslos. Ich mache meiner Mutter das Leben schwer, indem ich ekelhaft und abweisend zu ihr bin. Obwohl es mir leid tut, kann ich mich nicht anders verhalten.

Meinem Tod steht eigentlich nichts mehr im Wege. Aber irgendwie verhalte ich mich abwartend, obwohl ich weiß, daß sich mein Zustand nicht ändern wird. Ich glaube im Grunde auch nicht an die Therapie. Ich habe keinerlei sexuelle Bedürfnisse mehr, keine Wünsche nach einer neuen Beziehung. Welch eine traurige Existenz!«

Gelegentlich hellt sich ihre Stimmung auf, und ihr Vorsatz, sich umzubringen, gerät ins Schwanken. Aber dann muß sie sich nur daran erinnern, daß ihr Freund nicht zu ihr zurückkehren will, und ihr Lebenswillen vermindert sich in bedrohlicher Weise. Es verdichtet sich bei ihr die Idee, daß sie »ein Nichts sei«. Sie hält sich für nicht wertvoll genug, um leben zu dürfen. Ratlosigkeit breitet sich aus (20. 2., S. 22):
>»Im Leben der mir noch verbliebenen Freunde bin ich nur ein Punkt. Noch nie habe ich eine solche Wertlosigkeit meiner selbst so stark empfunden. Ich komme immer mehr zu der Ansicht, daß ich nicht lebensfähig bin, ich bin ein Nichts in dieser Gesellschaft mit abnormen Empfindungen. Ich weiß, daß ich noch immer genug Zeit hätte, etwas aus meinem Leben zu machen, aber ich kann den Weg dahin einfach nicht finden.«

Sie wird immer mehr von pessimistischen Gedanken heimgesucht, bis sie schließlich die fünfzig Tabletten schluckt. Glücklicherweise wird sie im bewußtlosen Zustand gefunden und in eine Klinik verbracht. Dort beginnt sie eine Psychotherapie, unter deren Wirkung sie über ihr Leben unter neuen Gesichtspunkten nachzudenken beginnt.
Dies spiegelt sich in Gesprächen und Briefen nach ihrer Klinikentlassung. Sie will eine neue Stelle antreten und sich ihren düsteren Stimmungen nicht mehr hingeben. Auch macht sie Neuanfänge in ihren zwischenmenschlichen Beziehungen. Aber sie ist ungeduldig und will alles schnell und mühelos erreichen. Die Psychotherapie tut ihr gut und reduziert ihre Anspruchshaltung gegenüber Welt und Leben (23. 7., S. 28):
>»Langsam bin ich wieder aufgetaucht. Ich glaube, ich hatte einfach zu viele Ansprüche ans Leben, an die anderen — daß ich mit dem, was ist, zufrieden sein muß. Damit wurde ich etwas freier, auch den anderen gegenüber. Langsam bekam ich wieder mehr Kontakt. Ich merkte, daß viele, die ich doch wohl durch meine Zurückgezogenheit verprellt hatte, wieder mehr Zutrauen zu mir gewannen, daß sie sich mir gegenüber normaler verhalten.«

Ein weiteres Liebesabenteuer bringt sie wieder mächtig in die Verdüsterung. Sie schläft mit irgendeiner Party-Bekanntschaft und ist dann frustriert, daß der Mann nichts mehr von sich hören läßt. Sie sieht selbst ein, daß sie damit einer ›Ohrfeige nachgelaufen ist‹, aber die Wange schmerzt sie darum nicht weniger.

Die Psychotherapie wird abgebrochen, aber da es in der Liebe weiterhin schiefgeht, notiert sie mehrmals ihre soziale Isolierung und bedauert es, daß sich niemand mit ihr beschäftigt. Sie weiß, daß ihr Gespräche guttun würden, ist jedoch nicht in der Lage, mit anderen über sich zu sprechen. Das Leben ist immer noch für sie außerordentlich schwierig.

Von einer 31jährigen Studienrätin, die in zerrütteten Verhältnissen aufgewachsen war, heißt es in Wedlers Buch (S. 102):

> »Sie empfand sich oft als wertlos, nirgendwo anerkannt. Von Freunden, an denen sie hing, fühlte sie sich nicht akzeptiert, jedenfalls nicht so, wie sie es sich wünschte. Andere, die an ihr hingen, wies sie zurück. Sie konnte eigentlich niemanden ertragen, der nicht ständig ihre Wertlosigkeit durch Ablehnung und Desinteresse bekundete. Zeichen der Zuneigung erregten ihre Skepsis. Ein Partnerverhältnis schleppte sich seit Jahren dahin zwischen zänkischem Beisammensein und inkonsequenten Trennungen. Mitunter trank sie gefährlich viel Alkohol.«

Als ihr wegen Krebs eine Brust abgenommen werden mußte, sammelte auch sie Tabletten und nahm diese ein. Zuvor hatte sie unter Alkohol einen Autounfall ›gebaut‹, der mutmaßlich schon ein versuchter Suizid war. Überhaupt haben manche Unfälle einen suizidalen Sinn; was als verhängnisvoller Zufall erscheint, ist bei genauerem Zusehen ›unbewußt beabsichtigt‹.

Eine 26jährige Studentin gibt an, daß sie ihren ersten Suizidversuch mit zwölf Jahren machte. Sie lief von zu Hause weg und wollte sich die Pulsadern aufschneiden. Dann aber bekam sie Angst und kehrte nach Hause zurück. — In der Schule war sie ein Außenseiter und hatte weder Freundin noch Freund. Oft wurde sie verspottet und konnte sich nicht wehren. Das empfand sie als eine völlig verfahrene Situation. Über die häuslichen Verhältnisse erzählt sie (S. 179):

> »Zu Hause war alles so fest eingefahren, praktisch alles vorgeschrieben, keine Spontaneität. Gefühle und so wurden nie gezeigt oder geäußert. Nur auf die Form achten. Es war mehr ein

Nebeneinanderherleben als ein Zusammenleben. Ein herzliches Verhältnis gab es nie. Nur nach außen immer den Schein wahren. Auch jetzt, wenn man mal zu Hause ist und fährt wieder fort, wird man auf der Straße mit Herzchen und Küßchen verabschiedet, daß die anderen den Eindruck haben, es sei alles in Ordnung.«

Sie suchte Liebe in der Jagd nach Männerfreundschaften, aber trotz Selbstaufgabe in der Partnerschaft wurde sie oft zurückgestoßen. Als Studien- und finanzielle Schwierigkeiten dazukamen, rutschte sie in die Drogenszene ab. Auch der Alkoholkonsum war für sie ein gewohntes Betäubungsmittel. Die Krise spitzte sich zu, und sie suchte einen Ausweg durch ›Tabletten‹. Später erwachte sie in der Klinik, bekam eine Lungenentzündung und anschließend Gelbsucht, erholte sich aber nach und nach. Während der Krankheit verbesserte sich ihr Verhältnis zu den Eltern. Erfolge im Studium erhöhten ihren Lebensmut. Anläßlich einer Kur bemerkte sie an sich eine bessere Kontaktfähigkeit, was sie noch mehr aufrichtete. Die Teilnahme an einer Gruppentherapie konsolidierte ihren Zustand derart, daß sie auf ihre Zukunft zu hoffen begann. Zur ›Epikrise‹ schreibt sie (S. 182):

»Ich habe jetzt auch hier einen wesentlich größeren Bekanntenkreis, habe nach der Kur weitergemacht mit Sport und bin in einen Sportverein eingetreten. Dadurch lernt man eine ganze Menge Leute kennen, auch außerhalb vom Training trifft man sich, freundet sich an. Ich bin nicht mehr so isoliert wie früher. Früher habe ich immer darauf gewartet, daß Leute auf mich zukommen, daß ich selber nichts zu tun brauche. Daß das nicht funktionieren kann, ist mir jetzt klar. Es war auch eine gewisse Geringschätzung der anderen dabei. Ich dachte, man kann sich irgendwie alleine weiterhelfen, ein gewisses Mißtrauen und Vorbehalte gegenüber anderen. Ich hatte eben gewartet und selber nichts unternommen.«

Möglichkeiten der Therapie

Menschen, die über Suizidabsichten sprechen, und jene, die bereits Suizidhandlungen durchgeführt haben, bedürfen dringend der Psychotherapie als der Methode der Wahl. Wir haben kein

Medikament zur Verfügung, welches die tiefgreifende Verstimmung des Suizidenten langfristig aufhellen und seine fundamental schiefe Einstellung zu sich selbst, zu den Mitmenschen und zum Leben zu korrigieren vermag. Besteht aber die Gelegenheit, in psychotherapeutischen Gesprächen Einblick in die innere Welt des Suizidgefährdeten zu erhalten, dann kann man seine Gedanken, Gefühle und Wertvorstellungen revidieren und ihn unter Umständen für eine ›lebensfreundliche Gesinnung‹ gewinnen.

Der Psychologe oder Arzt darf nicht beim Suizidenten Entwicklungen von umwerfender Tragik erwarten, wenn er seine Anamnese erhebt und sich in die Vorgeschichte der Suizidalität einfühlt. Peter Feudell in seinem Aufsatz »*Epikrise zu 700 Selbstmordversuchen*« (in: Ch. Zwingmann, »*Selbstvernichtung*«, 1965, S. 45) schreibt u. a.:

> »Übersieht man alle unsere Fälle, so resultiert als Gesamteindruck das Erstaunen über die Banalität der Gründe und über die Leichtfertigkeit des Entschlusses zum Selbstmord. Eine auftretende schwierige oder peinliche Situation wurde nicht bewältigt, der Affekt überstimmte die Vernunft, die Versuchung eines Selbstmordversuches mit den erreichbaren Mitteln war zu groß. Hinterher wird die Tat als eine Dummheit bedauert, die unnötiges Aufsehen machte und die am besten schnell wieder vergessen wird. Die hochgespannten Erwartungen, mit denen der Arzt anfänglich an die Krankenbetten dieser geretteten Selbstmörder tritt, werden fast immer enttäuscht. Es tun sich nicht die Abgründe und tragischen Klüfte menschlichen Seelenlebens auf, sondern es offenbaren sich die banalen Unzulänglichkeiten.«

Verschiedene Experten auf diesem Gebiet der Psychotherapie betonen, daß die Arbeit mit Suizidalen große Schwierigkeiten in sich birgt. Hat man doch mit Patienten zu tun, die die Brücke zur Welt großenteils abgebrochen haben, hinter ihrer emotionalen Verdüsterung gewaltige Anspruchshaltungen kultivieren und ihre Alles-oder-Nichts-Mentalität auch in das therapeutische Geschehen einbringen. Wenn sie sich schon einem Therapeuten anvertrauen, dann fordern sie nicht selten, daß dieser ihnen so rückhaltlos zugewandt sei, wie man es von einer Mutter gegenüber ihrem Säugling erwarten kann. Ihre Frustrationsschwelle ist sehr niedrig, und schnell ziehen sie aus umstandsbedingten Zurückweisungen die Konsequenz, daß sie niemand liebt und auch niemand je lieben werde.

In diesem Sinne erinnert die analytische Therapie von suizidgefährdeten Menschen an die Schizophrenentherapie, respektive an den therapeutischen Umgang mit schwer schizoiden Patienten. Der Aufbau einer tragfähigen Beziehung zwischen Analytiker und Analysand ist auch hier das eigentlich heilende Element. Die Überforderung des Therapeuten in der Einzeltherapie legt es nahe, Suizidenten in der Gruppentherapie zu behandeln. Unserer Erfahrung nach empfiehlt es sich hierbei nicht, reine Suizidentengruppen zu bilden; der suizidale Mensch soll mit möglichst verschiedenartigen ›Problemcharakteren‹ in Gruppen vereinigt werden, damit er aus seiner verengten Lebensperspektive herauskommt und seine Weltkenntnis verbreitert.

In der extremen Notlage selbst kann die Telefonseelsorge gut ›erste Hilfe‹ leisten; aber der indirekte Kontakt über das Telefon reicht nicht aus, um auf die Dauer hilfreich und stützend zu sein. Darum soll der Patient baldmöglichst an die Psychotherapie überwiesen werden.

Angesichts der bedeutenden Zahl von Selbstmordgefährdeten und der geringen Menge von Therapieplätzen kommt der Prophylaxe eine entscheidende Tragweite zu. Nach unserer Meinung müßte diese schon in der Schule beginnen. Dort sollte die Problematik des Suizids bei geeigneten Unterrichtsstoffen miterörtert werden. Auch wäre es sinnvoll, Psychologen und Psychotherapeuten einzuladen, vor der Schulgemeinschaft über Suizid und Suizidverhütung zu referieren. Die Tatsache, daß auch viele junge Menschen im Entwicklungsalter suizidgefährdet sind, gibt diesem Vorschlag ein erhöhtes Gewicht. Schüler, die versagen oder Liebeskummer haben, sind schnell bereit, ihrem Leben ein Ende zu setzen. Auch häusliche Konflikte spielen bei der Suizidalität von Jugendlichen eine verhängnisvolle Rolle.

Unter dem Titel *»Prophylaxe und Therapie der Suizidalität«* (in: W. Bitter, *»Alter und Tod — annehmen oder verdrängen?«*, 1974, S. 134) schreibt Walter Pöldinger:

»Eine wichtige allgemeine Aufgabe der Selbstmordprophylaxe ist es, das Thema zu enttabuisieren. Alle Menschen sollten wissen, daß Suizidideen und Suizidimpulse allgemein menschliche Gedanken sind und daß es wohl nur wenige Menschen geben wird, die nicht in schwierigen Situationen zumindest flüchtig an die Möglichkeit eines Suizids gedacht haben. Dies ist vor allem deshalb wichtig, weil viele Menschen, die zum ersten Mal von Suizidideen überfallen werden, der Meinung sind, besonders schuldhafte oder sündhafte Geschöpfe zu sein und gewissermaßen von der Gesellschaft ausgeschlossen zu werden. Diese Menschen, die in einem falschen Tabu leben, haben besonders große Schwierigkeiten, sich einem Seelsorger oder einem Arzt anzuvertrauen.«

Wir leben in einer Gesellschaft, die den Tod verdrängt, weshalb sie es nicht leicht hat, sachbezogen und emotional unbefangen über den Suizid zu sprechen. Es wird wohl langwieriger psychologischer Aufklärungsbemühungen bedürfen, bis das Gespräch über Grenz- und Grundsituationen des Daseins — wozu sicherlich der Selbstmord gehört — in Gang kommt. Dabei wird man sich auch der heute da und dort diskutierten Auffassung stellen müssen, daß der Freitod eine ›Privatsache‹ des Suizidenten sei und demnach die Sozietät nichts angehe. Einer der beredtesten Propagandisten dieser Auffassung war Jean Améry, der sein Leben ›freiwillig beendete‹ und schon lange vorher in seinem Buch *»Hand an sich legen«* (1976) folgende Sätze schrieb:

»Nur schlecht begreift, wer immer da den Gedanken des Freitods ... zu fassen sich anschickt, die zudringliche Besorgtheit der Gesellschaft um sein Endgeschick. Sie hat, diese Gesellschaft, sich wenig gekümmert um sein Dasein und Sosein ... Erst jetzt, wo er der Todesneigung nachzugeben wünscht, wo er dem Ekel vor dem Sein nichts mehr entgegenzustellen gewillt ist, wo Dignität und Humanität ihm gebieten, die Sache sauber abzutun und zu vollbringen, was er ohnehin eines Tages wird müssen: zu verschwinden — nur jetzt gebärdet die Sozietät sich, als sei er ihr teuerstes Stück, umstellt ihn mit scheußlichen Apparaturen und führt ihm den höchst abstoßenden Berufsehrgeiz der Ärzte vor, die dann seine ›Rettung‹ auf ihr professionelles Habenkonto schreiben.« (l. c., S. 99)

Améry hat darin recht, daß der Selbstmordgefährdete vor seiner Tat schon betreut und gestützt werden muß; er steigert aber seine Position bis ins Fragwürdige, da er übersieht, daß die Rettung des Suizidenten notwendig ist und oft auch mit seinem späteren Einverständnis rechnen darf.

Kriminalität

Die Tiefenpsychologie hat sich seit ihren Anfängen mit dem Problem des Verbrechens beschäftigt. Freud publizierte im Jahre 1915 die Untersuchung über *»Einige Charaktertypen aus der psychoanalytischen Arbeit«*. Darin weist er unter dem Titel *»Die Ausnahme«* auf Charaktere hin, die sich aggressiv gegen das Leben und die Mitmenschen wenden. Solche Persönlichkeiten seien oft in der Kindheit physisch oder sozial benachteiligt gewesen. Aus Frustrationen aller Art entstehen Aggressionen, auch Ansprüche auf Sonderbehandlung, die in der Realität keine Erfüllung finden können. Im zweiten Aufsatz über *»Die am Erfolge scheitern«* befaßt er sich mit Lady Macbeth aus Shakespeares *»Macbeth«* und mit Rebekka West aus Ibsens *»Rosmersholm«*: Beide Frauen begehen Verbrechen, auf die sie nachher mit Selbsthaß reagieren. Dies sei die Antwort des Über-Ichs auf delinquente Taten: Der Mensch ist in seinem Unbewußten nicht nur unmoralischer, sondern auch moralischer, als man meint. So kann das Gewissen des Kriminellen zum Selbstverrat und zu Tendenzen der Selbstbestrafung führen. Im Abschnitt *»Der Verbrecher aus Schuldbewußtsein«* behauptet Freud, daß es Delinquenten gäbe, die *vor der Tat* an einem Schuldgefühl leiden und die Tat begehen, um dieses Schuldbewußtsein irgendwo unterbringen zu können. Ähnliches hat Nietzsche schon in seinem *»Zarathustra«* im Abschnitt *»Vom bleichen Verbrecher«* zum Ausdruck gebracht. — Mit diesen Texten eröffnete Freud die psychoanalytische Kriminalpsychologie.

Nicht wenige Freudschüler folgten bald auf den Spuren des Meisters. Theodor Reik schrieb 1925 sein Buch über *»Geständniszwang und Strafbedürfnis«*; um dieselbe Zeit erschien auch sein Werk *»Der unbekannte Mörder«*. Ebenfalls 1925 gab August Aichhorn sein berühmtes Buch *»Verwahrloste Jugend«* heraus, das über seine psychoanalytischen Erfahrungen in der Verwahrlostenerziehung (im Heim Oberhollabrunn bei Wien) berichtete. 1929 publizierten Franz Alexander und Hugo Staub eine gründliche Studie über *» Der Verbrecher und sein Richter«*: Eindrucksvoll an diesem Buch war auch die Tatsache, daß in ihm ein Psychoanalytiker und ein Jurist sich zur gemeinsamen Arbeit zusammengefunden hatten.

Erich Fromms Abhandlung *»Zur Psychologie des Verbrechers und der strafenden Gesellschaft«* (1970) verwendete einen kombinierten marxistischen und psychoanalytischen Ansatz, der aus dem Geiste der ›Frankfurter Schule‹ stammte. 1948 erschien Paul Reiwalds Buch *»Die Gesellschaft und ihre Verbrecher«*, worin ebenfalls soziologische und kulturkritische Gedankengänge bedeutsam in den Vordergrund treten.

Seit 1950 gibt es eine ganze Flut von tiefenpsychologischen Texten zur Kriminalpsychologie. In der Bundesrepublik hat vor allem Tilmann Moser dieses Thema zum Hauptgegenstand seines Interesses gemacht (*»Jugendkriminalität und Gesellschaftsstruktur«*, 1970; *»Repressive Kriminalpsychiatrie«*, 1971). Wollte man auch die Bücher zu unserem Thema, die in den angelsächsischen Ländern, in Frankreich und in Italien erschienen sind, namhaft machen, so käme man nicht bald an ein Ende. Aber wenige neuzeitliche Forschungen erreichen jene Präzision des Verstehens, die wir schon bei einem Pionier der Kriminalpsychologie in der Mitte des 19. Jahrhunderts finden.

Kriminalpsychoanalyse im Jahre 1866

Damals veröffentlichte ein Psychoanalytiker eine Fallstudie über einen Mörder. Der Analytiker hatte von diesem Delinquenten, der eine alte Frau umbrachte, durch die Zeitung Kenntnis bekommen und interessierte sich für die psychologischen Hintergründe der Tat. Was er durch großartige Recherchen ans Tageslicht förderte, war ungefähr folgendes:

Der Mörder war ein verbummelter Student aus bürgerlichen Verhältnissen. Seine Mutter, eine Witwe, unterstützte ihn aus ihren bescheidenen Hilfsmitteln. Aber der junge Mann hatte aufgehört zu studieren. Er lag wochenlang im Bett herum und wälzte seltsame Gedanken. So wollte er etwa herausfinden, ob Napoleon oder eine Laus sei: Nach längerer Überlegung entschied er sich für das erstere. Aber wie sollte sich ein fiebriger, verzweifelter Jüngling als Napoleon dokumentieren? Er kam darauf, daß er ein altes Weib umbringen könnte, das ihm gelegentlich Geld gegen Pfänder geliehen hatte.

Der Student plante den Mord an der Wucherin, damit endlich die *Sinnlosigkeitsgefühle* in ihm verstummen sollten, die ihn dauernd bedrängten. Der Eindruck einer absurden Welt verstärkte sich bei ihm durch die Botschaft, die er von zu Hause erhielt, daß nämlich seine Schwester einen ungeliebten reichen Mann heiraten wolle, um ihm die Beendigung des Studiums zu ermöglichen. Dies steigerte seine Selbstverachtung ins Unerträgliche.

Aber — wenn diese triviale Bemerkung gestattet ist — es ist nicht leicht, einen Menschen umzubringen. Wir meinen damit nicht nur die rein technischen Fragen, wie etwa Wahl von Waffe und Werkzeug, Vorgehensweise usw. Rein psychisch ist ein Mord so außerordentlich schwer, weil der andere Mensch ein Wesen wie wir selbst ist, mit dem wir uns unwillkürlich identifizieren. Töten heißt daher beinahe, auch ein Stück seiner selbst zu liquidieren. Man muß die Gefühle in sich vergewaltigen, wenn man fremdes Leben auslöschen will. Dies gelingt unter Umständen durch Drogen und Alkohol, in der eigenen Panik oder durch wahnhafte Reflexionen, die sich weit genug vom gesunden Menschenverstand entfernen.

Raskolnikoff — denn von ihm ist die Rede — ist der reflexive Typ, wenngleich auch panische Angst in seiner monatelangen einsamen Grübelei bei ihm entstanden sein mag. Er fragt sich, warum man nicht eine alte, nutzlose Frau ums Leben bringen soll. Sie wird ohnehin nicht mehr lange existieren. Und solche Leute gibt es genug und übergenug. So ähneln sie dem Ungeziefer, bei dessen Tötung man sich auch keine Gedanken macht: In dieser Bahn laufen seine Gedankengänge.

Dostojewski hat natürlich auch die Träume seines Exploranden erforscht: Ein Traum kurz vor der Tat ist besonders aufschlußreich. Raskolnikoff geht an der Hand seines Vaters als Kind im Winter spazieren. Ein alter Droschkengaul ist auf dem Eise ausgerutscht und kann sich nicht mehr erheben. Der Kutscher schlägt auf das Pferd ein und flucht wild vor sich hin. Neugierige haben sich um die Szene versammelt und begleiten mit beifälligen Rufen die unmenschliche Gewalttätigkeit des Mannes. Das Kind Rodion Raskolnikoff ist verzweifelt über diese Grausamkeiten, die an einem unschuldigen Tier verübt werden, hört aber die Kommentare aus der Menge, etwa in dem Sinne: ›Schlagt sie tot, die alte Stute, sie taugt ja doch nichts mehr!‹

Dieser Traum setzt sich mit dem bevorstehenden Mord auseinander und sammelt — wie dies Träume nach Alfred Adler immer
tun — Rationalisierungen für das geplante ichhafte Verhalten.
Raskolnikoff ist schon so weit in seinem Fieber drin, daß er nicht
mehr umkehren kann. Und doch: Als er mit seinem Beil auf der
Treppe zur Wucherin ist, überfällt ihn ein rasendes Herzklopfen,
was psychologisch gesehen als die ›Stimme seines Gewissens‹ interpretiert werden kann. Er vollbringt seine unselige Tat, rafft
aber nur sehr ungeschickt etwas Geld zusammen und flüchtet in
Angst und Grauen. Was er nachher tut, ist ebenfalls ziemlich
kopflos und führt schließlich zum Zusammenbruch und zum
Geständnis seiner Schuld, die er durch die Strafe in Sibirien
sühnt. Die Prostituierte Sonja wird ihn in die Gefangenschaft begleiten.
Verlassen wir Dostojewski, dessen psychologische Meisterschaft
unbestritten ist. Aber bevor wir uns von ihm verabschieden,
möchten wir die Frage aufwerfen, welche Methode dieser Dichter in seiner Verbrechensanalyse verwendet, wobei gezeigt werden soll, daß wir nicht nur *inhaltlich,* sondern auch *methodolo-
gisch* von ihm etwas lernen können; die Künstler sind oft der
Wissenschaft um einige Schritte voraus, und man tut gut daran,
bei ihnen in die Schule zu gehen. Sowohl Freud als auch Adler
haben Dostojewski ihren genialen Lehrmeister genannt.

›Erklären‹ oder ›verstehen‹ der Kriminalität

Die moderne Kriminalpsychologie hat sich — unseres Erachtens
sehr zu ihrem Nachteil — an eine Wissenschaftsmethodik ange-
lehnt, die der Dostojewskischen Denktechnik diametral entge-
gensteht. Sie wollte eine Naturwissenschaft sein und begab sich
auf die Suche nach materiell faßbaren Ursachen der Delinquenz,
auf die das Kausalprinzip angewendet werden kann. Auch der
Materialismus des 19. Jahrhunderts drang in diese Forschungsweise ein.
In der Frage des Verbrechens hat man im Laufe der Zeit viele
Kausalitäten angeschuldigt, die aufgrund bestimmter Ursache-
Wirkungs-Dynamismen ›kriminogen‹ sind. Man fahndete nach
der Erbmasse, der biologischen Dekadenz oder Degeneration,
der Umwelt, den hormonalen Bedingungen, den abnormen
Y-Chromosomen und dem pathologisch veranlagten ›Aggres-

sionstrieb‹. Allemal glaubte man, *die* Verbrechensursache gefunden zu haben, aber das Thema blieb dennoch ungeklärt.

Dostojewski ging einen anderen Weg. Er beschrieb den *Verbrecher in seiner Welt.* Er versenkte sich in seine Gedanken und Gefühle, seine Impulse und Gewissensregungen, seine Liebesbeziehungen und seine Freundschaften, seine Stellungnahmen zur Gesellschaft, zur Selbstverwirklichung und zur Teilnahme an seinen Mitmenschen. Er entwickelte gewissermaßen eine ›Philosophie des Verbrechens‹, die zugleich auch alle jene Seelenregungen ›ausgliedert‹, die im Kriminellen gefunden werden. Diese Art von Psychologie sucht nichts ›hinter den Phänomenen‹, sondern macht uns vertraut mit dem, was ›in den Phänomenen selbst‹ gegeben ist.

Was Dostojewski tat, ähnelt sehr jener ›beschreibenden und zergliedernden Psychologie‹, die Wilhelm Dilthey — der große Erkenntnistheoretiker der Human- und Geisteswissenschaften — im Jahre 1894 in einer berühmten Abhandlung forderte. Der Philosoph, der von der biologistischen, experimentellen und kausalistischen Psychologie seiner Epoche befremdet war, postulierte die Notwendigkeit einer neuen psychologischen Forschung, die im ›Erlebnis‹ wurzelt und das im Erlebnis Gegebene ohne naturwissenschaftliche Konstruktionen ›beschreibt und zergliedert‹. Dadurch sollte Lebensnähe und Lebensadäquatheit in die Seelenkunde kommen, die nicht so sehr ›erklären‹, als vielmehr ›verstehen‹ muß. Das Verstehen des Lebendigen jedoch erfordert *Lebensbegriffe,* die der Naturwissenschaft großenteils fremd sind, z. B.: Struktur und Gestalt, spontane Entwicklung, Einheit und Sinn-Ganzheit des Geschehens, innerer Bedeutungszusammenhang, Werterfahrung, Strebensrichtung, Beziehung zur gesellschaftlichen und kulturellen Welt.

Im Lichte einer solchen Grundorientierung sind Familienstammbäume, biologische Konstitutionen, Chromosomen-Anomalien und hypothetische Aggressionstriebe höchstens ›Rahmenbedingungen des kriminellen Verhaltens‹, nicht aber dessen ›Ursachen‹. Vor allem die moderne Erklärung der aggressiv-destruktiven Lebensführung von Menschen durch einen angenommenen ›Aggressionstrieb‹ erklärt viel weniger, als man meint. Denn man bewegt sich hiermit fast in einer Tautologie, wie jener Kandidat bei Molière, der auf die Frage, warum das Opium einschläfernd wirkt, die weise Antwort gab: ›Weil es eine einschläfernde Kraft besitzt!‹

Bei der Untersuchung des Verbrechens können wir zwischen zweierlei Methodik wählen: Auf der einen Seite steht die Methode des Philisters, auf der anderen Seite die Methode Goethes, Dostojewskis, Diltheys und der Tiefenpsychologie. Der Philister sucht am Verbrecher einen Befund, der ihn *außerhalb der Menschenwelt* stellt — irgendeine Anomalie, an der wir *nicht* teilhaben. Goethe hingegen sagte, er habe nie von einem Verbrechen gehört, von dem er hätte behaupten können, daß er es nicht begehen könnte. Auch die Tiefenpsychologie zeigt die feinen Übergänge vom Normalen zum Pathologischen; angesichts ihrer Erkenntnisse darf sich niemand mehr im Hinblick auf Neurotiker, Perverse, Psychotiker und Kriminelle irgendwie erhaben fühlen. Wir sitzen alle in einem Boot mit diesen Schiffbrüchigen des Lebens; je eher wir das begreifen, um so besser können wir ihnen helfen.

Um die Grundzüge einer verstehenden Psychologie des Verbrechens anzudeuten, können wir an einem Beispiel aus der ›Gestaltpsychologie‹ anknüpfen. Wir wollen damit zeigen, daß der Verbrecher nicht aus ›Dämonie‹ so handelt, wie er es tut, sondern daß er einfühlbar denselben Dynamismen folgt, die wir alle in uns tragen. Dabei legen wir den Akzent darauf, daß er *in einer Situation* ist, die ihm seine Handlungsweise quasi aufdrängt: Situationseinsicht erhellt uns die Verbrechensstruktur vielleicht viel deutlicher als jegliche Kriminalbiologie und Aggressionstrieb-Metaphysik.

Um 1930 hat die Lewinschülerin Tamara Dembo einen interessanten Versuch über den *»Ärger als psychodynamisches Phänomen«* gemacht. Sie verlangte von Versuchspersonen die Lösung einer unlösbaren Aufgabe: Diese sollten aus einem Kreis eine Anzahl von Gegenständen herausfischen, aber die Anordnung war so, daß die Exploranden nicht an die Objekte herankamen. Sie fischten im Leeren und begannen sich zu ärgern. Einige fluchten vor sich hin, andere schimpften auf den Versuchsleiter, und einige wurden kleinmütig und resigniert. Aber Aggressionen als Stimmung und Verstimmung traten mehrheitlich auf.

Der Kriminelle ist in einer Gesamtsituation, die derjenigen der Versuchspersonen von Tamara Dembo durchaus analog ist. Auch er steht vor einem Aufgabenkomplex, den er mit seinen Mitteln keineswegs lösen kann. Daher ist er vom Leben konstant frustriert und gerät in Angst, Wut oder Ärger, was ihn bei spezifischen Zusatzbedingungen zum Verbrechen hinführt. Welche lebensgeschichtlichen und situativen Voraussetzungen dem ›kriminellen Lebensstil‹ oder der ›kriminellen Lebensgestaltung‹ zugrunde liegen, hat unseres Erachtens niemand so treffend herausgearbeitet wie Alfred Adler. Seine ›Individualpsychologie‹ galt lange Zeit nur als ›Nebenströmung der Psychoanalyse‹; heute sehen wir aber, daß Adler neben Freud und Jung ein klassischer Bahnbrecher der Tiefenpsychologie ist, der gleichberechtigt neben den anderen Erzvätern dieser Disziplin steht.

Individualpsychologie des Verbrechens

Adler begann 1907 mit seiner Theorie von der ›Organminderwertigkeit und ihren Folgen im Seelenleben‹. Er behauptete in seiner Frühschrift über dieses Thema, daß Kinder mit irgendwelchen Organschwächen einen schwierigen Lebenskampf zu bestehen haben. Sie haben Mühe, den Kulturforderungen zu genügen, und geraten frühzeitig in Anspannung und Not. Bei günstigen Umweltbedingungen kann es zu Kompensation und Überkompensation kommen. Das Kind wird hierbei sein primäres Minus morphologisch oder funktionell ausgleichen und eventuell sogar zu einem akzentuierten Plus gelangen. Wichtigste Stätte der Kompensation von Organschwächen ist das Seelenleben. Das gilt nicht nur für den einzelnen Menschen, sondern auch für die Gattung Homo. Diese ist nämlich biologisch minderwertig, wie schon Herder im 18. Jahrhundert postulierte. Gerade wegen seiner körperlichen Unzulänglichkeiten mußte der Mensch das Gebäude seiner Kultur errichten, in der die Unzulänglichkeit seiner Organe durch seelisch-geistige Mehrleistungen egalisiert wird.
Nur bei guter sozialer Verwurzelung des Menschenkindes kommt es nach Adler zu kulturell wertvollen Kompensationsleistungen. Die Verlockung ist groß, ein biologisches Manko durch asoziales Gebaren zu beantworten. Viele Neurotiker waren als Kinder oft krank und bedurften überbetonter Pflege. Ähnliches gilt auch für manche Kriminelle, die aus häufigem Kranksein einen ›verwöhnten Lebensstil‹ ableiten, mit dem sie sich der sozialen Beitragsleistung entziehen. Eine relevante Organminderwertigkeit bei Delinquenten ist *Häßlichkeit*. Ein häßliches Kind erhält oft weniger Liebe. René Spitz schilderte Fälle von Waisenkindern, die infolge von Vernachlässigung Entwicklungs-

rückstände zeigten. Die hübschen Kinder darunter waren jedoch über dem Entwicklungsniveau ihrer Leidensgefährten: Man hatte sie mitunter doch liebevoll angefaßt und mit ihnen geplappert. Durch unschönes Aussehen gerät man ins soziale Abseits:

Das beschrieb schon Friedrich Schiller in seiner Erzählung »*Der Verbrecher aus verlorener Ehre*«. Noch plastischer läßt Shakespeare seinen »*Richard III.*« die Worte sagen:

»Ich, um dies schöne Ebenmaß verkürzt,
Von der Natur um Bildung falsch betrogen,
Entstellt, verwahrlost, vor der Zeit gesandt
In diese Welt des Atmens, halb kaum fertig
Gemacht, und zwar so lahm und ungeziemend,
Daß Hunde bellen, hink' ich wo vorbei ...
Und darum, weil ich nicht als ein Verliebter
Kann kürzen diese fein beredten Tage,
Bin ich gewillt, ein Bösewicht zu werden
und Feind den eitlen Freuden dieser Tage.«

Die Häßlichkeit mancher Verbrecher ist ein solches soziales Handicap, daß Adler sogar den Vorschlag machte, in extremen Fällen möge man eine kosmetische Operation finanzieren: Es ist denkbar, daß eine Gesichtsveränderung mehr bewirkt als Haft, gutes Zureden oder schlechte Psychotherapie. Gewiß wirken manche Kriminelle auch nur deshalb häßlich, weil sie auf Grund ihrer Lebensgeschichte wenig Sympathie ausstrahlen: Ein abweisend-pessimistisches Gesicht ist ›unschöner‹ als ein uns emotional zugewandtes. Hier haben wir mehr mit dem *Ausdruck* als mit der *Morphologie* zu tun. — Selbstverständlich gibt es auch ›schöne Menschen‹ unter den Verbrechern: Es sind dann jene Verwöhnten, die in der Kindheit nicht gelernt haben, sich Wünsche zu versagen.

Zum Verständnis aller Menschen — der Kriminellen und der Nichtkriminellen — schlug Adler ein Koordinatennetz vor, in das seelische Erscheinungen eingeordnet werden können. Dieses Netz sieht sozusagen vertikal die Achse von Minderwertigkeitsgefühl und Geltungsstreben, horizontal diejenige des Gemeinschaftsgefühls vor. Jeder psychologische Befund liegt irgendwo in diesem System drin und kann aus seiner Position heraus interpretiert werden. Dabei gilt das Gesetz der indirekten Proportionalität: Je ausgeprägter das Sozialinteresse, um so weniger haben Minderwertigkeitskomplex und kompensierender Machthunger Bedeutung. Sind aber die sozialen Bindungen eines Individuums gelockert, dann stößt man auf ein Überwiegen der ›vertikalen Optik‹, die den Schlüssel zur Psychopathologie jeglicher Art bietet.

Überhöhte Minderwertigkeitsgefühle können auf mannigfache Weise im Werdegang eines Menschen entstehen. Organminderwertigkeit ist nur *eine* Konstellation, die zur verringerten Selbstachtung führen kann. Die Stellung in der Geschwisterreihe ist etwa ein anderer Faktor. Oder die soziale und wirtschaftliche Lage der Familie. Oder die Tatsache einer unehelichen Geburt. Oder eine zerrüttete Ehe der Eltern, respektive eine unvollständige Familie, das heißt Aufwachsen bei der Mutter allein, ohne väterliche Betreuung. Oder seelische Heimatlosigkeit im Kindesalter (Heimerziehung, ungeschickte Pflegeeltern usw.). Oder soziale Mißachtung des Kindes wegen Zugehörigkeit zu einer Minorität sozialer, religiöser, rassischer und anderer Art.

Am wichtigsten scheint in dieser Hinsicht der *Erziehungsstil der Eltern* zu sein, wobei Verwöhnung, Härte und Strenge oder Lieblosigkeit besonders tiefe Minderwertigkeitskomplexe hervorrufen. Auch unverständige Sexualpädagogik, Autoritarismus, Prügel, Hunger und Entbehrungen aller Art zertrümmern die kindliche Selbsteinschätzung und führen zum Gefühl der persönlichen Nichtigkeit. Alle diese Mißlichkeiten kommen auch in den nichtkriminellen Lebensläufen vor und führen auch dort zu pathologischen Entwicklungen, die sich hinter einer scheinbaren ›Angepaßtheit‹ verbergen können.

Wir haben bis jetzt die Struktur der kriminellen Psyche nur von der Unterlegenheitsposition her betrachtet; es muß aber auch der ›kompensatorische Überbau‹ in Betracht gezogen werden. Nach Adler erträgt kein Mensch das ›Untensein‹, ohne nach oben kommen zu wollen: Die Frage ist nur, ob er in seinem Streben die menschliche Gemeinschaft einbezieht. Beim späteren Kriminellen finden wir von Kindheit an ein Geltungsbedürfnis auf der sogenannten ›Unnützlichkeitsseite des Lebens‹. Das fängt an mit Lügen, Stehlen, Verheimlichungen, Faulheit, Trägheit (verbunden mit Riesenerwartungen), Indienststellung anderer usw. Anhand solcher Eigenschaften zeigt sich ein Kampf gegen die Umwelt, die den Fehdehandschuh aufnimmt und mit Härte und Verständnislosigkeit reagiert.

Die Bedeutung aller Charaktereigenschaften des Asozialen und Verwahrlosten ist: Unfähigkeit zur Einfügung in die Gemeinschaft und zur diesbezüglich notwendigen Mitarbeit an gemeinsamen Aufgaben. Diese Grundposition treibt Wesenszüge wie Trotz, Feigheit, Überempfindlichkeit, Aggressivität und Angst hervor.

Für den psychologischen Laien ist es nicht leicht nachzuvollziehen, daß mit solchen charakterlichen Kampfbereitschaften ein geheimes Ziel anvisiert wird, welches Adler ›Überlegenheitsideal‹ oder den ›männlichen Protest‹ nennt. Der Kriminelle will — wie wir anderen auch — ›ein ganzer Mann‹ werden, eine Formel, die gemäß den Erfahrungen in seinem Milieu sich in ›Anti-Haltungen‹ umsetzt. So fühlt sich der Delinquent als kleiner Gott, wenn er nicht zur Arbeit geht, kleine oder große Diebereien durchführt und Sitte und Moral ein Schnippchen schlägt. Die Machtambition ist bei ihm dieselbe wie bei den sogenannten ›Normalen‹ und ›Unauffälligen‹, was jedenfalls schon Plato wußte, als er sagte: »Die guten Menschen sind jene, die nur *träumen,* was die Bösen *wirklich tun!*«

Wenn einmal der Charakter eines Menschen in den Jahren der Kindheit seine Form angenommen hat, dann kommt es hernach nicht mehr leicht zu Änderungen der Erlebniswelt und der Verhaltensstruktur. Jeder Mensch beharrt in seinen ›Gewohnheiten‹, die bis in alle Modalitäten seines Denkens, Fühlens und Wollens hinabreichen. Mißerfolge mit der angenommenen ›Gangart‹ werden äußeren Zufällen oder der Ungunst der Mitmenschen zur Last gelegt. Sich ändern ist schwer: auch für den sogenannten Normalen. Für pathologische Charaktere ist es fast unmöglich, da sie in der Regel wenig echte Selbstreflexion gelernt haben und auch keine Beziehungspersonen haben, die sie aufklären können. Von daher mag der *Wiederholungszwang* im Leben der seelisch gestörten Menschen kommen, den Freud in seinen Spätschriften so eindrücklich hervorhob.

Horst-Eberhard Richter zeigt in seinem Buch *»Patient Familie«,* daß verschiedene Seelenstörungen aus spezifischen Familiensituationen stammen. Der Hysteriker kommt aus einer Familie, die dem Typus ›Schaubühne‹ entspricht: Jeder spielt jedem etwas vor, und nichts ist ernst gemeint. Der Angst- und psychosomatische Patient ist aus einer Familie, die dem ›Sanatorium‹ ähnelt: Man ist häufig krank, und das ganze Lebensinteresse dreht sich um den Selbstschutz angesichts drohender Gesundheitsgefahren. Und wie sieht es da beim späteren Kriminellen aus? Er kommt mitunter aus einer Konstellation, die Familie und Welt als ›Dschungel‹ präsentiert. Darauf richtet er sein Leben ein.

Autobiographie eines Kriminellen

Um in das Wesen der Kriminalität einzudringen, lohnt es sich sehr, Autobiographien von Delinquenten zu lesen. In der Selbstaussage delinquent gewordener Mensch steckt für den Kundigen mitunter mehr Realitätserkenntnis als in vielen kriminalpsychologischen Studien; man muß allerdings durch den Text hindurch die dahinterstehende Persönlichkeit erahnen und sich bewußt bleiben, daß der Kriminelle — wie wir alle — eine nur ›tendenziöse Lebensbeschreibung‹ geben kann, in der er jene Fakten auswählt und akzentuiert, die zu seinem ›Lebensentwurf‹ passen. Der Leser soll nicht nur die Wahrheit in, sondern auch zwischen den Zeilen wahrnehmen.

Der Schriftsteller Martin Walser hat unter dem Titel »*Wolfgang Werner: Vom Waisenhaus ins Zuchthaus*« (1972) eine solche Autobiographie herausgegeben, die in vieler Hinsicht Interesse verdient. Das Buch stammt von einem 27jährigen Delinquenten, der 22 Jahre seines Lebens in Erziehungsheimen und Gefängnissen verbracht hat. Er erzählt in sprachlich-orthographischer Unbeholfenheit, was er von seinem Leben weiß; und ohne damit ein spezielles Ziel anzuvisieren, gibt er uns Aufschluß über die ›Welt des Verbrechens‹. Schon die ersten Sätze sind sprechend genug (S. 7):

> »Meine Mutter, die ein sehr bewegtes Leben führte, gebar mich als uneheliches Kind. Das Jugendamt der Stadt Wuppertal, welches den Lebenswandel meiner Mutter zu gut kannte, beugte vor und entzog ihr die Erziehungsrechte. Man übergab mich als Säugling einem Waisenhaus, bis ich etwa im Alter von zwei Jahren von fremden Leuten als Pflegekind übernommen wurde. Dieselben wohnten auch in Wuppertal.«

Er kommt in verschiedene Kinderheime, und das erste, woran er sich erinnern kann, sind Heimweh, Prügel und sexuelle Erfahrungen. Sehr früh wird er zu sexuellen Praktiken verführt, wobei nicht nur die Heimkinder selbst, sondern auch Erzieher und Erzieherinnen ihm allerlei Fertigkeiten vermitteln. Alle seine Leidensgefährten sind lebenshungrig und triebhaft; von Schulerfahrungen berichtet Wolfgang Werner fast nichts; bei Gelegenheit bemerkt er nur, daß er hinter seinen Altersgenossen zurückgeblieben war.

Erst mit 16 Jahren lernt er seine leibliche Mutter kennen. Diese haust in einer verwahrlosten Wohnung, in welcher in zwei Zimmern elf Menschen beisammenwohnen. Ein Hausfreund ist auch da; dazu kommen mehrere Kinder von verschiedenen Vätern: Knaben und Mädchen schlafen in einem Bett. Es kümmert sich niemand darum, daß infolge der sexuellen Frühreife auch inzestuöse Beziehungen sich anbahnen.

Wolfgang Werner trifft einen älteren Kumpan, der ihn auf den ersten ›kriminellen Trip‹ mitnimmt. Ein Mann wird zusammengeschlagen und beraubt, da sie sich in das Nachtleben der Großstädte stürzen wollen. Der Ausflug endet auf der Hamburger Reeperbahn, wo es zu einem Bordellbesuch kommt. Der Jüngling verläßt seinen Gefährten und meldet sich selbst auf der Polizeiwache, die ihn in ein ›Übergangsheim‹ einweist. Dort ist er mit ›echten Kriminellen‹ zusammen und hört staunend von Möglichkeiten der Delinquenz, die ihm noch fremd waren. Er bekommt Gratisunterricht für die Kriminellenkarriere.

Einen Beruf hat er nicht gelernt, und nach seiner Entlassung arbeitet er auf Rummelplätzen, wo er feststellt, daß er bei Frauen nicht schlecht ankommt. Er läßt sich mit einer Minderjährigen ein, was ihm ein gerichtliches Verfahren einbringt. So fängt er mit manchen ›Vorstrafen‹ an, ehe er noch volljährig wird. Wiederum ist er in der ›Gesellschaft von Kriminellen‹. Ein Zuhälter erläutert ihm die ›süßen Lebenschancen‹ in der Zuhälterei — etwas, was Werner nicht vergessen wird.

Nach seiner Entlassung versucht er zu arbeiten, aber er ist ungeschickt, reizbar und unstetig. Er läßt sich auf einem Schiff anheuern und erlebt das Dolce vita der Hafenstädte. Wo immer er an Land geht, zieht es ihn zu den Bordellen; Schläger und Verbrecher sind an diesen Orten auch genug zu finden. Bei seiner Rückkehr nach Wuppertal trifft er die erste Prostituierte, die für ihn ›auf den Wackel‹ gehen will. Mit seiner Erika und entsprechenden Freunden bereist er verschiedene Städte, wo die Frauen ›anschaffen‹ und die Männer trinken, Karten spielen und herumlungern. Auch in Paris werden ›die Kunden bedient‹; da ihm aber seine ›Biene‹ zu langweilig wird, verläßt er sie ohne Abschied in Paris und fährt mit Pariser Dirnen und Zuhältern nach Deutschland zurück, wo auf größere Verdienstmöglichkeiten gehofft wird. Das viele Geld, das hereinkommt, wird meistens im Nu ausgegeben; fast sinnlos werden Kleider und Schmuckstücke angeschafft, und auch die üblichen Geschäftskosten sind hoch. Ersparnisse können in diesem ›Job‹ nicht gemacht werden.

Wolfgang Werner erzählt von dieser und jener Nutte, die er ›gemaust‹ (koitiert) hat und wieviel Geld sie für ihn verdiente. Bei gelegentlichen Zwischenaufenthalten bei seiner Mutter ›maust‹ er auch seine Schwester, was ihm später wieder einen Prozeß aufhalsen wird. Auch Eigentumsdelikte stehen auf dem Tapet: Wenn er ein Auto braucht, dann ›knackt‹ er eben eines, das herumsteht. So landet er in Abständen immer wieder im Gefängnis.

Erschütternd ist, daß dieser junge Mensch stets im Bereiche jener Welt bleibt, in die er gleichsam ›hineingeboren wurde‹. Sein Leben bleibt in der Bahn, in die es hineingestellt wurde. Mit ca. 25 Jahren ist er bereits ein sehr erfahrener ›Häftling‹, der mit allen Wassern der Zuchthausexistenz gewaschen ist. Er kennt sie nach und nach alle: die Diebe, die Bankräuber, die Mörder, die Heiratsschwindler, die Hochstapler und Betrüger, die Sittlichkeitsdelinquenten. Wenn er entlassen wird, trifft er nach kurzer Zeit die ›alten Bekannten‹, und oft geht die Anregung zu neuen Delikten von diesen Gefängnisbekanntschaften aus.

Für Versuche eines ›anständigen Lebens‹ hat er keine Geduld, Einsichten und tragende Beziehungen: Er wird fast automatisch rückfällig. Nicht zu Unrecht bemerkt der Herausgeber, daß angesichts eines solchen Lebenslaufes die ›These von der menschlichen Willensfreiheit‹ etwas absurd anmutet. Die Gesellschaft muß sich vor Kriminellen schützen; aber die Institutionen, die sie zu diesem Zwecke geschaffen hat, erzeugen mehr Delinquenz als sie verhüten.

Auffallend an dieser ›Lebensgeschichte‹ ist die Tatsache, daß Wolfgang Werner nie von einer *Freundschaft* oder einer *echten Liebe* berichten kann. Er hat Spießgesellen und Kumpane, aber er befreundet sich mit niemandem. Er hat zahllose Frauen, mit denen er ins Bett geht: Aber keiner ist er menschlich und emotional verbunden. Sie sind allemal Objekte seines Lebenshungers und seines sexuellen Verlangens. Er vergißt sie, wenn sie ihn verlassen oder wenn er sie verläßt.

Er macht Anläufe zum Arbeiten, aber er hält sich an keiner Stelle. Auch treibt es ihn immer wieder weg, ziellos in die Ferne.

Von den gesellschaftlichen Ereignissen um ihn herum nimmt er gar keine Notiz. In der ganzen Autobiographie dreht sich alles um den harten Daseinskampf, den er innerhalb und außerhalb der Gefängnisse zu bestehen hat. Er kreist um sich selbst und seine flüchtigen Liebschaften oder Erlebnisse.

Es liegt eine unendliche Tragik in diesem Zirkel der Ereignisse, der einen Menschen zermalmt. Der Passus auf den letzten Seiten unseres Textes (S. 271) mutet wie ein Kondensat dieser Autobiographie an:

»Als ich wieder auf der Straße lag, war mein fester Wille, soll es kommen wie es mag, aber die Arbeit wollte ich nicht aufgeben. Ich ging ins Hotel, wo ich pro Nacht 9 DM zahlen mußte, aber noch kein Essen am Tag hatte. Und eines Tages, dank der sorgenden Kripo, konnte ich die Arbeit in den Mond schreiben. Der Meister kam zu mir und sagte, Herr Werner, es tut uns leid, aber wir können Sie nicht weiterbeschäftigen. Er gab zu, daß er voll mit mir zufrieden war, aber die Kripo mußte mir auch noch das nehmen. Ich stand fast mittellos auf der Straße. Nur eins blieb mir noch, meine Freundin, und die wollte ich nicht verlieren. Um sie mit allen Mitteln halten zu können, tat ich das, was ich nie wollte, aber sie förmlich von mir verlangte, ich klaute ein Auto und dachte, sie auf diese Art halten zu können. Auf einem Parkplatz stand ein Wagen, dessen Fenster auf war, und diesen entwendete ich. Ich fuhr sofort zu meiner Freundin. Nun sitze ich hier und warte auf meine Berufungsverhandlung.«

Kindheit und Jugend des Verbrechers

Aus den bisherigen Darlegungen sollte deutlich geworden sein, daß die Kriminalität wohl kaum auf angeborenen Dispositionen beruht und daß der spätere Verbrecher in seine ›Rolle‹ hineinwächst, weil er nichts anderes und vor allem auch nichts Besseres gelernt hat. Das fängt oft schon sehr früh im Kindesalter an mit Lügen, Stehlen, Unredlichkeiten aller Art, Aggressionen usw. Die Ausgangsbasis ist der Kontaktmangel und die daraus erwachsende Daseinsangst, die fast notwendigerweise in Feindseligkeit gegen Menschen und Dinge umschlägt.

Eine Bestätigung dieser Gesichtspunkte lieferte z. B. das Ehepaar Sh. und E. Glueck mit seiner Untersuchung »*Unravelling*

340

Juvenile Delinquency« (1950). 500 delinquente Jugendliche aus
Boston wurden hierbei mit ›normalen Jugendlichen‹ verglichen,
um so eine prognostische Tabelle ausarbeiten zu können, die
frühzeitig die Hinwendung zur Kriminalität erkennen läßt. Dabei wurde bei den Delinquenten u. a. entdeckt, daß sie in ihrer ersten Kindheit im allgemeinen kränklicher waren als die Nichtkriminellen; an Symptomen wiesen sie des weiteren statistisch relevant Bettnässen, motorische Unruhe, Fingernägelkauen, behin-
derte Lernfähigkeit und Charakterstörungen auf. Dies wird von
den Gluecks folgendermaßen rekapituliert:

> »Psychologisch gesehen zeigten sich die delinquenten Jungen
> stärker auf konkrete Tatsachen eingestellt. Sie lernten leichter
> aus ihren Handlungen als aus Büchern ... Die delinquenten
> Jungen zeigten sich in viel größerem Ausmaße als die Nicht-
> delinquenten trotzig, übelnehmerisch, feindlich, verdächti-
> gend, zersetzend, impulsiv, lebhaft, extravertiert. Außerdem
> ordneten sie sich weniger leicht einer Autorität unter. Aus
> psychiatrischen Untersuchungen wurde berichtet, daß die
> Delinquenten über weniger emotionelle Stabilität verfügen als
> die Nichtdelinquenten und daß sie abenteuerlustiger, beein-
> flußbarer und eigensinniger waren. Sie neigten auch eher
> dazu, sich gehenzulassen.« (l. c., S. 109)

Besonders aufschlußreich waren die Resultate der Gluecks hinsichtlich des Familienlebens ihrer delinquenten Exploranden.
Auch hier zeigten sich auffallende Unterschiede zu den Nicht-
delinquenten. Ein erheblicher Prozentsatz der kriminellen Jugendlichen stammte aus ›unvollständigen Familien‹ (uneheliche
Kinder, Scheidungsehen usw.), aus ›broken homes‹. Oft waren
sie drastisch Opfer von ›Familiendramen‹, von schiefer, kalter,

Erziehungsweise	Delinquente	Nichtdelinquente
launisch		
Mutter	34,6 %	21,1 %
Vater	41,6 %	17,9 %
fest, aber herzlich		
Mutter	4,2 %	65,6 %
Vater	5,7 %	55,5 %

roher und despotischer Erziehung, in die teilweise auch Verzärtelung hineinspielte.

Über die elterliche Erziehung sei an dieser Stelle eine Tabelle der Gluecks mitgeteilt (s. S. 379), die schlaglichtartig die prekäre Erziehungssituation des späteren Delinquenten transparent macht. Daraus leiten die Eheleute Glueck eine wichtige Schlußfolgerung ab:

»Gleichgültig, ob wir eine Psychologie des ›gesunden Menschenverstandes‹ oder eine tieferschürfende psychoanalytische Erklärung wählen, ergibt sich klar aus den Beweisen, daß im Heim und in den Eltern-Kind-Beziehungen die fundamentalen Wurzeln des Charakters gesehen werden müssen; sie bestimmen, ob der Mensch sich den Realitäten des Lebens und der Gesellschaft anpaßt oder nicht.« (l. c., S. 108)

Eine weitere Einsicht der Glueckschen Statistiken deutet darauf hin, daß die späteren Delinquenten schon im Elternhaus Ansätze zur kriminellen Haltung zeigen, darin aber wesentlich durch den Kontakt mit anderen Verwahrlosten bestärkt werden. Die *Bandenbildung* etwa erleichtert entscheidend den Weg in die Kriminalität, ist aber nicht ihr ausschlaggebender Faktor.

Banden sind Gruppen, die eine gewisse Struktur aufweisen und jedem Mitglied Aufgaben, Erwartungen und damit auch einen gewissen Lebensinhalt bieten. Jugendliche Banden bilden sich häufig in Städten, wodurch Verwahrloste männlichen und weiblichen Geschlechts hierbei zu regelrechten ›Kampfgemeinschaften‹ zusammenfinden. Oft rivalisieren verschiedene ›gangs‹ miteinander. Die Art, wie sie einander sehen und behandeln, erinnert lebhaft an den nationalen Chauvinismus, der künstliche Gegensätze zwischen den Nationen aufreißt. Die eigene Gruppe wird damit gegenüber der Fremdgruppe maßlos überbewertet. Jugendliche Banden hegen — wie Völker, Religionen, Rassen — ihren Gruppenstolz, schließen sich vor Umweltkontakten ab und bauen eventuell sogar eine ›Kultur der Bande‹ auf, in der Umgangsformen spezieller Art, Traditionsbewußtsein und Gruppengeist eine erhebliche Rolle spielen. Vor allem in den USA hat man die ›Psychologie der Banden‹ studiert.

Immer sind solche verwahrloste Jugendliche auf der Suche nach affektiven Bindungen, Geborgenheit und Schutz, was sie im Elternhaus nicht zu bekommen pflegen. Die Bande wird ihnen zu einer Pseudofamilie. In ihr holen sie sich die Selbstbestätigung, die sie mit den üblichen Mitteln — Arbeit, Liebe, soziale Integration — nicht erreichen können.

Der amerikanische Autor H. E. Salisbury (»*Die zerrüttete Generation*«) untersuchte sehr eingehend New Yorker Jugendlichen-Banden und fand dabei, daß die in ihnen integrierten jungen Menschen durch große Bindungsangst und Verantwortungs-scheu gekennzeichnet sind. Sexuelle Beziehungen werden von ihnen hauptsächlich im Sinne eines ›Männlichkeitsgebarens‹ eingegangen. Der einzelne Verwahrloste wie auch die ganze Bande leben in einer betont feindlichen Welt. Die affektiven Beziehungen zu den Mitmenschen sind allgemein gestört. Damit ist verbunden eine Störung des Lebensgefühls überhaupt. In jugendlichen Banden ist nicht nur die *kriminelle Neigung,* sondern auch die *Suizidalität* merklich ausgeprägt.

Meist unterstehen die Banden einem Führer, der für sie ein Ideal von Härte, Männlichkeit und Heroismus verkörpert. Offensichtlich handelt es sich hierbei um einen ›Vaterersatz‹, selbst wenn der Führende noch ein Jugendlicher ist. Er verschafft den seelisch heimatlosen jungen Leuten die Möglichkeit des Vorbildes und der Hingabe; sie eifern ihm nach, solange seine Autorität nicht durch große Mißerfolge und Fehlverhalten ins Wanken gerät.

Die Strukturierung der Bande erfolgt in entschiedener Ablehnung dessen, was die Gesellschaft fordert und für wertvoll erachtet. Irgendwie ist die Bande eine asoziale ›Gegenkultur‹: In ihr vereinigen sich Jugendliche, die die üblichen Maßstäbe des Lernens und Verhaltens von Kindheit an abzulehnen gelernt haben. Dem entspricht etwa auch die Negation der Schule, das Auftrumpfen gegen Sitte und Moral durch delinquente Aktionen, sexuelle Frühreife und entsprechende Betätigung usw. Soziologische Erhebungen haben erwiesen, daß vor allem die Kinder der *sozialen Unterklasse* für Verwahrlosung und Bandenbildung disponiert sind. Sie stehen ja ohnehin außerhalb der ›bürgerlichen Gesellschaft‹ und haben es darum leichter, in die Asozialität abzugleiten. Auch hat das Unterklassenkind viel mehr frustrierende Lebenserfahrungen, so daß es von der allgemeinen Feindseligkeit der Welt gut überzeugt werden kann. Ökonomisches und soziales Ausgeliefertsein führen, durch familiäres Unglück verstärkt, zur antisozialen Haltung, die bei kriminellen ›Einzelkämpfern‹ und bei Banden stets zu Zusammenstößen mit Polizei und Gesetz Anlaß gibt.

Soziologie des Verbrechens

Vom soziologischen Standpunkt muß darauf hingewiesen werden, daß die Gesellschaft, die den Verbrecher straft, wesentlich zur Erhaltung des Verbrechens beiträgt. Mißstände unseres Gemeinschaftslebens sind dafür verantwortlich zu machen, daß ein gewisser Prozentsatz von Menschen asozial wird und sich in den Gesellschaftskörper nicht einfügen kann. Der Zusammenhang zwischen Armut, Verelendung, Wirtschaftskrisen und Verbrechen ist nicht von der Hand zu weisen. Katastrophen noch größeren Ausmaßes wie etwa Kriege tragen auch dazu bei, die sozialen Bindungen aufzulösen und das Menschenleben, hekatombenweise hingeopfert, zu entwerten. Solange Kriege noch als politische Mittel anerkannt sind und nicht von den Staaten generell geächtet werden, muß es für den kriminellen Menschen wenig überzeugend sein, daß derselbe Staat das Töten verbieten will, der es doch — unter anderen Umständen — von seinen Bürgern fordert. Der Kampf aller gegen alle im Wirtschaftsleben, die dort angewendete Skrupellosigkeit ist ein weiterer Faktor, der den Geist der Aggression züchtet. Diese Verbrechen, die ›großen Verbrechen‹ oder — wie man sie in den USA genannt hat — die ›white collar crimes‹, werden selten geahndet, und bei einem Gang durch die Gefängnisse wird man den Eindruck nicht los, daß in unserer Gesellschaftsordnung die reichen Leute die Armen für ihre Vergehen bestrafen und einsperren.

Der Verbrecher wird gewöhnlich in Kriminalromanen und -filmen zügellos idealisiert. In der Realität ist er keineswegs der schlaue und gewiegte Widersacher der Ordnungskräfte, kein ›Superman‹, der außerhalb von Recht und Gesetz seinen phantastischen Leidenschaften frönt. Dostojewski und Nietzsche haben irrtümlicherweise den Verbrecher als ›starken Menschen‹ beschrieben; ein moderner Kriminologe behauptet jedoch (mit Recht) das Gegenteil:

»Wer einmal die Gestalten auf dem Gefängnishof betrachtet hat, diese Häufung von Schwachsinn, Degeneration und Psychopathie, und sich dabei an die schweren Kommentare zum Strafgesetzbuch erinnert, an die scharfsinnigen Entscheidungen der höchsten Gerichte, wer an das Heer der Richter, der Staatsanwälte, der Kriminaldetektive und Gefängnisbeamten, der Polizisten und Gendarmen denkt, die ununterbrochen tätig sind, sie in Schach zu halten, den überkommt ein bitteres

Gefühl: Die ganze Kläglichkeit der Gesellschaftsordnung, die Unfähigkeit des Menschen, menschliche Zustände zu schaffen, wird offenbar. Sollte die Gesellschaft mit ihnen nicht anders, nicht menschlicher, sinnvoller und vielleicht — billiger fertig werden?« (Robert Heindl, zit. nach P. Reiwald, »*Die Gesellschaft und ihre Verbrecher*«, 1948, S. 158)

Die Soziologie des Verbrechens kann uns lehren, die vielfältigen Bedingungen kriminellen Handelns bloßzulegen. Sie ergänzt damit sinngemäß die psychologische Betrachtungsweise, die den individuellen Werdegang des Rechtsbrechers ins Auge faßt; gesellschaftliche und persönliche Faktoren wirken zusammen, um den ›asozialen Lebensstil‹ auszubilden, der dann die delinquente Lebensform als die einzig mögliche wahrnimmt.

Die Vorurteile der Vergangenheit, die so gerne den Verbrecher durch einen ›wesensmäßigen Abgrund‹ vom ›anständigen Menschen‹ zu trennen versuchten, erweisen sich mehr und mehr als Konstruktionen, die dem ›durchschnittlichen und konventionellen Menschentum‹ das gute Gewissen bewahren sollen. Man hätte am liebsten den Kriminellen als ein ›Untier‹ und als eine ›reißende Bestie‹, die von der Natur oder von der Gottheit außerhalb der übrigen Menschheit gestellt wird. Dann nämlich gäbe es keine Mitverantwortung für die Kriminalität der anderen. Man könnte den Blick von den eigenen Mängeln abwenden und nur noch die ›Schuld der anderen‹ sehen.

Aber so leicht sollen wir nicht davonkommen. Wenn in einer Gesellschaft unzählige Menschen den ›Weg ins Leben‹ verfehlen, dann muß es mit der Gesellschaftsordnung, der Erziehung, der Sitte und Moral, den ökonomischen und zwischenmenschlichen Beziehungen usw. irgendwie nicht gut stehen. Der Kriminelle hält uns den Spiegel vor und zeigt uns, daß wir eine ›Dschungelwelt‹ geschaffen haben, deren Opfer nicht er allein ist: Wir alle sind Opfer und Mitschuldige zugleich. Denn einerseits huldigen wir politisch dem ›Recht des Stärkeren‹, der ›Moral der Macht‹ und der zügellosen ›Heldenverehrung‹, selbst wenn diese Heroen der politischen und wirtschaftlichen Szene Hekatomben von Menschenleben fordern, gegen die der Schaden, welchen die kläglichen Kriminellen als Außenseiter der Gesellschaft anrichten, wahrhaftig eine Bagatelle ist.

Tötet man einen einzelnen Menschen, dann ist man ein Bösewicht; tötet man als General oder Staatsführer Tausende oder

Hunderttausende, dann ist man ein ›Wohltäter der Menschheit‹, der unter Umständen sogar das Etikett ›der Große‹ verdient. Die ›großen Kriminellen‹ an den Schalthebeln der Macht sind die eigentliche Gefahr für den Kulturfortschritt. Bei ihnen ist noch weniger Einsicht in ihre Delinquenz zu finden als bei den kleinen Übeltätern, die ins Zuchthaus kommen. Als Napoleon auf St. Helena war, bereute er keineswegs seine Kriege, in denen so viele Menschen sinnlos hingeopfert wurden. Er sagte nur: »Wäre ich doch nach Spanien anstatt nach Rußland gegangen, dann läge jetzt die ganze Welt zu meinen Füßen!« Und in einem Gespräch mit Metternich, der ihm noch vor dem Desaster ins Gewissen reden wollte, daß er mit seinen Kinderarmeen ganz Frankreich entvölkern werde, brauste er auf: »Für einen Menschen, wie ich es bin, sind eine Million anderer nur Dreck!«

Wenn die anerkannten Menschheitsführer so reden dürfen, warum soll dann ein kleiner Tunichtgut, der bei einem Diebstahl oder einem Gewaltverbrechen ertappt wird, nicht als einziges Zeichen der Reue den Satz formulieren: »Hätte ich doch nur am Tatort meine Brille nicht liegenlassen; ich könnte jetzt in Saus und Braus leben!« Oder in einem anderen Fall: »Der andere hatte eine volle Geldbörse, und ich war arm wie eine Kirchenmaus: Warum hätte ich ihn da nicht totschlagen sollen?«

Von einer ähnlichen Gefühllosigkeit — aber in ganz anderen Dimensionen — künden die ›letzten Worte‹, die von Hitler überliefert sind, als er im Jahre 1945 angesichts eines total zertrümmerten Deutschland den Freitod wählte und sich damit der Verantwortung für fünfzig Millionen Tote und einen Sachschaden von schier unbegrenzter Höhe entzog; er soll vor dem Selbstmord gesagt haben: »Das deutsche Volk hat sich meiner nicht als würdig erwiesen!«

Im Hinblick auf diese Sachverhalte wird man nicht darum herumkommen, der ›Bestialisierung der kleinen Verbrecher‹ Einhalt zu gebieten. Man wird sich fragen müssen, ob jene Untäter, die es durch wirtschaftliche, erzieherische, soziale und kulturelle Mißstände geworden sind, nicht eher eine Umerziehung als eine Strafe verdienen, bei deren Durchführung die Tiefenpsychologie eine besondere Stellung einnehmen müßte.

Strafen oder heilen?

Ist der Verbrecher psychisch krank oder gesund? Diese Frage beschäftigt schon seit langem die Justiz und die Kriminalpsychiatrie. Bei jedem Gerichtsverfahren, wo Zweifel an der ›Zurechnungsfähigkeit‹ des Delinquenten bestehen, werden Psychiater zur Verhandlung hinzugezogen, die dem Gericht fachmännische Auskunft in dieser Beziehung erteilen sollen. So kann das Urteil abgewandelt werden: Anstelle einer Gefängnisstrafe tritt unter Umständen Einweisung in eine Nervenklinik, mitunter auch psychotherapeutische Behandlung in freien Arztpraxen, die allerdings pflichtgemäß eingehalten werden muß.

Für einen Großteil der Straftäter wird das Diktum ›zurechnungsfähig‹ ausgesprochen und ein Strafmaß berechnet, das der Tat und dem Täter ›angemessen ist‹. Gefängnisse und Zuchthäuser nehmen Tausende und Abertausende Kriminelle auf, deren Haftstrafen bis zur ›Lebenslänglichkeit‹ reichen können. Bessern solche Inhaftierungen die Menschen, die Schuld auf sich geladen haben? Die Erfahrung scheint dem zu widersprechen. Ein Großteil der Gefängnisinsassen wird nach seiner Freilassung früher oder später rückfällig. Die Lebensbedingungen in den Anstalten sind in der Regel schlecht, oft sogar unerträglich. Das Betreuungspersonal ist unwissend und ungeschult, das Essen unzulänglich, die Hygiene dürftig und die ›Gemeinschaft der Kriminellen‹ alles andere als ›umerziehend‹. Karl Menninger schreibt in seinem Buch »Strafe — ein Verbrechen« (S. 91):

> »In einer Umgebung wie dieser verzehrt sich der ›Strafempfänger‹ in der freudlosen Gesellschaft einiger gleich elender, hoffnungsloser und verbitterter Genossen. Er ist bewacht von Menschen, die ihn halb fürchten und halb verachten, und denen gegenüber alle Häftlinge schnell eine unerschütterlich feindselige Haltung anzunehmen lernen. Eine Atmosphäre von Monotonie, Sinnlosigkeit, Haß, Einsamkeit und sexueller Frustration schwelt in den dumpfen Kerkern und kalten Hallen wie eine ansteckende Krankheit, während die Zeit sich durch zermürbende Monate und Jahre mahlt.«

Diese Äußerungen sind keineswegs übertrieben, und jeder Kundige wird zugeben, daß der heutige Strafvollzug nichts Gutes bewirkt — er ist eine Notlösung, in der man ›dem Herkommen‹ folgt, das aber kaum als konstruktives Geschehen angesprochen werden kann. Die Strafe entspringt dem gesellschaftlichen Racheaffekt und hat das zukünftige Wohl des Übeltäters nicht im Sinn. Damit schneidet sich aber die Gesellschaft ins eigene Fleisch, denn der *Rückfallverbrecher* wird nicht nur weitere Opfer fordern, sondern auch wiederum gewaltige Kosten mit sich bringen, die unnütz verschleudert werden.

Die Juristen selbst beginnen sich zu fragen, ob das Prinzip der Strafe und Einkerkerung nicht in vielen Fällen überholt sei. Wo immer es möglich ist, sollte man anstelle der Bestrafung die ›Wiedergutmachung‹ setzen. Der Täter kann sich, sofern er nicht ›gemeingefährlich‹ ist, auf freiem Fuß befinden, eventuell mit der Auflage, sich in kürzeren Abständen bei einer Polizeistelle zu melden. Anstatt im Zuchthaus dahinzudämmern, soll er in Freiheit den Schaden abtragen, den er der Mitwelt zugefügt hat.

Kann man jedoch, nach dem Stand des derzeitigen Wissens und Verstehens, von einer Gefängniseinweisung nicht absehen, dann soll dieses Gefängnis in Richtung auf eine ›Lebensschule‹ ausgebaut werden, worin der Delinquent ein Stück Erziehung und Schulung nachholen kann, die er in seiner Kindheit versäumt hat. Das ahnen bereits so manche Experten, aber die große Frage ist die nach den Persönlichkeiten, die eine derartige ›Humanisierungsarbeit‹ bei tief verstörten und seelisch verwirrten Menschenkindern leisten können. Der Delinquent ist häufig voller Abwehr gegen jegliche Beeinflussung; er reagiert ›phobisch‹ auf den Versuch, ihm emotional nahezukommen.

Die Umschulung oder Umerziehung solcher Charakter- und Persönlichkeitsanomalien ist äußerst kompliziert. Die delinquente Lebensform äußert sich nicht nur in den Charakterstrukturen, sondern in eigentümlichen Denkprozessen, in Gefühlsverirrungen und Willensdeformationen. Bis in alle Wertempfindungen und in die Weltanschauung hinein reicht die Delinquenz, die ebenso wie die Neurose oder Perversion die Gesamtpersönlichkeit ›affiziert‹. Wer Kriminelle psychotherapeutisch zu behandeln versuchte, kann davon ein Lied singen.

In den Anfängen der Psychoanalyse war man sehr zuversichtlich im Hinblick auf Reformen des Strafrechts und des Strafvollzugs unter Zuhilfenahme der tiefenpsychologischen Erkenntnisse. Tatsächlich hat man inzwischen einige Fortschritte gemacht, aber eine Umwälzung der Verhältnisse hat nicht stattgefunden. Die Erfolge der Kriminellenpsychotherapie sind hinter den Erwartungen zurückgeblieben. Auch in der Neurosenbehandlung reiften nicht alle Blütenträume der Psychoanalytiker. Hier muß die kritische Selbstbesinnung dieser Disziplin in Funktion treten.

Heute gibt es bereits in vielen Gefängnissen Anstaltspsychologen, mit denen der Delinquent Gespräche führen kann: Allerdings stehen einer großen Zahl von Gefangenen nur ganz wenige ›Therapeuten‹ gegenüber. Auch ist die Zusammenarbeit zwischen Anstaltsleitung und psychologischen Betreuern oft problematisch: Die Standpunkte sind sehr verschieden. Aber abgesehen davon haben es die Psychologen an sich schon schwer, den Kriminellen für eine therapeutische Zusammenarbeit zu gewinnen; dies merkt man am geringen Nutzeffekt ihrer oft sehr hingebungsvollen Bemühungen.

Die Therapieerfolge sind in allen Bereichen launisch, weil der Beruf des Psychotherapeuten ein *künstlerischer* ist, der nur in gewissen Grenzen via Schulung erlernt werden kann. Trotz Charakter- und Lehranalyse hat jeder Analytiker eine Restneurose, an welcher er sich lebenslänglich abarbeiten muß. Ist diese überdurchschnittlich groß, dann leidet die Fähigkeit der Identifikation mit dem Patienten, die Einfühlung, das Wissen und das Verstehen. Dies wirkt sich speziell ungünstig aus in jenen Fällen, bei denen es nur langsam und mühevoll zu einer positiven Übertragung kommt: Und das gilt nicht nur für die schweren Neurosen und Psychosen, sondern auch für die Delinquenz. Nach allem, was wir geschildert haben, ist der Kriminelle keineswegs ohne weiteres bereit, einem Therapeuten Vertrauenskredit einzuräumen; im Gegenteil, er vermutet in ihm einen Angehörigen der Dschungelwelt, die ihn ins Verderben stürzte.

Eine weitere Schranke ist auch dadurch gegeben, daß Psychologen meistens gutbürgerliche Menschen sind, die wenig Ahnung von der Erlebniswelt der Knastbrüder haben. Der Abstand ist hier in jeder Beziehung zu groß: Er kann nicht von jedem übersprungen werden. Verstehen setzt eine gewisse Seelenverwandtschaft voraus. Da diese zwischen Therapeut und Delinquent nur in begrenztem Maße gegeben ist, sollte eine Therapie durchgeführt werden, bei welcher die Delinquenten selbst die Funktion von Co-Therapeuten möglichst weitgehend übernehmen. Die *Gruppenbehandlung* bietet vermutlich die beste Chance, schwer zugängliche Menschen — und dies sind die Kriminellen immer — gefühlsmäßig anzusprechen und zu erreichen. In der therapeutischen Gruppe sollen sie gemeinsam lernen, ihre Lebensgeschichten zu begreifen und einen tragfähigeren *Sinn des Lebens* zu erarbeiten. Die Schulung in Selbst- und Menschenkenntnis muß hierbei im Mittelpunkt stehen; der Delinqent hat nicht nur dumpfe Gefühle und Triebe, sondern auch ein sehr mangelhaftes ›Verstehen der sozialen Lebensbedingungen‹: Er kennt weder sich selbst noch seine Mitmenschen, noch das ›Leben überhaupt‹.

Schizophrenie

Viele Psychiater werden bestreiten, daß die Darstellung der Schizophrenie innerhalb einer ›Neurosenlehre‹ berechtigt sei. Dies hängt damit zusammen, daß nach den älteren Auffassungen die schizophrene Erkrankung qualitativ von den Neurosen unterschieden werden soll. Für die traditionelle Psychiatrie besteht ein Abgrund zwischen den Neurosen als ›Störungen der Erlebnisverarbeitung‹ und den Psychosen (Wahnkrankheiten) als ›endogenen Irritationen‹, d. h. Störungen, die rätselhaft aus dem Innern des Patienten zustande kommen. Diese Lehre, die noch aus dem 19. Jahrhundert stammt, wurde durch die Erkenntnisse der Tiefenpsychologie weitgehend in Frage gestellt und auch widerlegt.

Das widersprüchliche Tasten und Suchen nach einer Lösung des Schizophrenieproblems ist mehr als begreiflich. Ist doch das Auftreten eines Wahns bei einem Menschen für seine Umwelt ein erschütterndes Ereignis, das mit Unverständnis und Angst beantwortet wird. In früheren Zeiten hielt man dafür, daß der schwer gemütskranke Mensch von den Göttern oder von Gott ›geschlagen sei‹. Wahn und Sünde wurden irgendwie in Verbindung miteinander gebracht. Dies mag auch einer der Gründe dafür gewesen sein, daß man wahnkranke Menschen bis in die Neuzeit hinein sehr unmenschlich behandelte. Sie wurden in ›Narrentürmen‹ angekettet, gepeitscht und sonstwie gequält. Zu solchen Asylen hatte das Publikum freien Zutritt, und es war ein geschätztes Vergnügen, die Narren zu besichtigen oder gar zu verspotten. Erst in der Ära der Französischen Revolution setzte der französische Psychiater Pinel die Abschaffung der Fesseln für Geisteskranke durch; von daher datiert auch eine humanere Behandlungsmethode, die allerdings nur sehr langsam zum Zuge kam. Die Lebensbedingungen in den sogenannten ›Irrenanstalten‹ waren noch lange hart genug; auch gegenwärtig gibt — sogar in den hochentwickelten Industriestaaten — es diesbezüglich mancherlei zu beklagen, wiewohl die modernen ›Nervenkliniken‹ im Vergleich zu ihren Vorläufern fast ›idyllische Aufenthaltsorte‹ genannt werden dürfen.

Die Erklärung des Wesens der Schizophrenie erwies sich als ungemein schwierig. Bei den körperlichen Krankheiten gelang es nach und nach, für fast jede von ihnen einen spezifischen Krankheitserreger oder doch genau definierte ›Krankheitsursachen‹ nachzuweisen, so daß man zielsicher Therapien und Vorbeugungsmethoden in Angriff nehmen konnte. Wo aber sollte man die ›Ursache‹ der schizophrenen Psychose suchen? War sie im Körper, in der Seele oder im Geist zu lokalisieren? Dabei muß man sich darüber im klaren sein, daß hinter jedem dieser drei Begriffe gewaltige philosophische und metaphysische Probleme stecken. Wie verhalten sich Leib und Seele zueinander? Wie grenzt man ›Psyche‹ vom ›Geist‹ ab? Kann der ›Geist‹ in der ›Geisteskrankheit‹ erkranken, und wie ist ›das Leibliche‹ davon tangiert? Die Fragen, die damit angesprochen sind, interessieren nicht nur die Ärzte, sondern auch die Psychologen, die Philosophen und die Repräsentanten aller ›Wissenschaften vom Menschen‹.

Die Psychiater des vergangenen Jahrhunderts hatten für die Philosophie und die Humanwissenschaften nicht viel übrig. Im Sinne des damals vorherrschenden Materialismus und Positivismus formulierten sie den (hypothetischen) Lehrsatz: ›Geisteskrankheiten sind Hirnkrankheiten!‹ (K. A. Ideler) Dies traf sicherlich für so manches Wahngeschehen zu. Bei der ›progressiven Paralyse‹ zum Beispiel, die damals häufig genug war, konnte der Wahn der Patienten auf chronisch-entzündliche Reaktionen der Hirnrinde als Spätfolge einer Syphilisinfektion zurückgeführt werden; dies eröffnete den Zugang zu einer Behandlung durch Heilfieber (Malaria usw.) und später durch Penicillin.

Aber bei der Schizophrenie suchte man vergeblich nach Hirnschäden. Auch im übrigen Organismus gab es für die ›Organiker‹ und ›Somatiker‹ keine ermutigenden Befunde. Gleichwohl ließ man nicht davon ab, biologische Hypothesen über die ›endogenen Wahnkrankheiten‹ auszudenken. Emil Kraepelin (1856—1926) benannte das schizophrene Krankheitsbild mit der Bezeichnung ›Dementia praecox‹: Dies suggerierte den Gedanken, daß diese Gemütskranken auf Grund einer unbekannten körperlichen Voraussetzung ›vorzeitig verblöden‹. Der Züricher Psychiater Eugen Bleuler (1857—1939) widersprach dieser Auffassung und führte den heute gebräuchlichen Ausdruck Schizophrenie oder ›Spaltungsirresein‹ ein (1911). Nach Bleuler ist die Intelligenz der Patienten in den akuten Krankheitsschüben getrübt, erreicht aber in den Rekonvaleszenzphasen wieder ein normales Niveau; nur bei chronischer Erkrankung tritt als Spätfolge eventuell die Demenz in Erscheinung.

Als Grundsymptome der Schizophrenie betrachtete Bleuler den gestörten Gedankenzusammenhang und die krankhaft veränderte Affektivität; daraus ergäben sich die Zusatzsymptome der Sinnestäuschungen, der Wahnideen, der Gedächtnisstörungen, der Verhaltensstereotypien usw. Im Sinne der psychiatrischen Tradition unterschied auch Bleuler zwischen ›Katatonie‹ (Spannungsirresein: Antriebs-, Sinnes- und Denkstörungen, Abwechseln von Starre und Bewegungsdrang usw.), ›Paranoia‹ (Wahnvorstellungen, Querulantentum, fixe Ideen, Verfolgungs- und Größenwahn) und ›Hebephrenie‹ (Jugendirresein); er beschrieb sehr sorgfältig die Symptomatik der Kranken, mußte aber auch auf eine unbekannte ›organische Ätiologie‹ (Verursachung) verweisen, über die niemand etwas Genaues wissen kann. Immerhin fiel Bleuler schon das ›komplexhafte Reagieren‹ der Patienten auf, wobei er einer der ersten Psychiater war, der Freudsche Methoden auf Geisteskranke anzuwenden versuchte.

Seit der Jahrhundertwende wurde weiterhin energisch nach ›biologischen Ursachen‹ der Schizophrenie gesucht. Ernst Kretschmer (1888—1964) als Konstitutionsforscher glaubte, im ›leptosomen Körperbau‹ (Schlankwüchsigkeit) eine Disposition zur Schizophrenie entdeckt zu haben, und begründete mit seinem Buch *»Körperbau und Charakter«* (1921) eine allerdings nur bedingt erfolgreiche Forschung. Andere Wissenschaftler postulierten hormonale Anomalien und Stoffwechselstörungen, aber auch sie kamen bisher auf keinen grünen Zweig. So brachten tausendfältige Bemühungen bei dieser Krankheit, die *ein Prozent* der Bevölkerung befällt, keine befriedigende Klärung.

Frühe tiefenpsychologische Ansätze

Die Psychoanalyse bewirkte nicht nur eine umwälzende Neuorientierung auf dem Gebiet der Neurosenlehre und der Psychotherapie, sondern auch im Bereich der Schizophrenielehre. Schon 1894 veröffentlichte Freud unter dem Titel *»Die Abwehr-*

neuropsychosen« eine Untersuchung, in welcher er wahnhafte Halluzinationen auf Verdrängungsvorgänge zurückführte, wie sie in den Neurosen konstant vorzukommen pflegen. Indem das Ich des Kranken eine unerträgliche Vorstellung von sich weise, verleugne es ein Stück der Realität, was zu seiner Schwächung Anlaß gebe. In der Halluzination dränge sich aber die entstellte Wirklichkeit dem Gemüt des Patienten wieder auf; oft erfolge dies in symbolischer Einkleidung, woraus die Unverständlichkeit des Wahns abzuleiten sei. Wer die Symbolik der Wahngedanken zu durchschauen vermöge, erkenne unter Umständen in ihnen Wunscherfüllungen, die allerdings durch Ängste und Rationalisierungen überlagert sein können. — Bei einem Fall von Paranoia behauptete Freud, daß der Kranke die Realität nicht wahrnehmen *wolle,* weil diese allzusehr seinen Wunschregungen widerspreche.

Solcherlei kommt allerdings gewohnheitsmäßig auch bei den sogenannten ›Normalen‹ vor. Dachte man Freuds Gedankengang konsequent zu Ende, dann mußte die Schlußfolgerung lauten, daß die Übergänge zwischen Normalität, Neurose und Psychose durchaus fließend sind. Jeder seelisch gesunde Mensch ist auch ein bißchen ›verrückt‹, und die ›Verrückten‹ sind nie jeglicher Gesundheit bar. Die Kluft, welche die ältere Psychiatrie zwischen den ›einfühlbaren neurotischen Erkrankungen‹ und den ›nichteinfühlbaren Psychosen‹ aufgerissen hatte, wurde dadurch eliminiert; anstelle der qualitativen Unterschiede in der Reihe ›normal — neurotisch — wahnhaft‹ traten quantitative Differenzen, und nach Freud mußte man in Erwägung ziehen, ob die von den Psychiatern deklarierte ›Uneinfühlbarkeit der Wahninhalte‹ nicht zu Lasten der ärztlichen Phantasielosigkeit ging.

Freuds Technik der *»Traumdeutung«* (1900) fügte ein weiteres hinzu, um der Forschung den ›Übersetzungscode des Unbewußten‹ in die Hand zu spielen, mittels dessen auch unverständliche Seelenäußerungen entschlüsselt werden konnten. In dieselbe Richtung wies auch das Buch *»Zur Psychopathologie des Alltagslebens«* (1904) und die *»Drei Abhandlungen« zur Sexualtheorie«* (1905). Wenn schon Neurosen und Perversionen durch frühkindliche Traumatisierungen und Frustrationen entstanden, dann konnte auch der Wahn einen frühen lebensgeschichtlichen Ursprung haben. Die Psyche des Wahnkranken hat genau dieselben Mittel zur Verfügung, um sich auszudrücken, wie die Psyche des Normalen, des Neurotikers und des Perversen. Vor allem im Traum macht jeder Mensch nächtlicherweise eine ›kleine Psychose‹ durch, mit verworrenen Gedankenverknüpfungen, absurden Gefühlen und Affekten usw. Schon Schopenhauer deutete an: Läßt man einen Menschen herumgehen in einem Traum, aus dem er nicht aufwachen kann, dann haben wir einen Wahnsinnigen vor uns; der Wahn ist ein Alptraum ohne Ende.

Sehr eindrücklich exemplifizierte Freud seine Theorie des Wahns in seiner Studie über die »*Denkwürdigkeiten des sächsischen Senatspräsidenten D. P. Schreber*« aus dem Jahre 1912. Schreber war an einer Paranoia erkrankt, und er hatte in den Stadien der Remission seiner Erkrankung eine ausführliche Schilderung seiner Wahnvorstellungen gegeben. Nach Freud kam im paranoischen Leiden eine ›verdrängte Homosexualität‹ zum Vorschein; überhaupt seien Paranoia und homosexuelle Einstellung oft verschwistert. Das subtile Wahnsystem Schrebers ist seither noch öfter kommentiert worden — aber Freuds Wahninterpretation ist trotz gewisser Einseitigkeiten mustergültig in ihrer Souveränität.

Auf dem von Freud eröffneten neuen Weg stieß auch C. G. Jung mit der ihm eigenen Impulsivität vor. 1907 erschien sein Buch »*Über die Psychologie der Dementia praecox*«, das ebenfalls bedeutsame Pionierarbeit leistete. Jung glaubte zwar noch — wie sein Lehrer Eugen Bleuler —, daß man die Entstehung der Schizophrenie auf ein ›körpereigenes Gift‹ zurückführen müsse, auf eine Stoffwechselanomalie; gleichwohl könne man ›komplexpsychologisch‹ die Inhalte der Psychose derart analysieren, daß sie ihren lebensgeschichtlichen Stellenwert erhalten. Auch die scheinbar sinnlose Sprache und das absurde Verhalten der Schizophrenen seien interpretierbar: Dabei entdecke man, daß die Kranken in ihren vielfältigen Lebensbekundungen um die Themen der ›Beeinträchtigung durch die Umwelt‹, des ›Wunsches nach persönlicher Anerkennung‹ und der ›Erotik‹ kreisen. Die Psychose zeigt uns ›wie durch ein Vergrößerungsglas‹ das ›Getriebe der menschlichen Psyche‹.

Noch radikaler als Freud und Jung bemühte sich Alfred Adler in seinem Hauptwerk »*Über den nervösen Charakter*« (1912) und in »*Praxis und Theorie der Individualpsychologie*« (1920) um einen übergreifenden tiefenpsychologischen Entwurf, in welchem die Existenzprobleme des ›normalen‹, des neurotischen und des wahnkranken Menschen als Einheit gesehen werden konnten.

Nach Adler wird das Seelenleben verstanden in seiner Auseinandersetzung mit der natürlichen und sozialen Umwelt. Gegeben sind gewisse ›Aufgaben des Lebens‹, denen keiner sich ohne weiteres entziehen kann; wir leben in einer Gemeinschaft, in die wir uns durch Beitragsleistung integrieren müssen, so daß Arbeit, Liebe und Sozialkontakt zum ›Lebenspensum‹ gehören. Wachsen und reifen kann der Mensch nur, wenn er von Kindheit an seine Beziehungsfähigkeit entwickelt, wobei die Anforderungen der sexuellen und seelischen Liebe ebenso wie die Notwendigkeit des Sozialinteresses den empfindlichsten Test für die wahre Entfaltung des Seelenlebens darstellen.

Wo das Gemeinschaftsgefühl in der frühen Sozialisation nicht geweckt wird, machen sich Minderwertigkeitsgefühle und Geltungsstreben in der Psyche bemerkbar. Diese kann sich der Gemeinschaft nicht einordnen und strebt zur ›Unnützlichkeitsseite des Daseins‹. Was wir neurotisch und psychotisch nennen, ist der verminderte Aufbau des Sozialkontaktes und die daraus folgende Realitäts- und Lebensfremdheit. Um die Selbstachtung nicht zu verlieren, bewegt sich das gefühlsmäßig unentfaltete Individuum von den Mitmenschen weg; meistens kommt es von seiner mit pathologischen Verhaltensmustern überfrachteten Familie nicht los und errichtet angesichts der drohenden und überschätzten ›Gefahren des Lebens‹ einen ›Nebenkriegsschauplatz‹ in seiner Krankheit, in die es hineinflüchtet wie in ein Asyl.

Um diesen Rückzug zu verschleiern, werden Neurose, Psychose, Sexualstörungen und psychosomatische Erkrankungen ›unbewußt inszeniert‹. Diese sind demnach nicht ›Geschehnisse‹ im kausalen Sinne des Wortes, sondern zielstrebige, teleologische Gebilde, eigentliche ›Leistungen des Subjekts‹.

Wer nicht den Mut zur Wirklichkeit hat, kann sich auf Grund der Beschaffenheit der menschlichen Psyche in Fiktionen und Selbsttäuschungen einspinnen, die sein prekäres Selbstwertgefühl stützen und seine partielle Sicherheit gewährleisten. Der Wahn ist zwar trostlos, weil er den Menschen abkapselt und vereinsamt; aber immerhin erspart er einem ängstlichen, kontaktschwachen und verträumten Individuum die Härte des Daseinskampfes, da Erkrankung innerhalb der Kultur mit Schonung, Pflege und sogar Möglichkeiten des Prestiges verbunden ist.

Besonders das letztere ist für den Patienten wichtig, da er nach Adler ein unerfülltes und unstillbares Verlangen nach Geltung und Auszeichnung in sich trägt. Je schwerer die Neurose und die

Psychose sind, um so ausgeprägter findet man in ihnen ›nervöse Charakterzüge‹ wie Ehrgeiz, Eitelkeit, Mißtrauen, Angst, Distanzhaltung, Neid, Eifersucht usw. Man bricht die Brücken zur Realität ab, wenn das Leben in Tagträumen mehr (fiktives) Überlegenheitsgefühl einbringt als die aus lebensgeschichtlichen Gründen entmutigte Suche nach Liebe und Erfolg.

Psychoanalyse des Schizophrenen

Freud hatte 1914 die ›Theorie des Narzißmus‹ eingeführt, die die weitere Erforschung der schizophrenen Erkrankungen etwas zurückdämmte. Er unterschied zwischen Übertragungs- und narzißtischen Neurosen: In den ersteren (z. B. Hysterie, Angstneurose, Zwangsneurose) seien die Patienten fähig, ihre Gefühle auf den Therapeuten zu ›übertragen‹; in den letzteren jedoch (wozu er die Schizophrenie rechnete) halte der Kranke alle Libido an sich und sei gleichsam in sich selbst verliebt (entsprechend dem Narziß der griechischen Sage). Da nun aber Heilung nur durch die in der Behandlung erweckte Liebe des Patienten zum Therapeuten möglich sei, stehe man bei Wahnkranken nach kurzem Vordringen ›wie vor einer Mauer‹; gleichwohl bestehe die Hoffnung, daß gutgeschulte Analytiker eines Tages auch diese Barriere überwinden könnten. Bedauerlich sei nur, daß die Psychiater nichts von der Psychoanalyse verstünden und die Psychoanalytiker zu wenig Gelegenheit hätten, psychiatrische Fälle zu studieren und zu behandeln (siehe hierzu GW, Bd. XI, S. 438).
Freuds Schüler ließen sich aber nicht davon abhalten, vereinzelte Fälle von Psychose mit den Hilfsmitteln der Tiefenpsychologie zu durchleuchten. Im Zeitraum von 1920 bis 1980 erfolgte nach und nach ein stürmischer Aufbruch zu einer analytischen Schizophrenielehre, die in Theorie und Praxis zu erstaunlichen Einsichten führte. Wollte man alle Pioniere der tiefenpsychologischen Schizophrenentherapie aufzählen, so käme man nicht bald an ein Ende; wir werden daher nur die wichtigsten Tendenzen und Bestrebungen namhaft machen, wobei wir kaum je spezielle Autoren in den Vordergrund rücken können.
Die psychoanalytische ›Ichpsychologie‹ begab sich auf die Suche nach den Ursprüngen der *Ichschwäche*, die als charakteristischer Fundamentalbefund bei Neurosen und Psychosen auffiel. Es

wurde bald klar, daß Schädigungen in der Substanz des Ichs aus Traumatisierungen und Konfliktlagen stammen mußten, die sehr früh in der Persönlichkeitsentwicklung anzusetzen waren. Man konzentrierte sich hierbei auf die Erforschung der Mutter-Kind-Beziehung in den ersten beiden Lebensjahren. Wegleitend war die Annahme, daß das Kleinkind in seiner Abhängigkeit und Hilflosigkeit besonders viel Liebe und Verstehen benötigt, um den Anreiz zu erhalten, in die schwierige Menschenwelt hineinzuwachsen. Psychoanalytiker untersuchten die Mütter von schizophrenen Patienten und konnten sich des Eindrucks nicht erwehren, daß diese meistens hochgradig neurotisch waren oder doch in der Periode der Frühkindheit des späteren Patienten durch äußere Lebensbedingungen so sehr sich beansprucht und bedrängt fühlten, daß sie für die Bedürfnisse des Kindes nicht ausreichend Gespür haben konnten. So entstand der Begriff der ›schizophrenogenen Mutter‹, der die Last der Schizophrenieverursachung den Müttern sozusagen in die Schuhe schob. Da diese These Furore machte, hat sie vermutlich vielen Müttern unsägliche Schuldgefühle suggeriert, über deren Berechtigung sich die Fachleute keineswegs einig sind.

Zusätzliche Forschungen haben nämlich ergeben, daß die Väter der schizophrenen Patienten auch eine ganz erhebliche Beachtung verdienen. Gewiß ist das Kind in der sehr prägsamen Phase des ersten Lebensjahres (und noch länger) ganz in der Obhut der Mutter; aber das Verhalten des Vaters zur Mutter wirkt indirekt enorm auf das Kind ein und bestimmt von Anfang an dessen Persönlichkeitsaufbau. Dazu kommt, daß auch die späteren Entwicklungsjahre für das Entstehen von Gemütskrankheiten schicksalhaft sein können. Der Charakter des Vaters, der für das Kind in unserer Kultur in der Regel die ›Umweltbeziehung‹ definiert, kann die sozialen Impulse des Kindes ebensosehr bremsen und verstümmeln wie die Mutter, die man in einer übereilten Theoriebildung zur Hauptverantwortlichen in der Neurosen- und Psychosengenese stempeln wollte. Auch ist nicht zu vergessen, daß der Vater für den Knaben jene Identifikationsfigur darstellt, an welcher er sich mit seiner zukünftigen Geschlechts- und Berufsrolle vertraut machen soll; für das Mädchen bestimmt er weitgehend das Bild vom ›anderen Geschlecht‹ und kann somit unter Umständen einen tiefen Pessimismus hinsichtlich der Möglichkeiten von Liebe, Sexualität und Partnerschaft hervorrufen.

Die tiefenpsychologische ›Familienforschung‹ synthetisierte diese Erkenntnisse in der Lehre, daß es ›schizophrenogene Familien‹ gebe, in denen die Eltern mehr oder minder schwere unbewältigte Lebens- und Partnerschaftsprobleme haben, die sich dem Kind unweigerlich ›aufs Gemüt legen‹. Manche Kinder aus solchen Familienkonstellationen finden auf einigen Umwegen den Zugang zu einer (meistens prekären) ›Normalität‹; oft aber bekommt ein ›Sorgenkind der Familie‹ einen Sonderstatus zugewiesen, der eventuell zur späteren Psychose disponiert.

Tausendfältige Bedingungen mögen zusammenfließen, damit ein Kind z. B. sich ›als etwas ganz Besonderes‹ empfindet oder frühzeitig die Herrschaft über die Familienangehörigen (oft durch Kränkeln, Schwäche usw.) an sich reißt oder durch auffällige Unzulänglichkeiten Betreuungen und Zuwendungen erzwingt, die ihm ein völlig irreales Weltbild nahelegen. Die überforderte Familie hilft mit durch vielfältige Verwirrungstaktiken (in den USA ›double bind‹ genannt). Bei näherem Zusehen entdeckt man, daß oft ganze Familien in einer Welt von Träumen, Illusionen und Selbsttäuschungen leben, die sich mit unterschiedlicher Wucht den einzelnen Kindern aufoktroyieren. Das im Familienleben (durch Verwöhnung, Lieblosigkeit) schlecht auf die gesellschaftlichen Anforderungen vorbereitete Kind erleidet dann in der Schule, in der Liebeswerbung, im Beruf und im Sozialkontakt entscheidende Fehlschläge, durch die es einen Großteil seines Lebensmutes verliert. Da es autistisch (selbstbezogen) dahinlebt, hat es kaum ausreichend Lebenskenntnis, um sein Versagen richtig einordnen zu können und Strategien für bessere Verhaltensweisen auszudenken. Unter Umständen verliert es nach und nach so viel Boden in der Welt, daß ihm die Realität als Ganzes nicht mehr zusagt. Die Aufmerksamkeit wird von der Wirklichkeit ›abgezogen‹ und ins Imaginäre gewendet. Bei diesem Manöver jedoch wird das Ich selbst ›imaginär‹, nämlich ›psychotisch‹.

Daseinsanalyse der Schizophrenie

Die Psychoanalytiker befaßten sich eingehend mit der ›Familienumwelt des Schizophrenen‹ und gewannen hierbei Erkenntnisse, die das Bild dieser Krankheit in jeder Hinsicht revolutionierten. Vor allem konnten die Vererbungs- und Konstitutionshypothesen, die bis in die Gegenwart hinein das Schizophrenie-problem in den Schleier der Mystifikation hüllten, als weitge-hend spekulativ entlarvt werden. Gewiß gibt es Familien und ›Stammbäume‹, in denen Schizophrenien mit unverkennbarer Häufung auftreten. Die psychiatrische Wissenschaft nahm dies als untrüglichen Beweis für angeborene Krankheitsdispositio-nen, übersah jedoch bei ihren uferlosen ›Erbgangsforschungen‹, daß Familientraditionen für das spätere Entstehen der Erkran-kung viel wahrscheinlicher ins Gewicht fallen als die nicht lokali-sierbaren ›schizophrenen Gene‹. Wenn in einer Familie, eventu-ell über Generationen hinweg, ein verschrobener, sonderlings-hafter, skurriler Lebens- und Kommunikationsstil kultiviert wird, dann muß man sich nicht wundern, daß bei einzelnen Indi-viduen die Beziehungsstörung extremere Formen annimmt: Dann haben wir die Psychose, bei der ein Individuum in einer ›Eigenwelt‹ lebt, weil es in die ›gemeinsame Welt aller Men-schen‹ zu wenig hineinwachsen durfte.

Aber in *einem* Punkt war die Psychoanalyse mit der älteren Psy-chiatrie in Übereinstimmung: Sie setzte alles daran, die ›Ursa-che‹ der Krankheit zu finden, nur suchte sie diese in der Lebens-geschichte und nicht im Stoffwechsel, in der Konstitution oder Erbmasse. Dieses Ursachendenken ist teilweise akzeptabel; es ist aber auch unbefriedigend, weil es das Menschenleben einem ›Naturereignis‹ angleicht und nicht genügend dem menschlichen ›Subjektsein‹ (der Freiheit und Selbstgestaltung der Person) Rechnung trägt. Vielleicht gibt es sehr viele Entstehungsfakto-ren der Schizophrenie, die aber erst dadurch die Erkrankung konstellieren, daß das betreffende Individuum (unter dem Druck seiner Lebensumstände) zum Schizophrenen wird oder gar ›werden will‹. Diese philosophische Überlegung, die das Menschsein als ›Wahl‹ und ›Entwurf‹ beschreibt, führte zu man-cherlei Kritik an den ›lebensgeschichtlichen Ableitungen‹ der Psychoanalyse, die seelisch-geistige Störungen auf dasselbe *Kausalprinzip* bezogen, das in der Naturforschung (und dort al-lein) berechtigt ist. Da aber der Mensch kein ›Naturgegenstand‹ ist, muß man sich fragen, ob bei ihm das ›naturwissenschaftliche Erklären‹ (Ursache und Wirkung) nicht ersetzt werden muß durch das ›geisteswissenschaftlich-philosophische Verstehen‹ (Hermeneutik).

An diesem Punkt hakte die sogenannte ›Daseinsanalyse‹ oder ›daseinsanalytische Psychiatrie‹ ein. Sie wurde begründet von

Ludwig Binswanger (1881–1966) und ausgebaut von Medard Boss. Diese beiden Schweizer Ärzte knüpften an die Phänomenologie von Edmund Husserl und die Existenzphilosophie von Martin Heidegger an. Auf der Grundlage eines philosophisch geklärten Menschenbildes und einer neuzeitlichen Ontologie (Seinslehre) gelangten sie zu Anschauungen, die die ärztlich-psychologische Theorie und Praxis tiefgreifend verwandelten. Auch die Schizophrenielehre wurde hierbei entscheidend reformiert. Unter Binswangers Veröffentlichungen ragen zu unserem Thema besonders heraus die Bücher: »*Drei Formen mißglückten Daseins — Verstiegenheit, Verschrobenheit, Manieriertheit*« (1956) und »*Schizophrenie*« (1957); von Boss kann die umfängliche Aufsatzsammlung »*Von der Psychoanalyse zur Daseinsanalyse*« (1979) als einführender Text empfohlen werden.

Die Daseinsanalyse will mit Husserl und Heidegger die Phänomene des menschlichen Gesund- oder Krankseins nicht einer ›konstruierten Theorie‹ unterwerfen, sondern zunächst einmal die erhebbaren Befunde, so wie sie sich für den unbefangenen Betrachter selbst darstellen, zur Sprache bringen. Dies bedeutet unter anderem, daß man etwa nicht unbedingt fragt, woher die Schizophrenie kommt, sondern eher: ›Wie *ist* sie in Wirklichkeit?‹ Beschreiben und zergliedern, aufweisen und verstehen werden somit wichtiger als erklären und ›genetisch ableiten‹.

Binswanger hat mit Hilfe von sorgfältig niedergeschriebenen Krankengeschichten alle Aspekte und Abschattungen der ›schizophrenen Existenzweise‹ großartig beschrieben. Mitunter widmete er mehr als hundert Druckseiten solchen Falldarstellungen, in denen das tatsächlich Erlebte und vom Patienten Ausgesagte minuziös kommentiert und philosophisch erläutert wird. Bei Binswanger wird Psychiatrie zu einem Zweig der Philosophie, ein Umstand, den viele Leser seiner Bücher beklagt haben, da die ontologische Terminologie Heideggers schwer zu begreifen ist. Was diese Methode jedoch leisten kann, sieht man besonders eindrücklich an dem etwas unbeschwerteren Buch über »*Drei Formen mißglückten Daseins*«. Binswanger hat als Phänomenologe beobachtet, daß schizophrene Patienten in der Regel als ›verstiegen‹, ›verschroben‹ oder ›maniert‹ anmuten. Was bedeuten diese Einstellungs- oder Verhaltensweisen, wenn man sie in jenes ›Existenzschema‹ einfügt, welches Heidegger in seinem für die Psychiatrie und die Humanwissenschaften grundlegenden Werk »*Sein und Zeit*« (1927) entworfen hat?

Dasein ist nach Heidegger ›In-der-Welt-Sein‹, womit deklariert wird, daß die Welt als ein Aspekt des menschlichen Seins selbst gesehen werden soll. Leben auf menschlicher Stufe heißt: ständig zur Welt transzendieren — die ›Welt‹ ist der Raum für das Existieren. Dabei kann der Mensch in die Weite schreiten oder in die Höhe steigen: Die Lebensbewegung geht in die Horizontale oder ins Vertikale. Eine geglückte Ausgewogenheit zwischen diesen beiden Bewegungsmöglichkeiten ist die Voraussetzung für die ›seelische Stabilität‹. Bei Neurotikern und Psychotikern glaubt Binswanger zu sehen, daß sie die ›anthropologische Proportion‹ verfehlen: Sie wollen ›höher bauen‹, als es ihr ›in der Breite‹ verankertes Fundament zuläßt. Übersetzt man diese sprachlichen Eigenwilligkeiten in die Normalsprache, dann soll dies unseres Erachtens heißen: Neurotiker und Psychotiker sind ehrgeiziger, als dies ihren wahren Möglichkeiten zuträglich ist. Das ist das *Verstiegene* an ihnen: Sie verrennen sich in fixe Ideen und Vorsätze und ähneln damit Bergsteigern, die sich im Gebirge verlaufen, so daß sie ohne fremde Hilfe nicht zu den Mitmenschen zurückfinden.

Verschroben nennen wir Menschen, die zum üblichen Sozialleben eigenartig ›quer stehen‹. Es gibt so etwas wie den ›gesunden Menschenverstand‹, und er schreibt uns vor, daß wir in vielen Kleinigkeiten des Alltagsbereiches so denken, handeln und uns benehmen sollen ›wie alle Menschen‹. Man kann nicht psychisch gesund bleiben, wenn man immer und überall ›originell sein will‹. Wer aber Sitte und Konvention den üblichen Tribut entrichtet, kann es sich zum Ausgleich hierfür auf begrenzten Gebieten sehr wohl erlauben, ›anders zu sein als die anderen‹. Bei Neurotikern und Psychotikern erkennt Binswanger ein überstrapaziertes Originell- und Selbstseinwollen, was nicht aus einem Übermaß an persönlicher Stärke kommt, sondern im Gegenteil aus der Ichschwäche.

Diese Ichschwäche treibt auch die *Manieriertheit* hervor, die das dritte Glied in der Struktur des schizophrenen Verhaltenstypus zu sein scheint. Manierismus ist aber nicht nur ein psychopathologisches Symptom. Binswanger zieht verblüffende Parallelen zwischen neurotischen und schizophrenen Manierismen und dem Manierismus als Kunststil: Dieser entfaltete sich zwischen der Renaissance und dem Barock (1520—1600), wobei von den Kunsthistorikern das Willkürliche in der Form- und Farbgebung bei den manieristischen Malern, Bildhauern und Architekten betont wird. Auch in der Literatur kam es zu gekünstelten Ausdrucksweisen und übertriebenen Formspielereien, hinter denen verminderte Erlebnisfähigkeit, Routine und Daseinsangst standen. — In Binswangers Optik erweist sich demnach die Schizophrenie nicht als etwas, was dem Menschen ›wesensfremd‹ ist und ihn gleichsam ›von der Biologie‹ her überfällt; sich versteigen, ›geschraubt sein‹ und ›Manieren‹ entwickeln gehört zu den allgegenwärtigen Möglichkeiten des menschlichen Seins. Tritt man mit dieser Auffassung z. B. an den schizophrenen Patienten heran, dann wird man als Therapeut bald bemerken, daß er keineswegs ›der ganz andere‹ ist, wie ihn die Psychiatrie lange Zeit in ihren Lehrbüchern katalogisierte: Er ist durch und durch unser ›Mitmensch‹, mit allen Eigentümlichkeiten und Verformungen, die auch bei uns zumindest angedeutet sind. Die Daseinsanalyse erlaubt eine starke Identifikation des Arztes mit dem Gemütskranken, und das gemeinsame Erarbeiten dieser Übereinstimmungen in der ›gesunden‹ und ›kranken‹ Existenzweise ist in ihrer Psychotherapie wichtiger als die berühmt-berüchtigte Kindheitsanalyse der Psychoanalytiker.

Wie dies etwa vor sich geht, beschreibt ungemein lebendig Medard Boss in seinem erwähnten Buch anhand eines Falles von Schizophrenentherapie (»*Einem Therapeuten wird sein bio-psychologischer Star gestochen*«, l. c., S. 203 ff.). Der Autor behandelte eine schizophren erkrankte Psychiaterin, die gebildet genug war, um seine ›psychogenetischen Herleitungen‹ und sein psychiatrisches Begriffsinstrumentarium als bloßes ›Wortgeklingel‹ zu entlarven. Boss verlegte sich dann darauf, lediglich die Äußerungen der Patientin auf ihren ›existenziellen Gehalt‹ hin zu befragen. Er leistete ihr menschlichen Beistand durch alle Phasen des Krankseins hindurch: Diese ›vorausspringende Fürsorge‹ des Therapeuten, der der Kranken unerschütterlich die Möglichkeit eines nichtreduzierten Menschseins aufzeigte, führte zu einer vollständigen Heilung.

Utopien und Übertreibungen

Psychoanalyse, Daseinsanalyse und ähnliche Bestrebungen haben das unschätzbare Verdienst, die ›Mitmenschlichkeit‹ des schizophren erkrankten Menschen entdeckt zu haben; im Lichte ihrer Erkenntnisse können die angeblich ›Normalen‹ sich ohne weiteres in den Lebensäußerungen und Lebensproblemen der Psychotiker spiegeln, ohne dem ›Gott-sei-Dank-ich-bin-nicht-so-Reflex‹ zu huldigen. Was für einen großen Fortschritt das bedeutet, kann man ermessen, wenn man sich daran erinnert, was Freud über seinen Lehrer Charcot schrieb (GW, Bd. I, S. 21 f.): Wenn man mit dem ›Meister‹ durch seine Klinik gehe, werde man an den berühmten Zoologen Cuvier gemahnt, der vielen Tierarten ihre Namen gegeben habe! Noch drastischer ist eine Aussage von Eugen Bleuler, dem man das umfangreiche Lehrbuch *»Dementia praecox oder die Gruppe der Schizophrenien«* (1911) verdankt: Der kenntnisreiche Psychiater sagte nebenbei, wenn er sein Forschungsinteresse beiseite lasse, seien ihm die schizophrenen Patienten fremder als die Vögel in seinem Garten.

Diese blamable Situation ist durch die Tiefenpsychologie in mannigfaltiger Weise verändert worden. Wir können heute den Gedanken zulassen, daß wir dem Neurotiker, dem Perversen, dem Kriminellen, dem Wahnkranken sehr ähnlich sind — unsere Lebensschwierigkeiten sind auch die ihrigen. Der ›Gesunde‹ leidet eventuell nur ›an kleineren Irrtümern‹, worüber er nicht stolz sein und sich nicht brüsten darf.

Wenn derartige geistige Errungenschaften zustande kommen, gibt es immer wieder radikale Persönlichkeiten, die die neuen Einsichten überspitzen und ins Extrem treiben. Dies scheint uns bei den sogenannten ›Antipsychiatern‹ der Fall zu sein, die das Bestehen von ›Geisteskrankheiten‹ überhaupt leugnen und die Daseinsberechtigung der Psychiatrie weitgehend in Frage stellen.

Einen Anfang hiermit machte Thomas S. Szasz in den USA mit seinem vieldiskutierten Buch *»Geisteskrankheit — Ein moderner Mythos?«* (dt. 1972), auf das zahlreiche weitere Bücher mit ähnlichen Thesen folgten. Nach Szasz ist man nicht dazu berechtigt, Gemütsstörungen als ›Krankheit‹ zu bezeichnen. Diesen Ausdruck sollte man für Körperkrankheiten reservieren, die eine faßbare materiell-biologische Grundlage besitzen (Infektionen, Abnützungserscheinungen, Verletzungen usw.). Bei der Schizophrenie zum Beispiel ist es nicht gelungen (und wird vermutlich auch nicht gelingen), ein chemisch-physikalisches Substrat für die Erkrankung ausfindig zu machen. Daher soll man Neurosen und Psychosen als ›Verhaltensstrategien‹ definieren, die unter Umständen vom Verhalten der ›Mehrheit der Menschen‹ stark abweichen, aber nicht die Diffamierung als ›Kranksein‹ auf sich ziehen sollten. Anstatt solche Menschen ›krank‹ zu nennen und sie etwa gar ›gegen ihren Willen‹ in Kliniken unterzubringen, wäre es sinnvoll, solche soziale Abweichler zu respektieren, da ja niemand die ›absolut richtige Lebensführung‹ angeben kann. Freiwillig kann natürlich der Abweichler Therapie verlangen, und man wird sie ihm gewähren.

Szasz schlägt den Psychiatern alle diagnostischen Kriterien aus der Hand und verficht die These, man möge niemandem sein ›Rollenspiel‹ verderben, wenn er die Umgebung nicht in Gefahr bringe. Der Geisteskranke sei doch kein Verbrecher, so daß die Inhaftierung in einer Anstalt absurd sei. So sagt unser Autor:

»Die Psychiatrie und das Gesetz wollen definieren, welche Rollen sozial legitim sind und welche nicht, sowie zur Anpassung an die vorgeschriebenen Rollen zwingen. Die Institutionale Psychiatrie dringt auf Rollenkonformität, indem sie Rollenabweichung als Geisteskrankheit definiert, die mit Hospitalisierung bestraft wird. Wenn beispielsweise eine arme, ungebildete, überlastete Hausfrau aus ihrem Packeseldasein in den Anspruch flüchtet, sie sei die heilige Jungfrau Maria, bezeichnet der Psychiater diese Frau als ›krank‹ und behindert sie dadurch im Spielen der Rolle, die sie sich ausgesucht hat. Rollenspielvereitelung dieses Typs, untermauert durch die Zwangsmaßnahme der Anstaltsunterbringung, entspricht dem Verbot der Bankräuber-Rolle, untermauert durch die Zwangsmaßnahme der Gefängnishaft.«
(»*Psychiatrie — Die verschleierte Macht*«, 1978, S. 84)

Wenn das richtig ist, dann soll man die Geisteskranken in Ruhe lassen, bis sie selbst darauf kommen, daß sie ihre Wertorientierungen und Verhaltensmuster abänderungsbedürftig finden. Diagnose, Hospitalisierung und Behandlung solcher Menschen seien schlicht ›Verbrechen gegen die Menschlichkeit‹: So heißt es in den Schlußsätzen von »*Geisteskrankheit — Ein moderner Mythos?*«. Man kann sich denken, welcher Entrüstungssturm bei den Psychiatern losbrach, als Szasz seine Berufskollegen mit solchen Parolen angriff. Er liegt hierbei sicher nicht ganz schief, aber er wird sich an manchen seiner Formulierungen Abstriche gefallen lassen müssen.

Szasz steht als ›Antipsychiater‹ nicht allein: Dies bezeugt z. B. das Buch »*Die Sprache der Verrücktheit*« (1978) von David Cooper, der aus dem Kreis um Ronald D. Laing stammt. Cooper geht sogar noch einen Schritt weiter und hält Geisteskrankheiten für ›Dispositionen zur Kreativität‹. Im Psychotiker ist oft ein Künstler verborgen, der zugrunde geht, wenn man den ›Patienten normalisiert‹. Dazu habe aber niemand das Recht, denn die sogenannten ›Normalen‹ sind die schlimmsten Verrückten, die es überhaupt gibt. Man denke nur an das gegenwärtige Wirtschaftsleben und an die Politik, an Kriege und Kriegsvorbereitungen, an Rassenhaß und gesellschaftliche Diskriminierung aller Art. All das machen und veranstalten nicht die Schizophrenen, aber die ›Gesunden‹, die jene in Kliniken unterbringen und dort ›psychiatrisch behandeln‹ lassen.

Das ist ein Aufschrei der Empörung, der wiederum etwas Wahres trifft und nur durch seine Übersteigerung Vernunft in Unvernunft verwandelt. Cooper verweist mit Recht auf die schmähliche und schimpfliche Rolle, die etwa die Psychiatrie in Diktaturen spielte und noch derzeit spielt. In Nazideutschland bot sie der zwangsweisen Sterilisierung und später auch Vergasung von ›unheilbar Geisteskranken‹ die Hand, indes der größenwahnsinnige Diktator einen Krieg entfesseln durfte, dem ca. fünfzig Millionen Menschen zum Opfer fielen. Solche Tatsachen zeigen uns, daß die ›Normalen‹ keinen Grund zur Selbstgefälligkeit und Überheblichkeit haben. Ist es doch in der UdSSR so, daß Dissidenten in Kliniken eingewiesen werden, wo korrupte Psychiater sie als ›krank‹ diagnostizieren, weil sie andere Meinungen zu haben wagen, als die herrschende Staatspartei vorschreibt.

Cooper ist ein antiautoritärer Sozialist und denkt, daß der Bolschewismus in keiner Weise mit dem ›vollentwickelten Sozialismus‹ identifiziert werden dürfe: Wenn dieser realisiert werde, dann werde es auch keine Gemüts- und Geisteskrankheiten mehr geben (l. c., S. 112). Um dieses hohe Ziel zu erreichen, solle man sich des revolutionären Potentials bedienen, das in den zahllosen Neurotikern und Psychotikern innerhalb der kapitalistischen Gesellschaft gegeben sei. Wer schizophren wird, ist ein ›Aussteiger‹ aus unserer pathologischen Soziotät: Er hat es nicht weit bis zum echten Revolutionär. Wollte man an dieser Stelle ironisch werden, dann könnte man den berühmten Aufruf aus dem »*Kommunistischen Manifest*« etwas abwandeln: ›Schizophrene aller Länder — vereinigt Euch!‹

Sie werden sich aber nicht vereinigen, denn der Aufstand des Schizophrenen ist passiv, verängstigt, unvernünftig: Der Begriff der ›Krankheit‹ kann nicht einfach in der Psychopathologie über

Bord geworfen werden, wiewohl die Bestimmung dessen, was als gesund und normal gelten soll, eine große und ernste Aufgabe ist. Szasz, Cooper und viele andere helfen den Gemütsgestörten wenig, wenn sie deren Symptomatik bagatellisieren oder gar idealisieren. Gewiß sind Diagnostik und Therapie auf diesem Felde noch sehr unentwickelt und bedürfen anhaltender Weiterentwicklung durch die Verantwortlichen; aber schwerwiegende Gefühls- und Verhaltensdesorientierung ist kein ›Mythos‹, sondern doch eine ›Art von Krankheit‹. Daher war das *Auflösen von psychiatrischen Kliniken in Italien* durch Franco Basaglia ein gewagter Schritt, vielleicht nur eine unkluge Übereilung.

Der schizophrene Mensch

Wahrscheinlich können wir nicht darauf verzichten, die Schizophrenie eine ›Krankheit‹ zu nennen, und zwar eine Erkrankung des Gemüts oder der Gesamtpersönlichkeit. Zum Trost für die Patienten dieser Art sei gesagt, daß jeder Mensch ›mehr oder minder schizophren‹ ist, ähnlich wie auch — nach Freuds Feststellung — kein Mensch gänzlich frei von Neurose ist. Dies kommt im Begriff der ›Schizoidie‹ zum Ausdruck, mit welchem man darauf hinweisen will, daß sich ›Gespaltenheit‹ bei jedermann findet, wenn man nur genau sucht. Ist dieser Befund stärker ausgeprägt, so hat man mit Charakteren zu tun, die mit sich selbst, mit den Mitmenschen und mit dem Leben ›überdurchschnittliche Schwierigkeiten‹ haben. Ronald Laing, ebenfalls ein Psychiatrie-Kritiker von Format, beschreibt den betont schizoiden Menschen in »*Das geteilte Selbst*« (1972, S. 19) mit folgenden Worten:

>»Das Wort schizoid bezieht sich auf ein Individuum, dessen Totalität der Erfahrung in zweierlei Hinsicht gespalten ist: An erster Stelle ist da ein Riß in der Beziehung zu seiner Welt und an zweiter Stelle ein Bruch in der Beziehung zu sich selbst. Ein solcher Mensch kann sich selbst nicht als ›zusammen mit‹ anderen oder als ›zu Hause in‹ erfahren, sondern erfährt sich im Gegenteil in verzweifeltem Alleinsein und Isolation; mehr noch, er erfährt sich nicht als eine vollständige Person, sondern vielmehr als auf verschiedene Arten ›gespalten‹, vielleicht als eine Seele, die mehr oder weniger dürftig einem Körper verbunden ist, als zwei oder mehr Ichs, und so weiter.«

Daß es im Einzelfall recht schwierig sein kann, Art und Grad der Spaltung zu bestimmen, bedarf keiner Hervorhebung; nicht jeder, der sich mit der Umwelt und dem Leben schwertut, ist ein Gemütskranker: Viele produktive und schöpferische Menschen waren innerlich Zerrissene, wobei die ›lieben Zeitgenossen‹ nicht wenig dazu beitrugen, daß die Neuerer jeglicher Art zu Leiden und Einsamkeit verurteilt waren.

Aber der eigentliche Schizophrene ist kein Kulturschöpfer; er ist kontaktarm, hoffnungslos, handlungsunfähig und von einer umfassenden Unsicherheit erfüllt. Man kann sich die Daseinsangst dieser Patienten nicht groß genug vorstellen. Nirgendwo fühlen sie sich geborgen, und sie haben auch nicht die seelischen Bereitschaften und Fertigkeiten entwickelt, mittels derer sie eine zwischenmenschliche Geborgenheit schaffen könnten.

Laing beschreibt im genannten Buch als Hauptmotive des schizophrenen Verhaltens drei Formen der Angst: 1. Die Angst vor dem Verschlungenwerden; 2. die Angst vor Implosion; 3. die Angst vor Petrifikation.

1. Da Schizophrene sehr ichschwach sind, haben sie oft den Eindruck, daß sie durch menschlichen Umgang ihre ›Identität‹ verlieren könnten. Hingabe fürchten sie beinahe als Hergabe; emotionale Nähe scheint sie mit dem Untergang ihres Selbst zu bedrohen. Daher neigen sie zur Isolation und zum Rückzug von allen Situationen (Arbeit, Liebe usw.), wo man unweigerlich anderen nahekommt. Das Unglückselige für den Patienten besteht darin, daß seine Angst vor Liebe mit riesiger Sehnsucht nach Liebe verkoppelt ist. Man kann in diesem Zusammenhang von Ambivalenz (Zwiespältigkeit) sprechen, und schon Eugen Bleuler hielt dies für einen Grundzug der Schizophrenie.

2. Psychoanalytische Autoren (z. B. Ernst Federn) betonten das ›Fehlen der Ichgrenzen‹ bei schizophrenen Patienten und allgemein beim ›schizoiden Typ‹: Solche Menschen fühlen sich gegen die Welt nicht ausreichend abgegrenzt. Zum anderen verspüren sie im eigenen Innern ein Gefühl der Leere, so daß in ihnen die Meinung entsteht, sie könnten einem ›Eindringen in ihr Gemüt‹ keinen Widerstand entgegensetzen. Daraus resultieren Überempfindlichkeit, Mißtrauen und Distanzhaltung; man kommt an solche Charaktere sehr schwer heran.

3. Petrifikation heißt Versteinerung, im weiteren Sinne ›Verdinglichung‹. Schizophrene ängstigen sich oft davor, durch den Einfluß anderer versteinert zu werden oder durch ihre eigene

Wesensart anderer Menschen derart zu schaden, daß sie ihre Person einbüßen und zum ›Ding‹ werden. Dem Ausmalen imaginärer Gefahren dieser Art sind prinzipiell keine Schranken gesetzt. Es ist erstaunlich, wie sehr die Patienten in einer ›Welt der Magie‹ leben, wo sie sich selbst und anderen Wirkungsmöglichkeiten zuschreiben, die an ›Zauberei‹ erinnern. Man denke nur an den ›Beeinflussungswahn‹ und die vielfältigen Wahnvorstellungen der Paranoiker, die sich durch feindselige Mächte und Kräfte verfolgt fühlen.

Jeder Mensch ist teilweise frei und teilweise unfrei; in der Neurose und in der Psychose verlagert sich der Schwerpunkt des Lebens zur Unfreiheit hin. Die Autonomie des Patienten wird im selben Maße reduziert wie seine Beziehungsfähigkeit: Selbstsein ist offenbar an das ›In-Beziehung-Sein‹ gebunden.

Man kann die Schizophrenie nur dann tiefgreifend verstehen, wenn man die Wesensverfassung des Menschen zu begreifen vermag. Das schizophrene Leben und Erleben ist weder un- noch übermenschlich; in ihm konkretisiert sich ›Menschliches‹ in abgewandelter Form. Daher lohnt es sich, das Verhältnis von Leib, Seele und Selbst in der ›Normalität‹ und in der Schizophrenie miteinander zu vergleichen.

Beim ›gesunden Menschen‹ (der ein ›Idealtyp‹ ist) sind häufig Leib und Seele im Einklang miteinander: Beim Tätigsein, in der Zärtlichkeit und Sexualität, beim Spiel und in der Muße usw. vereinigen sich Seelisches und Leibliches bis zur Untrennbarkeit. Anders beim Gemütsgestörten: Er fühlt sich oft ›außerhalb seines Leibes‹, der ihn als Fremdkörper anmutet. Dies hängt auch damit zusammen, daß er wenig oder gar nicht sich ›in Situationen einläßt‹: Er steht draußen, den Mitmenschen und Dingen abgewendet. Ein Ich oder Selbst aber, das die andauernde Berührung mit der Mitwelt aufgibt, entbehrt jener Impulse, die es lebendig und entwicklungsfähig erhalten.

Der Situationsverlust und die Körperfremdheit bedingen ihrerseits den Gedankenzerfall des Schizophrenen, seine seelische und körperliche Steifheit und Stereotypie, seine affektive Un- oder Schweransprechbarkeit, das Manko an Selbstvertrauen und das unendliche Sicherheitsbedürfnis. Der Lebensmut ist bei solchen Patienten fast ganz zusammengebrochen. Sie leben nur noch defensiv, und wenn irgendwo, dann gilt für die Lebensführung, daß Stillstand Rückgang und Aufhören des Wachstums Zerfall bedeuten.

Kein Zweifel, daß es tragische Schicksale und Werdensverläufe sind, die schizophrene Menschen sozusagen aus der Wirklichkeit vertreiben und ihnen nahezulegen scheinen, daß sie nur im Bereich ihrer morbiden Imagination Zuflucht finden können. Aber man darf das Ausmaß ihrer lebensgeschichtlichen Traumatisierungen — auch die ihrer frühen Kindheit — nicht übertreiben. Es sind ja nicht allein die Fakten, die den Menschen krank machen; zu den Tatsachen kommen stets die ›Auslegungen‹ hinzu, die das betroffene Individuum den Ereignissen gibt. Bahnt sich aus irgendwelchen Gründen eine schizophrene Entwicklung an, dann holt sich der zukünftige Patient auch aus relativ harmlosen Vorfällen Bekräftigungen für seine Weltflucht und Weltabgewandtheit heraus. Der aus Kindheitserfahrungen deduzierte Charakteraufbau fügt ein weiteres hinzu, um die Brücken zur Umwelt schmal zu machen oder gar, sie endgültig zu verrammeln. Verstiegener Ehrgeiz, verschrobene Querköpfigkeit, Ablehnung notwendiger Anpassungen an das ›durchschnittliche Verhalten‹, mangelhafte und tendenziöse Aufmerksamkeit auf das Leben und die Mitmenschen usw. sind der Beitrag des schizophrenen Individuums zum Fortbestehen seiner inneren und äußeren Not, in die es gleichsam hineingewachsen ist wie in eine ›emotionale Wüste‹, in der es Gefahr läuft, zu vertrocknen und zu verdursten.

Aber die Schizophrenie ist kein Labyrinth, aus dem es keinen Ausweg gibt. Spontanheilungen kommen vor, wenn der Patient nach langem Grübeln, durch zufällige Ereignisse angeregt, *den Entschluß zur Rückkehr ins soziale Leben* faßt. Wer sich in die Lebensferne versteigt, kann in die Lebensnähe zurückwandern.

Therapeutische Möglichkeiten

Eine eigentliche Schizophrenentherapie gibt es erst seit dem Durchbruch der tiefenpsychologischen Anschauungen in der Psychiatrie und Psychohygiene. Bis in die Gegenwart hinein wird immer noch mit ›somatischen Therapiemethoden‹ experimentiert; es ist aber anzunehmen, daß nur die Psychotherapie die ›Methode der Wahl‹ darstellt. Körperliche Behandlungsverfahren sind wohl nur symptomatisch: Sie schaffen günstigenfalls vorübergehende Linderungen, aber echte Genesungen kommen durch sie nicht zustande.

Elektroschock, Insulinkur, Psychopharmaka usw. wurden und werden von den Psychiatern gerühmt, aber sie scheinen den ›Kern der Erkrankung‹ nicht zu berühren. Therapie durch ›Heilschlaf‹ (Klaesi) und Verhaltenstraining brachten auch nur zeitweilige Erfolge, die in der Fachliteratur zu Unrecht hochgespielt wurden. Aber auch die Psychotherapie an Schizophrenen zeigt noch kein eindeutiges Bild; sie kann gelegentlich von sehr guten Erfahrungen berichten, muß aber auch des öfteren Rückfälle in Kauf nehmen, die in der Schwierigkeit dieses Therapieanliegens begründet sind.

Wir blicken heute auf ca. fünfzig Jahre der Schizophrenentherapie zurück. Anfänglich waren die Psychoanalytiker geneigt, mit heroischem Einsatz das ganze Liebesdefizit auszugleichen, welches ihrer Meinung nach dem Krankheitsgeschehen zugrunde lag: In Tausenden Behandlungsstunden ließ man die Patienten in ein Kindheitsstadium ›regredieren‹ und behandelte sie wie Säuglinge, die das Anrecht auf mütterliche Pflege und Betreuung hatten. Erwachsene Patienten wurden mit Milchflaschen gefüttert, und wenn sie einkoteten oder einnäßten, schöpfte man Hoffnung, daß man die Traumen ihrer frühen Reinlichkeitserziehung korrigieren könnte, wenn man mit Geduld und Liebe auf Kot und Urin blickte, die doch ›Körperprodukte‹ des liebesbedürftigen Patienten waren. Solche Behandlungen stellten fast übermenschliche Anforderungen an die Therapeuten; man lese etwa die Falldarstellungen von Frieda Fromm-Reichmann, Marguerite Sechehaye, Medard Boss u. a. nach, denen in jahrelangen Bemühungen psychotherapeutische Kuren an Patienten gelangen, die durch die offizielle Psychiatrie als unheilbar abgestempelt waren. Aber es war und ist nicht ›jedermanns Sache‹, einen solchen Einsatz zu leisten: Wird man doch bei derartigen Therapieberichten an den Einwand gegen Rousseaus Buch »Émile« erinnert, bei dem schon die Zeitgenossen bemängelten, die darin enthaltene Methode verbrauche pro Zögling einen Hofmeister: was als ›Nutzeffekt‹ zu gering sei.

Daher fragte man sich um 1950, ob es nicht abgekürzte Therapieverfahren für schizophrene Patienten gäbe. John Rosen (»Direkte Psychoanalyse«) in New York gab in den fünfziger Jahren eine Methode an, die mit ›direkten Symboldeutungen‹ (oft kraß ins Sexuelle einmündend) den Schizophrenen aus seinem Wachtraum aufzuwecken vermöge: Dies galt kurzfristig als Sensation, aber die Überprüfung der Rosenschen Therapiefälle fiel keineswegs überzeugend aus. Was er als ›geheilt‹ anführte, erwies sich als rückfallgefährdet, und die Zahl der echten Heilungen war gering.

Darum ist es nach und nach um die individuelle Schizophrenentherapie still geworden. Sie wird immer noch von Psychoanalytikern in der Privatpraxis und in Kliniken betrieben, aber das Problem von Aufwand und Ertrag besteht weiterhin.

So bedeutete es einen neuen Ausblick, als man *gruppentherapeutische Techniken* auf die Schizophrenie anzuwenden begann. Nunmehr konnte man ganze Patientengruppen zusammenfassen und sie gemeinsam behandeln. Dies führte den einzelnen Schizophrenen aus seiner Isolierung heraus: Er konnte sein Leiden und seine Schicksale mit denjenigen von Leidens- und Schicksalsgenossen vergleichen. Die Gemeinschaftsbildung in der Therapiegruppe wirkte sich wohltätig aus. Aber die Anforderungen an den Therapeuten, der mit acht bis zwölf schizophrenen Patienten ein Klima der Zusammenarbeit, des Wohlwollens und des wechselseitigen Verstehens herstellen sollte, waren wiederum außerordentlich groß. Daher hört man heute auch von der Gruppentherapie an Schizophrenen nicht mehr viel; sie wird hauptsächlich in den Kliniken ausgeübt, offenbar mit launischem Erfolg.

In dem von uns gegründeten und geleiteten ›*Arbeitskreis für Tiefenpsychologie, Gruppendynamik und Gruppentherapie Berlin*‹ haben wir daraus die Schlußfolgerung gezogen, daß der Schizophrene *im Kreise der Normalen und der Neurotiker* behandelt werden soll, damit er Anreize dafür bekommt, auf dem Wege durch eine Neurose hindurch ›normal‹ zu werden. Unsere diesbezüglichen Erfahrungen können als ermutigend bezeichnet werden.

Unseres Erachtens ist der schizophrene Patient in den üblichen Nervenheilstätten und in jeder spezifischen Schizophrenentherapie wesentlich ›unterfordert‹: Solche Behandlungen kommen oft einer Verwöhnung gleich. Der Patient läßt alles über sich ergehen, wenn er nur weiterhin im Stillen seinen Größenträumen nachhängen darf und weder mit Arbeit noch mit ausgiebigem menschlichen Kontakt behelligt wird. Indem wir ihn in die Gemeinschaft mit ›normalen Neurotikern‹ einführen, geben wir ihm die Chance, nach und nach seine Isolierung aufzuheben und an anderen Menschen Anteil zu nehmen. Auch soll er Selbst- und Menschenkenntnis lernen, damit er Entwicklungsprozesse nachholen kann, die er in der Kindheit und Jugend versäumt hat. In der Therapiegruppe wird er auch dazu angeleitet, anderen zu helfen und ihnen Auswege aus ihren Schwierigkeiten zu weisen: Es ist verblüffend, wieviel Intuition Schizophrene in die Waagschale zu werfen haben, wenn sie erst ihre Ängste und Schüchternheiten überwinden können. Durch Beiträge zum Verstehen anderer wächst nicht nur das Selbstverständnis solcher Patienten, sondern auch ihr Selbstwertgefühl: Dies ist unendlich wichtig, weil jeder Schizophrene davon überzeugt ist, daß er im Grunde ›ein wertloser Mensch‹ sei. Der Größenwahn, der dieses Gefühl übertönt, ist nur kompensatorisch gemeint: Wer die Selbstverachtung schizophrener Menschen verringert, erleichtert ihnen die Zuwendung zum Leben und zur Wirklichkeit, von denen sie sich abgewandt haben, um nicht in noch größere Ohnmachts- und Nichtigkeitsgefühle zu versinken.

Das Hauptproblem der Therapie besteht darin, das brachliegende *Gemeinschaftsgefühl* des Patienten zu entwickeln. Nicht jeder Schizophrene kann aber dafür gewonnen werden, in und mit der Gemeinschaft zu leben. Daher tolerieren wir es ohne weiteres, wenn solche Patienten nach einiger Zugehörigkeit zu unseren Therapiegruppen den Wunsch äußern, sich zurückzuziehen: Sie haben in ihrer Weise von den sozialen und kulturellen Erfahrungen in der Gruppe profitiert, fühlen sich aber außerstande, diesen Kontakt dauernd weiterzuführen. Manchmal kehren solche Patienten nach einiger Zeit wieder in die Gruppentherapie zurück. Andere vermeiden dies, sind aber doch durch die Therapieerlebnisse befähigt, zufriedener und produktiver zu leben. Wir lehnen es ab, dem Schizophrenen in unserer Therapie eine *Sonderbehandlung* einzuräumen. Dies würden fast alle unter ihnen wünschen. Irgendwie kennen sie nur das ›Familienmuster‹ und möchten vom Therapeuten eine Beziehung haben, die einer Mutter-Kind- oder Eltern-Kind-Beziehung ähnelt. Wir können und wollen ihnen diese ›Intimbehandlung‹ nicht zuteil werden lassen. Dies schafft mitunter Unzufriedenheiten, Spannungen und Projektionen, die nur mit bedeutender Geschicklichkeit in der Handhabung von Übertragung und Gegenübertragung gemeistert werden können. In einer Reihe von Fällen ist uns dies ganz gut gelungen.

Literaturhinweise

Zur Theorie der Neurose

Adler, Alfred, *Über den nervösen Charakter* (1912), 5. Aufl., Darmstadt 1969

Ders., *Der Sinn des Lebens*, Wien 1933

Binswanger, Ludwig, *Grundformen und Erkenntnis des menschlichen Daseins*, 5. Aufl., München 1973

Ders., *Ausgewählte Vorträge und Aufsätze*, 2 Bde., Bern 1949/1955

Boss, Medard, *Grundriß der Medizin und Psychologie*, 2. Aufl., Bern 1975

Ders., *Von der Psychoanalyse zur Daseinsanalyse*, Wien 1979

Freud, Sigmund, *Gesammelte Werke* (GW), (IMAGO) London o. J.

Fromm, Erich, *Psychoanalyse und Ethik*, Zürich 1954

Gebsattel, Victor E. v., *Imago hominis — Beiträge zu einer personalen Anthropologie*, Salzburg 1968

Horney, Karen, *Neue Wege in der Psychoanalyse*, Stuttgart 1951

Dies., *Der neurotische Mensch unserer Zeit*, München 1974

Dies., *Unsere inneren Konflikte*, München 1973

Dies., *Neurose und menschliches Wachstum* (1950), München 1975

Jung, Carl Gustav, *Psychologische Typen*, 12. Aufl., Olten 1976

Schultz-Hencke, Harald, *Der gehemmte Mensch*, Stuttgart 1940

Ders., *Lehrbuch der analytischen Psychotherapie* (1951), 2. Aufl., Stuttgart 1970

Straus, Erwin, *Vom Sinn der Sinne — Ein Beitrag zur Grundlegung der Psychologie*, 2. Aufl., Berlin 1978

Sullivan, Harry Stack, *Die interpersonale Theorie der Psychiatrie*, dt. Ausg. Frankfurt/M. 1980

Weizsäcker, Viktor von, *Pathosophie*, Göttingen 1956

Wyss, Dieter, *Die tiefenpsychologischen Schulen von den Anfängen bis zur Gegenwart*, Göttingen 1977

Angstneurosen

Adler, Alfred, *Praxis und Theorie der Individualpsychologie*, Frankfurt/M. 1974

Ders., *Der Sinn des Lebens*, Frankfurt/M. 1973

Ders., *Menschenkenntnis*, Frankfurt/M. 1975

Baeyer, Walter v. u. Baeyer-Katte, Wanda v., *Angst*, Frankfurt/M. 1973

Balint, Michael, *Angstlust und Regression*, Reinbek 1972

Boss, Medard, *Lebensangst, Schuldgefühl und psychotherapeutische Befreiung*, Stuttgart 1962

Ders., *Grundriß der Medizin und der Psychologie*, Bern 1975

Ditfurth, Hoimar v. (Hrsg.), *Aspekte der Angst*, München 1977

Freud, Sigmund, *Gesammelte Werke* (GW), London o. J.

Gebsattel, Victor E. v., *Imago Hominis*, Salzburg 1968

Ders., *Prolegomena einer medizinischen Anthropologie*, Berlin 1954
Horney, Karen, *Unsere inneren Konflikte*, München 1973
Dies., *Der neurotische Mensch unserer Zeit*, München o. J.
Dies., *Neue Wege in der Psychoanalyse*, München o. J.
König, Karl, *Angst und Persönlichkeit*, Göttingen 1981
Lahmann, Fritz, *Unsere Ängste und ihre Ursachen*, München 1981
Rattner, Josef, *Psychoanalyse und Gruppentherapie der Angst*, München 1972
Ders., *Psychologie der zwischenmenschlichen Beziehungen*, CH-Olten 1972
Rattner, Josef (Hrsg.), *Pioniere der Tiefenpsychologie*, Wien 1979
Ders., *Wandlungen der Psychoanalyse*, Wien 1980
Ders., *Der Weg zum Menschen*, Wien 1981
Richter, H. E., *Patient Familie*, Reinbek 1972
Riemann, Fritz, *Grundformen der Angst*, München 1975
Schultz-Hencke, Harald, *Der gehemmte Mensch*, Stuttgart 1940
Schulz, Walter, *Das Problem der Angst in der neueren Philosophie*, in: Hoimar v. Ditfurth (Hrsg.), *Aspekte der Angst*, München 1977
Sullivan, H. S., *Die interpersonale Theorie der Psychiatrie*, Frankfurt/M. 1980
Wandruszka, Mario, *Angst und Mut*, Stuttgart 1950

Hysterie

Adler, Alfred, *Über den nervösen Charakter, Grundzüge einer vergleichenden Individualpsychologie und Psychotherapie* (1912), 3. Aufl., München 1922
Boss, Medard, *Grundriß der Medizin und Psychologie* (1971), 2. Aufl., Bern 1975
Ellenberger, Henry F., *Die Entdeckung des Unbewußten*, 2 Bde., Bern 1973.
Fenichel, Otto, *Hysterien und Zwangsneurosen* (1931), 2. Aufl., Darmstadt 1967
Freud, Sigmund, *Studien über Hysterie* (1895), in: *Gesammelte Werke* (GW) (IMAGO), Bd. I, London o. J.
Ders., *Bruchstück einer Hysterie-Analyse* (1905), in: *Gesammelte Werke* (GW), Bd. V, London o. J.
Jaspers, Karl, *Allgemeine Psychopathologie* (1913), 8. Aufl., Berlin 1965
Klages, Ludwig, *Grundlagen der Charakterkunde*, 11. Aufl., Bonn 1951
Richter, Horst-Eberhard, *Patient Familie*, Reinbek 1970
Riemann, Fritz, *Grundformen der Angst*, München 1961
Schultz-Hencke, Harald, *Lehrbuch der analytischen Psychotherapie* (1951), 2. Aufl., Stuttgart 1865
Sullivan, Harry Stack, *Clinical Studies in Psychiatry*, New York 1956
Szasz, Thomas S., *Die Fabrikation des Wahnsinns*, Olten 1974
Ders., *Geisteskrankheit — Ein moderner Mythos?* (1972), München 1975

Depression

Adler, Alfred, *Über den nervösen Charakter* (1912), Frankfurt/M. 1972
Ders., *Praxis und Theorie der Individualpsychologie*, Frankfurt/M. 1974
Ders., *Menschenkenntnis*, Frankfurt/M. 1966
Binswanger, Ludwig, *Melancholie und Manie*, Pfullingen 1960
Ders., *Grundformen und Erkenntnis des menschlichen Daseins*, 5. Aufl., München 1973
Boss, Medard, *Grundriß der Medizin und Psychologie*, Bern 1975
Ders., *Von der Psychoanalyse zur Daseinsanalyse*, Wien 1979
Freud, Sigmund, *Trauer und Melancholie*, in: *Gesammelte Werke* (GW) (IMAGO), Bd. X, London o. J.
Horney, Karen, *Neurose und menschliches Wachstum*, München 1975
Plessner, Helmuth, *Lachen und Weinen*, München 1953
Rattner, Josef, *Der schwierige Mitmensch*, Frankfurt/M. 1973
Ders., *Psychotherapie als Menschlichkeit*, Frankfurt/M. 1974
Riemann, Fritz, *Grundformen der Angst und die Antinomien des Lebens*, München 1965
Sartre, Jean-Paul, *Versuch über die Theorie der Gefühle*, Reinbek 1964
Schultz-Hencke, Harald, *Lehrbuch der analytischen Psychotherapie*, Stuttgart 1950
Sullivan, Harry Stack, *Die interpersonale Theorie der Psychiatrie*, Frankfurt/M. 1980
Zwingmann, Charles (Hrsg.), *Selbstvernichtung*, Frankfurt/M. 1965
Ders., *Zur Psychologie der Lebenskrisen*, Frankfurt/M. 1962

Zwangsneurose

Adler, Alfred, *Zwangsneurose*, in IZI 1931, 9. Jg., Nr. 1
Ders., *Neurosen*, Frankfurt/M. 1981
Ders., *Der Sinn des Lebens*, Frankfurt/M. 1973
Benedetti, Gaetano, *Psychodynamik der Zwangsneurose*, Darmstadt 1978
Bergson, Henri, *Zeit und Freiheit*, Jena 1920
Dongier, Maurice, *Neurosen*, Olten 1971
Freud, Sigmund, *Zwangshandlungen und Religionsübungen*, GW, Bd. VII, Frankfurt/M. 1972
Ders., *Bemerkungen über einen Fall von Zwangsneurose*, GW, Bd. VII, Frankfurt/M. 1972
Ders., *Die Disposition zur Zwangsneurose*, GW, Bd. VIII, Frankfurt/M. 1973
Ders., *Der Sinn der Symptome*, in: *Vorlesungen zur Einführung in die Psychoanalyse*, GW, Bd. XI, Frankfurt/M. 1973
Ders., *Hemmung, Symptom und Angst*, GW, Bd. XIV, Frankfurt/M. 1972
Gebsattel, Viktor E. v., *Prolegomena einer medizinischen Anthropologie*, Berlin 1954

Ders., *Imago Hominis. Beiträge zu einer personalen Anthropologie*, Schweinfurt 1964

Ders., *Die anankastische Fehlhaltung*, in: V. Frankl, V. E. v. Gebsattel, J. H. Schultz (Hrsg.), *Handbuch der Neurosenlehre und Psychotherapie*, 2. Band, München/Berlin 1959

Quint, Hans, *Über die Zwangsneurose*, Göttingen 1976

Rattner, Josef, *Der schwierige Mitmensch*, Olten 1970

Ders., *Neue Psychoanalyse und intensive Psychotherapie*, Hamburg 1974

Psychosomatische Krankheitslehre

Adler, Alfred, *Studie über Minderwertigkeit von Organen* (1907), Frankfurt/M. 1977

Ders., *Über den nervösen Charakter* (1912), W. A., Frankfurt/M. 1972

Ders., *Heilen und Bilden* (1914), Frankfurt/M. 1973

Alexander, Franz, *Psychosomatische Medizin* (1950), 3. Aufl., Berlin 1977

Boss, Medard, *Einführung in die psychosomatische Medizin*, Bern 1954

Ders., *Grundriß der Medizin und Psychologie*, 2. Aufl., Bern 1975

Condrau, Gion, *Medizinische Psychologie*, München 1975

Freud, Sigmund, *Gesammelte Werke* (GW) (IMAGO), London o. J.

Groddeck, Georg, *Psychoanalytische Schriften zur Psychosomatik*, Wiesbaden 1966

Jores, Arthur, *Der Mensch und seine Krankheit*, 3. Aufl., Stuttgart 1962

Ders., *Menschsein als Auftrag*, Bern 1964

Mitscherlich, Alexander, *Krankheit als Konflikt*, 2 Bde., Frankfurt/M. 1966 u. 1967

Ders., *Freiheit und Unfreiheit in der Krankheit*, Frankfurt/M. 1977

Rattner, Josef, *Psychosomatische Medizin heute*, Frankfurt/M. 1977

Schipperges, Heinrich, *Paracelsus*, Stuttgart 1974

Weizsäcker, Viktor v., *Körpergeschehen und Neurose* (1933), 2. Aufl., Stuttgart 1947

Ders., *Pathosophie* (1956), Göttingen 1967

Zepf, Siegfried, *Zur Theorie der psychosomatischen Erkrankung*, Frankfurt/M. 1973

Kinderneurosen

Adler, Alfred, *Menschenkenntnis*, Frankfurt/M. 1978

Ders., *Schwer erziehbare Kinder*, in: *Schwer erziehbare Kinder. Eine Schriftenfolge*, Hrsg. v. Otto und Alice Rühle, Dresden 1926

Ders., *Die Technik der Individualpsychologie 2, Die Seele des schwer erziehbaren Schulkindes*, Frankfurt/M. 1974

Ders., *Kindererziehung*, Frankfurt/M. 1976

Ders., *Das Leben gestalten. Vom Umgang mit Sorgenkindern*, Frankfurt/M. 1979

Alexander, Franz, *Psychosomatische Medizin. Grundlagen und Anwendungsgebiete*, 3. Aufl., Berlin 1977

Ansbacher, Heinz L. u. Ansbacher, Rowena R., *Alfred Adlers Individualpsychologie*, 2. Aufl., München/Basel 1972

Bornstein, Berta, *Die Analyse eines phobischen Kindes. Einige Probleme der Theorie und der Technik der Kinderanalyse*, in: Psyche 20 (1966)

Bräutigam, Walter, *Über die psychosomatische Spezifität des Asthma bronchiale*, in: Psyche 8 (1954)

Dührssen, Annemarie, *Psychogene Erkrankungen bei Kindern und Jugendlichen. Eine Einführung in die allgemeine und spezielle Neurosenlehre* (1954), 6. Aufl., Göttingen 1967

Dies., *Psychotherapie bei Kindern und Jugendlichen. Ein Lehrbuch für Familien- und Kindertherapie* (1960), 5. Aufl., Göttingen 1973

Freud, Anna, *Die Schriften der Anna Freud*, Bd. VIII-X, München 1980

Freud, Sigmund, *Zwei Kinderneurosen, Studienausgabe*, Bd. VIII, 5. Aufl., Frankfurt/M. 1969

Frommknecht, Marlies, *Anna Freud*, in: *Der Weg zum Menschen*, Josef Rattner (Hrsg.), Wien/München/Zürich 1981

Gödde, Günter, *Psychoanalyse und Familientherapie. Ein Vergleich zwischen dem individuumzentrierten und dem familiendynamischen Grundkonzept*, Dissertation, Berlin 1980

Harbauer, H., R. Lempp, G. Nissen, P. Strunk, *Lehrbuch der speziellen Kinder- und Jugendpsychiatrie*, Berlin/Heidelberg/New York 1976

Haug, Gabriele, *Enuresis in langfristiger Familienbeobachtung*, in: *Praxis der Kinderpsychologie und Kinderpsychiatrie* 29 (1980)

Jores, Arthur, *Der Asthmatiker*, Bern 1968

Kemper, Werner, *Bettnässer-Leiden »Enuresis«. Zur Entstehung, Vorbeugung und Behandlung* (1947), München/Basel 1978

Mahler, Margaret S., Fred Pine, Anni Bergman, *Die psychische Geburt des Menschen. Symbiose und Individuation*, Frankfurt/M. 1980

Overbeck, Gerd und Annegret, *Das Asthma bronchiale im Zusammenhang familiendynamischer Vorgänge*, in: *Seelischer Konflikt — körperliches Leiden. Reader zur psychoanalytischen Psychosomatik*, Gerd und Annegret Overbeck (Hrsg.), Reinbek 1978

Peters, Uwe Henrik, *Anna Freud. Ein Leben für das Kind*, München 1979

Rattner, Josef, *Tiefenpsychologie und Erziehung*, unveröffentl. Manuskript, Berlin 1978

Richter, H. E., *Eltern, Kind und Neurose. Die Rolle des Kindes in der Familie* (1963), Reinbek 1969

Ders., *Patient Familie. Entstehung, Struktur und Therapie von Konflikten in Ehe und Familie*, Reinbek 1970

Singer, Kurt, *Psychisch bedingte Lernstörungen im Kindes- und Jugendalter*, in: *Psychologie des 20. Jahrhunderts XII, Konsequenzen für die Pädagogik* (2), Zürich 1980

Spitz, René, *Die Entstehung der ersten Objektbeziehungen. Direkte Beobachtungen an Säuglingen während des ersten Lebensjahres*, 3. Aufl., Stuttgart 1973

Stierlin, Helm, *Von der Psychoanalyse zur Familientherapie*, Stuttgart 1975

Stierlin, Helm, Ingeborg Rücker-Emden, Norbert Wetzel, Michael Wirsching, *Das erste Familiengespräch. Theorie — Praxis —Beispiele*, 2. Aufl., Stuttgart 1980

Stork, Jochen, *Die seelische Entwicklung des Kleinkindes aus psychoanalytischer Sicht*, in: *Psychologie des 20. Jahrhunderts II, Freud und die Folgen* (1), Zürich 1976

Struck, Erdmute, *H. E. Richter*, in: *Der Weg zum Menschen*, Josef Rattner (Hrsg.), Wien/München/Zürich 1981

Villiez, Thomas v., *Eröffnungsschritte für eine familiendynamisch orientierte Enuresis-Therapie*, in: *Praxis der Kinderpsychologie und Kinderpsychiatrie* 28 (1979)

Pubertätsneurosen

Adler, Alfred, *Über den nervösen Charakter*, Frankfurt/M. 1972

Ausubel, D. P., *Das Jugendalter*, München 1968

Blos, Peter, *Adoleszenz*, Stuttgart 1973

Brüggemann, Otto, *Sexuelle Konflikte in Gymnasien*, Heidelberg 1967

Bühler, Charlotte, *Kindheit und Jugend*, Leipzig 1931

Dies., *Das Seelenleben des Jugendlichen* (1921), 7. Aufl. Frankfurt/M. 1975

Dührssen, Annemarie, *Psychogene Erkrankungen bei Kindern und Jugendlichen*, Göttingen 1954

Dies., *Psychotherapie bei Kindern und Jugendlichen*, Göttingen 1973

Erikson, E. H., *Kindheit und Gesellschaft*, 5. Aufl., Stuttgart 1973

Friedeburg, L. v. (Hrsg.), *Jugend in der modernen Gesellschaft*, Düsseldorf 1965

Heer, Friedrich, *Jugend zwischen Haß und Hoffnung*, München 1971

Mâle, Pierre, *Psychotherapie bei Jugendlichen*, München 1976

Muchow, H. H., *Sexualreife und Sozialstruktur der Jugend*, Reinbek 1959

Rattner, Josef, *Homosexualität*, Olten 1973

Rehm, Willy (Hrsg.), *Die psychoanalytische Erziehungslehre*, München 1968

Ritter, G.-R., *Jugend und Eros*, Stuttgart 1960

Schneider, Ernst, *Psychologie der Jugendzeit*, Bern 1948

Spranger, Eduard, *Psychologie des Jugendalters*, Leipzig 1925

Stern, Erich, *Jugendpsychologie*, Stuttgart 1950

Williams, Tennessee, *Memoiren*, Frankfurt/M 1979

Zulliger, Hans, *Helfen statt Strafen auch bei jugendlichen Dieben*, Stuttgart 1956

Partnerschaftsneurosen

Adler, Alfred, *Liebesbeziehungen und ihre Störungen,* Wien 1926

Blanck, Rubin und Gertrud, *Ehe und seelische Entwicklung,* Stuttgart 1978

Gripp, Helga, *Problemfeld Ehe — eine Fallanalyse,* Stuttgart 1979

Jung, C. G., *Die Ehe als psychologische Beziehung,* in: *Seelenprobleme der Gegenwart,* Olten 1975

Künkel, Fritz, *Charakter, Liebe und Ehe,* 4. Aufl., Stuttgart 1973

Lemaire, Jean G., *Leben als Paar,* Olten 1980

Rattner, Josef, *Psychologie und Psychopathologie des Liebeslebens,* Bern 1965

Ders., *Angst und Aggression in Partnerschaften,* Privatdruck Berlin 1978

Richter, Horst-Eberhard, *Patient Familie,* Reinbek 1970

Rogers, Carl R., *Partnerschule,* München 1975

Stierlin, Helm, *Von der Psychoanalyse zur Familientherapie,* Stuttgart 1975

Tolstoi, Leo, *Die Kreutzersonate,* Wiesbaden o. J.

Watzlawick, Paul , Beavin, J. H., Jackson, D. D., *Menschliche Kommunikation,* Bern 1969

Weiss, Robert S., *Trennung vom Ehepartner,* Stuttgart 1980

Willi, Jürg, *Die Zweierbeziehung,* Reinbek 1975

Ders., *Therapie der Zweierbeziehung,* Reinbek 1978

Altersneurosen

Adler, Alfred, *Über den nervösen Charakter* (1912), Frankfurt/M. 1972

Beauvoir, Simone de, *Das Alter,* Reinbek 1972

Bühler, Charlotte, *Der menschliche Lebenslauf als psychologisches Problem* (1933), 2. Aufl. Göttingen 1959

Jung, C. G., *Die Lebenswende,* in: *Seelenprobleme der Gegenwart* (1950), GW, Bd. VIII, Olten 1973

Kehrer, Ferdinand Adalbert, *Vom seelischen Altern,* Münster, Westf. 1952

Lehr, Ursula, *Psychologie des Alterns,* Heidelberg 1972

Nitsche, Roland, *Das vergessene Alter — Analyse eines sozialen Problems,* München o. J.

Rattner, Josef, *Psychologie des Alters,* in: *Tiefenpsychologie und Humanismus,* Zürich 1967

Riemann, Fritz, *Über das Alter,* Stuttgart 1981

Rosenmayr, Leopold u. Köckeis, Eva, *Umwelt und Familie alter Menschen,* Neuwied 1965

Stern, Erich, *Der Mensch in der zweiten Lebenshälfte,* Zürich 1955

Thomae, Hans u. Lehr, Ursula, *Altern — Probleme und Tatsachen,* Frankfurt/M. 1968

Vischer, A. L., *Seelische Wandlungen beim alternden Menschen,* Basel 1961

Sexuelle Perversionen

Abraham, Karl, *Bemerkungen über einen Fall von Fuß- und Korsettfetischismus*, in: *Jb. f. psychoanal. u. psychopathol. Forschungen* Bd. III., 1911

Adler, Alfred, *Zur Kritik der Freudschen Sexualtheorie des Seelenlebens* (1911), in: *Heilen und Bilden*, Frankfurt/M. 1973

Ders., *Das Problem der Homosexualität* (1917), Leipzig 1930

Ders., *Der Sinn des Lebens* (1933), Frankfurt/M. 1973

Binswanger, Ludwig, *Sinn und Gehalt der sexuellen Perversionen — Eine Rezension*, in: Psyche III, 1950

Ders., *Geschehnis und Erlebnis*, in: *Ausgewählte Vorträge und Aufsätze* Bd. II, Bern 1955

Boss, Medard, *Sinn und Gehalt der sexuellen Perversionen* (1947), München o. J.

Bräutigam, Walter, *Zur Phänomenologie der erotischen und sexuellen Liebe und ihrer Perversionen* (1958), in: H. Giese (Hrsg.), *Die sexuelle Perversion*, Frankfurt/M. 1967

Ders., *Die sexuellen Verirrungen*, in: Kisker u. a. (Hrsg.), *Psychiatrie der Gegenwart* Bd. II, Berlin 1972

Ders., *Sexualmedizin im Grundriß*, Stuttgart 1979

Fenichel, Otto, *Perversionen, Psychosen, Charakterstörungen* (1931), Darmstadt 1980

Freud, Sigmund, *Drei Abhandlungen zur Sexualtheorie* (1905), GW, Bd. V, Frankfurt/M. 1960

Ders., *Triebe und Triebschicksale* (1915), GW, Bd. X, Frankfurt/M. 1960

Ders., *Vorlesungen zur Einführung in die Psychoanalyse* (1916—17), GW, Bd. XI, Frankfurt/M. 1960

Ders., *Ein Kind wird geschlagen* (1919), GW, Bd. XII, Frankfurt/M. 1960

Ders., *Über einige neurotische Mechanismen bei Eifersucht, Paranoia und Homosexualität* (1922), GW, Bd. XIII, Frankfurt/M. 1960

Ders., *Fetischismus* (1927), GW, Bd. XIV, Frankfurt/M. 1960

Gebsattel, Viktor E. v., *Über Fetischismus* (1929), in: *Prolegomena einer medizinischen Anthropologie*, Berlin 1954

Ders., *Süchtiges Verhalten im Gebiet sexueller Verirrungen* (1932), a. a. O.

Ders., *Geleitwort*, in: H. Giese (Hrsg.), *Psychopathologie der Sexualität*, Stuttgart 1962

Giese, Hans, *Perverse Fehlhaltungen*, in: Frankl u. a. (Hrsg.), *Handbuch der Neurosenlehre und Psychotherapie* Bd. II, München 1959

Ders., *Zur Psychopathologie der Sexualität* (1962), Stuttgart 1973

Greenson, R. R., *Dis-identifying from Mother*, Int. Journal of Psychoanalysis 49, 1968

Kinsey, Alfred C., und Mitarb., *Das sexuelle Verhalten des Mannes* (1948), Frankfurt/M. 1965

Ders., *Das sexuelle Verhalten der Frau* (1953), Frankfurt/M. 1965

Ders., *Der Begriff des Normalen und Abnormen im Geschlechtsverhalten*, in: H. Giese (Hrsg.), *Die sexuelle Perversion*, Frankfurt/M. 1967

Kohut, Heinz, *Narzißmus* (1971), Frankfurt/M. 1976

Ders., *Die Heilung des Selbst*, Frankfurt/M. 1979

Krafft-Ebing, Richard v., *Psychopathia sexualis* (1886), Stuttgart 1891

Kunz, Hans, *Zur Theorie der Perversion* (1942), in: H. Giese (Hrsg.), *Die sexuelle Perversion*, Frankfurt/M. 1967

Ders., *Zur Frage nach dem Wesen der Norm* (1954/55), in: *Grundlagen der psychoanalytischen Anthropologie*, Göttingen 1975

Laplanche, J. u. Pontalis, J. B., *Vokabular der Psychoanalyse*, 2 Bde., Frankfurt/M. 1972

Lutz, Hans, *Das Menschenbild der Kinsey-Reporte*, Stuttgart 1957

Morgenthaler, Fritz, *Die Stellung der Perversion in Metapsychologie und Technik*, in: Psyche XXVIII, 1974

Rattner, Josef, *Psychologie und Psychopathologie des Liebeslebens* (1965), Frankfurt/M. 1981

Ders., *Über einen Fall von Pädophilie*, in: *Liebe, Sexualität und Ehe*, Berlin 1977

Ders., *Philosophie der Sexualität*, in: *Liebe, Sexualität und Ehe*, 1977

Sachs, Hanns, *Zur Genese der Perversionen*, in: *Int. Zeitschr. f. Psychoanal.* IX, 1923

Sartre, Jean-Paul, *Das Sein und das Nichts*, Hamburg 1962

Scheler, Max, *Wesen und Formen der Sympathie* (1922), Bern 1974

Schelsky, Helmut, *Soziologie der Sexualität*, Hamburg 1955

Schmidt, G. u. Sigusch, V., *Zur Frage des Vorurteils gegenüber sexuell devianten Gruppen*, Beitr. z. Sexualforschung Heft 40, Stuttgart 1967

Schorsch, Eberhard, *Sexuelle Perversionen: Ideologie, Klinik, Kritik*, in: V. Sigusch (Hrsg.), *Therapie sexueller Störungen*, Stuttgart 1980

Schultz-Hencke, Harald, *Der gehemmte Mensch* (1940), Stuttgart 1978

Stoller, Robert J., *Perversion. Die erotische Form von Haß*, Reinbek 1979

Straus, Erwin W., *Geschehnis und Erlebnis*, Berlin 1930

Ders., *Die Scham als historiologisches Problem* (1933), in: *Psychologie der menschlichen Welt*, Berlin 1960

Ders., *Vom Sinn der Sinne*, Berlin 1935

Winnicott, Donald W., *Übergangsobjekte und Übergangsphänomene*, in: Psyche XXIII, 1963

Drogenabhängigkeit

Adler, Alfred, *Rauschgift*, in: Intern. Zeitschrift f. Individualpsychologie, X. Jg., 1932, Heft 1

Bäuerle, Dietrich, Heiner König, Horst Pedina, *Praxis der Drogenberatung*, Stuttgart 1979

Condrau, Gion, *Aufbruch in die Freiheit*, Bern 1977

Cremerius, Johannes, *Was ist Süchtigkeit?*, Zürich 1965

Guillon, Jacques, *Mein Sohn ist süchtig — Tagebuch eines betroffenen Vaters*, Düsseldorf 1979

Heckmann, Wolfgang (Hrsg.), *Vielleicht kommt es auf uns selber an — Therapeutische Gemeinschaften für Drogenabhängige*, Frankfurt/M. 1980

Hofmann, Albert, *LSD — Mein Sorgenkind*, Stuttgart 1979

Leroyer, Micheline, *Ich bin die Mutter eines Fixers*, Bern 1980

Liepman, Heinz, *Der Ausweg — Die Bekenntnisse des Morphinisten Martin M.*, Berlin 1978

Szasz, Thomas S., *Das Ritual der Drogen*, Wien 1978

Täschner, Karl-Ludwig, *Das Cannabis-Problem*, Wiesbaden 1981

Wormser, Rudi, *Drogen — Erfahrung und Erkenntnis*, Neuwied 1973

Alkoholismus

Adler, Alfred, *Rauschgift*, in: Intern. Zeitschrift f. Individualpsychologie, X. Jg., 1932, Heft 1

Ders., *Menschenkenntnis* (1926), Frankfurt/M. 1966

Battegay, Raymond, *Der Mensch in der Gruppe*, Band II, 4. Aufl., Bern 1973

Fester-Waltzing, Helge, *Individualpsychologie und Alkoholismus — Versuch einer individualpsychologischen Theorie der Alkoholabhängigkeit*, in: Zeitschrift für Individualpsychologie, 5. Jg., 1980, Heft 3

Feuerlein, Wilhelm, *Alkoholismus — Mißbrauch der Abhängigkeit*, 2. Aufl., Stuttgart 1979

Fromm, Erich, *Psychoanalyse und Ethik*, Frankfurt/M.-Berlin-Wien 1978

Ders., *Die Furcht vor der Freiheit*, Frankfurt/M., 7. unv. Aufl. 1975

Glatt, Max, *Der Alkoholiker und die Hilfe, die er braucht*, 2. Aufl., Wien 1978

Kluge, Friedrich, *Etymologisches Wörterbuch*, 21. unv. Aufl., Berlin 1975

Rattner, Josef, *Selbsterkenntnis und Menschenkenntnis*, München 1973

Ders., *Tiefenpsychologie und Ethik*, unveröffentlichtes Manuskript, Berlin 1975

Ders., *Umformulierung der »Libidophasen« zum Zwecke der Erziehungs- und Bildungstheorie*, in: *Tiefenpsychologie und Pädagogik*, Berlin 1978

Schmidbauer, Wolfgang, *Die hilflosen Helfer*, Reinbek 1977

Schmidbauer, Wolfgang u. Scheid, Jürgen vom, *Handbuch der Rauschdrogen*, Frankfurt/M. 1976

Zurukzoglu, St., und Nussbaum, P., *Die Bedeutung des »Minderwertigkeitsgefühls« für den Alkoholismus*, CH-Schwarzenberg bei Bern, 1954

Suizidalität

Adler, Alfred, *Selbstmord.* In: Intern. Zeitschrift für Individualpsychologie, 1937, S. 49 f

Alvarez, A., *Der grausame Gott — Eine Studie über den Selbstmord,* Frankfurt/M. 1980

Baechler, Jean, *Tod durch eigene Hand,* Berlin 1981

Bitter, Wilhelm (Hrsg.), *Alter und Tod — annehmen oder verdrängen?* Stuttgart 1974

Camus, Albert, *Der Mythos von Sisyphos,* Reinbek 1959

Ders., *Der Mensch in der Revolte,* Reinbek 1965

Durkheim, Emile, *Le suicide,* 1897, dt. Ausg. Neuwied 1973

Freud, Sigmund, *Zur Einführung des Narzißmus,* GW, Bd. X, S. 137

Ders., *Trauer und Melancholie,* GW Bd. X, S. 427 f

Ders., *Jenseits des Lustprinzips,* GW Bd. XIII, S. 1

Ghysbrecht, Paul, *Der Doppelselbstmord,* München 1967

Henseler, Heinz, *Narzißtische Krisen — Zur Psychodynamik des Selbstmords,* Reinbek 1974

Menninger, Karl, *Selbstzerstörung — Psychoanalyse des Selbstmords,* Frankfurt/M. 1978

Ringel, Erwin, *Der Selbstmord,* Wien 1953

Thomas, Klaus, *Handbuch der Selbstmordverhütung,* Stuttgart 1964

Wedler, Hans-L., *Gerettet? Begegnungen mit Menschen nach Selbstmordversuchen,* Neuwied 1979

Zeitschrift f. Psychoanalytische Pädagogik, Sonderheft »Selbstmord«, 3. Jg., 1929, Heft 11, 12 und 13

Zwingmann, Charles (Hrsg.): *Selbstvernichtung,* Frankfurt/M. 1965

Kriminalität

Adler, Alfred, *Studie über Minderwertigkeit von Organen* (1907), Frankfurt/M. 1977

Aichhorn, August, *Verwahrloste Jugend* (1925), 3. Aufl., Bern 1951

Alexander, Franz u. Staub, Hugo, *Der Verbrecher und sein Richter* (1929), Frankfurt/M. 1971

Dembo, Tamara, *Der Ärger als psychodynamisches Problem,* in: Psychologische Forschung XV (1931)

Dilthey, Wilhelm, *Ideen über eine beschreibende und zergliedernde Psychologie* (1894), in: GW, Bd. V, 5. Aufl., Göttingen 1968

Fromm, Erich, *Zur Psychologie des Verbrechers und der strafenden Gesellschaft,* in: *Analytische Sozialpsychologie und Gesellschaftstheorie,* Frankfurt/M. 1970

Freud, Sigmund, *Einige Charaktertypen aus der psychoanalytischen Arbeit* (1915), GW, Bd. X, S. 364 ff.

Ders., *Massenpsychologie und Ich-Analyse,* GW, Bd. XIII

Glueck, Sh. und E., *Jugendliche Rechtsbrecher,* New York 1950, dt. Ausg. Stuttgart 1963

Menninger, Karl, *Strafe — ein Verbrechen?*, München 1970

Moser, Tilmann, *Jugendkriminalität und Gesellschaftsstruktur*, Frankfurt/M. 1970

Ders., *Repressive Kriminalpsychiatrie*, Frankfurt/M. 1971

Reik, Theodor, *Der unbekannte Mörder* (1925), Hamburg 1978

Reiwald, Paul, *Die Gesellschaft und ihre Verbrecher* (1948), Frankfurt/M. 1973

Richter, Horst-Eberhard, *Patient Familie*, Reinbek 1970

Salisbury, H. E., *Die zerrüttete Generation*, Hamburg 1959

Werner, Wolfgang, *Vom Waisenhaus ins Zuchthaus*, Frankfurt/M. 1972

Schizophrenie

Basaglia, Franco (Hrsg.), *Was ist Psychiatrie?*, Frankfurt/M. 1974

Binswanger, Ludwig, *Ausgewählte Vorträge und Aufsätze*, 2 Bde., Bern 1947/1955

Ders., *Drei Formen mißglückten Daseins: Verstiegenheit, Verschrobenheit, Manieriertheit*, Tübingen 1956

Ders., *Schizophrenie*, Pfullingen 1957

Boss, Medard, *Von der Psychoanalyse zur Daseinsanalyse*, Wien 1979

Boyer, Bryce, *Die psychoanalytische Behandlung Schizophrener*, München 1976

Cooper, David, *Die Sprache der Verrücktheit*, Berlin 1978

Dörner, Klaus, *Bürger und Irre — Zur Sozial- und Wissenschaftsgeschichte der Psychiatrie*, Frankfurt/M. 1969

Foucault, Michel, *Psychologie und Geisteskrankheit*, Frankfurt/M. 1970

Jung, C. G., *Über die Psychologie der Dementia praecox* (1907), Olten 1972

Laing, Ronald D., *Das geteilte Selbst*, Köln 1972

Laing, Lidz, Bateson u. a., *Schizophrenie und Familie*, Frankfurt/M. 1969

Lidz, Theodore, *Der gefährdete Mensch, Ursprung und Behandlung der Schizophrenie*, Frankfurt/M. 1976

Rattner, Josef, *Wirklichkeit und Wahn — Das Wesen der schizophrenen Reaktion*, Frankfurt/M. 1976

Sechehaye, Marguerite, *Tagebuch einer Schizophrenen*, Frankfurt/M. 1973

Shulman, Bernhard H., *Individualpsychologische Schizophreniebehandlung*, München 1980

Szasz, Thomas S., *Geisteskrankheit — ein moderner Mythos?*, dt. Ausg. Olten 1972

Ders., *Die Fabrikation des Wahnsinns*, Olten 1974

Ders., *Schizophrenie — das heilige Symbol der Psychiatrie*, Wien 1976

Ders., *Recht, Freiheit und Psychiatrie*, Wien 1978

Ders., *Psychiatrie — die verschleierte Macht*, Frankfurt/M. 1978

Sachregister

Namenregister